W0404341

Zu diesem Buch

«Der amerikanische Bürgerkrieg, der die neue Welt zu zerreißen drohte, bevor sie sich wirklich zusammenfügte, hat wie die napoléonischen Wirren in Europa längst einen verklärten Charakter angenommen, zumindest im Licht der Auseinandersetzungen, die die erste Hälfte unseres Jahrhunderts erschütterten. Die Darstellung einer Episode aus der Frühgeschichte der USA ist nicht nur ein literarisches Wagnis. Sie bedarf auch der Kenntnis der historischen Voraussetzungen, die es zu dieser Konfrontation zwischen den liberalen Vorstellungen des amerikanischen Nordens und den konservativen Gewohnheiten der Südstaaten kommen ließen. In dem Roman bedient sich der Schweizer Autor zweier Handwerksburschen, des Büchsenmachers Heinrich Mansfeld und des Brauereigehilfen Konrad Odermatt, um das Amerika der Mitte des 19. Jahrhunderts zu profilieren. Die beiden Gesellen begegnen sich auf einer Wanderschaft nach Bremen, wo sie unschlüssig in ihren Zielen sich vom Sog der Emigration nach Amerika ziehen lassen... In dem Autor stellt sich ein Erzähler vor, der den Leser in Spannung versetzt.» («Welt am Sonntag»)

«Faszinierender Lesestoff, spannend und informativ zugleich.» («Hannoversche Allgemeine Zeitung»)

Werner J. Egli, geboren 1943 in Luzern, unternahm nach einer abgeschlossenen Kunstausbildung ausgedehnte Reisen durch Europa und Amerika. 1974 wurde er mit seinem Erstlingswerk «Im Sommer, als der Büffel starb» bekannt und 1980 mit dem Friedrich-Gerstäcker-Preis der Stadt Braunschweig ausgezeichnet. Seither schrieb er mehrere Romane, Sach- und Jugendbücher. Werner J. Egli lebt als freier Schriftsteller in Tucson/Arizona.

Werner J. Egli

Das Land ihrer Träume

Der Roman deutscher
Auswanderer zur Zeit
des amerikanischen
Bürgerkriegs

rororo

Rowohlt

Veröffentlicht im Rowohlt Taschenbuch Verlag GmbH,
Reinbek bei Hamburg, August 1990
Copyright © 1988 by Scherz Verlag Bern, München, Wien
Umschlaggestaltung Walter Hellmann
unter Verwendung eines zeitgenössischen Gemäldes
Gesamtherstellung Clausen & Bosse, Leck
Printed in Germany
1080-ISBN 3 499 12760 1

Sie wußten nichts voneinander, hatten nicht die leiseste Ahnung, daß der andere überhaupt existierte. Sie lebten weit voneinander entfernt, der eine in Horb, einem Städtchen im Tal des Neckars, der andere in einem kleinen Bauerndorf der Innerschweiz.

Was sie verband, war die Zeit, in der sich andere junge Leute der Hoffnungslosigkeit ergaben. Für sie aber war es eine Zeit der Herausforderung. Deshalb träumten sie den gleichen Traum. Deshalb faßten sie in diesem Spätsommer des Jahrs 1857 den gleichen Entschluß. Sie packten ihr Bündel und machten sich auf den Weg.

Der eine hieß Heinrich Mansfeld und war Büchsenmachergeselle, vielleicht der beste seiner Umgebung. Trotzdem fand er keine Arbeit. So beschloß er, dem Lockruf der Ferne zu folgen.

Der andere hieß Konrad Odermatt. Er hatte seine Lehre als Bierbrauer abgeschlossen, und für ihn gab es zwei Möglichkeiten. Er konnte auf die Walz gehen und im Ausland nach einer Anstellung suchen, oder er konnte nach Amerika auswandern, wo schon sein Onkel lebte.

Sie machten sich um die gleiche Zeit herum auf den Weg. Es war Herbst. Sie wanderten auf derselben Landstraße, und es war diese staubige Landstraße, die sie zusammenführte. Und vielleicht auch der Traum, den sie gemeinsam träumten, ohne es zu wissen.

Das ist ihre Geschichte . . .

Erster Teil

NEW YORK

1

Er hätte zum Vorlesen gehen können an diesem Sonntagabend, so wie er es sonst auch getan hatte, aber er entschied statt dessen, zum Fluß hinunterzugehen, zu dem Platz, wo er als Bub oft geangelt hatte und wo er sich später, als ihm das Angeln nicht mehr so wichtig erschien, einfach mit seinen Gedanken beschäftigte.

Dort, wo der Neckar leise und glasklar zwischen dem Ufergestrüpp floß und sich zu einem Tümpel ausbreitete, hatte er vor einigen Wochen einmal Theresias Hand gehalten, und es war ihm dabei so sonderbar zumute gewesen, daß er jetzt wünschte, er hätte es niemals getan.

Eigentlich erwartete er nicht, Theresia an diesem Abend hier am Fluß zu begegnen. Bestimmt war sie mit den anderen zum Leseraum gegangen, wo, wie jeden Sonntag abend, der Herr Pfarrer vorlas, zur Unterhaltung aller, die kommen wollten; heute aus einem Gedichtband von Paul Gerhardt.

Der Platz, wo er früher oft geangelt hatte, war vom Gestrüpp eingeschlossen. Ein schmaler Trampelpfad führte dem Ufer entlang. Auf der anderen Seite des Neckars stiegen die bewaldeten Hänge steil auf, und ihr Spiegelbild gab dem blanken Wasser die Farbe von Flaschenglas. Heinrich setzte sich in das zertrampelte Gras. Vor kurzem, wahrscheinlich am Nachmittag, waren Buben zum Angeln hier gewesen.

Es schien lange Zeit her, seit er selbst hier gesessen und die Angelleine ausgeworfen hatte in das sanfte fließende Wasser, in dem man die Forellen sehen konnte, dunkel über den Steinen stehend, beim geringsten Geräusch blitzschnell in den Strudeln verschwindend.

Theresia kam den Pfad entlang durch das Gestrüpp. Er hörte sie, bevor er sie sehen konnte. Und jetzt war ihm fast, als hätte er doch erwartet, daß sie heute hierherkam, als hätte er sich mit ihr verabredet. Er hatte sie nicht mehr gesehen, seit er seine alten Schuhe bei ihrem Vater, dem Flickschuster Wolpert, abgeholt hatte. Sie kam das

Ufer entlang, und zuerst konnte er nur ihr Spiegelbild im Wasser sehen, das die Forellen verscheuchte. Dann blieb sie stehen, und die letzten Strahlen der Sonne vergoldeten ihr Haar, das ihr hübsches, vom Laufen leicht gerötetes Gesicht umrahmte.

Er forderte sie auf, sich zu ihm zu setzen.

Sie war scheu wie immer und sagte leise, daß sie zum Leseraum gegangen sei, ihn dort aber nicht gesehen hätte.

«Ich wollte zuerst hingehen», sagte er. «Komm, ich muß dir etwas sagen.»

Sie trug ein weißes Kleid, und er legte seine Jacke für sie auf den Boden. Sie ließ sich neben ihm nieder und glättete ihr Kleid über den Beinen. Es war ein schwüler Abend, obwohl der Wind wehte und die Mücken vertrieb. Bei der Brücke oben sprang eine Forelle, glitzerte sekundenlang in der Luft und tauchte wieder in das dunkle Wasser.

«Ich wollte es dir zuerst sagen. Irgendwann nächste Woche. Aber jetzt bist du hier.»

«Wolltest du mich sehen?»

«Ja, ich glaube schon. Vielleicht bin ich deshalb hierhergegangen.»

Sie nickte. «Ich bin auch deswegen hierhergegangen», sagte sie und blickte ihn von der Seite an. «Als ich dich nicht bei den anderen sah, da dachte ich, daß du hier bist. Was willst du mir sagen?»

«Es ist nicht leicht, aber ich muß es jemandem zuerst sagen. Ich sage es dir zuerst.»

Er nahm ihre Hand und hielt sie fest. Sie war nicht nur ein hübsches Mädchen, sie war auch gescheit, und er wußte, daß sie einem Mann eine gute Frau sein würde. Er mochte sie besser als jedes andere Mädchen im Ort, und vor einem Jahr ungefähr hatte er daran gedacht, sie einmal zu heiraten, mit ihr eine Familie zu gründen und das Leben zu verbringen. So einfach war das gewesen, daß ihm damals seine Zukunft vertrauter geworden war als seine Vergangenheit. Und jetzt war er bereit, alles auszulöschen, was sie verband, und ihre gemeinsame Zukunft zu zerstören, die sich nur als ein Trugbild herausgestellt hatte. Er mußte es tun. Es gab keinen Ausweg. Es gab kein Versprechen, das den Schmerz hätte lindern können, keinen Trost für das, was sie beide verlieren würden.

«Ich habe mich entschlossen, von hier wegzugehen», sagte er und merkte dabei, wie seine Stimme zitterte. «Der Meister hat alles versucht. Er kann mir keinen Lohn mehr geben. Wenn er mir Geld gibt, dann spart er sich das von sich und seiner Familie ab. Wir haben hin und her überlegt. Es gibt nichts anderes. Ich könnte auf die Walz gehen, aber die Zeiten sind schlecht.»

Sie blickte hinüber in das Dunkel des Waldhanges.

«Dann hast du dich entschlossen, nach Amerika zu gehen», sagte sie. «So, wie du es einmal im Scherz gesagt hast?»

«Damals war es ein Scherz.»

«Ich weiß.» Sie wandte den Kopf und blickte ihm in die Augen. «Und trotzdem hat es schon damals weh getan.»

«Ich weiß», sagte er und legte einen Arm um ihre Schultern. «Ich könnte dir jetzt versprechen, daß ich eines Tages zurückkommen werde. Ich könnte deinen Vater um deine Hand bitten und dich mitnehmen.»

«Warum tust du das nicht?»

«Weil es nicht so einfach ist.»

Sie schwieg. Lange saßen sie nebeneinander und schwiegen. Dann sagte sie, daß sie niemals von zu Hause weggehen könnte. Sie war die älteste Tochter der Familie. «Ich könnte nicht mit dir gehen, selbst wenn ich wollte. Es würde meiner Mutter das Herz brechen, Heinrich.» Sie legte den Kopf an seine Schulter.

Er sagte nichts mehr. Gewitterwolken ballten sich über dem Tal, getrieben von einem heftigen Wind, der plötzlich aufkam.

Später gingen sie zusammen am Ufer entlang bis hinunter zum Wehr, wo die Niederung sumpfig war. Dort stand eine kleine alte Bretterhütte in einem Wäldchen, die seit langem von niemandem mehr benutzt wurde. Es begann zu regnen. Dicke, schwere Tropfen fielen durch das Laub der Bäume auf das Farnkraut nieder, das den schmalen Karrenweg zur Hütte säumte.

«Komm, in der Hütte bleiben wir trocken», sagte Heinrich, und sie liefen durch das Wäldchen. Die Tür der Hütte stand halb offen. Theresia blieb plötzlich stehen. Heinrich drehte sich nach ihr um, ein Blitz zuckte auf und beleuchtete für einen Moment ihr Gesicht. Sie starrte auf den schwarzen Türspalt, als fürchtete sie sich vor etwas, das sich in der Hütte befand.

«Komm», sagte er. «Es ist niemand drin.» Er nahm sie bei der Hand und wollte sie mit sich ziehen.

Sie sträubte sich. «Laß uns nach Hause gehen», sagte sie.

Er lachte. «Wovor fürchtest du dich? Das Gewitter ist direkt über uns. Wir wären naß bis auf die Haut, wenn wir zu Hause sind.» Heinrich ließ sie los, ging auf die Hütte zu und stieß die Tür mit dem Fuß auf. «Schau her, es ist niemand da», rief er Theresia zu. In diesem Augenblick entlud sich das Gewitter mit einem berstenden Krachen. Gleißendes Licht blendete Heinrich. Feuer züngelte an einer alten Fichte hoch, deren Stamm zersplitterte. Heinrich hörte Theresia schreien, als die Fichte stürzte. Er sprang zurück, packte sie und zerrte sie mit sich, weg von der Hütte. Der mächtige Baum stürzte zwischen den anderen Bäumen hindurch, brach durch das Geäst einiger Eschen und begrub die kleine Hütte unter sich.

Wie gelähmt standen Heinrich und Theresia im strömenden Regen und starrten auf den Platz, wo nur noch ein paar alte Bretter zwischen den Ästen des mächtigen gestürzten Baumes hervorragten. Der niederprasselnde Regen löschte die Flammen, die aus dem zersplitterten Baumstamm züngelten.

«Es war niemand drin», hörte Heinrich sich leise sagen. «Ich habe hineingesehen. Die Hütte war leer.» Er spürte, wie Theresia seine Hand drückte, legte den Arm um sie und zog sie an sich. «Das war wie ein böses Omen», sagte er. «Wie eine Warnung.»

Sie drückte stumm das Gesicht gegen seine Brust und weinte.

Später gingen sie über die nassen Wiesen zur Stadt zurück. Heinrich brachte Theresia bis zur Tür des elterlichen Hauses. Dort, im strömenden Regen, küßte sie ihn zum Abschied. Es war vielleicht das letzte Mal. Und sie wußten es beide.

Drei Jahre lang hatte Heinrich Mansfeld von seinem Lehrmeister alles gelernt, was dieser wußte. Danach arbeitete er ein Jahr lang als Geselle für ihn, und jetzt war er wohl der beste junge Büchsenmacher, den es im Neckartal gab. In jeder anderen Zeit wäre ihm eine vielversprechende Zukunft sicher gewesen.

Aber es war keine Zeit, die einem jungen Mann Zuversicht geben und ihn zu großen Leistungen anspornen konnte. Selbst sein Meister, Wilhelm Eberhardt, hatte es schwer, mit seiner Werkstatt genug zu verdienen, um seine Familie durchzubringen. Er mußte seinem Bruder auf den Feldern helfen, damit er für seine Familie ein karges Essen auf den Tisch bringen konnte. Und Heinrich bastelte in der Werkstatt an einer Erfindung herum, einem von ihm entwickelten Zündschloß, mit dem man das Nadelgewehr zuverlässiger machen konnte. Heinrich arbeitete wie besessen daran, verbesserte das Schloß mehrere Male und gab sich nie zufrieden. Zwar besaß er ein Muster, sein Gesellenstück, aber damit, so behauptete er, hätte die Entwicklung zum Schlagbolzengewehr erst begonnen.

Er war kein Mann, der leicht aufgab. Das wußte sein Lehrmeister nur zu gut. Und deshalb kam der plötzliche Entschluß Heinrichs, nach Amerika auszuwandern, für Wilhelm Eberhardt wie ein Schlag. Er konnte es nicht begreifen, daß dieser junge Mensch durch die widrigen Zustände im eigenen Land aus seiner Heimat in die Fremde vertrieben wurde.

Es war im Juli 1857, als Heinrich sich an einem frühen Morgen von Wilhelm Eberhardt und dessen Familie verabschiedete. Er hatte vor, nach Burgstetten zu wandern, wohin sein Stiefvater vor einigen Monaten mit der ganzen Familie umgezogen war.

Es war noch fast dunkel draußen und kühl. Auf der schmalen Straße glänzten Pfützen im ersten grauen Dämmerlicht. Heinrich hatte einen langen Tag vor sich, und er wollte ein gutes Stück hinter sich bringen, bevor die schwüle Sommerhitze einem müden Wanderer den Schweiß aus allen Poren trieb.

Heinrich ging die enge Straße hinunter, am Laden des Flickschusters Wolpert vorbei. Vor dem Haus blieb er kurz stehen und blickte noch einmal an der weiß getünchten Fassade zum Fenster des Zimmers hoch, das sich Theresia mit ihren Geschwistern teilte.

Das Fenster war nicht erleuchtet. Im ganzen Haus war es dunkel. Heinrich blieb eine Weile stehen, bevor er weiterging. Unten, am Ende der Straße, drehte er sich noch einmal um, und da sah er Theresia aus dem Haus kommen. Sie war barfuß, das Haar fiel ihr leicht gewellt über die Schultern. Sie kam die Straße heruntergelaufen, und er ging ihr einige Schritte entgegen. Dann stellte er seine lange Tasche mit den beiden Gewehren gegen eine Hausmauer und breitete die Arme aus, um sie zu umarmen. Sie umschlangen sich, und sie sagte, daß sie ihn ein Stück begleiten würde, bis hinaus zum Wegkreuz im Wald.

Zusammen gingen sie hinunter zur alten Brücke.

Beim Wegkreuz im Wald sagte sie, daß sie ihn niemals vergessen würde. «Ganz gleich, wen ich heirate, Heinrich, du wirst immer in meiner Erinnerung bleiben.»

Sie strich sich eine widerspenstige Haarsträhne aus dem Gesicht, drehte sich um und lief leichtfüßig den Waldweg zurück hinunter zur Brücke. Heinrich blickte ihr nach, bis sie im gleißenden Licht der aufgehenden Sonne zu einem schwebenden Schatten wurde, der sich im Zauber der Farben auflöste.

Langsam wandte er sich um und ging am Wegkreuz vorbei.

Den ganzen Monat August verbrachte Heinrich auf dem Kirschenhardt-Hof, der zur Gemeinde Burgstetten im Kreis Backnang gehörte. Hierhin war sein Stiefvater mit seiner ganzen Familie gezogen, kurz nachdem Heinrichs Lehrzeit zu Ende gegangen war, um mit anderen «Jerusalemfreunden» gemeinsam auf den Tag zu warten, an dem man es ihnen erlauben würde, ins Heilige Land zu pilgern und sich dort niederzulassen. Die Familie gehörte der Sekte der «Templer» an.

Obwohl Heinrich in seinen späteren Jugendjahren den Einflüssen der «Templer» durch die Mitgliedschaft des Stiefvaters ausgesetzt gewesen war, hatte er sich von dessen religiösem Eifer nie anstecken lassen. Das lag vielleicht daran, daß sein Verhältnis zu Friedrich Mansfeld nie das eines Sohnes zu seinem Vater gewesen war, obwohl sich dieser alle Mühe gegeben hatte, ihm ein guter Vater zu sein. Nicht zuletzt deshalb hatte sich Heinrich nicht gewehrt, als man entschied, ihm den Namen seines Stiefvaters zu geben.

Sein leiblicher Vater war in den Kämpfen 1849 ums Leben gekommen. Heinrichs Mutter heiratete kurz darauf den Schulmeister Mansfeld, gebar ihm nacheinander sechs Kinder und starb fünf Jahre später am Schleimfieber. Das war jetzt länger als vier Jahre her. Heinrich war damals Student an der Universität Tübingen gewesen, aber nach dem Tod der Mutter hatte der Stiefvater ihn nach Horb zurückgeholt, weil er die Ausgaben für Studium und Unterkunft von seinem bescheidenen Schulmeistergehalt allein nicht mehr aufbringen konnte.

Die Mutter war Näherin gewesen, und Heinrich konnte sich nicht erinnern, sie einen einzigen Tag seines Lebens müßig gesehen zu haben.

Auf dem Kirschenhardt-Hof vermählte sich der Schulmeister Mansfeld dann mit einer Kindfrau, die Heinrich zum erstenmal sah, als er in diesem Sommer herkam, um für immer Abschied zu nehmen.

Es war September, als Heinrich sein Bündel wieder packte, seine beiden Gewehre in die lange Tasche tat und sich auf den Weg machte. Es war ein schöner, warmer Septembermorgen. Auf den Feldern lasen die Leute gefallene Äpfel und Birnen auf. Ein Bussard schwebte beinahe reglos über einer abgemähten Wiese. Heinrich bückte sich, pflückte eine Blume am Wegrand und steckte sie sich in den Mund. Je weiter er sich vom Kirschenhardt-Hof entfernte, desto leichter wurden seine Schritte. Er blickte nicht ein einziges Mal zurück.

2

Alois hatte ihr gesagt, daß der Konrad von der Stadt zurückkäme, extra wegen der Bundesfeier und weil er ein paar Tage zu Hause bleiben wollte, bevor er sich auf die Wanderschaft machte. Äußerlich zeigte Gritli kein großes Interesse. Niemand sollte merken, wie aufgeregt sie innerlich war, voll freudiger Erwartung und Neugier. So viel hatte sie während seiner Abwesenheit über den Konrad gehört, daß sie nicht wußte, was sie von ihm halten sollte. Ihr Bruder Alois redete manchmal mit besonderer Hochachtung von ihm. So, als wäre er ein großer Held oder zumindest einer, der auserwählt war, ein großer Held zu werden. Aber es war ihr auch anderes zu Ohren gekommen; daß er ein leichtlebiger Bursche geworden sei, einer, dem es während seiner Lehrzeit nicht gelungen war, sich Ziele zu stecken, und den die Stadt und ihre Versuchungen verdorben hatten.

Bierbrauer war er geworden. In Luzern, in der Bierbrauerei Eichhof. Das letzte Mal, als er nach Hause gekommen war, vor einem Jahr ungefähr, hatte Gritli ihn nur kurz gesehen, beim Schützenfest, als sie in der Festhütte aushalf. Damals hatte sie ihn für einen regelrechten Aufschneider gehalten, der sich Pomade in sein schwarzes Haar strich und städtische Kleider trug, die nicht nur unbequem schienen, sondern auch häßlich aussahen. Außerdem hatte er sie keines Blickes gewürdigt. Jetzt war das anders. Sie war gewachsen in diesem Jahr. Und sie hatte zugenommen, und zwar an den richtigen Stellen.

Es war ein heißer und trockener Sommer. Die Heuernte war längst eingebracht, und der Weizen auf den Feldern stand in voller Pracht. Hinter dem Dorf schleppten die Buben Holz zur Waldlichtung hoch, wo jedes Jahr das große Augustfeuer brannte.

Gritli stand in ihrem Zimmer und lugte durch die Vorhänge hinaus. Die Häuser waren schon alle mit Lampions und den Fahnen geschmückt. Es war der 31. Juli 1857. Das letzte Licht der Abendsonne ließ die Felszacken des Stanserhorns erglühen, und im Norden, dort, wo die Stadt Luzern lag, leuchtete ein einzelner Stern am

Abendhimmel. Sie hörte die Stimme ihres Vaters, der unten vor dem Haus auf der Bank saß, zusammen mit Hans, dem Knecht aus dem Emmental. Den ganzen Tag, von Sonnenaufgang bis jetzt, hatten sie draußen auf dem Feld gearbeitet, und nun saßen sie unten in der angenehmen Wärme des Abends und tranken vom kühlen Most aus dem Keller.

Würde er heute kommen oder erst morgen? Nach zweieinhalb Jahren kehrte der Konrad zurück. Und seine Leute sagten, daß er in dieser Zeit ein anderer geworden war. «Es steht ihm die Welt offen», hatte Gritli seine Mutter einmal prahlen hören. «Er ist keiner, der ein Leben lang ein Bauer bleibt.»

Gritli stellte den Kippspiegel so, daß sie ihr Gesicht sehen konnte. Würde sie ihm gefallen? Würde er überhaupt bemerken, daß sie erwachsen geworden war?

Sie begann ihre Zöpfe zu lösen, um das Haar durchzukämmen, als Alois ins Zimmer stürzte. «Er kommt», schnaufte er. «Heute abend noch. Der Gusti ist eben in den ‹Engel› gelaufen und hat es verkündet. Er hat ihn bis zum Gasthof beim Kreuz gefahren, und dort sei er eingekehrt.»

Sie blickte ihren Bruder schräg von der Seite an.

«Von wem redest du eigentlich?» fragte sie so harmlos, als hätte sie den ganzen Tag nicht ein einziges Mal an Konrad Odermatt gedacht.

«Der Konrad», sagte Alois, «wer denn sonst. Tu nur so, als ob du das nicht wüßtest. Warum trägst du denn die neue Bluse an einem gewöhnlichen Wochentag?» Er grinste sie schief an, kam herüber zum Spiegel, hob blitzschnell von hinten ihre Röcke hoch und sprang zurück zur Tür. «Blaue Bänder an der Unterhose», lachte er spöttisch. «Mach dich nur recht schön, Schwesterchen, damit du dem Konrad gefällst.»

Sie merkte, wie ihr das Blut in den Kopf stieg, und sie warf ihre Haarbürste nach ihm.

«Raus!» schrie sie ihn an. «Mach, daß du rauskommst, bevor ich richtig wütend werde.»

Er floh aus dem Zimmer und lief die Treppe hinunter. Unten hörte sie ihn mit dem Vater und dem Knecht lachen.

Die Mutter rief aus der Küche nach ihr. Schnell kippte sie den Spiegel nach unten und hob ihr Kleid etwas an, so daß ihre schlanken Fesseln sichtbar wurden. Fröhlich drehte sie sich im Kreis wie eine Tänzerin, warf einen letzten Blick schräg zum Spiegel, glättete ihr Kleid und ging die schmale Stiege hinunter in die Küche, um der Mutter zu helfen.

Der nächste Tag war der 1. August, der Nationalfeiertag der Schweiz. Wappen, bunte Girlanden, Tücher und Schleifen zierten die Fassaden der Häuser, über Zinnen und Dächern flatterten die Fahnen, und an den Straßen drängten sich die Menschen, um den Festzug zu sehen, der um zwei Uhr pünktlich beim Rathaus begann. Von der ganzen Umgebung waren Vereinsgruppen dabei, Sänger und Turner, Schützenvereine, Schüler und Schülerinnen in historischen Uniformen und Trachten, Schwinger, Schnitter und Schnitterinnen und ein Senn mit seinem zum Alpaufzug geschmückten Braunvieh.

Gritli schaute dem Festzug vom Fenster aus zu.

Einen großartigen Eindruck machten auf sie die Kanoniere des Artillerievereins mit ihrem Geschütz, das von einem Vierergespann gezogen wurde, voran der Trommlerknabe und dann hoch zu Roß der Herr Leutnant mit seinem spitzen Schnurrbart. Die Dorfbuben folgten den Kanonieren im Gleichschritt.

Gegen Abend versammelten sich immer mehr Leute auf der Lichtung im Wald, zuerst die Kinder mit ihren Lampions und dann nach und nach die übrigen Dorfbewohner. Die prasselnden Flammen züngelten am riesigen Holzstoß hoch, und der Feuerschein tanzte über die Gesichter der Leute, die, etwas von der Hitze des Feuers entfernt, einen Halbkreis um das Rednerpodest bildeten.

Gritli, die bei ihrer Mutter auf einer Decke saß, hielt immer wieder verstohlen nach Konrad Ausschau und nach Alois, aber die beiden schienen sich verspätet zu haben. Der Bürgermeister begann seine Festrede. Es wurde still auf dem Hügel.

Und plötzlich war er da, der Konrad, beugte sich zu ihr herunter, lachte und nahm sie bei der Hand. «Komm, die Reden sind langweilig.»

«Frag zuerst meine Mutter», flüsterte sie.

Er zog sie auf die Beine, und ihre Mutter, die gebannt der Rede lauschte, blickte auf. «Geht nicht zu weit weg, Gritli», sagte sie. «Du weißt, daß dein Vater dich in der Nähe haben will.»

«Keine Sorge, Durrer-Bäuerin», flüsterte der Konrad. «Alois und die anderen sind auch dort drüben.» Er zeigte irgendwo in die Nacht hinaus, und dann zog er Gritli mit sich, und sie entfernten sich vom Feuer, liefen durchs Unterholz den Hügel hinunter zum Bach, dort, wo er mit Steinen gestaut war und einen Badetümpel bildete.

Sie blieb am Ufer stehen. Der Konrad trat ganz nahe an sie heran, legte den Arm um sie und löste mit der anderen Hand die Bänder, die ihr Kleid zusammenhielten. Sie wich zurück. Er ließ sie los, und sie drehte sich um und lief über den schmalen Damm, der aus Backsteinen gebaut war. Er folgte ihr, und sie verlor beinahe das Gleichgewicht, als er sie einholte. Seine Arme umschlangen sie von hinten, und seine Hände legten sich über ihre Brüste. Zusammen schwankten sie zum anderen Ufer, und er half ihr die Uferböschung hoch. Sie legten sich ins Gras, und ihr Herz klopfte furchtbar laut, als er ihren langen Rock hochstreifte und mit seiner Hand sacht ihr Bein berührte. Sie hielt die Oberschenkel fest zusammen, und er schob die Hand weiter nach oben. Seine Finger berührten ihre nackten Hinterbacken, und jetzt öffnete sie ihre Beine ein bißchen, aber in diesem Moment hörten sie Stimmen, und sie stieß ihn schnell von sich. Er ließ von ihr ab, richtete sich etwas auf, spähte durch das Weidengestrüpp zum Hang hinüber. Dorfbuben kamen aus dem Wald heraus, den Hang herunter.

«Mach dich klein, und warte ein paar Minuten, bis ich weg bin», flüsterte ihr der Konrad zu. Im nächsten Moment war er im Ufergestrüpp verschwunden, und Gritli erhob sich erst, als die Jungen am Ufer saßen und ihre nackten Füße ins Wasser hängen ließen.

«Was macht ihr?» fragte sie.

«Saufen», sagte der Paul, der jüngere Bruder von Konrad. «Und was machst du hier unten so ganz allein?»

«Nichts», sagte sie.

«Wer's glaubt, wird selig. Hier, trink einen Schluck, zur Feier des Tages», sagte Paul und hielt ihr die Flasche hin. «Oder getraust du dich etwa nicht?»

«Ich mag es nicht, wenn Frauen trinken», sagte sie.

«Eine Frau bist du noch lange nicht, nur weil du da vorne was unterm Kleid hast», grinste ein anderer der Burschen. «Der Alois hat herumerzählt, daß du neuerdings dem Odermatt schöne Augen machst. Weißt du, was mein Vater von ihm gesagt hat? Der taugt nichts. Der war schon immer zu nichts zu gebrauchen, und deswegen hat man ihn in die Stadt geschickt. Weil der alte Odermatt nicht will, daß er ihm einmal den Hof ruiniert.»

«Halt du lieber den Mund, wenn du nichts Gutes über einen Menschen zu sagen weißt, und das gilt für euch alle.» Gritli drehte ihnen den Rücken zu, raffte ihren Rock zusammen und ging mit festem Schritt den Pfad zum Hügel hoch.

Das Feuer brannte hoch in den Himmel, und in der Ferne, über den Ausläufern des Pilatus, zuckten Blitze.

Geschützdonner rollte über den Hügel hinweg. Drüben, auf der anderen Seite des Tals, bei den Ruinen der alten Festung, zuckte das Mündungsfeuer einer Kanone auf, und wenig später löschte ein gewaltiger Wolkenbruch das Feuer. Alles drängte nach Hause oder in den «Goldenen Engel», wo eine Kapelle zum Tanz spielte. Aber Gritli mußte nach Hause. Sie war noch zu jung für den Tanzboden.

Irgendwann in der Nacht, das Gewitter war längst vorbei, wurde es laut im Haus. Gritli dachte erst, der Vater wäre wieder einmal betrunken vom «Löwen» heimgekommen, aber es war Alois, der unten herumlamentierte, und ihre Mutter sagte: «O du lieber Gott, daß so etwas an diesem Tag passieren muß.»

Alois kam polternd die Treppe hoch und taumelte keuchend ins Zimmer. Gritli schraubte den Docht der Kerosinlaterne höher, so daß sie ihn besser sehen konnte, und sein Anblick erschreckte sie.

«Ein Unglück ist passiert!» stieß er hervor. «Der Konrad hat sich verletzt, und er muß ins Spital gebracht werden, sobald es Tag wird!»

Alois war über und über mit Dreck bedeckt. Die Kleider hingen triefend an ihm herunter, und über der linken Braue hatte er eine Schramme an der Stirn.

Die Mutter kam die Treppe hoch, im Nachtgewand, mit einer Kerze in der Hand, und leuchtete Alois ins Gesicht. «Du blutest ja», sagte sie, als sie die Schramme bemerkte. «Zeig mal her, Alois.»

«Das ist nichts», wehrte Alois ab. «Um den Konrad steht's schlimm. Und den Pferden mußte man auf der Stelle den Gnadenschuß geben.»

«Was ist passiert, Alois? Von welchen Pferden sprichst du denn?»

«Vom Gespann, das die Kanone zur Ruine hochgezogen hat. Wir sind alle dort raufgegangen, und der Konrad brachte ein paar Flaschen aus der Stadt mit, extra für die Soldaten, und wir saßen alle beisammen, als das Gewitter losbrach. Der Leutnant wollte unbedingt noch ins Tal hinunterkommen, schon wegen dem Tanz im ‹Engel›. Es ist oberhalb der Brücke passiert, wo die Straße am steilsten ist. Der Regen hatte die Straße aufgeweicht, und das Wasser floß in Sturzbächen vom Waldhang herunter, und eine Böschung kam ins Rutschen. Wir hatten Seile an der Kanone befestigt und um Bäume geschlungen, so daß wir sie langsam das Steilstück hinunterlassen konnten. Die Pferde haben furchtbar gescheut und getänzelt, und der Kanonier, der das Gespann führte und eines der Pferde am Kopfzeug hielt, brüllte, daß ihm noch jemand helfen solle. Da ist der Konrad nach vorne gegangen, und plötzlich schlug der Blitz ein, ganz in der Nähe, und ein Baum stürzte den Abhang hinunter. Ich sah nur noch, wie das Geschirrhalfter vom Pferd riß und wie der Konrad nicht mehr wegkam vom Gaul. Er klammerte sich am Kopfzeug fest, und der Gaul stürzte mit ihm und rutschte bis zur Brücke hinunter. Der Leutnant hat gesagt, er wird dafür einstehen, daß der Konrad für seine mutige Tat gebührend geehrt wird, wie es sich für einen tapferen Eidgenossen gehört.»

«Sein Leben hat er aufs Spiel gesetzt, der dumme Junge», sagte Gritlis Mutter und setzte sich auf den Bettrand. «Gott sei Dank, daß dir nichts Schlimmes passiert ist, Bub.»

«Ich konnte im letzten Moment zur Seite springen, als sich das eine Pferd überschlug», sagte Alois. «Sonst wäre ich jetzt bestimmt auch nicht hier.»

Vier Wochen, sagte man, würde es dauern, bis der Konrad aus dem Spital käme. Er mußte eine schlimme Gehirnerschütterung auskurieren, sagte man. Und außerdem hatte er zwei Rippen gebrochen und das linke Bein.

Gegen Ende August vernahm man dann im Ort, daß der Konrad nicht mehr im Spital sei, sondern in Zürich, bei Verwandten der Mutter, einem Halbbruder, der eine Arztpraxis hatte.

Gritli machte sich Gedanken um Konrad. Jeden Tag fragte sie sich, warum er ihr nicht schrieb und warum er nicht nach dem Spitalaufenthalt wenigstens auf einen kurzen Besuch zurückgekehrt war. Seit er weg war, redeten die Leute über ihn. Irgend etwas in seinem Kopf sei nicht mehr in Ordnung seit dem Unfall, sagte man. Und das sei nicht nur Gerede.

Eines Tages, als Konrads jüngerer Bruder Paul am Bach hockte und fischte, kam Gritli vom Feld herüber. Es war ein wunderschöner Herbsttag. Die Wälder brannten im Licht der Abendsonne. Am Tag zuvor hatte es geregnet. Jetzt war die Luft frisch und klar. Gritli schlang ihren Wollschal um die Schultern und hielt ihn über der Brust zusammen.

«Petri Heil!» sagte sie. «Hast du schon was gefangen?»

«Deswegen bist du bestimmt nicht hierhergekommen», sagte Paul, ohne aufzublicken. Er zog die Leine ein. Der dicke Wurm hing leblos an der Angel. Paul machte einen anderen daran fest und wischte die schmierigen Hände an der Hose ab. «Der Konrad, der kommt nicht mehr hierhin zurück», meinte er dann bedächtig.

Gritli blieb stumm.

«Er ist nicht einmal mehr in der Schweiz.» Paul warf die Leine wieder aus.

«Wo ist er dann?»

«Im Ausland. Er versucht, im Schwarzwald eine Anstellung zu kriegen, in der Klosterbrauerei von Alpirsbach. Und wenn das nichts ist, wandert er nach Amerika aus.»

«Nach Amerika? Das glaube ich nicht», stieß Gritli hervor. «Er hat gesagt, daß er zurückkommt hierher. Wie soll er zurückkommen, wenn er nach Amerika geht?»

«Drum kommt er eben nicht zurück», sagte der Paul. «Ich hab's schwarz auf weiß.» Er griff in seine Joppentasche und nahm einen Briefumschlag heraus, der schon ziemlich zerknüllt war. «Hier», sagte er. «Wenn du willst, les' ich dir vor.»

«Lies vor», forderte sie ihn trotzig auf.

«Also, hier steht unter anderem, daß er ganz gut bis nach Waldshut gekommen ist und daß es keine Schwierigkeiten gab, als er die Grenze überquerte.»

«Was hat er sonst noch geschrieben? Lies vor!»

«Daß es ihm gutgeht. Es steht hier: ‹Hier draußen sind auch nicht mehr grad die besten Zeiten. Man bekommt es überall zu spüren: Armut und sogar Hunger und Arbeitslose. Es wird zuviel Getreide aus den Vereinigten Staaten importiert, sagen die Bauern hier, und in Preußen steht es um die Industrie auch nicht besser. Wenn ich keine Arbeit kriege, gehe ich doch nach Amerika zu Onkel Johann, wo es ein richtiges Paradies sein soll und jeder ganz von vorne anfangen kann.› Das steht hier drin, Gritli. Und so, wie ich den Konrad kenne, ist er jetzt schon auf dem Schiff über den Ozean, weil es nämlich fast zwei Monate gedauert hat, bis dieser Brief bei uns ankam.»

Gritli war sprachlos. Noch vor einer Minute war ihr Konrad so nahe gewesen. Und jetzt? Amerika. Sie fror plötzlich.

«So ist er eben, der Konrad. Du solltest darüber nicht traurig sein. Er hätte dich sowieso nie geheiratet.»

«Darüber haben wir nie geredet.» Gritli brachte kaum die Worte heraus, so zugeschnürt war ihr die Kehle. «Und es ist ja gar nicht sicher, daß er nicht doch Arbeit findet und dann zurückkommt.»

«Wir haben einen Onkel in Amerika, der Onkel Johann Biland. Er ist reich, und er lebt in New York. Die Mutter hat ihm geschrieben, daß der Konrad vielleicht auswandert. Er könnte für den Onkel Johann arbeiten. Der hat irgendwelche Geschäfte und eine Bank. Nur

Söhne hat er nicht mehr. Das könnte für den Konrad eine große Zukunft sein.»

Gritli nickte. «Weißt du was, Paul, dein Bruder ist halt doch, was die Leute von ihm sagen», würgte sie voller Enttäuschung und Trotz hervor. Dann drehte sie sich um und begann zu laufen, und der Wind trocknete die Tränen von ihren Wangen.

3

In der Talenge, wo die Kinzig im weiten Bogen um die Ruine der alten Schenkenburg herumfließt und die Hänge steil zum Fluß abfallen, machte Heinrich Mansfeld Rast. Es war Abend. Die Sonne, tief über den Wipfeln eines bewaldeten Hügelkamms, schien blaß durch die Wolkenschleier. Die Luft war feucht. Es hatte tagsüber geregnet. Der abgemähte Steilhang unter einem großen Hof, der hoch oben am Waldrand stand, glänzte naß. Kühe weideten in der Niederung jenseits des Flüßchens.

Heinrich Mansfeld war von den Höhen heruntergekommen, von Freudenstadt her, wo sich vor drei Tagen der kalte Nieselregen plötzlich in Schnee verwandelt hatte. Es war schon Winter dort oben, wo die grauen Wolken schwer an den Wäldern entlangstrichen.

Beim Ochsenwirt in Schenkenzell hatte er Wurst gekauft, Bierschinken und Schwarzwurst, und Brot hatte er noch vom Bäcker in Freudenstadt.

Der Ochsenwirt hatte ihm als Zugabe noch den gutgemeinten Ratschlag gegeben, auf dem Weiterweg aufzupassen, da in letzter Zeit auf der Strecke zwischen Alpirsbach und Wolfach ein paar besonders dreiste Wegelagerer ihr Unwesen trieben.

«Niemand weiß, woher sie kommen. Es sind junge Burschen, die Reisende bis aufs Hemd ausrauben und dann spurlos verschwinden.»

Er wanderte der Kinzig entlang talabwärts bis zur alten Burgruine, wo er rastete und aß.

Die Sonne ging unter, die Nebelschwaden krochen an den Hängen herunter ins Tal, und ein Fuhrwerk, beladen mit Holz, ächzte die schmale Straße entlang dem Dorf entgegen, von dem Heinrich nur das spitze Kirchturmdach sehen konnte. Der Fuhrmann blickte zu seinem Lager herüber, und Heinrich grüßte, indem er seinen Hut lüftete. Aber der Fuhrmann starrte ihn nur an und knallte dann mit der Peitsche über die nassen Rücken der beiden schweren Zugrösser, denen Schaumflocken von den Mäulern troffen.

Bevor es dunkel wurde, ging Heinrich Mansfeld aus einer Laune heraus den schmalen Pfad zur Burgruine hoch. Die alten Gemäuer waren mit Efeu und Moos überwachsen und standen in einem schütteren Wäldchen, das von den Herbststürmen nahezu kahlgefegt worden war. Er hatte einen freien Blick hinunter ins Tal. Die nächste Ortschaft war Schiltach, aber sie lag hinter einem Hügelausläufer, der von den bewaldeten Höhen her ins Tal hinaus verlief. Auf der Straße, die über diesen Hügeln entlang nach Schiltach führte, sah er einen einsamen Wandersmann, der wahrscheinlich betrunken war. Auf unsicheren Beinen folgte er dem Straßengraben, in dem die Wasserpfützen grau glänzten. Der Wanderer hatte kein Bündel bei sich und auch keinen Rucksack. Bei einer schmalen Steinbrücke über die Kinzig ließ er sich nieder. Er rutschte im Morast die Uferböschung hinunter und fiel beinahe ins Wasser. Von seinem Ausguck aus konnte Heinrich Mansfeld erkennen, daß der Wanderer ohne Schuhe war und ohne Hut. Er trug auch keinen Mantel.

Lange beobachtete er ihn, wie er am Ufer lag und mit beiden Händen Wasser schöpfte. Er trank und wusch sein Gesicht. Nach einer Weile kroch er die Böschung hoch und setzte sich auf die Holzbank bei der Brücke.

Es wurde jetzt schnell dunkel, und die Anwesenheit des Wanderers machte Heinrich Mansfeld unruhig. Er ging den Pfad hinunter zu seinem Lager, packte sein Zeug zusammen und trug alles zur Burgruine hoch. Dort, im Windschutz einer Mauer, wo der Boden noch ziemlich trocken war, legte er seine Decke aus. Eigentlich hätte er sich gern zur Ruhe begeben, denn er war an diesem Tag einen langen Weg gegangen, den er noch in seinen Gliedern spürte. Aber der Wanderer ließ ihn nicht zur Ruhe kommen. Und so packte Heinrich Mansfeld eine seiner beiden Jägerbüchsen aus, lud sie und hängte sie sich über die Schulter. Noch einmal ging er den schmalen Pfad hinunter, am Rand eines alten Steinbruchs entlang und durch das Gestrüpp zur Straße. Der Mond war aufgegangen. Sein Licht spielte sanft in den Nebelschleiern, die über dem leise rauschenden Wasser des Flüßchens schwebten. Heinrich Mansfeld ging die Straße hinunter zur Brücke. Die Bank auf der anderen Seite befand sich im Schatten einer steilen Böschung, die mit Brombeergestrüpp überwachsen war. Schwach konnte Heinrich Mansfeld die Bank sehen, aber der Wanderer saß nicht mehr dort.

«Ist da jemand?» fragte Heinrich zur anderen Seite des Flüßchens hinüber.

Da er keine Antwort erhielt, ging er über die Brücke. Niemand war dort im Schatten der Böschung. Noch einmal fragte Heinrich, ob jemand da sei, aber das Gefühl sagte ihm, daß er allein war. Wahrscheinlich war der Wanderer weitergegangen und hatte inzwischen Schenkenzell erreicht. Heinrich machte sich auf den Weg zurück zu seinem Lagerplatz auf dem Burghügel. Als er dort ankam, saß der Wanderer gegen die Überreste einer Mauer gelehnt am Boden. Er hatte die zweite Jägerbüchse in den Händen und den Finger am Drükker. Der Mond schien ihm ins Gesicht. Heinrich konnte sehen, daß er eine blutverkrustete Schramme an der Stirn hatte. Außerdem war sein Hemd zerrissen, und er war bis auf die Haut durchnäßt und voll mit schmierigem Dreck.

Heinrich blieb sofort stehen. Er blickte den Wanderer lange forschend an, und dieser schien unschlüssig, was er als nächstes tun sollte. Er hatte zwei Möglichkeiten, entweder drückte er ab, oder er legte die Jägerbüchse weg.

Heinrich ging zu seinem Zeug und kauerte nieder. Der Wanderer hatte in seinem Packen herumgewühlt. Ein paar Zündhütchen lagen herum, und der Kugelbeutel war offen. Heinrich nahm die Büchse vom Rücken und lehnte sie gegen die Mauer. Dann öffnete er den Rucksack.

«Ich habe ein bißchen Brot übrig, Bierschinken und Schwarzwurst.»

Der Wanderer räusperte sich, sagte aber kein Wort. Heinrich erhob sich. «Wir könnten ein Feuer machen», sagte er. Ohne sich um den Wanderer zu kümmern, fing er an, Holz zusammenzutragen. Der Wanderer beobachtete ihn die ganze Zeit schweigend und mit wachsamen dunklen Augen.

Heinrich machte das Feuer in einer Ecke des Gemäuers, wo sich eine alte Feuerstelle befand und die Mauersteine rußgeschwärzt waren. Das feuchte Holz brannte schlecht. Der Rauch stieg durch das kahle Geäst der Büsche auf und zog mit dem Wind über das Tal hinweg. Heinrich kauerte beim Feuer nieder. Der Flammenschein beleuchtete den frierenden Wanderer. Er hatte ein schmales Gesicht. Angst zeigte er nicht. Das konnte Heinrich Mansfeld an seinen Augen erkennen. Trotz spiegelte sich darin und Zorn. Und vielleicht ein bißchen Ratlosigkeit, denn er schien keiner von denen zu sein, denen es leicht fiel, ein Menschenleben auszulöschen. Dazu war er vielleicht zu jung. Und Soldat, so schätzte Heinrich Mansfeld, war er auch noch nicht gewesen.

«Komm zum Feuer, wenn du willst», sagte Heinrich. «Woher kommst du? Ich habe dich auf der Straße gesehen, bevor es dunkel wurde, und ich dachte, daß du betrunken bist.»

Der Wanderer holte tief Luft.

«Ich bin überfallen worden», sagte er plötzlich. Heinrich Mansfeld blickte auf. Der Wanderer sprach zwar deutsch, aber es klang fast wie eine andere Sprache. Etwas Ähnliches hatte er bis jetzt nur auf der Schwäbischen Alb gehört, südlich von Rottweil und nahe der Schweizer Grenze.

«Bist du aus der Schweiz?» fragte er. «Aus Zürich vielleicht?»

«Dort war ich vor ein paar Wochen. Aber ich komme aus der Innerschweiz. Nidwalden, wenn dir das ein Begriff ist.»

«Natürlich. Ich bin zur Schule gegangen. Wir hatten Schweizer Geschichte. Wilhelm Tell. Der Rütlischwur. Die Schlacht bei Morgarten.» Heinrich Mansfeld lachte. «Man hat dich übel zugerichtet, Eidgenosse!»

«Ich habe mich zur Wehr gesetzt. Und zwei von ihnen haben ganz schön geblutet. Zuerst wollten sie mir die Kehle durchschneiden. Aber dann ließen sie mich einfach im Straßengraben liegen.»

«Viel mehr als das nackte Leben haben sie dir nicht gelassen.» Heinrich musterte den Wanderer. «Sogar die Schuhe bist du losgeworden. Wann ist es passiert?»

«Am Nachmittag. Dort drüben in einem Graben zwischen den Hügeln. Sie haben mir dort aufgelauert. Ich hatte einen Rucksack und Proviant und Zeug, das ich brauche.»

«Und Geld?»

«Etwa fünfzehn Gulden und ein paar Kreuzer haben sie mir aus der Tasche gezogen.» Der Wanderer grinste schmerzverzerrt. «Den Rest haben sie nicht gefunden, obwohl sie mich auf den Kopf stellten. Übrigens, mein Name ist Konrad. Konrad Odermatt. Bierbrauer von Beruf.» Er erhob sich ächzend, kam zum Feuer herüber und streckte Heinrich die Hand hin. Heinrich ergriff sie.

«Erfreut», sagte er. «Ich bin Heinrich Mansfeld aus Horb am Neckar. Dort habe ich Büchsenmacher gelernt. Die Waffe, die du in der Hand hältst, ist mein Gesellenstück. Sie soll sozusagen das Schaustück sein für meine Büchsenmacherei in New York.»

«New York?» Konrad Odermatt betrachtete die Büchse in seinen Händen und blickte dann auf. «Es ist eine schöne Büchse, die jeder gern haben möchte. Zum Glück für dich bin ich nicht einer von den Wegelagerern, sonst wärst du jetzt schon tot und nichts als Krähenfutter.» Er lehnte die Büchse gegen die Mauer und ließ sich schlotternd vor Kälte beim Feuer nieder. «Mir ist ganz schön kalt», sagte er. «Und Hunger habe ich auch. Die gastfreundlichsten Leute habe ich auf dem Weg von Waldshut hierher nicht kennengelernt. Die sind alle ziemlich vorsichtig einem Fremden gegenüber, und man ließ mich nur ganz selten in einer Scheune oder im Stall übernachten. Nach einer Weile habe ich gar nicht mehr erst nachgefragt. Solange es nicht kälter wird, schlaf' ich unter freiem Himmel.»

«Der Altweibersommer ist vorbei», sagte Heinrich. «Oben auf der Höhe hat es vorgestern schon geschneit. Wo willst du hin?»

«Alpirsbach. Das hatte ich eigentlich vor. Ich bin Bierbrauer, verstehst du. Aber ich kann auch mit dem Wagen ausfahren. Das habe ich gelernt. Wir hatten eigene Pferde auf dem Hof, und später, am Anfang meiner Lehrzeit, habe ich Bier ausgefahren.»

«Hier. Greif zu. Die Wurst ist frisch, aber das Brot schon etwas hart.»

«Ich will dir nicht deinen Proviant wegessen.»

«Ich kann morgen wieder Wurst kaufen, wenn ich will. Ich kann mit dir auch zur nächsten Gendarmerie gehen und melden, daß du überfallen und bestohlen worden bist. Die Wegelagerer machen die Gegend schon seit einigen Wochen unsicher, hat man mir gesagt. Vielleicht erwischt man sie, und dann kriegst du dein Zeug wieder zurück.»

«Noch lieber wäre mir, wenn ich den restlichen Halunken auch noch ein paar Zähne ausgeschlagen hätte», sagte Konrad Odermatt und brach voller Zorn ein Stück vom Brotlaib ab. «Es waren vier. Zwei Brüder, ein stummer Junge und ein rothaariger Kerl. Sag, gehst du morgen das Tal hoch oder runter?»

«Runter. Richtung Offenburg. Warum?»

«Nur so. Kann ich ein Stück von der Wurst haben?»

«Das habe ich dir doch gesagt. Hier, nimm das Messer und schneid dir ein Stück runter.» Heinrich gab ihm ein Bockmesser, das eine Klinge aus bestem Solinger Stahl hatte und einen elegant geschwungenen Horngriff mit einem eingelegten Monogramm HM.

«Ein schönes Messer ist das», sagte Konrad Odermatt und betrachtete es im Flammenschein, bevor er sich ein Stück vom Bierschinken herunterschnitt. «Ich hatte ein Messer dabei, das mir mein Vater zur bestandenen Gesellenprüfung geschenkt hat. Die Räuber haben es mir abgenommen. Da waren auch die Anfangsbuchstaben von meinem Namen im Griff drin. In Silber. Außerdem hatte ich Zeug dabei, das nicht einmal mir gehörte. Fotografien, die mir eine Frau in Zürich gegeben hat, falls ich mal nach Amerika auswandere und ihrem Mann begegne, der bei Nacht und Nebel abgehauen ist.» Konrad Odermatt stopfte sich den Mund voll Wurst, hörte aber nicht auf zu reden. «Wenn ich hier nämlich keine Anstellung kriege, dann hau' ich auch ab nach Amerika. Ich habe einen Onkel dort drüben, der ist Bankier und reich. Und außerdem hat er eine hübsche Tochter, die einmal sein ganzes Erbe bekommt.» Konrad Odermatt zwinkerte mit einem Auge. «Eine feine Wurst ist das, Heinrich.»

«Es freut mich, daß sie dir schmeckt», sagte Heinrich Mansfeld. Er nahm eine der beiden Büchsen von der Mauer, entfernte das Zündhütchen und umwickelte sie sorgfältig mit einem Wolltuch. Ohne Konrad anzusehen, spürte er, wie der ihn ohne Unterlaß beobachtete. Er schob die Büchse in die Tasche, die er aus Leder und doppeltem Segeltuch zum Transport der beiden Büchsen angefertigt hatte und die man sich an einem breiten Lederriemen über den Rücken hängen konnte. Die Tasche war mit Filz ausgeschlagen. Trotzdem spürte Heinrich Mansfeld die Druckstellen über der Schulter und auf dem Rücken, wo er inzwischen schon überall blaue Flecken hatte.

Heinrich schlief nicht gut in dieser Nacht. Er war es nicht mehr gewohnt, nachts jemand in seiner Nähe zu haben. Außerdem war der Wanderer ein unruhiger Geselle. Er erhob sich immer wieder von seinem Platz, hockte sich auf die Mauer oder ging ins Unterholz. Manchmal kam er mit Holz zurück und sorgte dafür, daß das Feuer nicht niederbrannte.

Irgendwann in der Nacht begann es leicht zu nieseln, aber der Boden um das Feuer herum blieb trocken. Noch bevor der Tag graute, fuhr unten auf der Straße wieder das Fuhrwerk vorbei. Der Wagen war jetzt leer und die Pferde frisch. Der Fuhrmann hielt in der Kurve und blickte zur Burgruine hoch. Über dem alten Gemäuer konnte er wohl den Widerschein des Lagerfeuers sehen, und er roch den Rauch, der in der naßkalten Luft den Hügel herunterzog.

Es regnete nicht mehr. Trotzdem hatte Heinrich Mansfeld das Gefühl, als wäre er bis auf die Haut durchnäßt. Durch die halbgeschlossenen Lider hindurch blickte er zu Odermatt hinüber, der am Feuer hockte und mit den Fingernägeln trockene Dreckklumpen von seiner zerrissenen Hose klaubte, während er in Gedanken versunken still vor sich hin grinste. Heinrich wußte nicht, was er von dem Schweizer halten sollte. Irgendwie machte Konrad Odermatt einen verwirrenden Eindruck auf ihn. So, als wäre er vom Wind hergeblasen worden.

Plötzlich hob der Schweizer den Kopf.

«Bist du wach?» fragte er.

Heinrich öffnete die Augen.

«Weißt du was, ich habe mich entschlossen, nicht nach Alpirsbach zu gehen.»

Heinrich Mansfeld gähnte und streckte sich, bevor er sich aufsetzte.

«So?» sagte er. «Wohin willst du dann?»

«Du darfst raten.»

«New York.»

«He, willst du mir die Zukunft lesen?» Odermatt lachte. «Zusammen geht alles besser. Nur schon mit deinen Büchsen. Wir können sie abwechselnd tragen. Oder du kannst eine tragen, und ich trage die andere. Außerdem läßt man mich auch im Heu schlafen, wenn ein Einheimischer dabei ist. Und drüben in New York habe ich Beziehungen zur Hochfinanz. Onkel Johann, der Bankier, könnte dir unter die Arme greifen, wenn du deine Büchsenmacherwerkstatt aufmachen willst. Was sagst du nun?»

«Bist du deswegen die ganze Nacht wach geblieben?»

«Es beschäftigte meine Gedanken. Ich hatte ja sowieso vor, nach den Vereinigten Staaten zu gehen. Onkel Johann erwartet mich. Meine Mutter hat ihm geschrieben, daß ich das Zeug dazu habe, später einmal seine Nachfolge anzutreten.» Konrad lachte. «Der wird Augen machen, wenn ich dich mitbringe. Was ist? Du solltest dich freuen, daß du dein Zeug nicht mehr alleine schleppen mußt.»

Heinrich Mansfeld legte das Gesicht in die Hände und rieb sich mit den Fingern die Augen.

«Hast du Geld?» fragte er plötzlich. «Ich meine für die Überfahrt. Weißt du, was sie inzwischen für eine Überfahrt haben wollen?»

Konrad Odermatt öffnete die Hose. «Hier», sagte er. «Meine Geheimtasche. Hat mir meine Mutter ins Futter eingenäht. Die Halunken haben sie nicht entdeckt, obwohl sie mir beinahe auch noch die Hosen auszogen. Da sind hundertachtzig Gulden drin. Reicht das?»

«Vermutlich reicht das.»

«Und hier, schau dir das an.» Konrad Odermatt warf ihm ein goldgefaßtes Amulett zu. Auf ein ovales Stück Elfenbein war ein Mädchengesicht aufgemalt mit Margeriten im lockigen Haar.

«Weißt du, wer das ist?»

«Deine Kusine.»

«Wie hast du das nur erraten?» lachte Konrad Odermatt. Er kam humpelnd herüber. «Das ist eine Miniatur von einem bekannten amerikanischen Künstler in New York. Ein Porträt meiner Kusine. Auf Elfenbein. Das kann sich mein Herr Onkel leisten.»

«Einen langen, dünnen Hals hat sie», sagte Heinrich Mansfeld. «Und ein schiefes Auge.» Er grinste. «Aber besser wie Mona Lisa sieht sie allemal aus. Wie heißt sie?»

«Pauline.» Konrad nahm ihm den kleinen Anhänger aus der Hand und betrachtete ihn. »Poolin soll das drüben heißen, auf englisch. Sie ist dort geboren. Vor siebzehn Jahren. Ihr Vater hat das Amulett meiner Mutter geschickt, und ich habe es sozusagen mitlaufen lassen.» Er grinste breit. «Als Glücksbringer. Genützt hat es bis jetzt aber nicht viel.» Er tat den Anhänger in die Geheimtasche zurück und knöpfte die Hose zu. «Komm, wir brechen lieber auf, bevor es ganz hell wird. Vielleicht kriegen wir im nächsten Hof frische Milch, solange der Bauer noch beim Melken ist.»

«Dein Knöchel am linken Fuß ist ziemlich geschwollen», sagte Heinrich Mansfeld. «Kannst du überhaupt gehen damit?»

«Wenn wir mal unterwegs sind, geht's bestimmt.»

Heinrich begann, seine Sachen zusammenzupacken. Er hatte wirklich eine Menge Plunder dabei, und er konnte gut eines der Hemden entbehren. Er warf es Konrad zu. «Zieh das an, die Leute könnten sonst auf den Gedanken kommen, ich hätte unterwegs einen Streuner aufgelesen.»

Konrad war etwas kleiner und etwas schmaler als Heinrich Mansfeld, und so hing das Hemd lose von seinen Schultern herunter. Er rollte die Ärmel hoch, stopfte das Hemd in die schmutzige Hose und zog den Leibgurt enger. Das alte Hemd ließ er am kahlen Ast eines Busches hängen.

In Schiltach war Markttag. Wäre Konrad Odermatt nicht barfuß gewesen und mit einem zerschlagenen Gesicht, hätten sie kaum Aufsehen erregt. Die Leute drängten sich auf dem Marktplatz zwischen den engstehenden Fachwerkhäusern mit den spitzen Giebeldächern. Es war kalt an diesem Morgen, und die Wolken hingen tief im Tal. Das Kopfsteinpflaster war naß und glitschig. Das Fuhrwerk eines Händlers aus Offenburg rutschte auf dem steilen Straßenstück, das beim Gasthof «Engel» zum Marktplatz hochführte, rückwärts. Die eisenbeschlagenen Hufe der beiden Wagenpferde schlugen Funken, während sie versuchten, einen Halt zu finden. Der Händler brüllte und schlug mit der Peitsche auf die beiden alten Gäule ein, denen die Rippen durchs Fell standen. Als Heinrich nach dem Kopfzeug des linken Wagenpferds greifen wollte, zog Konrad ihn schnell zurück. Sein Gesicht war leichenblaß. Ein paar starke Männer eilten herbei und stemmten sich in die Speichen der Räder, und der schwerbeladene Wagen bewegte sich Zoll um Zoll zum Marktplatz hoch, wo dem Händler grad unterhalb des Rathauses hinter dem Brunnen ein Platz zugewiesen wurde. Konrad zog Heinrich durchs Gedränge. Bei einem Schuster kaufte Konrad ein Paar gebrauchte Schuhe, die neu gesohlt waren und frisch eingefettet. Die Frau des Schusters verkaufte ihm ein Paar dicke Wollstrümpfe, die ihm bis unter die Knie reichten, und an einem anderen Stand fand er einen zur Jacke umgeänderten Soldatenrock, der ihm wie angemessen paßte. Die Hose wollte Kornad von einer Näherin flicken lassen, da sie eigentlich nur über dem Knie zerrissen war. Außerdem hatte sie die eingenähte Geheimtasche, und eingelaufen war sie so gut, daß er sich nicht mehr wund rieb an den Innenschenkeln. Ein einäugiger Trödler bot ihnen zur Auswahl eine Kollektion von Messern an, Küchenmesser, Bockmesser, Häutermesser, Dolche, Messer, die an Gewehren und Pistolen befestigt werden konnten wie Bajonette, ein türkisches Krummschwert und einige französische Armeesäbel. Es war kein Messer darunter, das auch nur annähernd den hohen Preis des Händlers wert gewesen wäre. Sie wollten schon weitergehen, aber da hielt der Trödler Konrad am Arm zurück.

«Ich habe auch was Besonderes, wenn du bereit bist, dafür ein paar Gulden auszugeben», sagte er hinter der vorgehaltenen Hand hervor. «Warte, dir laufen die Augen über, wenn du dieses Prunkstück siehst.» Er verschwand kurz in seinem Kastenwagen. Als er wieder zum Vorschein kam und Konrad das Messer sah, das der Trödler an seiner speckig glänzenden Hose abwischte, stieg ihm das Blut in den Kopf. Er stieß Heinrich den Ellbogen in die Seite.

«Das ist mein Messer», raunte er ihm zu.

Das eine Auge des Trödlers leuchtete, als er bemerkte, wie interessiert die jungen Männer an dem Messer waren. Er hauchte gegen die blinkende Klinge, wischte sie noch einmal an der Hose ab und rollte den rechten Mantelärmel hoch, so daß ein schwarz behaarter Unterarm sichtbar wurde.

«Damit kannst du einem Frosch den Balg rasieren, mein Junge», prahlte der Trödler, spuckte in den Wind und winkelte den Arm an, damit er die Klinge gegen den Strich ansetzen konnte. Er schabte ein Stück seines Unterarms sauber, wischte die Haare von der Klinge und reichte Heinrich das Messer. «Scharf wie ein Rasiermesser, mein Junge. Und schau dir die Einlegearbeit an. Hervorragende Arbeit und obendrein echt Silber. Das Messer gehörte bestimmt zum stolzen Besitz eines Edelmannes.»

«Der in diesem Moment vor dir steht», entgegnete Konrad Odermatt grimmig. «Das Messer gehört mir!»

Der Trödler blickte Konrad mit seinem stechenden Auge mißtrauisch an.

«Was sagst du da, mein Junge? Dieses Messer habe ich vor Monaten unten in Haslach einem Mann abgehandelt, dem es als Familienerbstück eines Onkels hinterlassen worden war.»

«Das ist eine unverschämte Lüge!» sagte Konrad, und seine Stimme zitterte plötzlich. Heinrich bemerkte, wie das Gesicht des Schweizers rote Flecken bekam, und bevor er dazwischentreten konnte, hatte Konrad den Trödler bei den Mantelaufschlägen gepackt. Er zerrte ihn halb über den Ladentisch, Ware fiel herunter, Messer und Säbel und ein Kasten mit Geschirr, das klirrend in Brüche ging, und ein Messingspucknapf rollte scheppernd über das Kopfsteinpflaster den ziemlich steil abfallenden Marktplatz hinunter. «Du sagst mir lieber gleich, woher du dieses Messer hast, sonst dreh' ich dir den Hals ab, du diebischer Lump!» brüllte Konrad so laut, daß ein Gendarm an der Treppe des Rathauses aufmerksam wurde und sich säbelrasselnd einen Weg durch die aufgeschreckten Leute bahnte.

«Ich bin ein ehrlicher Händler und werde –»

«Diebesgut verkaufst du!» unterbrach ihn Konrad und zerrte ihn über den Tisch hinweg, der unter dem Gewicht des Trödlers zusammenbrach. Der schnauzbärtige Gendarm stürzte herbei.

«Was geht hier vor?» rief er aus. «Zurücktreten, Leute! Zurücktreten, sage ich!» Er fuchtelte mit dem Säbel wild in der Luft herum, konnte aber nicht verhindern, daß ein paar Buben blitzschnell die Gelegenheit nutzten, um ein paar Gegenstände, die vom umgestürzten Tisch gefallen waren, aufzuheben und damit davonzurennen.

Konrad schüttelte den einäugigen Trödler fast aus seinem schwarzen Mantel heraus. Der Trödler schrie um Hilfe, und der Gendarm hätte Konrad mit der flachen Säbelklinge auf den Rücken geschlagen, wäre Heinrich nicht dazwischengetreten.

«Mein Freund hier, der ein Wandersmann aus der Schweiz ist,

wurde gestern nachmittag auf der Straße zwischen hier und Schenkenzell überfallen», erklärte er schnell und so laut, daß die Leute ihn auch hören konnten. «Unter anderem wurde ihm dieses Messer gestohlen. Hier, das ist sein Monogramm, die Anfangsbuchstaben seines Namens, in Silber eingelegt. Konrad Odermatt heißt er. Die Wegelagerer haben ihm nur gerade das nackte Leben gelassen!»

«Sie bezichtigen diesen Mann des Diebstahls?» fragte der Gendarm bissig.

«Er ist im Besitz von Diebesgut!» rief Konrad. Er riß den Trödler herum und schleuderte ihn gegen die Menge. «Das Zeug hier ist wahrscheinlich alles gestohlen.» Er gab einem Kupferkessel einen Tritt und sprang auf die Heckbracke des Kastenwagens.

«Haltet ihn auf, diesen Verrückten», brüllte der Trödler, aber nicht einmal der Gendarm wagte es, sich dem wütenden jungen Mann zu nähern. Konrad sprang in den Wagen hinein, er sah sofort seinen Rucksack, der von einem Haken hing. Er wollte danach greifen, aber in diesem Moment stürzte der stumme Junge, der beim Überfall dabeigewesen war, an ihm vorbei und aus dem Wagen.

Konrad sprang brüllend hinter dem Stummen her und rannte beinahe den Gendarm über den Haufen, der ihn aufhalten wollte. Ohne sich um das Geschrei der Leute zu kümmern, packte er das türkische Krummschwert, das mitten im verstreuten Kram am Boden lag und rannte hinter dem Flüchtenden her. Die Leute wichen erschreckt zur Seite, und Konrad jagte den Marktplatz hinunter, riß eine Segeltuchplane mit sich und brachte einen Gemüsestand zum Einsturz. Pferde scheuten und stiegen wiehernd, und ein herrenloser Leiterwagen, der mit Holzscheiten beladen war, raste auf ein Haus zu, sprang über eine Rinne im Kopfsteinpflaster hinweg und barst beim Aufprall auf eine Hausmauer auseinander. Konrad sah, wie der Stumme im Gasthof «Engel» verschwand. Er stürzte hinterher in den Schankraum, das Türkenschwert hocherhoben. Der Stumme hatte sich unter einem der Tische in der Nähe des Kachelofens in Sicherheit gebracht. Am Tisch saßen zwei Männer, große starkknochige Burschen, die wahrscheinlich Zwillingsbrüder waren. Der eine unterschied sich vom anderen nur durch eine blutverkrustete Schramme auf dem Rücken seiner verschwollenen und blutunterlaufenen Nase, die Konrad ihm am Tag zuvor mit der geballten Faust eingeschlagen hatte.

«Daß wir uns so schnell wiedersehen, hättet ihr wohl nicht gedacht», sagte Konrad und ging auf den Tisch zu.

Eine dicke Kellnerin schrie und ließ einen Bierkrug fallen. Einer der beiden Halunken wollte vom Tisch aufspringen und die Flucht durch die Hintertür ergreifen, aber Konrad verstellte ihm den Weg und drohte ihm, mit dem Krummschwert den Kopf abzuschlagen.

Draußen war Lärm. Zuerst kam der Gendarm in den Schankraum. Dann drängten sich Männer durch die Tür. Heinrich befand sich unter ihnen.

«Das sind drei von den vier Halunken, die mich überfallen haben», sagte Konrad. «Einer hat sich unter dem Tisch verkrochen!»

«Das sind die Hettich-Buben aus Schramberg», sagte einer der Männer, die von draußen hereingekommen waren. «Ein ganz übles Gesindel. Haderlumpen sind es, die alle im Wolfacher Turm eingesperrt gehören, bis sie grau sind. Der älteste von ihnen ist der schlimmste. Johannes heißt er, und die Leute nennen ihn den roten Hettich. Man sagt, daß er den Hagenwinkel-Bauer umgebracht hat, aber das konnte ihm nie nachgewiesen werden.»

«Du hältst besser dein Dreckmaul!» sagte einer der Zwillinge und grinste höhnisch. «Wenn dich der Johannes erwischt, stopft er dir jedes Wort mit der Faust in die Gurgel zurück!»

«Wo ist euer Bruder?» fragte der Gendarm im Befehlston.

Die Kellnerin deutete zur Hintertür, und Konrad reagierte zuerst. Die Tür führte auf den Flur hinaus, von dem man in die Metzgerei und hinaus ins Freie gelangen konnte, wo zwei Schweine angebunden waren. Eine schmale Holztreppe führte hinauf zu den Gästezimmern und Wohnräumen. Ungeachtet seiner Schmerzen im Knöchel lief Konrad die Treppe hoch, und als er oben im Flur ankam, brüllte im Schankraum einer der Hettich-Buben eine Warnung: «Paß auf, der verrückte Schweizer kommt hoch!»

In einem der Zimmer rumpelte es. Eine Frau fluchte, und eine der Türen ging auf. Der rote Hettich stürzte heraus. Das Hemd hing ihm über die Hose herunter, und er hatte seine Jacke in der linken Hand. Das rotblonde Haar stand ihm zerzaust vom Kopf ab. Hinter ihm im Zimmer auf einem Bett kniete ein nacktes Weib.

Der rote Hettich brannte vor Wut, als er Konrad im Flur stehen sah mit dem Krummschwert in der Hand.

«Du verfluchter Hund, verschwinde!» schrie er mit zornerfüllter Stimme, und er kam den schmalen Flur entlang genau auf Konrad zu. Und da sah Konrad im Halbdunkel, daß er eine Pistole im Hosenbund stecken hatte. Der rote Hettich griff danach und zog sie heraus. Er spannte den Hahn, aber Konrad sprang in diesem Moment vor, und als der rote Hettich abdrückte, sauste das Türkenschwert wuchtig auf ihn herab. Die Pistole ging los, und Konrad spürte die Kugel heiß an seinem Gesicht entlangfahren. Irgendwo hinter ihm schlug sie ins alte Gemäuer. Verputz bröckelte herunter. Aber das alles nahm Konrad nur ganz schwach wahr. Er starrte voller Entsetzen auf den roten Hettich, der zurücktaumelte und sich jäh mit einem heiseren Aufschrei zu Boden warf, wo seine Hand noch immer den Griff der Pistole umklammert hielt. Aber die Hand gehörte nicht mehr zu ihm. Aus dem Stumpf seines Unterarms schoß Blut, spritze an die Wände und floß über die Bodenbretter der Treppe zu. Der rote Hettich packte mit der ihm verbliebenen Hand brüllend die abgetrennte Hand mit der Pistole und drückte sie gegen den Armstumpf. Die Finger begannen sich zu bewegen. Nach einem Krampf lösten sie sich vom Griff der Pistole, die zu Boden polterte. Der rote Hettich taumelte auf die Beine. «Ich bring dich um!» keuchte er und machte einen unsicheren Schritt auf Konrad zu, bevor er vornüberfiel und mit dem Kopf hart gegen das Treppengeländer schlug.

Der Gendarm kam die Treppe hochgelaufen. Als er sah, was passiert war, mußte er sich am Geländer festhalten.

«O du heilige Mutter Gottes», stöhnte er. «Der blutet wie ein Schwein.»

Konrad ließ die Hand mit dem Säbel sinken. Er merkte, wie ihm übel wurde. Langsam drehte er sich um und ging zum Fenster. Unten auf dem Marktplatz war noch immer ein furchtbares Durcheinander. Vor dem Gasthof drängte sich eine Menschenmenge. Ein paar Männer hielten den Trödler an den Armen fest. Heinrich kam langsam die Treppe hoch, gefolgt von dem Wirt. Jemand rief nach dem Arzt. Und der Wirt fluchte, weil ihm der rote Hettich den Flurboden versaute. «Das bleibt im Holz drin», sagte er wütend. «Für immer bleibt das Blut im Holz drin. Jemand hat für den ganzen Schaden aufzukommen, Karl.»

Der Gendarm wandte sich an Heinrich.

«Ich muß deinen Freund verhaften», sagte er.

«Er ist überfallen und ausgeraubt worden, und jetzt hat er sich gegen diesen Wegelagerer zur Wehr gesetzt. Er hat keine Schuld, und eigentlich wäre ihm die Bürgerschaft zu Dank verpflichtet.»

«Trotzdem muß ich ihn verhaften und nach Wolfach überführen. Alles andere wird sich schon klären.» Der Gendarm schüttelte den Kopf. «Eine Schweinerei ist das. Eine gottserbärmliche Schweinerei», sagte er, während er angewidert zusah, wie der Wirt dem roten Hettich den Arm über dem Ellbogen abband.

Man hielt Konrad Odermatt in Wolfach nicht lange fest. Die Behörden wollten nur genau wissen, woran sie mit ihm waren. Sie wollten seine Papiere sehen, und die waren in Ordnung. Konrad verfügte über eine Bescheinigung des Schweizerischen Militärdepartements, die ihm erlaubte, das Land zu verlassen. Er hatte auch Zollpapiere, die ihm in Waldshut beim Grenzübertritt ausgestellt worden waren, und er hatte den Gesellenbrief dabei und mehrere Zeugnisse und Fotografien.

Es war Mittag des nächsten Tages, als sie Konrad aus der Haft entließen. Die Sonne schien. Drüben, auf der anderen Seite der Kinzig, im abgemähten Gras einer Wiese spielten Kinder mit einem kläffenden Hund. Von der kleinen Stadt kamen die Klänge einer Marschkapelle herüber. Es war Sonntag.

Heinrich wartete auf Konrad unten vor dem Turm auf dem eingezäunten Platz. Konrad lachte übers ganze Gesicht, als sich die Tür in seinem Rücken schloß. Er hatte den Rucksack in der einen Hand und einen roten Apfel in der anderen, den ihm der Wärter mit auf den Weg gegeben hatte.

«Sogar das Geld haben sie mir wiedergegeben», sagte er. «Hier.» Er wollte Heinrich den Apfel geben, aber dieser wehrte ab.

«Hier. Nimm ihn ruhig. Ich habe noch einen.» Konrad grinste und holte einen zweiten Apfel aus dem Hosensack.

In einem der vergitterten Fenster des Gefängnisses tauchte das zerschlagene Gesicht von einem der Hettich-Zwillingsbrüder auf.

«Ihr beide, wir sehen uns mal wieder, und dann geht's euch drekkig!» brüllte er herunter. «Und wenn wir uns nicht mehr begegnen, dann sollt ihr verflucht sein und in die Hölle fahren. Und die Pest soll euch zerfressen, und das Höllenfeuer soll euch blenden.»

Der andere brüllte ein paar Obszönitäten hinterher, aber Heinrich und Konrad lachten nur, als sie die Landstraße hinuntergingen und über die Brücke. Sie kehrten im «Hecht» ein, ließen sich eine Suppe servieren und wurden von ein paar Wolfacher Zechern zu Apfelwein eingeladen. Die Festnahme des Trödlers und der blutige Kampf im «Engel» waren in aller Munde. Der rote Hettich lag immer noch in Schiltach, und es war fraglich, ob er seine Verletzung überleben würde. Daß es um einen Haderlumpen wie ihn nicht schade war, darüber war man sich einig, und man ärgerte sich nur darüber, daß man jetzt dieses Gesindel hier in Wolfach zu versorgen hatte.

Am Nachmittag, als Wolken das Tal hochzogen, verließen Heinrich und Konrad Wolfach. Sie gingen talabwärts und übernachteten bei einer Bauernfamilie auf dem Baumgartner-Hof. Hier, im Schein einer Laterne, las Heinrich Mansfeld seinem neuen Freund und Wandergefährten zum erstenmal aus einem kleinen, ziemlich abgegriffenen Buch vor, das ihm sein Stiefvater aus der Schulbibliothek mitgegeben hatte. «Wie ist es nun eigentlich in Amerika?» hieß der Titel des Büchleins von Friedrich Gerstäcker, das neu sechs Silbergroschen gekostet hatte und in Leipzig gedruckt worden war.

Konrad Odermatt hockte im Heu gegen eine Bretterwand gelehnt und flickte seine Hose. Auf der anderen Seite des Heubodens, wo eine Leiter in den Stall hinunterführte, kauerte ein Junge von vielleicht sechzehn Jahren. Sein Kittel war voller Löcher, und an seinen Wollhandschuhen fehlten zwei oder drei Finger. Es war der Knecht des Hofes. Neben ihm saß ein kleines Mädchen mit blonden Zöpfen, die zu einem Kranz um seinen Kopf gewunden waren. Das Mädchen blickte mit großen, neugierigen Augen herüber, während Heinrich vorlas, daß in den Hafenstädten im Süden der Vereinigten Staaten während der Spätsommermonate furchtbare Krankheiten wüteten, die vielen Neuankömmlingen zum Verhängnis wurden. «In New Orleans, Charleston, Mobile et cetera sollte man deshalb unter keiner Bedingung spät im August oder gar im September eintreffen», las Heinrich. «Schon Ende Juli beginnt manchmal die Krankheit, und ein Aufenthalt in der inneren Stadt wäre deshalb nicht anzuraten. Im November ist die Gefahr schon großen Teils vorüber, und im Dezember wird kein Mensch, der die südlichen Städte sieht, ahnen, daß noch vor wenigen Wochen Tod und Verderben in ihren Mauern herrschten.» Heinrich blickte von dem kleinen Buch auf und zwinkerte mit einem Auge zu dem Mädchen hinüber. «Um also in New Orleans nicht zur gefährlichen Zeit einzutreffen, sollte man unter keiner Bedingung zwischen dem 15. Mai und dem letzten September dorthin von Europa abgehen.»

«Es ist jetzt November», sagte Konrad. «Außerdem wollen wir nach New York.»

Heinrich machte das kleine Buch zu und versorgte es in seinem Bündel. «Da steht eine Menge wichtiger Sachen drin, Konrad», sagte er und streckte sich auf seiner Decke aus. «Obwohl ich guten Muts bin und meine Erwartungen nicht zu hoch schraube, mache ich mir manchmal Sorgen.»

Konrad hob den Kopf und blickte seinen Freund zweifelnd an. Bis jetzt wäre er nie auf den Gedanken gekommen, daß sich Heinrich seiner Sache nicht ganz sicher sein könnte. Immerhin hatte Heinrich, im

Gegensatz zu ihm, ein Ziel vor Augen. Er wollte eine Büchsenmacherwerkstatt eröffnen, und dazu hatte er seine zwei Büchsen mitgenommen und zwei Pistolen. Außerdem konnte er sogar ein bißchen Englisch, das er auf der Tübinger Universität gelernt hatte. Konrad wünschte, er hätte mehr auf englisch sagen können als: «*Poolin, you are beautiful.*» Das hatte ihm Heinrich beim Wandern beigebracht, und sie hatten gelacht und darüber gescherzt, daß sie sich wahrscheinlich beide sofort bis über die Ohren in Pauline Biland verlieben würden ohne Rücksicht darauf, daß sie ja Konrads Kusine war.

«Ich werde meinem Onkel einen Brief schreiben, daß er uns in seiner goldenen Kutsche abholt, wenn wir in New York ankommen», sagte Konrad.

Heinrich lächelte. «Ich dachte, er ist ein Geizhals, dein Onkel.»

«Für mich tut er alles. Immerhin hofft er, daß ich einmal in seine Fußstapfen trete.»

«Was hast du eigentlich vor?»

Konrad hob die Schultern. «Ein Nachbar im Ort gab mir den Rat, Bier zu brauen und niemals für fremde Herren in den Krieg zu ziehen.»

«Ein guter Rat. Also wird aus dir ein Bierbrauer.»

«Amerika ist das Land der unbegrenzten Möglichkeiten, mein Freund. Das Gelobte Land. Ich will nichts anderes, als eines Tages ein reicher Amerikaner sein.» Konrad nahm einen Umschlag aus seinem Rucksack und warf ihn Heinrich zu. «Schau dir mal die Fotos von den Kindern an, Heinrich. Das sind die von dem, der neunundvierzig nach Amerika ausgewandert ist und die Frau mit den Kindern sitzenlassen hat. Sie hat mir gesagt, ich soll ihm die Fotos zeigen, wenn ich ihn zufällig mal treffe.»

«Das ist ziemlich unwahrscheinlich. Die Vereinigten Staaten sind riesengroß.» Heinrich betrachtete die Fotografien von einem achtjährigen Jungen und einem zehnjährigen Mädchen, die vor einer griechischen Kulisse standen.

«Das letzte, was die gute Frau von ihm gehört hat, war, daß er in Lawrence, Massachusetts, arbeitete und von dort vor etwa drei Jahren nach Kentucky umgezogen ist. Danach brach jede Verbindung ab», berichtete Konrad. «Der Vater der Kinder heißt Wirz. Hartmann Heinrich Wirz, und die gute Frau ist davon überzeugt, daß er inzwischen in Amerika entweder etwas Großes geschafft oder daß man ihn längst aufgehängt hat.»

Heinrich tat die Fotos in den Umschlag zurück und warf ihn Konrad zu.

«Und wie begründet sie diese Vermutung?»

«Sie war vier Jahre mit ihm verheiratet, und er hatte den Kopf voller ehrgeiziger Pläne. Sein Vater war ein Schneider. Für seinen Sohn war das aber nicht gut genug. Er soll in Turin auf eine höhere Schule gegangen sein, und eigentlich wollte er Medizin studieren. Manchmal, so sagte mir die Frau verschämt, gäbe er sich als Arzt aus.»

«Zu deutsch heißt das, daß es sich bei deinem Freund in Amerika um einen Hochstapler handelt.»

«Und wahrscheinlich um ein Schlitzohr», grinste Konrad. «Er hat kurz gesessen in der Schweiz wegen Betrug und Unterschlagungen. Vier Jahre Zuchthaus hat er gekriegt, aber nach einem Jahr Haft soll er von der schweizerischen Regierung ausgewiesen worden sein.»

«Ein Mann mit einer düsteren Vergangenheit. Davon soll es in Amerika mehr geben als rechtschaffene Bürger, sagt man. Ganz Europa schickt sein Gesindel nach Amerika; die Schwindler, die Räuber, die Betrüger, die Diebe und Wegelagerer.» Heinrich lachte. «Wenn du Pech hast, begegnest du drüben irgendwann dem roten Hettich, mein Freund», sagte er scherzhaft.

«Zuerst muß er überleben, der rote Hettich. Wenn du gesehen hast, wie ihm das Blut aus dem Armstumpf gespritzt ist, dann weißt du, daß er Schwein haben muß, um mit dem Leben davonzukommen.»

«Zäh ist er bestimmt», sagte Heinrich. «Zäh wie Katzendarm.» Er gähnte. «Mach die Lampe aus, Konrad. Wir wollen uns morgen auf den Weg machen, bevor es Tag wird.»

Der Knecht räusperte sich.

«Wie kommt man nach Amerika?» fragte er.

«Per Dampfboot oder per Segelboot», sagte Heinrich Mansfeld gähnend.

«Und wieviel kostet das?»

«Bestimmt achtzig Gulden.»

«Achtzig Gulden?»

«Wenn nicht mehr.»

Der Knecht nahm die Unterlippe zwischen die Zähne. Eine Weile dachte er nach, dann grinste er schief.

«Ich glaube, ich bleibe lieber hier», sagte er. «Komm, Rose.» Er kletterte die Leiter hinunter und wartete im Stall auf das kleine Mädchen mit den blonden Zöpfen. Konrad blies die Lampe aus. Irgendwo im Haus spielte jemand auf einer Handorgel. Und mitten in der Nacht kam eine der Kühe im Stall mit einem Kalb nieder. Konrad half dem Bauern bei der Geburt. Heinrich schaute zu. Es ging alles gut, und später, als das Kalb schon auf seinen wackeligen Beinen stehen konnte, gab es Schwartenmagen und Bier für alle. Nur Heinrich Mansfeld kletterte auf den Heuboden zurück und legte sich hin. Am Morgen, lange bevor es hell wurde, packte er sein Bündel und weckte Konrad.

«Kommst du oder kommst du nicht?» fragte er nicht gerade freundlich.

Konrad rieb sich die Augen. Sein Gesicht war ganz verschwollen.

«Warum bleiben wir nicht hier, bis es hell wird. Dann sehen wir nämlich, wohin wir gehen.»

«Wir gehen der Straße nach», sagte Heinrich. «Du kannst aber auch hierbleiben, wenn du willst.» Er nahm die Tasche mit den beiden Gewehren auf und ging zur Leiter hinüber.

«Warte. Ich komme auch. Heiliger Strohsack, ich bin spät ins Bett gekommen.»

Heinrich gab ihm keine Antwort. Aber er wartete, bis Konrad sein Zeug im Rucksack verstaut hatte und herüberkam. Sie kletterten hinunter, wuschen sich am Brunnen und verließen den Hof, bevor jemand wach wurde. Ein großer schwarzer Hund beobachtete sie, als sie den Weg zur Straße hinuntergingen in die Nacht hinaus.

4

Mitte Dezember begegnete Gritli auf dem Weg zur Käserei, wo sie die Milch ablieferte, dem Paul Odermatt im leichten Schneegestöber vor dem Restaurant «Kreuz». «Weißt du schon, daß der Konrad in Amerika ist?» fragte er und klopfte sich den Schnee von den Joppenärmeln. «Ein Brief ist angekommen. Aus Bremerhaven.»

Gritli streichelte Bäri, der vor den Milchwagen gespannt war, über den Kopf und zog ihn weiter. Zwei Tage später traf sie sich heimlich mit dem Paul auf dem Heuboden. Draußen schneite es dicht, und es war kalt geworden. Sie kauerten im Heu nieder, und Paul hauchte gegen seine Finger.

«Hast du den Brief mitgebracht?» fragte Gritli.

«Ja.»

«Dann gib ihn mir.»

«Nicht umsonst.» Paul grinste. «Ich will, daß du mir gut bist, Gritli.»

Sie spürte, wie sich ihr Gesicht rötete. «Was sagst du da, Paul Odermatt? Du weißt, daß ich deinen Bruder liebe und sonst niemanden.»

«Mein Bruder kommt nie mehr zurück, das ist absolut sicher. Ich habe den Brief.» Er legte seine rechte Hand gegen die Brust. «Da steht alles drin. Jetzt ist er bestimmt schon in Amerika, und bestimmt denkt er mit keinem Gedanken an dich.»

«Das glaube ich nicht.»

«Hier», sagte er und griff in seine Jacke. Er gab ihr einen Umschlag. Ihre Finger zitterten etwas, als sie den Brief herauszog. Und Paul grinste. «Ein schönes Mädchen wie du sollte nicht einem Geist hinterhertrauern», sagte er. «Das Leben geht weiter. Wir können uns morgen schon wieder treffen, wenn du willst.»

«Sei still», sagte sie. «Ich will lesen.»

Er lachte und fuhr mit seinen Händen unter ihre Röcke. Sie trug Wollstrümpfe und drückte die Knie zusammen, während sie las.

Bremerhaven, 19. November 1857

Meine liebe, gute Mutter!

Zuerst will ich Dir lieber gleich sagen, daß Du Dir keine Sorgen zu machen brauchst um mich. Es geht mir gut, obwohl ich nirgendwo als Bierbrauer eine Anstellung bekommen habe. Ich habe mich deshalb doch entschlossen, nach den Vereinigten Staaten von Amerika auszuwandern, so wie Du es mir empfohlen hast. Ich bin deshalb vom Schwarzwald aus zum Rhein hinuntergegangen und von dort nach Bremerhaven, wo ich mich jetzt aufhalte und warte, daß ich auf einem Schiff einen Platz kriege. So einfach ist das nicht. Hier warten so viele Leute darauf, die Überfahrt zu machen, daß man in der Stadt kaum eine Unterkunft bekommen kann, es sei denn für teures Geld. Überhaupt stürzen sich hier allerlei Halunken wie Geier auf die armen Leute, die auf ein Schiff zu warten haben. Die meisten sind abgefeimte Betrüger, die den Leuten das letzte Geld aus den Taschen ziehen und sie sogar um ihre Habseligkeiten bringen. Dafür versprechen sie einem drüben in Amerika eine sofortige Weiterreise ins Inland oder eine saubere Unterkunft in New York oder ein fruchtbares Landstück, das sich für Ackerbau und Viehzucht besonders eignet. Natürlich ist fast alles davon ein großer Schwindel, und wer immer nach Amerika auswandern will, sei vor diesen Betrügern tausend- und abertausendmal gewarnt. Ich muß gestehen, daß ich ab und zu vom Heimweh geplagt werde, wenn meine Gedanken zu euch allen zurückfliegen. Ich habe jedoch unterwegs einen Gefährten gefunden, den Heinrich Mansfeld aus dem Neckartal, und der weiß ziemlich Bescheid über die Verhältnisse in Amerika, weil er ein Büchlein hat, in dem alles drinsteht, was ein Neuankömmling wissen muß. Er ist von Beruf Büchsenmachergeselle, und er hat die Absicht, in New York eine eigene Werkstatt zu eröffnen. Er kennt niemand drüben in Amerika, und so werde ich ihn Onkel Johann präsentieren, falls uns der überhaupt in seinem Palast empfängt. Heinrich ist voller Zuversicht und mit eisernem Fleiß und festem Willen ausgestattet. Ich traue ihm alles zu. Er hat zum Beispiel eine Jägerbüchse dabei, die er selbst gemacht hat, ein Nadelgewehr, bei dem er das Patent von Dreyse & Collenbusch überholt hat. Ich schreibe Dir das nur, weil der Alois sich womöglich dafür interessiert. Heinrich hat das Zündhütchen in die Patrone eingesetzt, und zwar nicht hinten an der Kugel, sondern ganz hinten am Ende einer Patrone, und somit kann bei dem Gewehr auf die lange Nadel verzichtet werden. Ich verstehe inzwischen mehr von solchen Sachen als die meisten Leute, aber ich habe von Heinrich auch die ersten Worte in der englischen Sprache gelernt, und außerdem liest er mir oft aus dem Büchlein vor. Ich glaube, wir sind in der kurzen Zeit unseres Zusammenseins sehr gute Freunde geworden, besonders nach einem Abenteuer, das wir in einem Dorf namens Schiltach erlebten, wo man mich in der Nähe überfallen und ausgeraubt hat. Liebe, gute Mutter, die Geheimtasche, die Du mir genäht hast, haben die Schufte nicht entdeckt, und einer hat mit seiner rechten Hand das Verbrechen bezahlen müssen. Liebe, gute Mutter, aus der Ferne grüße ich Dich in Liebe und versichere Dir, daß es mir gutgeht und daß mich die alten Verletzungen fast nicht mehr behindern, und auch die Kopfschmerzen sind erträglicher geworden. Nun bitte ich Dich um den Gefallen, Onkel Johann einen Brief zu schreiben, in dem Du ihm mitteilst, daß ich im Laufe des Jänners bei ihm vorstellig werde. Ich hoffe, der alte Geizkragen erinnert sich, daß er auch einmal mit leeren Händen nach Amerika ging. Ich schreibe Dir sofort, wenn wir in New York ankommen, was wahrscheinlich im Januar nächsten Jahres sein wird, sofern uns das Winterwetter bei der Überfahrt günstig gesinnt ist. Ich hoffe, daß mich in New York bei Onkel Johann ein Brief von Dir erwartet . . .

Heinrich schrieb am 10. Dezember 1857 folgenden Brief an seinen ehemaligen Lehrmeister Wilhelm Eberhardt:

Verehrtester Meister!

Ich sitze hier in dieser kleinen Kammer im Keller eines alten Hauses und frage mich, ob es richtig war, meiner Heimat den Rücken zu kehren. Ich hatte mir ja die Überfahrt schon in Horb von einem geschäftstüchtigen Agenten sichern lassen, aber am 1. des Monats ist die *Mathilda* ohne mich abgefahren. Das nächste Schiff, das nach New York abgeht, ist eine Dreimastbarke der HAPAG (Hamburg-Amerikanische-Paketfahrt-Aktien-Gesellschaft), die den wohlklingenden Namen *Theresia* trägt, genau wie die hübsche Tochter vom Flickschuster Wolpert, die mir häufig in den Sinn kommt. Ich habe meinen ersten Passagierschein an einen Mann aus Leipzig verkauft, der mir den doppelten Preis dafür bezahlte, weil ich mich unterwegs hierher mit einem Freund zusammengetan habe und wir die Überfahrt zusammen machen wollen. Er stammt aus der Schweiz, und er beabsichtigte eigentlich, in Alpirsbach oder sonstwo in Württemberg eine Anstellung als Bierbrauer zu finden, aber Ihr wißt ja, wie schwierig es heutzutage ist, überhaupt Arbeit zu bekommen. Es gelang uns unterwegs nicht, für ihn auch eine Überfahrt auf dem gleichen Schiff zu sichern, weil die meisten Agenten, die uns Angebote machten, nicht vertrauenswürdig waren. Mein Gefährte heißt Konrad Odermatt, und er hat Verwandte in New York, die im Bankgeschäft sind. Er will mich unbedingt mit seinem Onkel bekannt machen, der nach seinen Angaben sehr wohlhabend ist und uns helfen könnte. Natürlich will ich dieses Angebot nicht ausschlagen, da im Moment für Einwanderer nicht die rosigsten Zeiten sind. Die Amerikaner fürchten, daß zu viele von uns in ihr Land kommen und daß wir mit unseren fremdartigen Sitten und Bräuchen und Religionen zu viel Schaden anrichten. Ich weiß nicht, was daran wahr ist, und ich will auch nicht glauben, daß es in diesem Land für uns keinen Platz mehr geben soll und daß man uns ächten wird wie Aussätzige. Der Konrad hat übrigens noch immer keinen Passagierschein bekommen, und er ist deshalb ziemlich ungehalten. Manchmal denke ich, daß er irgendwann die Beherrschung verliert und irgend etwas Dummes tut, weil die Warterei hier eine ziemliche Qual ist und obendrein auch noch teuer. Es wimmelt hier von allerlei Betrügern, die nur darauf bedacht sind, die armen Auswanderer regelrecht auszuplündern. Meine Büchsen und die Pistolen sind gut aufgehoben. Ich behalte sie immer im Auge, und ich habe sie für die lange Überfahrt gut eingepackt. Der Konrad meint, daß die Amerikaner ihre Soldaten bestimmt mit meinem Nadelgewehr ausrüsten würden, wenn man es ihnen nur schmackhaft macht. Er ist in allem so zuversichtlich, wie ich es nie sein kann, manchmal sogar sträflich unbekümmert. Ich habe ihm die Passage aus Gerstäckers Büchlein vorgelesen, in der steht, daß der größte Feind der Auswanderer ihre Eigenliebe ist, der Eigendünkel und das frohe Bewußtsein, jetzt selbständig in einem freien Land dazustehen, wo alles auf Anhieb gelingen würde. Er will davon nichts wissen und ist davon überzeugt, daß er schnell ein reicher Mann sein wird und dann wie ein richtiger Prahlhans nach Hause zurückkehren kann, mit einer goldenen Kutsche und sechs schwarzen Rössern im Gespann. Manchmal scheint es, als ob er ein bißchen verrückt wäre, er hat auch viel Kopfweh von einer Verletzung, aber er findet leicht überall Sympathien. Wenn wir Glück haben und die Winde günstig wehen, fahren wir am 15. Dezember mit der *Theresia* von hier ab. Ich hoffe, daß wir bis dahin in unserem Loch nicht erfrieren oder von Ratten gefressen werden . . .

Jemand kam hustend die Treppe herunter. Heinrich steckte den Brief an seinen Lehrmeister in den Umschlag und klebte ihn zu. Seine Finger waren starr vor Kälte, und jeder Atemzug bildete eine kleine Wolke vor seinem Gesicht.

Die Tür ging auf, aber statt Konrad erschien eine junge Frau, die einen schwarzen, mit Pelz besetzten Kapuzenmantel trug. Unter ihrer Kapuze quollen goldblonde Locken hervor. Ihr Gesicht war blaß und schmal mit Augen, um die dunkle Schatten lagen, und mit einem vollen roten Mund.

Hinter ihr tauchte Konrad auf. Er schubste die junge Frau in den kleinen, fensterlosen Kellerraum hinein.

«Das ist Julia», sagte er. «Julia hat einen Passagierschein übrig für die Überfahrt mit der *Theresia.*»

«Wie kommt das?» fragte Heinrich sofort argwöhnisch.

«Mein Mann ist vor einem Monat gestorben», sagte Julia leise. «Er hatte die Schwindsucht. Ursprünglich sollten wir mit einem Dampfschiff nach New Orleans fahren, aber dann entdeckten sie, daß mein Mann krank war, und sie wollten ihn natürlich nicht mitfahren lassen, und ein paar Wochen später starb er.»

«An der Schwindsucht?»

Julia senkte den Kopf, und Konrad machte mit der Hand ein Zeichen, daß Heinrich mit der Fragerei aufhören sollte. Heinrich stand von seiner Matratze auf, steckte den Brief in die Innentasche seines Mantels und schlug den Kragen hoch.

«Ich gehe zur Post», sagte er.

Julia schluchzte. «Ich will lieber gehen, wenn ich euch ungelegen komme», sagte sie leise und griff hilfesuchend nach Konrads Arm.

«Wer sagt denn so was?» sagte Konrad und legte seinen Arm schützend um sie. «Natürlich kannst du hier bei uns bleiben. Mach es dir nur bequem unterdessen.»

Er folgte Heinrich hinaus. Es war kalt draußen, nur etwa vier Grad über Null. Nebel hing zwischen den Häusern. Das Hufgeklapper von Wagenpferden hallte durch die Straße, und ein Bettler ohne Beine streckte ihnen seinen Hut entgegen, in dem ein paar Münzen blinkten. Heinrich zog den Kopf zwischen die Schultern und ging eilig über die Straße. Konrad folgte ihm und hielt ihn auf dem gegenüberliegenden Bürgersteig am Arm zurück. Ein Frachtwagen der HAPAG, der von einem Zweiergespann gezogen wurde, fuhr vorbei, beladen mit Kisten voll Tabak aus Virginia.

«Ich habe Julia unten am Hafen kennengelernt», sagte Konrad.

«Sie wollte den Passagierschein ihres verstorbenen Mannes verkaufen. Da habe ich ihr gesagt, daß ich daran interessiert bin, mit dem nächsten Schiff nach New York zu fahren.»

«Dann ist ja jetzt deine Überfahrt wenigstens gesichert», gab Heinrich kurz zurück.

«Und deine, mein lieber Freund.» Konrad grinste. «Sie hat den letzten Monat allein hier in dieser Stadt verbracht. Die Unterkunft ihres Mannes, die Arzt- und Begräbniskosten und ihr eigener Lebensunterhalt mußten bezahlt werden. Sie hätte zu ihren Verwandten zurückkehren können, aber das ließ ihr Stolz nicht zu. Außerdem will sie unbedingt nach Missouri zu ihrer Schwester auf deren Farm ziehen.»

«Du meinst, sie hat hier in Bremerhaven ihren Körper zu Markte getragen, um dort drüben im Hinterland das Leben als Farmerin zu fristen?»

«Sie hatte eine Familie, Heinrich. Zwei Kinder und einen Mann. Das erste Kind hat sie als Säugling weggegeben, weil die Zeiten schlecht waren und ihr Mann keine lohnende Arbeit fand. Das zweite Kind starb, als es drei Jahre alt war.»

«Hat sie dir das alles erzählt?»

«Es ist die Wahrheit.» Konrad ließ Heinrichs Arm los. «Du kannst es glauben oder nicht, das ist mir scheißegal. Es sind noch vier Tage, bis die *Theresia* ausläuft, und wir brauchen nur noch einen Passagierschein. Wir sind von Pontius zu Pilatus gelaufen und haben, ich weiß nicht wie viele Türen eingerannt, mit dem Ergebnis, daß wir inzwischen keinen Schritt weitergekommen sind. Ich will weg von hier, Heinrich, raus aus diesem verseuchten Rattenloch. Ich will nicht noch einmal einen halben Monat warten. Bald ist Weihnachten. Weihnachten auf hoher See, darauf freue ich mich.»

Sie gingen weiter. Unterwegs kauften sie einen Laib Brot und geräucherten Aal. Auf der Post studierte der Beamte den Umschlag.

«Kein Absender», stellte er fest. «Wann geht's rüber, meine Herren?»

«Am 15. Mit der *Theresia*», sagte Konrad.

«Die alte Barke muß zum Bersten voll sein», sagte der Postbeamte. «Es scheint, als gäbe es auf Weihnachten hin nur einen Wunsch, nichts wie weg von hier. Kann es den Leuten nicht verdenken. Das ist kein Leben nicht für jemanden, der mal irgendwo zu Hause war.»

Der Mann hatte recht. Auf dem Rückweg gingen sie zum Hafen hinunter. Überall hockten zerlumpte Bettler herum, frierend wie nasse Vögel. Aus einer der vielen Kneipen drangen die Klänge eines Schifferklaviers. Eine Gruppe Matrosen überquerte die Straße, lachend, einander auf den Rücken klopfend, die alten Teerjacken glitschig naß.

Das Büro der HAPAG befand sich in einem großen neuen Gebäude. Unten auf der Straße standen die Leute in einer langen Schlange, bedrängt und belästigt von Männern, die ihnen allen ein Stück der Neuen Welt anzubieten hatten; Farmland in Illinois und Missouri, Eisenbahnland entlang der Schienenstrecke ins Hinterland, Landberechtigungsscheine, die für geleistete Soldatendienste ausgestellt worden waren und für eine gewisse Summe auf einen Einwanderer übertragen werden konnten, Geschäftsbriefe und andere Papiere, die sich meistens nach der Ankunft in Amerika als gefälscht oder als wertlos erwiesen. Die meisten Leute hüteten sich davor, irgendwelche Verpflichtungen einzugehen, selbst auf die Gefahr hin, in New York keine Unterkunft zu haben und für den Weiterweg an Ort und Stelle selbst sorgen zu müssen. Aber es gab trotzdem viele, die sich verunsichern ließen und allen Warnungen zum Trotz den schlauesten unter den Betrügern zum Opfer fielen.

Als sich Heinrich hinten an der Reihe anstellen wollte, zog Konrad ihn weiter. Die Leute in der Schlange wurden unruhig. Jemand rief: «He, ihr beiden, nicht vordrängen, bitte schön!»

«Wir sind bestellt», rief Konrad über die Schulter zurück. Er drängte sich an den Leuten vorbei durch den Eingang, der in eine Art Wartesaal führte, in dem es mehrere Schalter gab. Aber anstatt sich an einem der Schalter anzustellen, klopfte Konrad gegen eine Tür und trat ein.

Der Mann, der hinter einem Tisch saß und Zeitung las, blickte über die Gläser seiner randlosen Brille hinweg, sichtlich ungehalten über die Störung.

«Franz, mein Freund, das hier ist Julias Bruder, der Heinrich», sagte Konrad sofort in seinem furchtbar klingenden Hochdeutsch. «Ist vielleicht für ihn schon ein Passagierschein frei geworden?»

Der Mann hinter dem Tisch rückte seinen Schlips zurecht. «Das ist nicht so einfach», sagte er. «Habe ich dem Fräulein Julia nicht empfohlen, Geduld zu üben?»

«Es sind nur noch vier Tage bis zur Abfahrt.»

«Vier Tage. Lieber Gott, das ist eine lange Zeit. Ich werde sehen, was ich machen kann.» Er erhob sich. Draußen im Schalterraum wurde es laut. Männer lärmten. Jemand schimpfte jemanden einen Halsabschneider. Ein Kind begann zu schreien.

«Wie Tiere benehmen die sich», sagte der Mann und kam um den Tisch herum. Er war ein mittelgroßer, drahtiger Mann mit schütterem Haar. «Sie sind also Julias Bruder, junger Mann», sagte er. «Ich will Ihnen mal was sagen, Sie haben eine äußerst bemerkenswerte Schwester.» Er schüttelte Heinrich die Hand. «Franz Schramm ist mein Name. Wissen Sie, was es bedeuten kann, wenn ich irgend etwas manipuliere und man erwischt mich dabei?»

Heinrich hob die Schultern.

«Ich wäre meine Anstellung los. Von einem Tag auf den anderen. Auf der Straße wie tausend andere. Manchmal wünsche ich mir, ich könnte einfach mein Bündel packen und nach den Vereinigten Staaten gehen.»

«Warum tun Sie's nicht?»

Der Mann lachte. «Es gibt einiges, was ich nicht einfach liegenlassen kann, verstehen Sie. Kinder. Familie. Meine Mutter lebt noch. Außerdem –»

Er brach ab, weil jemand gegen die Tür polterte.

«Herr Schramm, würden Sie bitte mal nach dem Rechten sehen!» drängte eine Stimme von draußen. Franz Schramm ließ Heinrich stehen und öffnete die Tür. Im Schalterraum hatten zwei Männer einen anderen Mann am Mantel gepackt. Sie zerrten an ihm herum, und der Mann versuchte, sich zur Wehr zu setzen. Blut lief ihm aus der Nase.

«Was geht hier vor?» fragte Franz Schramm streng. Er trat auf die drei Männer zu. Die anderen Leute wichen zurück. Eine Mutter versuchte, ihr weinendes Kind zu trösten, und der Mann, der von den anderen beiden festgehalten wurde, riß sich los und taumelte zurück.

«Er will seine Schulden nicht bezahlen, der Mistkerl», sagte der kleinere der beiden Männer. «Achtunddreißig Tage hat er bei mir zur Untermiete gewohnt mit seiner Brut, und jetzt will er einfach abhauen. Du kennst mich, Franz. Ich bin eine ehrliche Haut, und ich habe ein Herz, besonders für Leute mit Kindern. Ich wollte ihm sogar zehn Gulden nachlassen, aber er schimpfte mich einen Betrüger und drohte sogar, mir den Schädel einzuschlagen. So was konnte ich selbstverständlich nicht einfach hinnehmen.»

«Warum bist du nicht zur Polizei gegangen, du dreckiger Betrüger!» brüllte der Mann, der aus der Nase blutete. «Weil du ein gottserbärmlich schlechtes Gewissen hast. In einem Kellerloch hast du uns einquartiert, und du wolltest nur zwei Personen berechnen, aber am Ende hast du uns eine Rechnung für vier Personen ausgestellt. Meine Frau kann das bezeugen!»

«Deine Frau redet dir nach dem Maul! Ich will mein Geld haben!»

«Ich habe kein Geld mehr!» rief der Mann. Er wischte sich das Blut vom Mund. «Ich habe für die Weiterreise von New York im voraus bezahlt.»

«Bei wem?» fragte Franz Schramm.

«Bei einem Agenten.»

«Sind Sie im Besitz eines Reisescheines?»

«Ja. Anna, zeig dem Herrn die Bescheinigung.» Die Frau bückte sich und öffnete eine Reisetasche, die vor ihren Füßen am Boden stand. Hinter ihr kam für einen Moment ein Mädchen zum Vorschein, das sich an den Röcken seiner Mutter festhielt und sich sofort wieder hinter ihr versteckte.

«Komm, wir gehen lieber», sagte Heinrich halblaut zu Konrad. «Was hier geschieht, ist nicht sehr menschlich.»

«Warte, vielleicht kriegen wir doch noch deinen Passagierschein. Leute, die ihre Schulden nicht bezahlen können, werden oft angehalten hierzubleiben, bis die Angelegenheit geregelt ist.»

«Der Mann hat eine Frau und zwei kleine Kinder.»

«Seine Zeche muß er trotzdem bezahlen, oder?»

Die Frau gab Franz Schramm ein paar Zettel, und er inspizierte sie. Plötzlich hob er den Kopf und blickte den Mann an.

«Herr Hildebrand, darf ich Sie für einen Moment in mein Büro bitten. Sie dürfen Ihre Familie gern mitnehmen.»

Der Mann blickte ihn zweifelnd an.

«Ist etwas mit den Papieren nicht in Ordnung?» fragte er.

«Bitte, kommen Sie in mein Büro!» forderte ihn Franz Schramm noch einmal auf. Dann wandte er sich an die anderen beiden Männer. «Hubert, du kommst besser in einer Stunde noch einmal vorbei. Im Moment ist nichts zu machen, aber ich glaube, daß Herr Hildebrand seine Schulden begleichen wird.»

«Er tut besser daran, wenn er bezahlt», sagte der größere der beiden Männer. Er hob eine geballte Rechte, an der die Haut über den Knöcheln aufgeplatzt war. «Das nächste Mal kommt er nicht so glimpflich davon.»

Franz Schramm nickte nur und ging in sein Büro zurück. Hinter ihm trat der Mann ein. Er stellte die schwere Reisetasche neben einem Stuhl hin. Die Frau kam nach. Sie drückte das eine Kind an sich. Das kleine Mädchen versteckte sich in ihrem Rock. Als Heinrich guten Tag sagte, blickte die Frau auf. Ihre Augen waren voll Angst und Sorge.

«Wenn du Julia heute abend hierherschicken willst, kann ich ihr wahrscheinlich einen Passagierschein für Heinrich geben», sagte Franz Schramm und zwinkerte Konrad zu. Dann bot er der Frau den Stuhl an, und er selbst nahm hinter dem Tisch Platz. Konrad nahm Heinrich beim Arm und zog ihn hinaus.

«Ich will keinen Passagierschein auf Kosten dieser Familie», sagte Heinrich, sobald sie draußen waren.

«Mein lieber Freund, du kannst dir in deiner Situation kein Mitleid leisten», entgegnete Konrad hart. «Entweder du fährst mit, oder du bleibst hier. So einfach ist das. Der Mann hat Schwierigkeiten. Wahrscheinlich ist er irgendwelchen Betrügern auf den Leim gegangen, und jetzt hat er kein Geld mehr, um seine Zeche zu bezahlen. So was kommt hier alle Tage vor. Damit haben wir nichts zu tun, verstehst du.»

«Und wie kommt es, daß Schramm uns gegenüber so zuvorkommend ist?»

«Dafür kannst du dich bei Julia bedanken. Sie trifft sich ab und zu mit ihm. Manchmal gibt er ihr Geld. Jetzt gibt er ihr einen Passagierschein.»

«Mir ist zum Kotzen übel», sagte Heinrich

«Das ist, weil du zu zart besaitet bist für diese Welt. Du mußt dir ein dickeres Fell zulegen, mein Freund, wenn du da draußen nicht vor die Hunde gehen willst.»

Sie gingen zusammen in eine der Kneipen, tranken ein Bier, doch Heinrich fühlte sich danach überhaupt nicht besser. Zu Hause hatte Julia unterdessen aufgeräumt. Der Moder im feuchten Kellerloch roch jetzt nach irgendeinem billigen Parfüm. Draußen in einem schmalen Kellergang hingen Hemden und Unterwäsche, die Julia gewaschen hatte. Als Konrad und Heinrich eintraten, saß Julia auf Konrads Matratze und hustete in ein Taschentuch. Ihr Gesicht war blaß und schimmerte feucht. Sie ließ das Taschentuch schnell verschwinden und wollte sich erheben.

«Bleib nur sitzen», sagte Konrad.

Julia blieb.

Die nächsten drei Tage herrschte zwischen Heinrich und Konrad zum erstenmal eine Mißstimmung. Sie gingen sich aus dem Weg, und wenn Konrad auch nie eine Andeutung über den Reiseschein machte, den Julia schließlich von Schramm für ihn aufgetrieben hatte, hielt Heinrich sich möglichst wenig in dem kleinen Kellerloch auf und trieb sich im Hafen rum. Er versuchte alles, um doch noch zu einer Fahrkarte zu kommen, stand stundenlang vor den Schaltern Schlange und wartete vor geschlossenen Türen. Schließlich sah er ein, daß ihm gar nichts anderes übrigblieb, als Julias Reiseschein anzunehmen, eine Entscheidung, die ihm auch dann noch sehr schwer fiel.

Schon kurz nachdem der Dreimaster *Theresia* den Hafen von Bremerhaven verlassen hatte, wurde Julia krank. Da es unter den Zwischendeckpassagieren kaum jemand gab, der nicht der Seekrankheit verfiel, machten sich weder Heinrich noch Konrad Gedanken darüber.

Die ersten Tage verbrachten die meisten Passagiere, sofern es das stürmische Wetter zuließ, auf Deck und versuchten gegen die immer wiederkehrende Übelkeit anzukämpfen. Manche waren so krank, daß sie schon bald keine Kraft mehr hatten, sich von ihren Lagern zu erheben. Es begann fürchterlich zu stinken im überfüllten Zwischendeck, und das Jammern und Stöhnen der Passagiere hielt Tag und Nacht an.

Konrad hatte mehr zu leiden als Heinrich. Und nach einigen Tagen, als es schien, als hätte Heinrich das Schlimmste überstanden, konnte Konrad nicht einmal mehr einen Löffel Tee bei sich behalten. Er erbrach alles, was er aß oder trank, und das Kohlepulver, das ihm Julia als Medizin verabreichte, half nicht.

Die *Theresia* machte gute Fahrt durch das von Nordostwinden gepeitschte Meer. Die Sturmsegel waren aufgezogen, und die Mannschaft hatte alle Hände voll zu tun. Die alten «Teerjacken» zeigten für die seekranken Passagiere kaum Mitgefühl. Im Gegenteil, oft begegneten sie denjenigen, die sich an Deck wagten, mit offener Verachtung. Landratten waren es, auf unsicheren Beinen und von der stetigen Angst gequält, daß ihre Reise auf dem finsteren Meeresgrund enden würde.

Auch Julia hatte Angst. Aber es war eine andere Angst. Heinrich spürte es, wenn er ihr zufällig in die Augen blickte. Sie war verloren, und sie wußte es. Nur Konrad merkte es nicht. Er war zu sehr mit sich und seiner Übelkeit beschäftigt. Er lag die meiste Zeit, wurde blaß und mager, übergab sich andauernd, selbst wenn er nichts im Leibe hatte, haderte mit dem Schicksal und verwünschte seinen Entschluß, den festen Boden unter den Füßen aufzugeben, um nach Amerika auszuwandern. Manchmal schien es, als würde er demnächst sterben.

Aber er starb nicht. Julia starb. Jeden Tag ein bißchen mehr.

Einmal fiel ihr nach einem Hustenkrampf das Taschentuch aus der schlaffen Hand. Heinrich hob es auf und bemerkte das frische Blut. Einer der anderen Passagiere, ein grobschlächtiger Mann aus Dresden, setzte sich auf seinem Lager auf und strich sich das strähnige Haar zurück.

«Das Mädchen gehört nicht hierher», sagte er. «Sorg dafür, daß es in eine Krankenkabine kommt.»

Julia richtete sich auf.

«Es geht schon wieder», sagte sie leise, aber dann bemerkte sie, daß Heinrich das Taschentuch in der Hand hatte. Ihre Augen füllten sich mit Tränen.

An Weihnachten geriet die *Theresia* in einen Nordweststurm. Alle Passagiere wurden unter Deck beordert. Es war fünf Uhr am Abend und schon dunkel. Heiliger Abend. Niemand mochte mehr an die Feierlichkeiten denken, die man im Zwischendeck und in den Kabinen vorbereitet hatte. Die ersten Brecher fielen die *Theresia* an, als wollte der Sturm sie zerreißen. Was im Innern des Schiffes nicht festgemacht worden war, geriet jäh in Bewegung. Einige Passagiere versuchten, ihr Hab und Gut festzuhalten, aber die Wucht, mit der die gewaltigen Wassermassen gegen das Schiff prallten, schleuderte sogar die stärksten Männer umher wie Puppen. Frauen und Kinder kauerten bei den Kojenreihen nieder und hielten sich fest umschlungen. Das Glas einer Kerosinlampe barst. Die Flamme züngelte zu den ächzenden Brettern hoch, erlosch aber, bevor das Holz Feuer fangen konnte. Ein kleiner Junge wurde zusammen mit einigen Gepäckstükken gegen den Herd geschleudert, auf dem die Zwischendeckpassagiere kochten. Die Tür der Feuerung sprang auf. Brennende Holzstücke flogen heraus und verbrannten das Gesicht und die Hände des Jungen. Heinrich, der in der Nähe des Durchgangs, der zu den Kabinen führte, am Boden kniete, sprang auf und packte die glühenden Holzstücke mit bloßen Händen. Er warf sie in die Feuerung zurück und trat die Tür mit dem Fuß zu. Eine Frau zog den Jungen mit sich. Sie stürzten beide und rollten schreiend gegen die Trennwand. Eines der glühenden Holzstücke, das Heinrich entgangen war, geriet unter eine Reisetasche aus Teppichstoff, die zu schmoren und rauchen anfing. Einer der Passagiere rannte zum Löschfaß und stieß den Dekkel weg, das Wasser schwappte über. Der Mann benutzte seinen Hut als Gefäß, da die Löscheimer alle von den Haken gefallen waren und im Schiff herumrollten. Es gelang ihm, die Glut zu löschen.

Heinrich kroch auf allen vieren zur Koje von Konrad hinüber. Der Schweizer klammerte sich an einer Frau fest, die drei kleine Kinder und ihren mutlos gewordenen Mann zu trösten hatte. Der Mann betete, während ihm Tränen über das Gesicht liefen. Und Konrad übergab sich, krümmte sich zusammen wie ein verletztes Tier, und als er den Kopf wieder hob, lief ihm Schleim aus Mund und Nase.

Jemand schrie, es würde Wasser eindringen, und tatsächlich stand es im Mittelgang bald knöcheltief.

«Ich schau mal nach Julia», rief Heinrich, aber Konrad schien ihn nicht zu hören.

Der Sturm wurde immer schlimmer. Die *Theresia* ächzte und stöhnte, jammerte und heulte. Im Zwischendeck und in den Kabinen beteten und weinten Männer, die bisher sämtliche Gefahren verhöhnt hatten.

In der Krankenkabine lag Julia. Sie klammerte sich an ihrer Koje fest, hatte die Lippen zusammengepreßt und starrte Heinrich aus fiebrig glänzenden Augen an. Ihr Gesicht war blaß, die Haut beinahe durchsichtig. Sie hatte ihre Lippen rot angemalt, aber die Farbe war bis über Kinn und Nase verschmiert. Heinrich legte die Hand auf ihre Stirn und erschrak. Julias Gesicht war eiskalt.

«Frierst du?» fragte er.

Sie öffnete den Mund. «Ich brenne», flüsterte sie. «Wird uns der Sturm verschlingen, Heinrich?»

«Die *Theresia* hält sich tapfer», sagte Heinrich. «Wie fühlst du dich?»

Sie hob den Kopf etwas an. «Ich sterbe», sagte sie.

«Das solltest du nicht so einfach sagen, Julia. Du hast Schiffsfieber, und das geht vorbei.»

Sie bewegte die Lippen, brachte aber nur ein schwaches Lächeln hervor.

«Es ist schon gut so», flüsterte sie dann. «Ich mag das.»

«Was?»

«Sterben. Es fühlt sich gut an. So sanft wie nichts sonst.»

Die *Theresia* hob sich jäh, und Julias Kopf fiel in die Kissen zurück. Die Brecher donnerten gegen den Rumpf des Schiffes.

Heinrich mußte sich mit aller Kraft festhalten, damit er aufrecht stehen konnte. Er wischte den Schweiß von Julias Gesicht. Sie lächelte.

«Paß auf den Konrad auf», sagte sie mühsam.

«Um ihn brauchst du dir bestimmt keine Sorgen zu machen.»

Sie griff nach Heinrichs Hand am Kojenrand, und ein Hustenkrampf überfiel sie. Sie zerrte das Tuch unter der Bettdecke hervor, das voll war mit dunkleren und helleren Blutflecken, drückte es sich zerknüllt gegen den Mund und hustete hinein. Der Krampf dauerte ein paar Minuten lang. Dann war Julia in Schweiß gebadet und hatte nicht einmal mehr die Kraft, den Kopf zu heben. Ganz langsam bewegte sich die Hand mit dem blutigen Tuch unter die Decke zurück. Bis jetzt wußte außer Konrad und Heinrich auf dem Schiff niemand, daß sie die Schwindsucht hatte.

Heinrich blieb die ganze Nacht hindurch bei ihr.

Gegen Morgen ließ der Sturm nach, der Kapitän persönlich ging von Kabine zu Kabine, um den Passagieren zu sagen, daß die Gefahr jetzt vorüber wäre. Die Passagiere feierten den Weihnachtstag, sangen Lieder, dankten dem Herrn für den Schutz, den er ihnen während des Sturms gewährt hatte, und gaben sich gegenseitig kleine Geschenke.

Konrad hockte kalkweiß auf seinem Lager. Es ging ihm schlecht.

Und Julia starb am Nachmittag. Kaum jemand merkte es. Die See hatte sich beruhigt, wer wollte, konnte sich auf Deck begeben. Die Luft war kalt und frisch. Unten im Zwischendeck wurde mit Essigwasser saubergemacht. Heinrich holte den Kapitän und den Schiffsarzt. Als er ihnen sagte, daß Julia die Schwindsucht hatte, wollten sie die Angelegenheit geheimhalten, damit unter den Passagieren keine Panik ausbrach. In Julias Gepäck fand Heinrich die Adresse ihrer Schwester in Missouri. Der Arzt stellte einen Totenschein aus, und da Heinrich als Julias Bruder in die Passagierliste eingetragen war, überließ man ihm die Entscheidung, was er mit ihren persönlichen Habseligkeiten anfangen wollte.

In der Nacht half Heinrich seinem seekranken Freund auf Deck. Die See hatte sich beruhigt. Bleiches Mondlicht glitzerte auf dem Wasser. Es war kalt. Von der Reling und von den Tauen hing Eis.

Vier Matrosen trugen Julia auf einer Rutsche zur Reling. Der Leichnam war in eine Segeltuchplane eingewickelt und mit einem Seil umschnürt. Der Kapitän sprach ein Gebet. Konrad hielt sich an Heinrich fest. Tränen liefen ihm über das eingefallene Gesicht. Nach dem Gebet hoben die Matrosen das Ende der Rutsche etwas an, und

Julias Leichnam glitt über Bord ins Wasser. Konrad ließ Heinrichs Arm los und stürzte zur Reling. Im schäumenden Wasser tauchte Julia noch einmal auf, trieb vom Rumpf des Schiffes weg, wurde von Strudeln erfaßt und in die Tiefe gezogen.

Heinrich und Konrad standen noch lange an der Reling und starrten hinunter ins dunkle Wasser.

Am 27. Januar 1858 lief die *Theresia* im Hafen von New York ein.

5

Johann Biland war kein Mann, der seinen Reichtum zur Schau stellte. Zusammen mit seiner Tochter Pauline und einigen Bediensteten bewohnte er zwar eine prachtvolle Stadtvilla an der Vesey Street, nur zwei Häuserblocks vom Broadway entfernt, wo sich inmitten des geschäftlichen Zentrums von New York seine Bank befand, aber er sorgte dafür, daß sein Name kaum je in einem Atemzug mit dem der Astors oder der Vanderbilts ausgesprochen wurde. Er hielt sich auch selbst nicht für so reich wie diese Herren, die lange vor ihm nach Amerika gekommen waren und ihr Vermögen zu einer Zeit verdient hatten, als mit einem geringen Investitionskapital durch den Ankauf und Verkauf riesiger Ländereien größte Profite zu machen waren. Diese Zeiten waren vorbei; die großen Grundherren hatten ihre Ländereien verkauft und sich dem städtischen Grundbesitz als Kapitalanlage und der Eisenbahn zugewandt.

Johann Biland galt als etwas verschrobener Außenseiter, und er gefiel sich in dieser maskierenden und zugleich schützenden Rolle. Als er nach Amerika gekommen war, hatten in seinem Geldbeutel die letzten paar Kreuzer geklingelt. Er fand Arbeit bei Astor, der eben die «Amerikanische Pelzhandelsgesellschaft» gegründet hatte und froh war, einen Mann zu finden, der nicht nur lesen, schreiben und rechnen konnte, sondern auch über einen gewitzten Geschäftssinn verfügte, Deutsch, Englisch und Französisch sprach und durch sein einfaches Wesen einen absolut vertrauenswürdigen und ehrlichen Eindruck machte.

Als Johann Biland sich dann selbständig machte, erwarb er rasch ein großes Vermögen auf sehr soliden Fundamenten. Sein Geschäftssinn war im Laufe der Jahre noch schärfer geworden, sein Fleiß zu einer wahren Manie. Die Machtposition, die der Schweizer inzwischen in der amerikanischen Finanzwirtschaft einnahm, war nicht mehr zu unterschätzen, obwohl er auch weiterhin wie ein einfacher, fast etwas biederer Geschäftsmann wirkte. Die New Yorker Hochfinanz respektierte den alten Biland, auch wenn er ein Eigenbrötler war und im Winter jeden Morgen im gleichen abgetragenen Mantel die Vesey Street hinunterging, mit seinem krummen Haselnußstock und dem Zylinder, den ihm der Wirtschaftsminister Großbritanniens geschenkt hatte, als Biland noch eine eigene kleine Handelsflotte betrieb, die von New York aus in alle Welt hinaussegelte.

Er war noch kein Greis, aber er ging krumm, und er hinkte leicht, weil ihn seit Jahren der Gelenkrheumatismus plagte. Das Haar, das ihm über den abgetragenen Mantelkragen herunterhing, war dünner geworden und grau, sein Gesicht hager und faltiger, halb versteckt unter einem fleckigen Vollbart. Der Tod seines ältesten Sohnes machte ihm zu schaffen. Das wußten die Leute, die ihn kannten. Aber sie wußten auch, daß sich dieser Mann nicht lange beugen lassen würde. Er zeigte sich selten in der Öffentlichkeit, hielt sich von großen Veranstaltungen fern und verstand es, sich in einer Zeit bedeutender politischer Veränderungen keine Blöße zu geben.

Es war ein naßkalter Tag im Januar, als Johann Biland spät von seiner Bank nach Hause kam. In der Halle empfing Pauline ihn mit der freudigen Nachricht, daß der Vetter Konrad Odermatt aus der alten Heimat endlich eingetroffen sei, so wie es seine Mutter im letzten Brief angekündigt hätte. Außerdem hätte er einen Freund mitgebracht. Sie gab ihrem Vater einen Kuß, als er eintrat, wie sie es jeden Abend tat, wenn er nach Hause kam, und jeden Morgen, wenn er sich auf den Weg zu seiner Bank machte.

«Es sind zwei schneidige junge Männer», sagte Pauline, während sie ihm aus dem Mantel half. «Molly hat den beiden ganz schnell eine zünftige Mahlzeit zubereitet, und sie sind darüber hergefallen wie hungrige Wölfe.»

«In der Zeitung stand, daß die *Theresia* in schlechtes Wetter geraten ist und deshalb mit Verspätung und ohne Frischwasser und mit nur noch einem kleinen Proviantrest eingelaufen ist», sagte Johann Biland. «Wo sind denn die beiden Herren?»

«Im kleinen Salon, Vater.» Sie nahm ihm den Hut ab. «Ich habe ihr ganzes Gepäck in den Gästeflügel bringen lassen. Konrad wird bestimmt hierbleiben, und sein Freund hat vorläufig noch keine Bleibe in New York.»

Johann Biland runzelte die Stirn. Seit dem Tod seiner Frau und seines ältesten Sohnes hatte er nur noch die seit vielen Jahren bei ihm angestellte Haushälterin Molly und seine Tochter Pauline im Haus geduldet. Der Gedanke, Fremde zu beherbergen, behagte ihm nicht.

Er setzte sich auf die alte Truhe bei der Garderobe, zog seine Schuhe aus und schlüpfte in ausgetretene Filzpantoffeln.

«Wir werden uns beim Abendessen sehen», sagte er zu Pauline, erhob sich und ging an ihr vorbei in sein Arbeitszimmer. Sie schaute ihm nach, dann nahm sie seine Schuhe und stopfte zerknülltes Zeitungspapier hinein, damit sie beim Trocknen die Form behielten. Sie dachte daran, daß um diese Jahreszeit vor einem Jahr ihre Mutter gestorben war und daß sie seither das Haus nur noch selten verlassen hatte, außer um im Sommer in der Gartenlaube zu sitzen oder auf den Kieswegen um das Haus herum spazierenzugehen. Ihr Vater verlangte zwar nicht von ihr, daß sie zu Hause blieb, wahrscheinlich erwartete er es nicht einmal. Er war so oder so einsam, und ihre Abwesenheit hätte daran kaum etwas geändert. Aber sie hatte sich geschworen, ihn niemals zu verlassen, als ihre Mutter gestorben war. Er hatte sonst niemand. Außer Molly. Aber Molly wäre längst weggegangen, wenn nicht Ben, der alte Gärtner geblieben wäre. Und Ben blieb, weil Pauline da war und weil sie nicht von ihm verlangte, daß er das Haus betrat, in dem nach seiner Meinung noch immer die ruhelosen Seelen der Verstorbenen geisterten.

Pauline ging in die Küche. Molly war dabei, das Abendessen zuzubereiten. Molly war eine Negerin und schon so lange im Haus, wie Pauline sich zurückerinnern konnte. Manchmal schien es ihr, als wäre Molly der Anfang ihres Daseins gewesen. Mollys dunkel glänzendes Gesicht. Molly, die sich in der Hecke versteckt hatte. Molly auf der Schaukel. Molly über den Zuber gebeugt, in dem die Kinder gebadet wurden. Mollys gelber Hut und die Uhr, die nur einen Zeiger hatte. Und Molly konnte quaken wie ein Ochsenfrosch.

«Molly, glaubst du, daß es unerhört wäre, wenn ich heute zum Dinner mein blaues Kleid trüge?» fragte Pauline und hakte sich bei ihr ein.

Molly hob die Brauen, und ihre runden Augen wurden groß.

«Wie lange habe ich darauf gewartet, daß irgend etwas passieren würde, *Missy*», sagte sie lachend. «Ein Jahr lang hast du nun dieses traurige schwarze Kleid getragen.»

«Und? Was ist denn passiert?» fragte Pauline und streichelte sanft Mollys Wange. «Gar nichts ist passiert, liebe Molly. Ich denke nur, daß heute eine gute Gelegenheit wäre, das blaue Kleid zu tragen.»

«Geh und mach dich schön, mein Kleines», sagte Molly. «Deine Mutter würde sich freuen.»

«Ja. Daran habe ich auch gedacht. Mutter hätte sich sehr über den

Besuch gefreut.» Pauline verließ die Küche und durchquerte die Halle. Aus dem kleinen Salon drangen die Stimmen der jungen Männer, die sich leise auf deutsch unterhielten. Pauline hatte als Kind Privatunterricht in Deutsch gehabt, aber die Sprache hatte ihr nie gefallen. Jetzt wünschte sie, sie hätte damals besser aufgepaßt.

Während des Abendessens wurde kein Wort gesprochen.

Johann Biland saß am Kopfende eines langen Tisches, und Konrad war sich nicht sicher, ob er ihre Anwesenheit überhaupt bemerkte. Es herrschte eine merkwürdig bedrückende Atmosphäre im Eßzimmer, das an den großen Salon angrenzte. Pauline trug ein hellblaues Kleid. Es gab ein Stück ihrer Schultern frei und gewährte Konrad einen Blick zum Ansatz ihres Busens, als er sich vorbeugte und ihr den Stuhl zurechtrückte.

Nach dem Essen räumte Molly ab, und Pauline verließ das Zimmer. Jetzt hob Onkel Johann zum ersten Mal den Kopf. Er musterte zuerst Konrad und ließ Heinrich unbeachtet. Er sagte kein Wort. Konrad versuchte dem Blick aus den grauen Augen standzuhalten, aber das schaffte er nicht. Ein unbehagliches Gefühl ließ ihm das Blut in den Kopf steigen.

«Deine Mutter hat mir geschrieben», sagte Johann Biland plötzlich. «Sie hat mir geschrieben, daß aus dir ein brauchbarer junger Mann geworden ist, der große Ziele hat.»

Konrad hob den Kopf. Er versuchte den Wirbel seiner Gedanken aufzuhalten. Er wollte ruhig bleiben, aber er merkte, wie ihm der Schweiß ausbrach.

«Deine Mutter hat in ihrem Brief auch erwähnt, daß ich dir vertrauen könne.» Johann Biland kniff die kleinen, stahlharten Augen ein bißchen zusammen. «Was hast du vor, Konrad?»

«Heinrich und ich haben auf dem Schiff Pläne geschmiedet», sagte Konrad.

«Ich fragte, was *du* vorhast, Konrad», entgegnete Johann Biland.

«Eine Werkstatt», sagte Konrad. «Heinrich ist Büchsenmacher und ...»

«Eine Werkstatt?» Onkel Johann war sichtlich überrascht. «Wenn ich nicht irre, schrieb deine Mutter, du hättest die Lehre als Bierbrauer absolviert.»

«Ja, das stimmt. Aber das heißt nicht, daß ich bis ans Lebensende ein Bierbrauer bleiben will.» Konrad wagte ein etwas klägliches Grinsen. «Der Heinrich ist ein Büchsenmachergeselle, und zwar ein guter. Wir haben uns überlegt, daß wir zusammen mit einer Werkstatt anfangen könnten. Heinrich hat eine eigene Erfindung gemacht, die bis jetzt absolut geheim ist.»

Onkel Johann richtete sich etwas auf. Sein Blick traf jetzt zum ersten Mal Heinrich, der etwas belustigt lächelte, weil er eben auch zum ersten Mal gehört hatte, daß Konrad nicht als Bierbrauer arbeiten wollte, sondern an eine Partnerschaft mit ihm dachte. Er ließ sich aber die Überraschung nicht anmerken und erwiderte den Blick des alten Mannes.

«Eine Erfindung, die geheim ist, taugt möglicherweise nicht viel», sagte Johann Biland ruhig. «Erzähl mir von dir, Junge!»

«Viel gibt es da nicht zu erzählen, Herr Biland», sagte Heinrich.

«Woher kommst du?»

«Aus Württemberg. Ich bin in Horb am Neckar aufgewachsen. Mein Vater fiel in den Kämpfen der Revolution. Meine Mutter heiratete den Schulmeister Mansfeld, und ich habe seinen Namen angenommen, weil er mir wie ein Vater war und meiner Mutter ein guter Ehemann, solange sie lebte.»

«Warum bist du von zu Hause weggegangen?»

«Mein Meister hätte mir keinen Lohn mehr bezahlen können, und eine andere Anstellung konnte ich nicht finden, so entschloß ich mich, nach Amerika auszuwandern.»

«Mit ebenso großen Zielen wie mein Neffe, der Konrad, von dem seine Mutter denkt, daß er ein brauchbarer junger Mann ist.» Das klang weder freundlich noch wohlmeinend. Heinrich streifte Konrad mit einem Blick, und er sah, wie diesem das Blut in den Kopf stieg.

«Ich weiß nicht, was Sie meinen, Herr Biland», sagte Heinrich. «Der Konrad war mir auf der Reise hierher ein guter Freund und ein zuverlässiger Gefährte. Ich würde nicht scheuen, mit ihm eine Partnerschaft einzugehen.»

«Du als Büchsenmacher und er als Bierbrauer?» Johann Biland rückte jäh seinen Stuhl zurück und stand auf. Er ging zu einem der drei dicht nebeneinander liegenden Fenster und blickte in das Dunkel hinaus. «Ihr könnt die Nacht hier im Haus bleiben», sagte er, ohne sich nach ihnen umzusehen. «Pauline wird euch die Zimmer zeigen. Wir sehen uns morgen abend. Ich hoffe, daß du bis dann weißt, was du hier tun willst, Konrad.»

Heinrich und Konrad warfen sich einen Blick zu. Dann erhoben sie sich und verließen das Eßzimmer. Draußen in der Halle holte Konrad tief Luft.

Sie hatten sich den Besuch im Hause von Johann Biland anders vorgestellt, aber während dieser ersten Nacht, die sie wieder einmal in einem richtigen Bett auf festem Grund und Boden verbrachten, wurde ihnen klar, daß für sie hier in der Neuen Welt vielleicht so etwas wie ein Überlebenskampf begonnen hatte. Niemand schien auf sie gewartet zu haben; nicht auf Heinrich, den Büchsenmacher, und auch nicht auf Konrad, den Bierbrauer. Und seine Vermutung, daß der alte Biland ein Geizhals war und nicht ganz richtig im Kopf sein konnte, sah Konrad nun bestätigt. Seine Mutter hatte ihm schon gesagt, daß der Johann als Kind mit niemandem so richtig zurechtgekommen war. Konrads Mutter, eigentlich nur Johann Bilands Halbschwester, konnte sich auch nicht entsinnen, daß sie ihn als Junge jemals richtig fröhlich gesehen hatte oder daß er mit Gleichaltrigen herumgetobt hätte. Später, mit noch nicht sechzehn Jahren, ging er von zu Hause weg, und man hörte lange nichts mehr von ihm. Es wurde erzählt, er sei als Händler durch die Lande gezogen, von Haus zu Haus, mit einem schweren Rucksack auf dem Rücken und auch, daß er mit einem Juden zusammen Geldgeschäfte gemacht und recht gut verdient hätte. Bevor er nach Amerika auswanderte, hatte er alle seine Ersparnisse seinem jüngeren Bruder zukommen lassen, damit dieser studieren und Arzt werden konnte. Biland selbst sei mittellos in Amerika angekommen, hatte Konrad von seiner Mutter erfahren, und hätte als Hausierer angefangen. So was zeichnet einen Menschen nicht nur äußerlich, dachte Konrad. Von so einem Leben kriegt man auch innerlich Narben, und hinzu kommt noch all das Unglück in der Familie. Vier Kinder waren ihm weggestorben, und die Frau war viele Jahre krank gewesen, ehe sie endlich erlöst worden war.

Konrad konnte nicht schlafen in dieser Nacht. Und neben ihm lag auch Heinrich die meiste Zeit wach. Draußen heulte der Wind durch die kahlen Bäume des Gartens, und es war feucht im Zimmer, obwohl im Ofen ein Feuer brannte.

«Vielleicht hätte ich dich nicht hierher mitnehmen sollen», sagte Konrad einmal aus einem Gedanken heraus. «Ich bin fast gestorben, als er mich beim Essen plötzlich angesehen hat.»

«Wer weiß, was er von dir erwartet hat», gab Heinrich leise zurück. «Überleg dir besser, wie du ihn morgen abend besänftigen kannst. Ich glaube, er will haargenau wissen, ob es sich für ihn lohnen könnte, dich als Neffen zu akzeptieren oder nicht.»

Konrad setzte sich auf.

«Wie meinst du das?»

«Er ist ein schrulliger Mann, dein Onkel, und er ist ziemlich allein. Aber er ist auch einer der erfolgreichsten Unternehmer dieses Landes, und ich bin sicher, daß er sich von deinem Besuch etwas versprochen hat.»

«Daß ich so bin wie er?»

«Gescheit.» Heinrich setzte sich auf. «Schlau. Fleißig. Sparsam. Was weiß ich, was sonst noch dazugehört, Konrad. Rücksichtslosigkeit, vielleicht. Mut. Geiz. Hunger oder so was. Ich weiß nicht, was es alles braucht, damit ein Mensch so wird wie er.»

«Ich glaube nicht, daß ich das schaffen könnte. Weißt du, warum ich nach dem Essen nicht einfach mein Zeug gepackt habe und weggegangen bin?»

«Wegen deiner Kusine.»

Konrad setzte sich auch auf. Es war fast dunkel im Zimmer. Nur die Flammen im Kamin verbreiteten flackerndes Licht. Kein Geräusch war zu hören, und die Stille ließ sie nicht zur Ruhe kommen. Das Ächzen der *Theresia*, das knarrende Geräusch der Takelwerke, das Rauschen des Windes und des Ozeans, das Jammern kranker Passagiere und die Kommandorufe an Deck, das war ihnen alles so vertraut geworden, daß es ihnen jetzt fehlte.

«Ich kann ihm sagen, daß wir mit einem Eisenwarenladen anfangen wollen», sagte Konrad plötzlich. «Eisenwaren und Feuerwaffen. Du kannst dir eine Werkstatt einrichten, und ich gehe mit den Waren von Haus zu Haus. Was hältst du davon?»

Heinrich stand auf, ging zum Fenster und blickte in die Nacht hinaus. Dünner Nebel hüllte das Haus und die Gartenanlagen ein. Drüben, im kleinen Gärtnerhäuschen, dort, wo die Stallungen waren, brannte ein Licht.

«Ich bin ein Büchsenmacher, Konrad», sagte Heinrich plötzlich. »Ich bin kein Schlosser, und ich bin kein Hausierer.»

«Dann richte dir, verdammt noch mal, eine Büchsenmacherwerkstatt ein. Alles, was ich gesagt habe, ist, daß wir Partner sind. Der Alte respektiert dich. Das habe ich gleich gemerkt. Warum sollten wir das nicht ausnützen? Wieviel Geld hast du denn noch?»

«Notfalls hätten wir die Ersparnisse von Julia. Das sind über zweihundert Gulden.»

«Das reicht nicht lange. Der Alte ist steinreich, mein Freund. Warum sollte er uns nicht ein bißchen unter die Arme greifen? Wir brauchen ihm nur einen konkreten Vorschlag zu machen. Damit er merkt, daß es uns ernst ist. Damit er sein Mißtrauen verliert. Immerhin bin ich sein Neffe.» Konrad grinste. «Wenn wir es richtig anfangen, können wir zusammen bald groß ins Geschäft einsteigen.»

«In welches Geschäft?»

«Eisenwaren. Waffen. Bierbrauerei. Was immer wir wollen. Alles, was wir brauchen, ist Anfangskapital. Und der Alte hat genug davon. Immerhin gehört ihm auch eine Bank.»

«Ich habe kein gutes Gefühl, wenn ich daran denke, daß ich ihm jemals verpflichtet sein könnte, Konrad.»

«Blödsinn. Du hast mir doch selbst gesagt, daß deine Erfindung ein Vermögen wert ist, wenn du den richtigen Interessenten dafür findest. Das mit den Eisenwaren ist doch nur für den Anfang. Damit er sieht, daß wir gewillt sind, hart zu arbeiten. In ein paar Monaten, wenn er uns vertraut, können wir anfangen, lohnenderen Geschäften nachzugehen, und in zwei, drei Jahren sind wir steinreich, übernehmen die Bilandsche Bank und wohnen im Palast um die Ecke, direkt neben den Vanderbilts und den Astors, während amerikanische Soldaten mit deinen Nadelgewehren ganz Mexiko und Mittelamerika erobern und den Spaniern eine Schlappe nach der anderen erteilen. Weißt du was, mein lieber Freund, eigentlich kann gar nichts schiefgehen, und wir sind jetzt schon gemachte Leute. Ich werde Pauline heiraten und mit ihr die ganze Welt bereisen, während du hier in New York die Geschäfte leitest und eine Familie gründest, mit zehn Kindern oder mehr, damit das alles nicht für die Katz ist, was wir jetzt tun.» Konrad lehnte sich gegen das Kopfbrett des Bettes und blickte zu Heinrich hinüber, der ihm den Rücken zugedreht hatte. «Was sagst du nun, mein Freund?» fragte er. «Ist das was oder nicht?»

Heinrich gab keine Antwort. Seine Aufmerksamkeit galt einer Gestalt, die beim Seitentor in der Nähe der Stallungen aus den Nebelschleiern auftauchte. Es war ein Mann, der einen knöchellangen schwarzen Mantel trug und eine Wollmütze mit Ohrenklappen. Der Mann blieb beim Tor stehen. Ein Hund überquerte die Straße, und der Mann bückte sich und streichelte ihm über den Kopf. Dann scheuchte er ihn weg, tat, als wollte er nach ihm treten und einen Stein nach ihm werfen. Der Hund trottete über die Straße zurück, blieb stehen und schaute sich nach dem Mann um. Jetzt warf der Mann den Stein hinter ihm her, und er verschwand im Nebel. Der Mann öffnete das Tor leise, und anstatt auf dem Kiesweg, kam er quer durch die Gartenanlage auf den Hintereingang des Hauses zu. Trotz des Mantels und der Mütze konnte Heinrich erkennen, daß es sich bei dem Mann um Johann Biland handelte, der offenbar seine Rückkehr von einem nächtlichen Ausflug geheimhalten wollte.

«Was ist? Warum sagst du nichts?» fragte Konrad vom Bett herüber. «Bin ich dir etwa nicht gut genug als Partner?»

«Red mit deinem Onkel darüber», sagte Heinrich. «Sag ihm, was du vorhast, und wir werden sehen, wie er darauf reagiert. Aber denk daran, daß ich mich nicht verkaufen werde.»

«Natürlich nehme ich auf deine spießbürgerlichen Grundsätze größte Rücksicht», spottete Konrad. Heinrich kam vom Fenster herüber, sagte nichts über seine Beobachtung und ging wieder zu Bett, wo er noch lange wach lag.

Der Laden befand sich am Broadway, Ecke 32th Street. Über dem Eingang hing noch ein Blechschild mit der Aufschrift *Th. Kaiser & Sons*. Im Laden roch es nach Tabak. Ein hagerer Mann war dabei, die leeren Regale sauberzumachen. Als Heinrich und Konrad eintraten, blickte er auf und sagte, daß er keine Arbeit zu vergeben hätte. Er hatte einen starken deutschen Akzent, und Heinrich fragte ihn auf englisch, woher er käme.

«Ich bin hier, nicht wahr», erwiderte der Mann. «Ich bin Amerikaner.»

«Wir wollen ein Geschäft mieten», sagte Heinrich. «Einen Laden.»

Der hagere Mann legte den Lappen auf eines der Regale, wischte die knochigen Hände an seiner Schürze ab und kam herüber. Er musterte sie beide von Kopf bis Fuß, und was er sah, schien ihm nicht zu gefallen.

«An Neue vermietet hier niemand einen Laden», sagte er auf deutsch. «Mit was wollt ihr denn Geschäfte machen?»

«Eisenwaren.»

«Der Eisenwarenladen von *Jones and Wetherby* ist schräg gegenüber. Erstens sind das Engländer, und zweitens sind die schon Jahre im Geschäft. Die machen euch kaputt, bevor ihr richtig angefangen habt. Wie wär's mit Tabakwaren?»

Heinrich schüttelte den Kopf. «Eisenwaren», beharrte er. «Wer ist denn der Besitzer dieses Ladens?»

«Ich. Ich hatte ihn untervermietet. An einen Landsmann. Nach zwei Wochen konnte er die Miete nicht mehr aufbringen.» Der Geschäftsbesitzer ging zur Tür und zeigte über den Broadway. Es regnete leicht. Auf der anderen Straßenseite war neben dem Eisenwarengeschäft ein Laden, der Tabakwaren verkaufte, Zeitungen und

Schreibwaren. Der Laden gehörte *Geo. Brook & Sons.* «Amerikaner», sagte der hagere Mann. «Ihre Vorfahren kamen aus England. Vor zwei Jahren hat man mir nach Ladenschluß aufgelauert. In einer Hintergasse. Ich soll aus New York verschwinden, sagten sie. Am besten gleich dorthin zurück, wo ich hergekommen sei. Sonst könne meiner Familie allerhand passieren.» Der Ladenbesitzer holte tief Luft. «Sie brachen mir zwei Rippen und ließen mich liegen. Wenn mich nicht zufällig ein Polizist gefunden hätte, wäre ich in jener Nacht erfroren.»

«Wollen Sie damit sagen, daß es die dort drüben waren?»

«Nicht direkt. Und schon gar nicht laut. Aber die gehören zu den *know nothings.* Das hat schon anno dreiundvierzig angefangen. Plötzlich begann man mit der Hatz auf die Einwanderer. Verschiedene Orden zur Aufrechterhaltung amerikanischer Sitten und Bräuche wurden gegründet. Ihr könnt euch gar nicht vorstellen, was wir damals erdulden mußten, als wir hierherkamen. Man hat sogar irgendwelche Halunken zum Meuchelmord angestiftet, aber wenn die Ordensführer von der Behörde befragt wurden, wußten sie natürlich nichts. Deshalb gab man ihnen den Namen *know nothings,* ‹Nichtswisser›.»

«Wir haben daheim davon gehört. An den Leseabenden, wo sich früher die Leute jede Woche einmal trafen; mein Vater, der Schulmeister war, hat aus Reiseberichten vorgelesen und aus Zeitungen.»

«Die Hölle soll sie alle holen», sagte der Ladenbesitzer hart. «Vor mir haben sie Angst. Weil sie wissen, daß ich auch austeilen kann, wenn ich keine Lust mehr habe, den Schwanz einzuziehen. Übrigens, mein Name ist Schiffer. Helmut Schiffer. Seit wann seid ihr in New York?»

«Seit gestern.»

«Und gleich wollt ihr ein Geschäft mieten?» Der Ladenbesitzer lachte. «Schaut euch lieber erst mal um. Hier geht's anders zu als in der alten Heimat. Manch einer kommt her voller Gottvertrauen und meint, daß er gescheiter ist als andere, und dann fällt er erst mal ganz gehörig auf die Schnauze. Die Zeiten sind zwar anders als damals, als ich mit meiner Luise herkam, aber die gebratenen Tauben fliegen hier auch keinem in den Mund. Man muß erst einmal Drecksarbeit machen, und dafür gibt es hier immer mehr Neger. Sie kommen in Horden vom Süden herauf. Alles entlaufene Sklaven. Nigger nennt man sie, und weil sie Angst haben, daß man sie dorthin zurückholt, wo sie abgehauen sind, machen sie hier für ein paar Cents jede

Drecksarbeit, um die sich vorher die gottverdammten Iren untereinander gestritten haben. Überall Nigger, gottverdammte Nigger!»

«Wir wollen nur einen Laden mieten.» Konrad grinste. «Wir wollen keinen Ärger.»

«Ich vermiete den Laden nicht! Ich versuche es selbst noch mal. Mit 'nem *General Store*. Dort drüben, zwei Straßen weiter, ist einer mit 'nem *General Store* eingegangen. Jetzt habe ich ein bißchen Luft, und dafür kriege ich vielleicht 'nen Kredit. Dieses Mal muß es klappen. Ich habe Familie. Kinder. Die fressen Ratten. Wir fressen alle Ratten, versteht ihr. Sonst gehen wir drauf! Dieser Laden ist alles, was ich habe! Ich kann es mir nicht leisten, noch einmal Pleite zu machen.»

«Dann läßt sich nichts machen?»

«Nein. Versucht es weiter oben am Broadway, wo die Mieten noch billiger sind. Es gibt sogar noch Parzellen dort oben, die nur etwa sechshundert Dollar kosten. Sechshundert Dollar.» Der Ladenbesitzer lachte. «Ich habe noch nie in meinem Leben sechshundert Dollar auf einem Haufen gesehen. Also werden die Vanderbilts die Parzellen kaufen und die Astors. Oder der alte Biland, dieser Geier!» Die Stimme des hageren Mannes wurde schneidend. «Geld hat der wie Heu, sagt man. Aber beim Teufel hat er noch eine Rechnung offen, die er nicht mit einem Scheck bezahlen kann. Dafür hat er schon seine Familie geopfert, sagt man, und seine Schrullen kommen nicht von ungefähr.»

«Was für Schrullen?»

Der Ladenbesitzer bleckte seine schiefen Zähne. «Ich sage euch nur, was die Leute reden. Immerhin habe ich einen Kredit von ihm, und er hat es mir persönlich einige Male nachgesehen, daß ich zu spät war mit der Rate. Andere, die Geld von der Biland-Bank geliehen haben, sind draufgegangen. So hat er sein Vermögen gemacht, sagt man; und jetzt plagt den alten Beutegeier nachts das schlechte Gewissen, und es gibt Leute, die ihn gesehen haben wollen, wie er unten am Hafen herumstreunt wie ein räudiger Hund und Geld verteilt. Irgendwann findet man ihn dort unten mit der Kehle durchgeschnitten, sage ich.» Der Ladenbesitzer ging zum Regal zurück. «Kauft euch anständige Kleider, wenn ihr 'nen Laden mieten wollt. Und Referenzen solltet ihr haben. Das ist immer gut. Und laßt euch nur nicht übers Ohr hauen von irgendwelchen Gaunern. Die lauern überall auf Neulinge.»

«Wir werden aufpassen», versprach Heinrich. «Wiedersehen.»

Sie verließen den Laden. Draußen blieben sie stehen, und Heinrich blickte an der Fassade des Hauses hoch. Im oberen Stockwerk hatten die Fenster goldene Aufschriften. Dort waren die Büroräume eines Anwalts. Und weiter oben hausten Leute. Vor einem der Fenster hing Wäsche im Nieselregen.

«Komm, wir reden mit deinem Onkel», sagte Heinrich plötzlich und ging den Broadway hinunter. Konrad folgte ihm.

«Was hast du vor? Du willst diesem Schiffer doch nicht etwa seinen Laden wegnehmen?»

«Der Laden befindet sich in einer ausgezeichneten Lage», sagte Heinrich. «Vielleicht läßt sich was machen. Ein Tausch oder so. Vielleicht kann sich Schiffer anderswo einmieten. Bei einem *General Store* kommt es nicht so darauf an, ob er weiter draußen am Broadway ist, weil weiter draußen die Leute ihre Wohnhäuser haben. Ich bin sicher, daß dein Onkel genug Erfahrung hat in solchen Angelegenheiten.»

«Das meinst du wirklich ernst, nicht? Du willst den Laden haben?»

«Nur dann, wenn wir Schiffer nicht auf die Straße setzen müssen. Aber er muß offenbar sowieso raus.»

Heinrich steckte die Hände in die Taschen seines Mantels. Der Nieselregen verwandelte sich langsam in Schnee. Es war kälter geworden, und der Rauch aus den Kaminen senkte sich in die Lücken zwischen den Häusern und breitete sich über dem Broadway aus. An einer Ecke, auf einem Podest stand ein bärtiger Mann mit feurigen schwarzen Augen und wetterte gegen die Sklaverei im Süden. Er zeigte einen Neger vor, dessen Rücken voll war mit wulstigen Narben. Der Mann rief, daß er Unterstützung brauchte für seine Befreiungstruppe, die in den Südstaaten Tausende von Negersklaven zur Flucht verhalf.

Sie hörten dem Mann und seinen Hetzreden eine Weile zu, aber Konrad verstand nicht viel von dem, was er sagte. Der Mann zeigte irgendwelche Folterwerkzeuge, an denen noch Blut war, und die Menge wurde unruhig, als irgend jemand rief, daß die Nigger schon immer Sklaven gewesen wären, schon zur Zeit der Ägypter. Es gab Streit, und als eine Prügelei ausbrach, eilte die Polizei herbei.

Später erfuhr Heinrich, daß der Mann zu den Getreuen von John Brown gehörte, einem verschworenen Gegner der Sklaverei, dessen Plan es war, alle Neger im Süden zu befreien.

Fünf Tage nach ihrer Ankunft hatten Heinrich und Konrad ihren Laden am Broadway. Sie schuldeten der Bank von Johan Biland zwölfhundert Dollar, und die Bestellungen bei den Fabrikanten und ihren Großhandelsvertretern beliefen sich auf zweieinhalbtausend Dollar. Für die Umwandlung des ehemaligen Tabakwarengeschäfts in einen Eisenwarenladen war Konrad verantwortlich. Er ließ die Hälfte der Holzregale durch solche aus Eisen ersetzen, kaufte zwei Schrankkombinationen mit zweihundert kleineren und größeren Schubladen, ließ eine Trennwand niederreißen und den Ladentisch mit einer neuen Platte aus Hartholz versehen. Unterdessen besuchte Heinrich mehrere Fabriken, verhandelte mit Zulieferern und ließ ein Firmenschild anfertigen, das über seinem und Konrads Namen mit einem großen roten Pfeil versehen war, der genau auf die Eingangstür zeigte. Die beiden frischgebackenen Geschäftspartner arbeiteten wie besessen. Konrad strich die Wände des Ladens mit weißer Farbe und lackierte alle Einrichtungsgegenstände, die aus Holz waren. Die Fassade des Hauses wurde gelb gestrichen mit weißen Fenster- und Türrahmen. Als das Geld knapp wurde, erhöhte Johann Biland bereitwillig den Kredit auf zweitausend Dollar, damit sich Heinrich im hinteren Raum eine Werkstatt einrichten konnte. Über dem Schaufenster links von der Tür stand in großen roten Buchstaben, schwarz gerahmt, *Hardware* und über dem rechts von der Tür *Gunsmith.*

Die Vorgänge im Haus mit der leuchtend gelben Fassade wurden von den anderen Ladenbesitzern am Broadway neugierig und mit Argwohn beobachtet. Man hatte vernommen, daß die beiden jungen Einwanderer zur Biland-Bank Geschäftsbeziehungen unterhielten, weil der eine von ihnen entweder mit dem alten Biland verwandt oder bekannt war. Man hörte aber auch, daß Helmut Schiffer weiter unten in einer Nebenstraße zum Broadway einen kleinen *General Store* eröffnet hatte, mit einem neuen Kredit von der Biland-Bank. Der alte Biland läßt niemand hängen, behaupteten einige, die gute Erfahrungen mit seiner Bank gemacht hatten. Andere wollten wissen, daß Schiffer bald wieder auf der Straße stehen würde, einerseits, weil er kein Geschäftsmann sei und schon seit Jahren verschuldet, andererseits, weil der alte Biland es sich als Bankier überhaupt nicht leisten konnte, aus Mitleid einen Versager zu finanzieren, falls Biland ein Gefühl wie Mitleid überhaupt bekannt war.

Heinrich und Konrad waren viel zu sehr mit den Vorbereitungen zur großen Eröffnung ihres Ladens beschäftigt, als daß sie dem

Gerede hätten Beachtung schenken können. Außerdem hatte Heinrich bei den Verhandlungen mit Johann Biland darauf bestanden, daß Helmut Schiffer seinen alten Kredit auf einen neuen Laden übertragen konnte, damit seine geschäftliche Zukunft gesichert war. Und damit war die Sache eigentlich geregelt.

Die Eröffnung des Eisenwarenladens von *Odermatt & Mansfeld* war für den 1. März vorgesehen. Schon Tage zuvor schmückten bunte Girlanden die Fassade des dreistöckigen Backsteingebäudes mit der gelbgestrichenen Ladenfront. Im ersten Stock befanden sich noch immer die Büroräume der Anwälte *Cohen, Goodman & Brammer.* Über ihnen wohnten jetzt Heinrich und Konrad in einer Dreizimmerwohnung, nach hinten hinaus. Vorne wohnte der Anwalt Harvey Cohen mit seiner jungen Frau und zwei kleinen Kindern. Die dritte Wohnung, die nur zwei Zimmer hatte, richteten Heinrich und Konrad als Lager ein, weil dafür unten durch die Werkstatt kaum mehr Platz war.

Drei Tage vor der Eröffnung, in einer kalten, dunklen Nacht, pinselte jemand mit knallroter Farbe das Wort «Schweine» an die Ladentür. Am Morgen bemerkte Heinrich, daß einige Girlanden heruntergerissen waren.

«Die Konkurrenz macht sich bemerkbar», sagte er zu Konrad und holte die Leiter aus dem Laden. «Haben wir noch einen Rest Farbe für die Tür?»

«Wir sollten den Schaden vielleicht der Polizei melden», sagte Konrad. «Bestimmt haben *Jones and Wetherby* jemand dazu angestiftet.»

«Die hätten wahrscheinlich englisch geschrieben», widersprach Heinrich und befestigte eine der heruntergerissenen Girlanden am Firmenschild.

«Wenn das nicht von *Jones and Wetherby* kommt, von wem dann?»

Heinrich stieg eine Sprosse höher. «Das Wort ist deutsch geschrieben, nicht wahr», sagte er. «Erinnerst du dich an das, was ich dir aus dem Gerstäcker-Büchlein vorgelesen habe? Daß die Landsleute untereinander die schlimmsten sind und daß man sich vor allem vor ihnen in acht nehmen soll, weil sie es verstehen, Vertrauen zu erwekken.»

«Wenn einer Grund hat, so was an unsere Tür zu schmieren, dann kann das nur Schiffer sein. Der hat eine Stinkwut auf uns, und ehrlich gesagt traue ich ihm alles zu, Heinrich.»

«Er hat seinen Laden gekriegt, nicht wahr?» Heinrich ließ sich eine Girlande geben und machte sie fest. «Weißt du, wo er seinen Laden hat?»

«Willst du ihn besuchen?»

«Warum nicht?» Heinrich stieg die Leiter hinunter. «Was ist mit der Farbe? Streichst du nun die Tür oder nicht?» Heinrich grüßte zum Tabakwarenladen von George Brooks hinüber. Brooks stand auf dem Bürgersteig, mit dem Besen in der Hand, und seine Frau tat, als putze sie an der Schaufensterscheibe herum, und sein einfältiger Sohn kratzte zertretene Pferdeäpfel vom Pflaster. Brooks winkte zurück, und obwohl er es sich nicht anmerken lassen wollte, war ihm die Schadenfreude in seinem schwammigen Gesicht abzulesen. Konrad holte einen Rest weißer Farbe und überstrich das Wort «Schweine». Heinrich zog seinen Mantel an und machte sich auf den Weg zur Bank, um Johann Biland nach der Adresse von Helmut Schiffers Laden zu fragen.

Vor der Bank traf er auf Pauline und Molly. Sie hatten sich seit fast zwei Wochen nicht mehr gesehen, aber Heinrich wußte, daß Konrad sie einige Male zu Hause besucht hatte.

Sie sah anders aus, als er sie in Erinnerung hatte. Nicht mehr so blaß und zart. Als sie ihn bemerkte, senkte sie die Lider, und erst dachte er, daß er einfach an ihr vorbeigehen sollte, aber dann blieb er stehen und nahm die Mütze vom Kopf. Sie blickte auf. Ihre Augen sind geheimnisvoller als die von Mona Lisa, dachte Heinrich. Er grinste. «Ich dachte, Sie verlassen das Haus nie», sagte er. «Konrad erzählte mir, daß Sie sozusagen Ihr Leben Ihrem Vater gewidmet haben. Seiner Pflege und Fürsorge, meine ich.»

«Mein Vater hat mich nie eingesperrt, wenn Sie das meinen, Heinrich», erwiderte sie. «Im Gegenteil, er ist sehr darauf bedacht, daß ich meine eigenen Wege gehe. Er will mich sogar in die Schweiz schicken, wo ich Deutsch und Französisch lernen könnte.» Sie lachte. «Obwohl er seit mehr als dreißig Jahren nicht mehr in seiner alten Heimat war, glaubt er, daß mir die Erziehung vom Mädchen zur Frau in der Schweiz nur zum Vorteil gereichen könnte.»

«Und was glauben Sie?» fragte Heinrich mit einem Lächeln um die Mundwinkel.

«Ich bin gern hier. Ich liebe New York. Hier ist mein Zuhause. Ich kann mir nicht vorstellen, daß ich woanders glücklicher sein könnte.

Außerdem braucht mich mein Vater, ganz gleich, was er denkt. Er hat sonst niemanden.»

«Er hat seine Geschäfte. Seine Bank. Sein Geld.»

«So wie Sie das sagen, klingt es, als ob Ihre Gefühle meinem Vater gegenüber nicht gerade freundlicher Natur wären.»

«Ich bewundere ihn», sagte Heinrich. «Er ist erfolgreich. Ohne ihn hätten Konrad und ich nicht so schnell ein Geschäft eröffnen können.»

Sie lächelte.

«Vater tut das nicht aus Menschenfreundlichkeit», sagte sie. «Und auch nicht, weil Konrad der Sohn seiner Halbschwester ist. Dazu sind seine verwandtschaftlichen Bande nicht stark genug. Er hatte jahrelang kaum mehr Beziehungen zur alten Heimat. Nur ab und zu kam eine Nachricht von seinem Bruder, dem Arzt, in Zürich. Es war für ihn nicht gerade eine freudige Überraschung, als der Brief mit der Mitteilung ankam, daß der Konrad hierher unterwegs sei.»

«Und für Sie?»

Sie hob die Schultern. «Ich muß gestehen, daß ich sehr gespannt auf ihn war. Und jetzt bin ich froh, daß er hier ist. Vater ist seither richtig aufgelebt. Er hält viel von Ihnen, Heinrich. Sonst hätte er euch keinen Kredit gegeben. Er ist sehr stolz auf seine Menschenkenntnis. Von Ihnen verspricht er sich offenbar sehr viel, Heinrich.»

«Dann hoffe ich nur, daß ich ihn nicht enttäuschen muß», entgegnete Heinrich mit einem Schmunzeln. «Ich bin auf dem Weg zu ihm. Da ich nicht angemeldet bin, wäre es vielleicht von Nutzen, wenn Sie mich begleiteten, Pauline.»

«Nein. Er mag es nicht, wenn ich ihn in der Bank aufsuche. Außerdem haben Molly und ich Einkäufe zu machen. Für den Eröffnungsball.»

«Eröffnungsball?»

«Oh, hat Ihnen Konrad unsere Pläne verschwiegen? Es gelang mir, Vater von der Notwendigkeit zu überzeugen, daß die geschäftliche Zukunft von *Odermatt & Mansfeld* gleich zu Beginn in die richtige Bahn gelenkt werden muß.»

«Und welches ist die richtige Bahn?» fragte Heinrich und hob die Brauen.

«Die, auf der zum Beispiel die einflußreichen Politiker fahren, die bedeutenden Fabrikanten und die Leute, die sich mit Armeeangelegenheiten befassen. So zum Beispiel Major Buford Bancroft und seine Gattin Cora Lee, die übrigens bereits zugesagt haben. Es ist der erste Ball im Hause Biland seit mehr als zwei Jahren. Die Leute sind neugierig, und sie werden alle kommen, sogar Präsident Buchanan. Ihnen ist das nur noch nicht so recht bewußt geworden, aber mein Vater ist eine bedeutende Persönlichkeit, und wenn er zum Tanz aufspielt, dann hüpfen selbst Leute mit einem Klumpfuß.»

«Hat Buchanan einen Klumpfuß?»

Sie lachte. «Nein. Aber tanzen kann er trotzdem nicht.»

Schiffers Laden befand sich in einer düsteren Nebengasse, drei Häuserblocks vom Broadway entfernt in einem Eckgebäude, das außerdem eine Schuhmacherei enthielt und einen Barbierladen. Das mehrstöckige Gebäude war eines der älteren in New York, hatte jetzt schon rissige Backsteinmauern und in den oberen Stockwerken mehrere zerschlagene Fenster.

Halbwüchsige, die im schummrigen Zwielicht herumschlichen wie streunende Hunde, beobachteten den wohlgekleideten jungen Mann mißtrauisch, der am Anfang der Straße stehenblieb und sich nach allen Seiten umschaute, als wäre er nicht ganz sicher, in welche Richtung er gehen wollte.

Heinrich Mansfeld überquerte die Straße. Vor dem Laden hockten ein paar junge Neger. Einer von ihnen hatte rote Haare. Er stand auf, als Heinrich näher kam. «Willst du meine Schwester sehen, *Massa?*» fragte er. «Ich kann dich zu meiner Schwester bringen.»

Heinrich schüttelte den Kopf. Durch das eine Schaufenster konnte er in den Laden hineinsehen. Es war fast dunkel drinnen. Er sah eine Frau hinter dem Ladentisch stehen, groß und hager. Um ihre Augen lagen dunkle Schatten. Sie blickte herüber, und Heinrich senkte den Kopf und zog den Hut tiefer in die Stirn. Er betrat den Laden. Die Frau war nicht allein. Beim Ofen stand ein Wäschekorb, in dem ein Baby lag. Und ein Kind lugte durch einen Spalt im Vorhang, der den Laden von den hinteren Räumen trennte. Irgendwo im Haus war Lärm.

Die Frau fragte ihn nicht, womit sie ihm dienen könne. Sie starrte ihn nur so an, als wüßte sie, wer er war und daß er eigentlich nicht hierhergekommen war, um irgend etwas zu kaufen.

«Ist Ihr Mann da?» fragte er.

Sie verneinte mit einem Kopfschütteln.

Heinrich blickte sich im Laden um. Viele Regale standen leer. Aber alles war sauber, und der Bretterboden glänzte frisch gebohnert. In einem Gestell standen Behälter mit Farbe. Rote Farbe war auch darunter. Zehn Behälter mit gelber Farbe, zehn mit grüner, aber nur neun mit einem roten Punkt auf dem Etikett. Feuerwehr-Rot stand darauf. Das gleiche leuchtende Rot, mit dem jemand «Schweine» auf die Tür geschrieben hatte.

Das Kind im Wäschekorb begann zu weinen. Heinrich drehte sich um und verließ den Laden. Die Hände in den Manteltaschen und den Kragen hochgeschlagen, ging er zum Broadway zurück, auf dem Hochbetrieb war. Überall hingen Plakate der republikanischen und der demokratischen Partei. Die Kongreß- und Senatswahlkampagnen waren in vollem Gange. Straßenmusikanten marschierten einem Wagen voran, der von zwei Pferden gezogen wurde. Auf dem Wagen war eine große gelbe Tafel befestigt. AM 1. MÄRZ GROSSE ERÖFFNUNG stand darauf. ODERMATT & MANSFELD, EISENWAREN – AM BROADWAY, FREE CANDIES FOR KIDS.

6

Der Eröffnungstag war der erste schöne Frühlingstag, der Himmel über New York war blau und die Luft trocken.

Konrad und Heinrich hatten für diesen Tag einen jungen Amerikaner angestellt, der schon für einen Großhändler gearbeitet hatte und genau Bescheid wußte. Außerdem war Pauline im Laden und verteilte Zuckerstangen an die Kinder und Bleistifte an die Erwachsenen. Auf dem Broadway herrschte Hochbetrieb. Nie zuvor hatten Heinrich und Konrad so viele Menschen gesehen, die alle irgendwie zueinander gehörten wie Ameisen von der gleichen Kolonie. Sie waren New Yorker, ganz gleich, ob sie schon Jahre hier waren oder gestern mit einem Dampfer angekommen und zum ersten Mal amerikanischen Boden betreten hatten. Auf der Straße wurde deutsch gesprochen, englisch, polnisch, italienisch, schwedisch, französisch, dänisch und holländisch. Ein Schweizer kam in den Laden und wollte ein gutes, gebrauchtes Jagdgewehr kaufen, weil er sich am nächsten Tag mit seiner Familie nach dem Westen auf den Weg machte, nach Minnesota. Heinrich hatte keine gebrauchten Waffen zu verkaufen, schon gar nicht zu dem Preis, den der Schweizer zu zahlen bereit war, aber ein Engländer, der sich zufällig im Laden befand, drehte ihm einen alten, mißhandelten Vorderlader an. Bis um vier Uhr am Nachmittag hatten über vierhundert Erwachsene den neuen Laden von *Odermatt & Mansfeld* aufgesucht, viele von ihnen wegen ihren Kindern oder aus lauter Neugier. Trotzdem konnten Konrad und Heinrich mit dem Erfolg dieses Eröffnungstages zufrieden sein. Sie hatten schätzungsweise für fünfhundert Dollar Umsatz gemacht, und ihr Hauptschlager, Guggenheims Ofenschwärze zum Sonderpreis, war ausverkauft. Zuckerstangen waren nicht genug da, und am Ende des Tages, als der junge Amerikaner Kassensturz machte, fehlten drei Dollar und fünfundsiebzig Cents. Um sechs Uhr am Abend machten sie den Laden zu. Die Sonne war hinter den Häusern untergegangen, aber in den Straßen von Manhattan nistete noch die Wärme der

Frühlingssonne. Pauline ließ sich sofort nach Geschäftsschluß nach Hause fahren, um die letzten Vorbereitungen für den Ball zu treffen.

Eigentlich wollte Heinrich am Abend noch einen Teil der Kasse zur Bank bringen und gleichzeitig bei Johann Biland vorsprechen, weil er um das Schicksal von Helmut Schiffer und seiner Familie besorgt war, aber die Zeit war zu knapp. Ab acht Uhr wurden im Hause Biland Gäste empfangen, und Pauline hatte Heinrich und Konrad gebeten, vorher dort zu sein.

Für Heinrich und Konrad war der bevorstehende Eröffnungsball ein Ereignis, wie sie noch nie eines zuvor erlebt hatten. Und sie reagierten unterschiedlich darauf. Konrad tat, als wäre die Sache eine Kleinigkeit, mehr ein Spaß als eine ernstzunehmende Angelegenheit. Er war schon den ganzen Tag hindurch so aufgedreht, daß Heinrich fürchtete, er würde irgendwann, bevor es Abend wurde, zusammenbrechen. Er hatte Konrad noch nie in einem so fiebrigen Zustand gesehen, mit rotem Kopf und glänzenden Augen, fast ständig lachend und so, als wäre er Herr der Situation. Heinrich hingegen war sich der Bedeutung dieses Abends vollkommen bewußt, und je näher er rückte, desto ernster wurde er. Dabei hatte er sich gut darauf vorbereitet. Seit Tagen schon hatte er jedes Wort gelesen, das in den Zeitungen und Magazinen New Yorks gedruckt worden war. Er hatte mit Lieferanten und Fabrikanten und Leuten von der Straße gesprochen und seinen Kunden zugehört, wenn sie ihm die Zukunft des Landes voraussagten, als ob sie genau wüßten, was in der nächsten Zeit passieren würde. Heinrich verarbeitete alles, was er gehört und gelesen hatte, versuchte sich in verschiedenen Fragen eine eigene Meinung zu bilden und war für den Fall gewappnet, daß man ihn in politische Diskussionen verwickeln würde. Außerdem war er bereit, sein Nadelgewehr zu präsentieren, falls sich dazu eine Gelegenheit ergeben sollte.

Zur Überraschung Heinrichs kam nach Ladenschluß Johann Biland vorbei. Er stand plötzlich vor dem Laden, als Heinrich abschließen wollte, den abgetragenen Mantel über dem Arm, den Stock in der Hand.

«Wollen Sie hereinkommen?» fragte Heinrich. «Es ist niemand mehr da.»

«Wo ist Konrad?»

«Oben. Er macht sich für den Ball zurecht. Wir haben eben erst unsere Fräcke gekriegt.»

Johann Biland trat ein. Es war zum ersten Mal. Er blickte sich kurz um, dann fragte er nach dem Nadelgewehr. Heinrich führte ihn durch den Laden in seine Werkstatt, holte das Nadelgewehr aus dem Schrank und hielt es Johann Biland hin. Der betrachtete es nur.

«Was ist daran so besonders?» fragte er schließlich.

«Die Nadel! Sie ist kürzer als die beim Dreyse-Gewehr, mit dem die preußischen Soldaten in der Revolution ausgerüstet waren.»

Johann Biland hob die Brauen.

«Und sonst?»

«Nichts sonst. Das Problem mit dem Dreyse-Gewehr ist die lange Nadel. Sie korrodiert schnell und bricht leicht. Ich habe das Schloß abgeändert und eine Patrone konstruiert, bei der das Zündhütchen hinten am Treibspiegel angesetzt ist und nicht mehr direkt hinter der Kugel.»

«Ist das neu?»

«Der Schweizer Pauly hat es schon einmal vor etwa vierzig Jahren versucht. Es hat nicht ganz geklappt.»

«Und bei diesem Gewehr klappt es?»

«Dieses Gewehr ist von der Konstruktion und von der Leistungsfähigkeit her das beste Gewehr, das es im Moment gibt. Wenn Sie wollen, führe ich es Ihnen gerne einmal vor.»

Johann Biland lächelte. «Nicht mir, mein junger Freund», sagte er. «Aber ich nehme an, daß sich Major Buford sehr dafür interessieren dürfte.» Johann Biland drehte sich um und ging hinaus. Heinrich wollte ihm nachrufen, daß er den Laden von Helmut Schiffer aufgesucht hätte, aber er ließ es bleiben. Es wäre bestimmt nicht klug gewesen, Biland ausgerechnet heute an eine unerfreuliche Angelegenheit zu erinnern. Heinrich nahm sich jedoch vor, ihn bei der ersten passenden Gelegenheit darauf anzusprechen.

Heinrich erlebte den Abend wie einen Traum, in dem nichts so richtig zusammenpaßte. Er selbst kam sich vor, als hätte er sein eigenes Ich verlassen und wäre nur ein Schatten im gleißenden Licht der Kronleuchter. Er wäre gern aufgewacht, aber dazu war der Traum zu wirklich, selbst dann, als Konrad ihn im Gedränge anstieß.

«Du siehst aus, als wäre dir der Kragen zu eng», sagte er lachend.

«Es ist alles nicht zu fassen», sagte Heinrich.

«Was?» Konrad trank von seinem Glas Rotwein.

«Daß wir da sind. Die Leute. Der Prunk und alles. Stell dir vor, ich schreibe das nach Hause. Die glauben mir das nie. Die können sich nicht vorstellen, daß mir der Präsident persönlich die Hand gedrückt hat.»

«Hier, trink auf Amerika, mein Freund», sagte Konrad und überließ ihm das Glas mit dem Rest Wein. Heinrich sah ihm zu, wie er mit Pauline tanzte. Sie trug ein weites rosa Ballkleid mit Spitzen am Ausschnitt und gerafften Volants mit Seidenrosen am Saum. Sie war von einer derart zarten Schönheit, daß sie in den starken Armen Konrads beinahe zerbrechlich wirkte. Ihre Korkenzieherlocken leuchteten golden, und ihr Gesicht, schmal und makellos, schimmerte wie Porzellan. Nach dem Tanz wurde Konrad von einer fetten Dame mit Beschlag belegt, und Pauline kam herüber und hakte sich bei Heinrich ein.

«Vergnügen Sie sich wenigstens ein bißchen», sagte sie. «Wollen wir tanzen?»

Sie tanzten, und während sie sich im Kreis drehten, machte sie ihn auf Gäste aufmerksam, die ihm fremd waren. Der berühmte Horace Greeley war gekommen, Redakteur der *New York Tribune,* ein Mann, dessen spitze Feder von vielen gefürchtet war.

Sie sprach über einen jüngeren Mann, dessen Haar sorgfältig gescheitelt war und kaum eine Spur von Grau enthielt. «Das ist Salmon Portland Chase, der Gouverneur von Ohio. Er ist als Generalanwalt für Negersklaven bekannt geworden, weil er sich mit Leib und Seele dem Kampf für die Rechte entlaufener Sklaven gewidmet hat. Böse Mäuler behaupten, daß er es sogar befürworten würde, wenn sich die beiden Rassen mischten, aber das halte ich für eine Verleumdung.»

«Glauben Sie, daß Neger minderwertige Menschen sind?»

«Ja. Ich bin nicht einmal gegen die Sklaverei. Die Neger im Süden sind als Sklaven gut aufgehoben. Hier im Norden leben freie Neger wie Hunde.»

«Aber sie sind frei.»

«Streunende Hunde sind auch frei. Fragen Sie Molly, was sie lieber sein möchte. Molly war eine Sklavin in Virginia. Vater hat sie vor zwanzig Jahren in Richmond gekauft und nach New York gebracht. Als er ihr die Freiheit gab, ging sie weg, aber nach ein paar Monaten kam sie zurück und bat Vater auf den Knien, wieder für ihn arbeiten zu dürfen.»

«Sie ist aber keine Sklavin mehr.»

«Nein. Aber was ist der Unterschied? Wenn Vater sie nicht wieder aufgenommen hätte, wäre sie nach Virginia zurückgekehrt.»

Der Tanz war zu Ende. Sie gingen hinaus auf die Terrasse, die vom Licht einiger Laternen erleuchtet war. «Es ist bestimmt schwer, dies alles zu verstehen, wenn man von Europa kommt», sagte Pauline. «In Europa gibt es die Sklaverei seit dem Mittelalter nicht mehr, glaube ich. Dafür hat man die Juden verfolgt, nicht wahr. Vater erzählte mir von den Juden in der Schweiz, daß man sie in kleine Dörfer trieb, um sie besser unter Kontrolle zu haben; daß es ihnen nicht erlaubt ist, Arzt zu werden oder Rechtsanwalt, und daß sie hohe Geldabgaben entrichten müssen und nur unter ganz bestimmten Voraussetzungen heiraten dürfen; daß man sie haßt, weil sie als Geldverleiher Profite machen, und daß ihre Häuser nur mit Stroh gedeckt sein dürfen und nicht mit Ziegeln.»

«Wer hat das gesagt?»

«Vater. Er weiß es. Er war lange mit einem jüdischen Händler unterwegs.»

«Das mit dem Strohdach glaube ich nicht.»

«Es ist aber wahr. Vater sagt, daß Strohdächer leichter brennen. Er hat selbst gesehen, wie man bei den Juden brandschatzte. Da fragt man sich, wer eigentlich besser dran ist, ein Negersklave in Alabama oder ein Jude in der Schweiz.» Sie hakte sich bei ihm ein und zeigte zu einem der hell erleuchteten Fenster hinüber. Durch die feinen Seidenvorhänge war eine Gestalt zu erkennen, die sich von einem Polsterstuhl erhoben hatte. «Roger Brooke Taney», sagte sie. «Er ist der oberste Richter der Vereinigten Staaten von Amerika. *Chief Justice* heißt das hier.»

«Ich habe ihn gesehen, als er vorgestellt wurde. Ein bemerkenswerter Mann. In der Zeitung las ich, daß er einem ehemaligen Sklaven das Recht abgesprochen hat, die Vereinigten Staaten von Amerika zu verklagen.»

«Weil er sich streng auf die Konstitution beruft. Persönlich ist er ein vehementer Gegner der Sklaverei, der sogar seine eigenen Sklaven freigelassen hat. Aber nach der Konstitution hat jeder Staat das Recht, Sklaverei zu betreiben, und die neuen Territorien können selbst bestimmen, ob sie als Sklavenstaat oder als sogenannter Freier Staat der Union beitreten wollen. Deshalb haben wir jetzt das Problem mit dem Kansas-Territorium. Und Vater sagt, daß sich Präsident Buchanan endlich zu einer Entscheidung durchringen muß, wenn er eine ernsthafte Auseinandersetzung zwischen dem Norden und dem Süden verhindern will.»

«Für eine Weibsperson, deren alleiniges Interesse Haus und Herd gelten sollte, kennen Sie sich in der Politik gut aus, Miss Pauline», sagte Heinrich.

«Wir sind hier nicht im alten Europa, Heinrich.» Sie lachte. «Hier räumt man den Frauen Rechte ein. Außerdem unterhalte ich mich oft mit Vater. Er hat sonst niemanden.» Pauline zog ihre nackten Schultern hoch. «Es wird kühl hier draußen. Kommen Sie, es ist jetzt an der Zeit, daß ich Sie mit Major Buford bekannt mache.»

Sie gingen in den Salon zurück. Heinrich sah Konrad mitten unter den Gästen, selbstbewußt wie immer, eine widerspenstige Haarsträhne in seinem verwegen grinsenden Gesicht. Er unterhielt sich mit einigen älteren Damen, die sich an seinem wunderbaren Akzent ergötzten und von seinen Anekdoten gefesselt wurden, die er ihnen von der großen Reise hierher erzählte, vom roten Hettich, der nun nur noch eine Hand hatte, und vom Sturm auf hoher See. Und das alles in seinem fehlerhaften, gebrochenen Englisch.

«Er ist ein wunderbarer Unterhalter», sagte Pauline, und sie winkte Konrad zu. Der winkte zurück, entschuldigte sich bei den Damen und kam mit zwei vollen Gläsern herüber. Eines davon gab er Heinrich, das andere Pauline.

«Ist das nicht ein herrlicher Abend», sagte er. «Ich habe der Präsidentengattin eben von meinen Abenteuern erzählt.» Er grinste von einem Ohr zum anderen. «Trink auf unser Glück, Freund. Die Welt liegt uns zu Füßen.» Er drehte sich um und mischte sich wieder unter die Gäste.

Heinrich hob sein Glas. «Worauf wollen wir trinken, Miss Pauline?»

Sie kam auf ihn zu und blieb dicht vor ihm stehen. «Auf unser Glück, wenn Sie sich gleichzeitig dazu bereit erklären, mich nicht mehr Miss zu nennen.»

Er lachte. «Auf unser Glück», sagte er, und sie stießen an, während sie sich so tief in die Augen sahen, daß keiner von beiden die Anwesenheit Johann Bilands bemerkte. Er stand plötzlich neben ihnen und räusperte sich.

Pauline hängte sich bei ihrem Vater ein. «Ich hoffe, du bereust deine Zustimmung zu diesem Ball nicht, Vater», sagte sie. «Es ist beinahe so, wie es einmal war.»

Er legte einen Arm um sie. «Nicht ganz», sagte er. «Aber ich gestehe gern, daß ich mich amüsiere. Hast du Heinrich schon mit Major Buford bekannt gemacht?»

«Das war im Moment meine Absicht, Vater.»

«Gut. Dann kümmere dich ein bißchen um das Wohlergehen deines Vetters, der, so scheint es mir, einen hochvergnüglichen Abend verbringt. Ich möchte nicht, daß er sich so spät noch zum Narren macht.» Johann Biland wandte sich an Heinrich. «Wir sehen uns morgen in meinem Büro», sagte er, und es war mehr ein Befehl als ein Vorschlag.

Später machte Pauline Heinrich mit Major Buford bekannt, der sich in Begleitung eines jungen Captains befand. Die beiden Offiziere trugen Galauniform, und es fiel Heinrich auf, daß der sorgfältig gestutzte Spitzbart des Majors schwarz gefärbt war. Buford mochte etwa fünfzig Jahre alt sein, und wahrscheinlich trug er unter der Uniform ein Korsett, das es ihm kaum erlaubte, den Oberkörper zu bewegen. Er war steif, und er war stolz, und er machte keinen Hehl daraus, daß er sich für Heinrich Mansfelds Erfindung interessierte.

«Ich möchte Ihnen aber gleich sagen, Mr. Mansfeld, daß ich im Laufe meiner Dienstzeit im Waffenbeschaffungsamt einiges zu sehen gekriegt habe und mich deshalb so leicht nichts mehr überraschen kann. Ich habe eine ganze Reihe neuer Waffenkonstruktionen getestet, unter anderem natürlich auch das preußische Wundergewehr von Johann Nikolaus Dreyse, das man ja so lange geheimzuhalten versucht hat.» Er lächelte spöttisch. «Sein Bruder Robert hat mir das Gewehr persönlich vorgeführt, vermochte mich aber nicht davon zu überzeugen, daß seine Waffe den unseren an Genauigkeit, Feuerkraft und Distanz überlegen gewesen wäre. Möglicherweise kann es von geübter Soldatenhand schneller geladen und abgefeuert werden als andere Gewehre, aber der neuartige Bolzenverschluß, der Ihnen bestimmt bekannt ist, erschien mir schon damals nicht dicht und sicher genug, ein gewaltiger Mangel, der sich inzwischen ja im Einsatz erwiesen hat.»

«Deshalb haben es preußische Soldaten während der Revolution oft vorgezogen, von der Hüfte aus zu schießen», bestätigte Heinrich. «Mein Lehrmeister, der während des Kampfes um die Feste Rastatt einem toten Preußen das Gewehr abnahm, verbrannte sich beim ersten Schuß, den er abfeuerte, das Gesicht. Er hat später selbst ein Bolzenschloß konstruiert, das wesentlich sicherer war, und ich hatte während der Lehrzeit Gelegenheit, das Schloß noch zu verbessern.»

«Mr. Biland sprach von einer revolutionären Erfindung.»

Heinrich Mansfeld lächelte. «Mr. Biland ist bei allem Wohlwollen kein Waffenfachmann, Major. Ich habe ein Schloß konstruiert, das völlig sicher ist und keine Schwächen aufweist.»

«Sie meinen die Nadel.»

«Richtig. Meine Nadel ist nicht mehr als ein Schlagbolzen, der zentral auf eine Patrone aufschlägt, bei der das Zündhütchen hinten auf dem Treibspiegel aufgesetzt ist. Das Gewehr ist ebenfalls eine Eigenkonstruktion und demjenigen von Dreyse ähnlich, allerdings ist der Lauf nicht so stark gezogen, und die Kugel hat durch den geringeren Gasdruckverlust eine größere Reichweite und eine genauere Schußbahn.»

«Sie machen mich nun wirklich gespannt auf diese Wunderwaffe, Mr. Mansfeld. Ich würde Sie gerne zu einem Besuch nach Washington einladen, wo wir die Waffe während einer Demonstration genauer in Augenschein nehmen könnten. Bitte lassen Sie mich während den nächsten zwei Tagen, die ich hier in New York verbringe, wissen, wann Sie Zeit dazu hätten. Ich wohne im ‹Excelsior›, wo Sie nur eine Nachricht zu hinterlassen brauchen.»

«Warum nicht nächste Woche, Major», sagte Heinrich. «Mein Partner wird ein paar Tage lang allein mit unserem Geschäft fertig.»

Der Major und der Captain wechselten einen Blick. «Sagen wir Freitag, Mr. Mansfeld», schlug der Major vor. «Ich werde Sie auf dem Bahnhof abholen lassen. Selbstverständlich wird unser Department für Ihre Spesen und Unkosten aufkommen.»

«Freitag soll's sein», sagte Heinrich, und sie gaben sich darauf die Hand. Major Buford sagte, daß er den Ball leider früher verlassen müsse, weil er zwei anstrengende Tage vor sich hätte, und er wünschte Heinrich viel Glück und Erfolg mit dem neuen Geschäft am Broadway. Heinrich vermochte seine Freude über die Verabredung in Washington nicht für sich zu behalten. Er fand Pauline im Gespräch mit dem Journalisten Horace Greeley und Salmon Chase, dem Gouverneur von Ohio. «Man hat mich nach Washington eingeladen», platzte er mit der Neuigkeit mitten in die Unterhaltung. «Stell dir vor, Major Buford will sich das Gewehr demonstrieren lassen.»

«O Heinrich, das freut mich für dich», sagte Pauline und berührte ihn sanft am Arm. «*Gentlemen*, Mr. Mansfeld ist der Erfinder einer neuartigen Waffe.»

«Oh, dann sind Sie möglicherweise zur richtigen Zeit am richtigen Platz, Mansfeld», sagte Greeley mit einem sarkastischen Unterton in der Stimme. «Wenn unsere Demokraten weiterhin mit einer schwachsinnigen Politik aufwarten, kommt es in diesem Land bald zu einem Bürgerkrieg, aus dem möglicherweise der als Sieger hervorgeht, der sich mit Ihrer Waffe ausgerüstet hat.»

«Mr. Mansfeld dürfte von dem, was sich in unserem Land abspielt, noch kaum eine Ahnung haben», wandte Gouverneur Chase besänftigend ein. Er gab Heinrich die Hand. «Es freut mich, Sie kennenzulernen, Mr. Mansfeld. Und lassen Sie sich von Mr. Greeley nur nicht aus der Ruhe bringen. Er ist ein ziemlich bitterer Geselle, der manchmal lieber mit der Kanone einen Punkt machen würde als mit seiner Feder.»

Greeley lachte. «Das hast du fein gesagt, mein lieber Freund. Ich glaube, wenn Worte töten könnten, hätte man mich längst als Revolutionär hingerichtet.» Horace Greeley gab Heinrich die Hand und drückte sie fest.

Johann Biland kritzelte mit Feder und Tinte irgend etwas auf die Rückseite eines republikanischen Wahlplakats, das voll war mit Notizen. Er blickte vom Schreibtisch auf, als Heinrich eintrat, legte die Feder weg und machte das Tintenfaß zu.

«Setz dich», sagte er.

Heinrich blieb stehen. «Es geht um Schiffer», sagte er.

«Um wen?»

«Um Helmut Schiffer, den Ladenbesitzer.»

«Was ist mit ihm?»

«Ich war in seinem Laden.»

Johann Biland runzelte die Stirn.

«Sein Laden ist nicht dort, wo ich ihn erwartet habe. Helmut Schiffers Laden ist nicht am Broadway.»

«Ich kann mich nicht erinnern, daß die Lage seines Ladens jemals diskutiert wurde, Heinrich.» Johann Biland lehnte sich in seinem Stuhl zurück. Sein Mund war plötzlich schmal, und der Ausdruck seiner Augen gefiel Heinrich nicht. «Ich dachte, du willst mich wegen deinem Termin in Washington sprechen, Heinrich. Meine Zeit heute ist äußerst knapp bemessen, und ich glaube nicht, daß mir viel daran liegt, mich mit Mr. Schiffers Angelegenheiten zu beschäftigen.»

«Ich fahre morgen nach Washington, allerdings will ich vorher wissen, warum Schiffer und seine Familie dafür büßen müssen, daß wir, Konrad und ich, ein Geschäft am Broadway haben.»

Johann Biland blickte Heinrich durchdringend an.

«Es ist dir tatsächlich ernst damit, nicht wahr?»

«Ja. Ich kann –»

«Moment, junger Freund. Ich lasse mir die Schiffer-Akte bringen, damit wir einen besseren Überblick haben.» Er zog an einer Kordel, die hinter ihm von der Decke herunterhing, und Sekunden danach öffnete sich in der Wandtäfelung eine Tür, die Heinrich bis zu diesem Moment überhaupt nicht wahrgenommen hatte. Ein Angestellter erschien und holte die verlangte Akte.

«Also», sagte Johann Biland. »Nun sage mir, was los ist, Heinrich.»

«Es geht den Schiffers saumäßig! Ich war dort. Der Laden ist ungünstig gelegen. In einer Hintergasse. Er hat kaum Kundschaft. Schiffer schuftet tagsüber für einen Hungerlohn in einer Sattlerei, und seine Frau arbeitet die Nächte hindurch als Näherin, damit sie die Familie durchbringen kann. Die Kinder sehen verhärmt aus, in zerschlissenen Kleidern und ausgehungert. Schiffers Frau ist nur noch Haut und Knochen. Ich war jetzt zweimal dort. Das erste Mal traf ich Schiffer nicht an. Beim zweiten Mal sagte er mir, daß er wahrscheinlich demnächst bankrott geht, weil er die Kreditschulden nicht zurückzahlen kann.»

Johann Biland hatte die Akte aufgeschlagen. Er warf einen Blick auf die Papiere. Dann hob er den Kopf.

«Was hat das mit mir zu tun?» fragte er.

«Schiffer war hier, um seinen Kredit aufzustocken, nicht wahr?»

«Ja. Zweimal schon. Ich habe hier eine Notiz gemacht.» Biland nahm einen beidseitig vollgeschriebenen Briefumschlag aus dem Ordner. «Hier steht, daß Helmut Schiffer in den zwölf Jahren, die er in New York ist, vier Mal bankrott gegangen ist, mit vier verschiedenen Geschäften, wovon drei am Broadway waren. Es steht hier auch, daß die laufenden Schulden Schiffers über dreitausend Dollar betragen und daß er dafür monatlich allein an Zins vierzig Dollar aufbringen muß.» Johann Biland beugte sich etwas vor. Unter seinen buschigen Augenbrauen hervor blickte er zu Heinrich auf. «Schiffer ist ein hoffnungsloser Fall, Heinrich. Der Mann ist nicht fähig, sich und seine Familie durchzubringen.»

«Vielleicht hat er nur kein Glück», widersprach Heinrich hart.

«Das ist unwahrscheinlich, aber durchaus möglich. Trotzdem ändert sich nichts an der Tatsache, daß er sich von Monat zu Monat tiefer in Schulden stürzt.»

«Er hat keine Chance mit diesem Laden. Er kriegt dort niemals genug Kundschaft. Ich hatte gedacht, Sie hätten ihm einen gleichwertigen Laden gegeben, sonst hätte ich den Tausch mit unserem nie akzeptiert.»

«Er muß das Geschäft aufgeben, Heinrich. Er ist Sattler von Beruf. Wenn er tüchtig ist, kriegt er leicht eine Anstellung. Sein ältester Sohn könnte arbeiten. Seine Frau ist eine gute Näherin.» Johann Biland erhob sich. «Nein, junger Freund, unser Herr Schiffer ist wieder einmal gescheitert. Er will es sich nur noch nicht eingestehen. Genau betrachtet wäre es direkt unverantwortlich, ihn weiterhin Schulden machen zu lassen. Wir wollen doch verhindern, daß er sein Leben lang nicht mehr auf die Beine kommt, nicht wahr. Wir wollen den guten Mann doch nicht gänzlich ruinieren.»

«Am Broadway hätte er eine Chance gehabt», entgegnete Heinrich. «Deshalb bekam er doch von Ihnen bisher Kredite, wenn er in Not war. Weil das Geschäft sich in einer ausgezeichneten Lage befand. Ich nahm an, sein neues Geschäft sei auch am Broadway, nur etwas weiter unten.»

Johann Biland kam um den Schreibtisch herum und nahm Heinrich beim Arm. «Hier tut kaum jemand etwas aus Menschenfreundlichkeit, Heinrich. Das ist dir hoffentlich in den Wochen, die du hier bist, klargeworden. In New York muß jeder um sein Leben kämpfen, und daß dies den kleinen Fischen im Teich schwerer fällt als den großen, ist wohl nicht abzustreiten. Es wäre auch naiv, anzunehmen, daß die großen besondere Rücksicht auf die kleinen nehmen würden. Das kann sich niemand leisten, Heinrich. Meine Bank ist kein Wohlfahrtsunternehmen, sondern ein Geschäft, das sorgfältig und verantwortungsvoll geführt werden will. Ich kann mir hin und wieder einen kleinen Fehler erlauben, Heinrich, aber Schiffer entwickelt sich zu einer Blamage, durch die der Ruf meiner Bank geschädigt wird. Ich weigere mich, Schiffer weiterhin Kredite zu geben. Der Mann ist ein Versager.»

«Das Haus, in dem er seinen Laden hat, gehört Ihnen, oder?»

«Es gehört der Bank.»

«Dann gehört es Ihnen. Die Bank gehört Ihnen, und wenn das Haus der Bank gehört, gehört es letztlich Ihnen. Oder stimmt das etwa nicht?»

«Nicht ganz, Heinrich.» Johann Biland lächelte.

«Erlassen Sie ihm die Miete für einige Monate. Damit er sich auffangen kann. Ein halbes Jahr. Der Laden stand doch fast zwei Jahre lang leer, weil niemand ihn mieten wollte.»

«Der Laden bringt der Bank zwanzig Dollar im Monat.»

«Die kann Schiffer ja gar nicht bezahlen.»

«Deswegen erhält er keinen Kredit mehr.»

Heinrich drehte sich abrupt um. Er ging zum Fenster. Er starrte hinaus, ohne etwas anderes zu sehen als die Augen von Schiffers Frau, die ihn ansahen, als hätte er ihr Leben zerstört.

«Wir schaffen es», hatte Helmut Schiffer heute morgen zu ihm gesagt, aber seine Worte hatten nicht den Klang, der überzeugen konnte. Und dann hatte er gesagt, daß es noch immer so etwas wie Gerechtigkeit geben würde auf dieser Welt und daß der alte Biland eines Tages dafür zu bezahlen hätte, was er den armen Leuten weggenommen hatte. «Keiner kommt ungestraft davon», hatte Helmut Schiffer gesagt, «da machen Sie sich nur mal keine Sorgen, Herr Mansfeld.»

Er machte sich aber Sorgen. Weniger um Biland als um Schiffer und seine Familie. Die Kinder. Es gab genug streunende Kinder in New York, Kinder, die von ihren Eltern einfach ausgesetzt worden waren. Heinrich drehte sich um.

«Was ist mit der Miete?» fragte er. «Für sechs Monate. Das sind einhundertzwanzig Dollar. Wenn Sie darauf bestehen, zahle ich sie aus unserer Kasse. Ich bin sicher, daß Konrad damit einverstanden ist.»

Johann Biland nahm drei Briefumschläge vom Schreibtisch.

«Hier ist ein Empfehlungsschreiben an Senator James Lane. Er wird dich mit Freuden in seinem Haus beherbergen, solange du in Washington bist. Das Schreiben hier ist für General Winfield Scott, dem du das Gewehr unbedingt vorführen solltest. Und diesen Brief hier übergibst du meinem alten Freund Taney, dem Bundesrichter, den du ja beim Eröffnungsball kennengelernt hast.»

«Ich möchte wissen, was mit Schiffer passiert», beharrte Heinrich.

«Junger Freund, du strapazierst meine Geduld», sagte Johann Biland. «Ich schicke einen meiner Angestellten hin, um die Sache zu überprüfen. Mehr kann ich dir im Moment nicht versprechen, aber wenn die Existenz von Schiffers Familie dadurch gerettet werden kann, daß ihm auf begrenzte Zeit die Ladenmiete erlassen wird, so will ich dieser Maßnahme nicht im Wege stehen. Du wirst aber erfahren, junger Mann, daß sich Schiffer durch die erkaufte Zeit noch tiefer in eine Misere hineinwirtschaftet, aus der weder er noch seine Familie ungeschoren herauskommen. Denk daran, wenn es soweit ist, und erspare mir dann unnütze Vorwürfe.» Biland übergab Heinrich die Briefe, ging zur Tür und öffnete sie. «Mach's gut, Heinrich», sagte er zum Abschied.

«Danke», erwiderte Heinrich. Sie gaben sich nicht die Hand, als Heinrich das Büro verließ. Draußen blieb er auf der Treppe stehen. Es war Nachmittag, und die Sonne schien. Er entschied sich, zu Schiffers Laden zu gehen und ihm mitzuteilen, daß noch nicht alles verloren war. Schiffer war nicht da, und seine Frau blickte ihn nur ungläubig an, als er ihr sagte, daß ihnen Biland die Miete nachlassen würde.

«Es ist wahr», versicherte ihr Heinrich. «Ich komme eben von der Bank.»

Die Frau drehte sich um, damit er die Tränen nicht sehen konnte, mit denen sich ihre gequälten Augen füllten.

Auf seiner Reise nach Washington wurde sich Heinrich zum ersten Mal richtig bewußt, daß er dabei war, sein Leben selbst zu steuern. Die Zukunft erschien ihm nicht mehr so fremd und rätselhaft wie noch vor wenigen Tagen. Allmählich verspürte er ein gutes Gefühl in sich, das ihm die Gewißheit gab, daß er sich auf dem richtigen Wege befand. Das machte ihn zuversichtlich und stark. Sein neues Leben, das er eben erst begonnen hatte, wurde ihm allmählich vertraut, und er nahm zum ersten Mal einige der Möglichkeiten wahr, die ihm Amerika bot. Er hatte sich für die lange Zugfahrt das Büchlein von Gerstäcker eingesteckt, aber er schlug es nicht ein einziges Mal auf. Amerika war jetzt sein Land und begann sogar, seine Heimat zu werden, schneller, als er es sich jemals vorgestellt hatte, und leichter. Fast schien es ihm, als wäre er schon Jahre hier, und seine Erinnerung an das, was einmal gewesen war, jenseits des Atlantischen Ozeans, verblaßte und erschien ihm immer unbedeutender. Der neue Anfang war fast wie seine zweite Geburt, nur mit dem Unterschied, daß er dieses Mal von der ersten Sekunde an alles bewußt erlebte, was um ihn herum mit ihm geschah, und daß er selbst etwas tun konnte, daß er selbst mitreden konnte und niemand über ihn verfügte. Er konnte nein sagen, wenn er wollte, oder ja, und vielleicht, so dachte er, werde ich später meinen Namen ändern und mich Henry Mansfield nennen.

In Washington hofierten ihn die Leute mit ihrer überwältigenden Gastfreundschaft. Major Buford hatte schon alles vorbereitet, und wenn Heinrich gedacht hatte, daß er sein Gewehr auf einem Schießstand im Arsenal von Washington vorzuführen hätte, dann hatte er sich geirrt, denn die Kutsche brachte ihn am Nachmittag zum Weißen

Haus, wo in den hinteren Gartenanlagen ein Kugelfang aus Eisenbahnschwellen errichtet worden war.

Ein wolkenloser Himmel wölbte sich über der Stadt, von der sich Heinrich kaum vorstellen konnte, daß sie die Hauptstadt einer der größten Nationen der Welt war. Vor dem im Bau befindlichen Kapitol weidete auf abgemähten Wiesen Fleckvieh. Es gab nur wenige gemauerte Regierungsgebäude. Das Finanzdepartment war in einer Baracke untergebracht und die Straßen nicht mehr als zerfurchte ausgefahrene Dreckstreifen, an die sich kleine Häuser und Hütten reihten. Nur um das Weiße Haus herum leuchteten die Gartenanlagen mit ihren Blumenbeeten und den blühenden Magnolienbäumen in bunter Pracht. Etwa hundert Personen waren zur Demonstration geladen worden, hohe Militärs in prächtigen Uniformen, Männer der Politik, die Fräcke trugen und Zylinder, und einige wenige Damen in Kleidern aus Seide und Satin, reich mit Blumen und Spitzen garniert. Heinrich wünschte, Pauline hätte dabeisein können.

Am Anfang betäubte ihn die innere Aufregung beinahe. Seine Kehle wurde so trocken, daß ihm die Stimme versagte, als er an ein Rednerpult trat und sein Gewehr zu beschreiben begann. Die Journalisten machten Notizen, die Damen bewunderten den jungen, gutaussehenden Mann, der immer sicherer wurde und so überzeugend von seiner Erfindung zu sprechen begann, daß er wahrscheinlich an diesem Nachmittag einem Blinden eines seiner Gewehre hätte verkaufen können.

Zuerst demonstrierte Heinrich Mansfeld den Lademechanismus. Dann erklärte er seine Patrone. Den Fachleuten unter den Zuschauern war bekannt, daß mehrere amerikanische und europäische Büchsenmacher und Waffenhersteller mit ähnlichen Patronen experimentierten, die meisten dieser Erfindungen waren jedoch unausgereift.

Heinrich Mansfeld aber demonstrierte an diesem Nachmittag ein Gewehr, das die Zuschauer verblüffte. Nicht nur feuerte er in rascher Reihenfolge und ohne einen Patronenklemmer zehn Kugeln in einen Kreis, der sechs Zoll Durchmesser hatte, er überlebte die Demonstration auch unbeschadet. Weder seine Hände noch sein Gesicht wiesen die geringsten Spuren von verbranntem Pulver auf. Der Schloßmechanismus funktionierte auch nach zwanzig Schüssen noch einwandfrei, und die Genauigkeit ließ nichts zu wünschen übrig, als Major Buford dreimal haargenau ins Schwarze traf. Präsident James Buchanan wollte es sich natürlich nicht nehmen lassen, die Waffe selbst abzufeuern. Einer der Journalisten kam auf die Idee, den Zeitpunkt dieses geschichtlichen Ereignisses genau festzuhalten. Er bat um die Erlaubnis, seine Taschenuhr als Ziel zur Verfügung zu stellen. Ein Angestellter des Weißen Hauses hämmerte einen Nagel in eine der Eisenbahnschwellen. Die Uhr wurde daran aufgehängt. Die Zuschauer applaudierten, als der Präsident das Gewehr in die Hände nahm und sich in einer Entfernung von zehn Metern aufstellte. Er spreizte die Beine, drückte den Kolben an die Schulter, zielte kurz und feuerte. Die Uhr blieb Punkt 3 Uhr 17 stehen, mit einem glatten Durchschuß auf der linken Seite des Zifferblatts. Fotografen machten ein paar Aufnahmen vom Präsidenten, einmal zusammen mit einer Gruppe von Regierungsmitgliedern und führenden Militärs, einmal zusammen mit Heinrich Mansfeld. Nach der Demonstration schüttelte Major Buford Heinrich die Hand. Die Augen des Majors leuchteten.

«Ein gelungener Nachmittag, Mr. Mansfeld», sagte er triumphierend. «Ich danke Ihnen. Der Präsident war begeistert. Ich glaube Ihnen versichern zu dürfen, daß Ihrer Waffe eine große Zukunft bestimmt ist.»

Heinrich verbrachte das Wochenende in Washington. Am Sonntag nachmittag reiste er nach New York zurück. Konrad holte ihn am Bahnhof ab, zusammen mit Pauline und Molly. Pauline strahlte, als er aus dem Waggon stieg. Sie lief auf ihn zu und umarmte ihn und küßte ihn ganz schnell auf den Mund.

Konrad pfiff durch die Zähne.

«Wir haben von deinem Auftritt in Washington gehört», sagte er lachend. «Alle Zeitungen werden diese Woche von dir berichten, Heinrich. Du bist über Nacht ein berühmter Mann geworden, mein Freund.»

«Eine Nummer macht noch lange keinen Zirkus, Konrad», entgegnete Heinrich. «Wie läuft unser Geschäft?»

«Wir hatten Freitag und Samstag Hochbetrieb. Am Samstag kam Mrs. Schiffer in den Laden. Sie wollte dich sprechen. Ich habe ihr gesagt, daß du nicht vor Montag zurück bist.»

«Hat sie einen Grund für ihren Besuch angegeben?»

«Nein. Sie wollte nur mit dir reden.»

Heinrich hängte sich die Gewehrtasche über den Rücken, und sie gingen zusammen den Bahnsteig entlang zum Ausgang. Pauline fragte ihn über die Leute aus, mit denen er in Washington Bekanntschaft gemacht hatte. Sie fuhren mit der Kutsche zuerst zum Biland-Haus, weil Pauline ihrem Vater versprochen hatte, vor Einbruch der

Dunkelheit zu Hause zu sein. Konrad half Pauline aus der Kutsche. Heinrich blickte zum Haus hinüber, und er sah die Silhouette von Johann Biland am Fenster seines Arbeitszimmers, in dem kein Licht brannte. Er gab Pauline ein kleines Geschenk, das er ihr aus Washington mitgebracht hatte: eine Porzellanminiatur des Weißen Hauses. Er wußte, daß sie an solchen Kleinigkeiten Gefallen fand. Sie blickte zu ihm auf. «Du hast an mich gedacht», sagte sie leise, und es war mehr eine Feststellung als eine Frage.

Er nickte. «Fast die ganze Zeit», flüsterte er ihr zu. Sie errötete tief, und Konrad, der Molly heruntergeholfen hatte, grinste unverschämt.

«Sag nur, du hast dich in sie verliebt», sagte er, nachdem Pauline und Molly im Haus verschwunden waren und die Kutsche anfuhr.

«Etwas dagegen?» fragte Heinrich schroffer, als er beabsichtigte. Konrad fuhr herum. «He, he», sagte er. «Ich dachte, wir sind Freunde.»

«Dann stell keine so blöden Fragen.» Heinrich lachte. «Hier, die habe ich für dich mitgebracht.» Er gab Konrad eine Holzschachtel, deren Deckel mit einem bunten Etikett versehen war.

«Zigarren?» fragte Konrad.

«Mach auf.»

Konrad öffnete den Deckel. Die kleine Schachtel enthielt tatsächlich Zigarren, aber obenauf lag ein Bild von einer üppigen, blondgelockten Schönheit, die splitternackt auf einem Bett lag, die stämmigen Schenkel leicht geöffnet, die Brüste halb von einem Fächer verdeckt. Am unteren Bildrand stand mit goldener Schrift *Southern Belle*.

Konrad kicherte, während er das Bild eingehend betrachtete.

«Wenn es die da unten im Süden tatsächlich gibt, dann muß ich mal dorthin.»

Schiffers Frau blickte auf, als er eintrat.

«Sie haben nach mir gefragt», sagte Heinrich.

Sie nickte. Jetzt konnte er sehen, daß ihr linkes Auge zugeschwollen und blutunterlaufen war.

«Was ist geschehen?» fragte er.

Sie senkte den Kopf. «Es ist zu spät jetzt», sagte sie.

Er ging auf sie zu, und sie wich zurück.

«Gehen Sie lieber», sagte sie. «Bitte, gehen Sie.»

Heinrich blieb stehen. «Hat er Sie geschlagen?»

Sie blickte auf. «Ich bin gefallen», sagte sie. «Die Treppe war naß. Ich habe nicht acht gegeben.»

«Das glaube ich nicht», sagte er. «Bestimmt hat er Sie geschlagen. So ein blaues Auge kommt nicht von einem Sturz.»

Sie sagte nichts. Ihre Lippen zitterten. Sie wagte es nicht mehr, ihn anzusehen. Eines ihrer Kinder kam durch den Vorhang. Heinrich erschrak, als er es sah. Jemand hatte es geschlagen. Jemand hatte es ganz furchtbar geschlagen. Es hatte eine Beule an der Stirn und eine Schramme am Kinn. Die Frau nahm das Kind schnell und drückte es an sich, so daß sein Gesicht in ihrem Rock versteckt war.

«Wo ist er?» fragte Heinrich.

«Ich weiß nicht», sagte sie. «Er ging am Freitag weg. Er ist nicht mehr zurückgekehrt. Wenn ich wüßte, wo er ist, würde ich hingehen und ihm sagen, daß alles gut ist. Ich brauche ihn, verstehen Sie. Und die Kinder brauchen ihn. Er war mir ein guter Mann. Er hat uns nie geschlagen, und er war nie betrunken.»

«War er betrunken, als er das getan hat?»

«Er war nicht mehr er selbst. Er war ein anderer Mann. Ich habe Angst um ihn. Er ist verzweifelt. Er hat gesagt, daß er schon weiß, wie er mit Johann Biland quitt wird. Er hat gesagt, daß Biland für alles bezahlen wird.»

«Was hat er vor?»

«Das weiß ich nicht. Nichts Gutes, bestimmt. Er weiß nicht mehr ein noch aus. Ein Angestellter von Biland war hier und hat gesagt, daß er uns die Miete nachläßt. Helmut hat ihn angeschrien und weggejagt. Er war außer sich vor Zorn. Er war nahe daran, den armen Mann hinauszuprügeln.»

«Und danach hat er –» Heinrich brach ab. «Danach gab es Streit.»

«Nicht gleich danach. Er ging erst weg. In der Nacht kam er nach Hause. Er setzte sich in der Küche an den Tisch, dann kam er plötzlich ins Schlafzimmer. Er war betrunken. Er sagte, daß ich ihm sein Leben kaputtgemacht hätte. Wegen der Kinder. Ich habe ihm gesagt, daß er sich hinlegen soll und seinen Rausch ausschlafen. Da hat er zugeschlagen. Und als Susanne wach wurde und schrie, da ging er ins Zimmer, wo die Kinder schliefen, und ich versuchte ihn aufzuhalten, aber er hat Bärenkräfte, wenn er zornig ist.»

«Wo könnte er hingegangen ein? Kennt er jemand in der Stadt? Hat er Freunde, bei denen er unterkommen könnte?»

«Nein. Er hat Freunde, mit denen er sich ab und zu trifft. Aber ich glaube nicht, daß er zu einem von ihnen ging. Er ist nicht einer, der mit seinen Sorgen hausieren geht. Er hat eine Pistole bei sich. Umbringen wollte er sich schon einmal damit.»

«Glauben Sie, daß er das wirklich tun könnte, ich meine, sich umbringen?»

«Ich weiß nicht, was in ihm vorgeht. Ich weiß es nicht. Ja, ich glaube schon, daß er sich umbringen könnte, wenn er keinen Ausweg mehr sieht.»

«Es gibt immer einen Ausweg.»

Sie hob den Kopf.

«Nicht für uns», sagte sie. «Nicht für uns.»

In der Samstagausgabe der letzten Märzwoche 1858 berichtete *Frank Leslie's Illustrated Newspaper* von der Vorführung eines neuartigen Gewehrs im Hintergarten des Weißen Hauses. Eine auf Kupferstich umgearbeitete Fotografie von Heinrich Mansfeld zierte die Titelseite, darunter war ein Bild des historischen Ereignisses, so wie es sich der Künstler vorstellte. Im Bericht hieß es, daß die Soldaten der Nordstaaten im Falle eines Bürgerkriegs möglicherweise mit den neuen Gewehren ausgerüstet würden, die außergewöhnlich schnell abgefeuert und nachgeladen werden könnten und geradezu unglaublich treffsicher wären. Die Zeitung machte aus Heinrichs Nadelgewehr eine geheimnisvolle Wunderwaffe, mit der das Nachladen und Abschießen zu einem narrensicheren Kinderspiel wurde.

«Laß das Schloß und deine Patrone patentieren, Heinrich», warnte Johann Biland, nachdem andere Zeitungen von Experimenten der Colt-Waffenfabrik mit ähnlichen Gewehren und Munition schrieben. Auch Spencer wollte demnächst mit einer Patrone auf den Markt kommen, die aus Kupfer hergestellt war und ein Zündhütchen hinten aufgesetzt hatte, und verschiedene andere Waffenfabrikanten schienen plötzlich an Heinrichs Erfindung interessiert zu sein.

Heinrich hatte zwei Möglichkeiten. Entweder ließ er sich Schloßsystem und seine Patrone beim US-Patentamt eintragen, oder er verkaufte die Erfindung einem der großen Waffenhersteller.

«Das kannst du auch noch tun, wenn du das Patent angemeldet hast», sagte Johann Biland. «An deiner Stelle würde ich nicht mehr länger warten. Die Konkurrenz schläft nicht. Falls es tatsächlich zum Bürgerkrieg kommt, werden ganze Heere ausgerüstet werden müssen.»

Heinrich setzte sich noch in dieser Nacht hin und zeichnete mehrere Konstruktionspläne im genauen Maßstab.

Irgendwann nach Mitternacht verließ er das Haus und ging zur Vesey Street. Dort stellte er sich in den Mondschatten eines Baums und wartete. Es war fast ein Uhr, als er sah, wie der alte Biland durch eine Seitentür das Haus verließ und auf die Straße herauskam. Ein Hund folgte ihm die Straße hinunter, und manchmal blieb die dunkle Gestalt stehen und beugte sich herunter zu dem Hund, um ihn zu streicheln. Heinrich dachte daran, Biland zu folgen, aber er wußte, welchen Ärger es geben könnte, wenn er von ihm entdeckt würde.

Am nächsten Tag begleitete ihn Johann Biland persönlich zum Patentamt, hinterlegte die Gebühr für die Anmeldung und sorgte dafür, daß Heinrich keinerlei Schwierigkeiten hatte.

Auf dem Heimweg, in der Kutsche, machte Johann Biland Heinrich das Angebot, ein altes Fabrikgebäude am Ufer des Hudson aufzukaufen, das schon seit Monaten leer stand. «Es ist günstig gelegen, nahe dem Güterbahnhof und mit einem eigenen Gleis. Die Fabrik steht auf einem Gebiet von nahezu vierzig Hektar. Man könne also Prüfschießstände einrichten und, falls es notwendig würde, zwei große Lagerhallen errichten.»

«Ich habe das Geld nicht, eine Fabrik zu kaufen», sagte Heinrich. «Außerdem bin ich Konrads Partner in unserem Eisenwarenladen.»

«Den könnte Konrad alleine führen. Er kann Leute anstellen. Konrad ist der geeignete Mann dazu. Er versteht es offenbar hervorragend mit Kunden, ließ ich mir sagen.»

«Wissen Sie, was es kosten würde, eine Waffenfabrik einzurichten und in die Produktion zu gehen?» Heinrich lachte laut auf. «Hunderttausend Dollar bestimmt.»

«Sagen wir eine halbe Million. Oder eine Million. Zwei.» Biland lächelte. «Mit einem Regierungsauftrag würde sich ein solcher Kredit leicht abdecken lassen. Überleg es dir gut, mein Junge. Ich bin bereit, einen Teil meines Vermögens in dich und dein Projekt zu investieren.»

«Das überrascht mich», erwiderte Heinrich. Er blickte Biland von der Seite an. «Sie haben den Ruf eines vorsichtigen Geschäftsmannes.»

«Ich war nie leichtsinnig, mein Junge», sagte Johann Biland ernst. «Dafür mußte ich immer zu hart arbeiten. Und wenn ich dir jetzt den Vorschlag mache, gemeinsam in ein Geschäft einzusteigen, so tu ich das nach reiflicher Überlegung. Ich vertraue dir, Heinrich. Und ich bin von deiner Erfindung überzeugt. Ich habe Erkundigungen eingezogen, und man ließ mich auf Umwegen erfahren, daß die Regierung demnächst bereit sein wird, einen Auftrag über zweihundertfünfzigtausend Gewehre zu vergeben. Ich bin absolut davon überzeugt, daß du diesen Auftrag erhalten wirst.»

«Bis jetzt wurden alle meine Anfragen vom Waffenbeschaffungsamt mit reichlicher Zurückhaltung beantwortet.»

«Du hast Konkurrenz, Heinrich, daran besteht kein Zweifel. Außerdem könnte die Nachricht eines neuen Waffenauftrags in dieser Zeit geradezu verheerende Folgen haben. Der Bürgerkrieg ist kein Schreckgespenst mehr, das dazu erfunden wurde, die Leute zur Vernunft zu bringen. Buchanan sieht sich gern als den Erhalter des Friedens, aber er weiß selbst, daß er diese Stellung nicht mehr glaubwürdig vertreten kann. Politik wird nicht von ehrlichen, menschenfreundlichen und selbstlosen Pazifisten betrieben, die an das Gute im Menschen glauben. Politik ist ein Geschäft, und Buchanan ist ein schlechter Geschäftsmann.»

«Weil er ehrlich ist?»

«Nein, weil er seine Ehrlichkeit zu Markte trägt, obwohl keine Nachfrage vorhanden ist. Seine engsten Verbündeten lassen ihn im Stich. Die Presse mokiert sich über ihn. In zwei Jahren wird er nicht wiedergewählt, das steht fest.»

Die Kutsche hielt vor Bilands Bank. Es war Spätnachmittag.

«Überleg es dir gut, mein Junge, aber verschwende keine Zeit», warnte Johann Biland, bevor er sich anschickte auszusteigen. «Du stehst vielleicht vor der bedeutendsten Entscheidung deines Lebens.»

«Helmut Schiffer ist noch nicht zurückgekehrt», sagte Heinrich plötzlich.

Johann Biland, der schon einen Fuß auf dem Trittbrett hatte, blickte jäh auf.

«Was willst du damit sagen?» fragte er, und zwei steile Falten gruben sich in die Mitte seiner Stirn.

«Es ist möglich, daß er Selbstmord begangen hat», sagte Heinrich.

Johann Biland kniff die Augen zusammen. Für einen Moment schien es, als hätte er eine Entgegnung auf den Lippen, aber dann stieg er aus, schlug die Kutschentür zu und ging in seine Bank. Heinrich ließ sich zum Laden fahren.

7

Der Vorschlag Präsident Buchanans, ein Gesetz zu erlassen, durch das Kansas als Sklavenstaat in die Union aufgenommen werden konnte, führte während der Frühlingsmonate 1858 zu einem politischen Chaos, in dem die Neuigkeit über Heinrich Mansfelds Erfindung buchstäblich unterging. Die Zeitungen waren voll mit Berichten über Buchanans starrsinnige «Friedensstifter-Politik», die nur dazu führte, den inneren Frieden des Landes noch mehr zu gefährden.

Anfang Mai stattete der selbsterklärte «Racheengel» der Negersklaven, John Brown, New York heimlich einen Besuch ab. Vom Gesetz gejagt, befand er sich auf einer Reise durch die Städte im Nordosten, um die finanziellen Mittel aufzutreiben, mit denen er eine «Sklavenbefreiungsarmee» ausrüsten wollte. In New York besuchte er Johann Biland mit einem Empfehlungsschreiben von Franklin B. Sanhorn, einem der einflußreichsten Geschäftsleute Bostons, von dem Brown eine bedeutende Summe zum Ankauf von Gewehren erhalten hatte. Johann Biland gab Brown zweitausend Dollar aus seiner Privatkasse zur Unterstützung der «Befreiungsarmee», die Brown in Virginia auf die Beine stellen wollte. Brown, mit vollen Taschen, bestand darauf, Heinrich Mansfelds Gewehr zu sehen, von dem er in der Zeitung gelesen hatte. Die Waffe beeindruckte ihn, und er wollte Heinrich sofort einen Auftrag für vierhundert Gewehre erteilen. Heinrich sagte dem graubärtigen Mann, daß er momentan noch nicht in der Lage sei, die Produktion seines Gewehres aufzunehmen.

Am Abend des gleichen Tages traf Heinrich auf einem Spaziergang den Journalisten Horace Greeley, der offensichtlich damit begonnen hatte, sich einen Bart wachsen zu lassen. Er sah ziemlich heruntergekommen aus in seiner abgetragenen Kleidung und dem verbeulten Hut. Heinrich hatte den Zeitungsmann seit dem Eröffnungsball nicht mehr gesehen, aber Greeley erkannte ihn sofort.

«Der Büchsenmacher Mansfield», sagte er und reichte Heinrich die Hand.

«Mansfeld», verbesserte Heinrich. Sie setzten sich auf eine Parkbank. Es war ein angenehm kühler Abend, der die Leute aus den Häusern lockte.

«Sie sind ja ein paar Tage ganz schön ins Gerede gekommen, Mansfeld», sagte Greeley. «Haben Sie Ihren Regierungsauftrag schon gekriegt, oder zögert man, weil man Schiß vor der Reaktion der Südstaaten hat?»

«Bis jetzt hat sich noch nichts Konkretes ergeben», sagte Heinrich ausweichend.

Greeley kratzte sich am Kinn. «Schade. Dabei war der Schuß auf die Uhr fast so etwas wie eine erste gelungene Machtdemonstration unseres Präsidenten. Ich wollte mir schon einreden, daß er sich endlich dazu entschieden hat, seinen Mann zu stellen und die Sklavenhalter in ihre Schranken zu weisen. Die Demokraten schaufeln sich ihr eigenes Grab. Fast sieht es aus, als ob in Illinois Lincoln gegen Douglas gewinnen könnte, dabei ist Douglas ein alter Kämpe, der sich auf der politischen Bühne auskennt, während von Lincoln bis zu seiner ersten Wahlkampfrede im Januar überhaupt noch niemand etwas gewußt hat.»

«Sie unterstützen natürlich Lincoln.»

«Natürlich! Wir brauchen Leute wie Lincoln im Senat, damit Buchanan die Sporen spürt und bockig wird.»

Heinrich erzählte Greeley von seinem Zusammentreffen mit John Brown. Greeley hielt den alten Mann für einen unberechenbaren und gefährlichen Eiferer, der mit einer einzigen unüberlegten Tat das Land in großes Unglück stürzen konnte. «Soll ich Ihnen erzählen, was am 24. Mai 1856 in der Nähe der kleinen Ansiedlung Dutch Henry's Crossing im Kansas-Territorium passiert ist?» Greeley lehnte sich zurück und blickte in die Ferne. «Der Farmer James Doyle saß mit seiner Frau und seinen drei Söhnen in einem kleinen Blockhaus am Pottawatomie Creek beim Essen. Es war schon dunkel draußen. Plötzlich fingen seine beiden Bulldoggen an zu bellen. Hufschlag ertönte. Jemand klopfte an die Tür. Doyle, der nichts Böses ahnte, erhob sich vom Tisch und öffnete. Fünf bewaffnete Männer drangen in die Hütte und verlangten von den Doyles, daß sie sich der ‹Armee des Nordens› ergeben sollten. Sie führten James Doyle hinaus und verhörten ihn über seine politische Einstellung. Doyle war in der Umgebung als Sklavenbefürworter bekannt. Ein Mann hielt ihn draußen in Schach. Die anderen gingen ins Haus zurück und holten die beiden ältesten Söhne Doyles heraus. Doyles Frau bettelte auf den

Knien um Gnade für ihren jüngsten Sohn John, der erst vierzehn Jahre zählte. Die Männer gestatteten der Frau und dem Kind zurückzubleiben. Sie führten Doyle und seine beiden anderen Söhne in die Prärie hinaus. Dort metzelten sie alle drei mit ihren Schwertern nieder, bevor sie wieder in der Nacht verschwanden.»

«Das soll John Brown gewesen sein?»

«Old Man Brown, wie man ihn nennt. Und vier seiner sieben Söhne. Fragen Sie mich nicht, wie viele solche Besuche er während der nächsten zwei Jahre gemacht hat. Im Moment ist es still um ihn geworden. Die Ruhe vor dem Sturm vielleicht. Er versteckt sich. Manchmal wünsche ich fest, jemand würde diesem mörderischen Spuk mit einer wohlgezielten Kugel ein Ende bereiten, obwohl der alte Mann ohne Zweifel für eine gerechte Sache kämpft. Und damit sind wir wieder beim Thema, mein lieber Mansfeld. Das Töten wird mit jeder neuen Waffe ein bißchen bequemer.»

«Ist das schlecht?» Heinrich lächelte. «Wird deshalb nicht auch das Sterben leichter? Glauben Sie, daß eine Spaltung der Nation unausweichlich ist?»

«Lassen Sie mich diese Frage nach den Senats- und Kongreßwahlen beantworten, mein lieber Mansfeld», entgegnete der Zeitungsmann und erhob sich. «Auf jeden Fall mache ich einigen Pfeffersäcken ganz schön Feuer unter den Arsch mit meiner Zeitung. Ich bin gegen Sklaverei, gegen den Krieg, gegen Alkohol, gegen Tabak und gegen Korruption, Mansfeld, weil ich Amerika nicht verkrüppelt sehen will. Grüßen Sie mir den alten Biland. Wissen Sie, eigentlich respektiere ich ihn sehr. Er gehört zu denen, die nicht lange auf dem Busch herumklopfen, so daß man bei ihm meistens gleich weiß, woran man ist, und das läßt sich von den anderen seiner Garde nicht behaupten.»

Greeley lüftete seinen Hut und ging davon.

Heinrich blickte ihm nach, bis er in der Menge verschwunden war. Er blieb noch eine Weile auf der Bank sitzen, dann machte er sich auf den Weg nach Hause.

Heinrich besuchte die Familie von Helmut Schiffer jede Woche. Die Frau wohnte in einem Mietshaus in der Lower Eastside. Die Wohnung war klein, hatte nur zwei Kammern und ein Fenster mit Blick auf die schmutzige Brandmauer des nächsten Hauses. Aus dem engen Schacht zwischen den beiden Häusern stieg der penetrante Geruch von Fäulnis und Verwesung auf. Manche Leute schütteten ihren Kot aus dem Fenster.

Heinrich bezahlte die Miete von den Geschäftseinnahmen. Konrad war damit einverstanden, und Johann Biland wußte nichts davon. Die Frau führte das Geschäft weiter und verrichtete nachts die Näharbeiten. Zwei ihrer Kinder waren bei guten Familien untergebracht, ein Mädchen von sieben Jahren und ein dreijähriger Junge, der etwas zurückgeblieben war.

Der älteste Sohn, Hans, arbeitete in einer Schreinerei als Handlanger und Austräger und kriegte dafür einen Lohn von fünfzig Cents pro Tag. Es ging der Familie jetzt wesentlich besser als zuvor, und die Frau zeigte Heinrich auch, daß sie ihm für alles, was er für sie und ihre Kinder getan hatte, dankbar war. Wann immer er kam, war die Wohnung blitzblank sauber und die Kinder herausgeputzt, als wäre es Sonntag. Die Frau selbst hatte sich ein neues Kleid gemacht, und sie gab sich mehr Mühe mit ihrem Haar. Hätte Heinrich sie nicht besser gekannt, wäre es ihr mühelos gelungen, ihn in die Irre zu führen. Aber er wußte, daß sich hinter ihrer Fröhlichkeit die Sorge um ihren Mann verbarg, von dem sie wochenlang kein Lebenszeichen erhalten hatte. Es konnte gut sein, daß er sich irgendwelchen Auswanderern angeschlossen hatte, die weiter nach Westen gezogen waren, oder daß er sogar auf einem Frachtschiff angeheuert hatte und nach Europa zurückgekehrt war. Sie gab jedoch die Hoffnung nie auf, daß er eines Tages vor der Wohnungstür stehen oder in den Laden kommen würde. Sie betete jede Nacht für ihn.

«Wenn er nur wüßte, daß es uns soviel besser geht jetzt», sagte sie einmal zu Heinrich. «Ich bin sicher, daß er zurückkehren würde. Er liebt seine Kinder über alles.»

An einem Tag im Juni, als Heinrich die Frau im Laden besuchte, benahm sie sich anders als sonst. Sie wagte es kaum, ihn anzusehen. Ihr Haar war nicht so sorgfältig gekämmt wie sonst, und sie sah übernächtigt aus.

«War er hier?» fragte Heinrich.

Sie drehte ihm den Rücken zu und gab ihm keine Antwort. Heinrich ging im Laden auf und ab, ohne ein Wort zu sagen. Sein Schweigen hielt unendlich lange an, schien es ihr. Sie nahm Büchsen vom Regal und wischte sie ab, obwohl sie nicht staubig waren.

Plötzlich drehte sie sich um.

«Sagen Sie Herrn Biland, daß ich die Miete für diesen Monat bezahlen kann», sagte sie.

Heinrich hob die Brauen.

Geld, Religion und Politik ...

... das sind die drei häufigsten Gründe, ins Exil zu gehen. Und leider spielt die Unfreiheit in jedem dieser drei Fälle eine große Rolle.

Beim Thema Geld nehmen wir uns an dieser Stelle gerne die Freiheit, auf eine besonders beliebte Form der Unabhängigkeit hinzuweisen.

Pfandbrief und Kommunalobligation

Meistgekaufte deutsche Wertpapiere - hoher Zinsertrag - bei allen Banken und Sparkassen

Verbriefte Sicherheit

«Nicht mit dem Lohn für die Näharbeiten», sagte er. «Und auch nicht mit den Einkünften aus dem Geschäft.»

«Herr Biland wird kaum danach fragen, woher das Geld kommt, nicht wahr?» entgegnete sie hart.

«Biland vielleicht nicht. Aber ich.» Heinrich ging auf sie zu. «Wo ist er?» fragte er sie und packte sie beim Arm.

Sie entzog sich ihm.

«Ich weiß es nicht», sagte sie. «Er hat mir nichts gesagt. Er hat nur das Geld auf den Tisch gelegt, sonst nichts.»

«Wieviel Geld?»

«Genug, um die Miete zu bezahlen.»

«Sie wissen, woher das Geld möglicherweise kommt. Er arbeitet bestimmt nicht. Ich habe mich umgehört, seit er verschwunden ist. Niemand kennt ihn. Niemand weiß etwas von ihm. Wenn er in New York ist, dann treibt er sich mit Gesindel herum.»

Die Frau senkte den Kopf.

«Ich weiß es nicht», sagte sie. «Er hat nicht einmal nach den Kindern gefragt. Ich habe ihm gesagt, daß er zurückkehren soll und daß ihn die Kinder brauchen. Er hat gesagt, es ist zu spät dazu. Das hat er gesagt. Es ist zu spät dazu.»

Heinrich drehte sich um.

«Ich werde ihn suchen», sagte er zornig. «Und wenn ich ihn finde, werde ich ihm Verantwortungsbewußtsein einbleuen, darauf können Sie sich verlassen.»

«Seien Sie vorsichtig», sagte sie, bevor er hinausging. «Ich habe gesehen, daß er die Pistole im Gürtel stecken hat.» Sie kam zur Tür. «Er ist ein verzweifelter Mann. Seien Sie bitte vorsichtig.»

Johann Biland ließ Heinrich in sein Büro kommen. Dort überraschte er ihn mit der Nachricht, daß er das leerstehende Fabrikgebäude beim Güterbahnhof gekauft hatte. Er legte ihm einen Kreditvertrag vor, den Heinrich nur noch zu unterschreiben brauchte. Grundsätzlich beruhte der Vertrag auf der Erwartung eines Regierungsauftrags und darauf, daß der Kreditgeber, die Biland-Bank, am Gewinn des Unternehmers beteiligt war. Nachdem Heinrich Mansfeld den Vertrag sorgfältig durchgelesen hatte, bat er um Bedenkzeit. Immerhin ging es um einen Betrag von über hunderttausend Dollar, die Johann Biland in das Projekt investieren wollte.

Heinrich konnte die ganze Nacht nicht schlafen. Die Summe schlich sich immer wieder in seine Gedanken ein und verursachte

Ängste, die ihm bis jetzt nicht bekannt gewesen waren. Was war, wenn er die Schuld nicht zurückzahlen konnte? Was würde geschehen, wenn er den Regierungsauftrag nicht erhielt? Wie konnte er verhüten, daß ihm der Schuldenberg über den Kopf wuchs? Schiffer fiel ihm ein. Der Mann war wohl mit den besten Vorsätzen nach Amerika gekommen und gescheitert. Er dachte an Leute in seiner alten Heimat. Eberhardt, seinen Lehrmeister, bei dem das Geschäft plötzlich nicht mehr ging. Wirtschaftskrise. Krieg. Es war eine heiße Nacht. Die Tageshitze wich nicht aus Heinrichs Zimmer. Er stand mehrmals auf und trocknete den kalten Schweiß vom Körper.

Irgendwann hörte er Konrad nach Hause kommen. Im Flur fiel der Kleiderständer um. Heinrich ging hinaus. Konrad hockte auf der Truhe neben dem großen Spiegel. Er hatte eine blutende Schramme an der Stirn, und sein Hemd war zerrissen. Als er Heinrich bemerkte, grinste er schief.

«Ich habe Pauline einen Heiratsantrag gemacht», sagte er mit schwerer Zunge.

Heinrich lehnte sich gegen den Türrahmen und lachte.

«Was gibt es da zu lachen, verdammt?» Konrad wischte sich eine Haarsträhne aus der Stirn. Aus glasigen Augen blickte er Heinrich an. Dann begann auch er plötzlich zu lachen, bis ihm die Tränen kamen. Schließlich schluchzte er in seine Hände hinein, und Heinrich ging zu ihm und setzte sich neben ihn auf die Truhe.

«Was ist?» fragte er.

Konrad hob den Kopf. «Der Alte ist ein Arschloch», keuchte er. «Er hat was gegen mich. Hat gesagt, daß er es nicht gern sehen würde, wenn sie sich von mir den Hof machen ließe. Dieses Arschloch hat keine Ahnung von nichts.»

«Er hat die Fabrik gekauft, Konrad. Für uns.»

«Für uns?» Konrad stand jäh auf. «Für dich, mein Freund. Nicht für mich. Für mich tut er überhaupt nichts, verstehst du. Mich duldet er nur, weil ich dich hergebracht habe. Ich merke das jedes Mal, wenn ich ihn sehe. Er verachtet mich, und ich hasse ihn dafür. Aber wir sind auf sein gottverdammtes Geld angewiesen. Und außerdem ist er Paulines Vater, und das macht alles noch viel schlimmer.»

«Was hat sie dazu gesagt?»

«Wozu?»

«Zu deinem Heiratsantrag.»

«Sie dachte, es sei ein Scherz.» Konrad schlug die Fäuste gegen die Wand. «Weißt du, wo ich war, die ganze Nacht? Unten am Hafen war ich. Und weißt du, wen ich dort gesehen habe?»

«Wen?»

«Den Schiffer. Mit ein paar anderen Halunken zusammen. Ich kam aus einer Kneipe, und da war er, und er erkannte mich, und er spuckte mir ins Gesicht, und da habe ich ihm das verdammte Messer an die Gurgel gehalten, und er hat Glück gehabt, daß ich ihm nicht den Kopf abgeschnitten habe, diesem Halunken. Er hat gesagt, daß wir schuld sind an seiner Misere und daß du lieber die Finger von seiner Frau lassen sollst, wenn dir dein Leben was wert ist.» Konrad drehte sich jäh Heinrich zu. «Sag mal, du hast doch nichts mit seinem Weib, oder?»

«Natürlich nicht. Ich geh hin und geb ihr das Geld für die Wohnungsmiete.»

«Der Schiffer hat gesagt, daß du nicht mehr hingehen sollst, weil er bald genug Geld haben würde.» Konrad schnaufte durch die Nase. «Ich hätte ihm die Gurgel abschneiden sollen, diesem Schweinehund, aber ich kriegte plötzlich meine verdammten Kopfschmerzen, und da fielen sie mich an und schlugen mich nieder. Und am Ende, als ich am Boden lag, drückte mir der Schiffer seinen Schuh auf die Brust. ‹Sag dem Mansfeld, er soll sich in acht nehmen›, hat er gesagt.»

Heinrich erhob sich von der Truhe. «Ich nehme mich schon in acht», sagte er. «Aber ich glaube nicht, daß seine Drohung ernst zu nehmen ist. Ich fürchte vielmehr um deinen Onkel.»

«Warum? An den kommt der Schiffer so leicht nicht ran.»

«Du irrst.» Heinrich erzählte Konrad zum ersten Mal von den nächtlichen Spaziergängen seines Onkels. Konrad konnte es nicht glauben.

«Du bist verrückt. Ich dachte, der Alte hat überhaupt kein Gewissen», sagte er lachend. «Stell dir vor, wir wären uns dort unten begegnet.» Konrad legte seinen Arm um Heinrich. «Weißt du, manchmal denke ich, daß es besser wäre, wenn ich von hier verschwinden würde. Ich bin euch hier im Weg. Zumindest dem Alten. Und vielleicht dir und Pauline auch.»

«Mir und Pauline. Wie kommst du denn darauf?»

«Du liebst sie, oder etwa nicht?»

«Ich mag sie. Sie ist hübsch und intelligent. Aber sie redet zuviel von Politik, und sie ist noch sehr jung.»

«Würdest du sie heiraten?»

«Du erwartest bestimmt nicht, daß ich dir darauf antworte.»

«Doch. Ich will es wissen.»

«Ich habe, ehrlich gesagt, noch nie daran gedacht.»

«Ehrlich?»

«Ehrlich. Soll ich dir darauf einen Eid schwören oder was?»

«Du bist verrückt. Weißt du, ich freu' mich, daß wir die Fabrik kriegen.» Konrad ließ Heinrich los. «Wir kriegen doch die Fabrik oder?»

«Ich muß mich morgen entscheiden.» Heinrich ging in sein Zimmer zurück. «Gute Nacht.»

Konrad lachte. «Verdammt will ich sein, wenn der Alte tatsächlich ein Gewissen hat», sagte er und taumelte gegen den Türrahmen. Heinrich machte die Tür zu. Er ging zum Fenster. Der Tag graute schon. Er dachte über Pauline nach, und für eine Weile vergaß er, was ihn eigentlich vom Schlafen abgehalten hatte.

Johann Biland beugte sich über den vollbeladenen Schreibtisch vor und prüfte Heinrich mit einem langen Blick, dem Heinrich herausfordernd standhielt.

«Ich hatte gestern abend Besuch von Senator Seward, Heinrich. Nach dem, was er mir im Vertrauen mitgeteilt hat, sehe ich keine Veranlassung mehr, noch länger mit der Gründung unserer Waffenfabrik zu warten.»

«Dann lassen Sie mich wissen, welches Geheimnis Ihnen der Senator verraten hat», sagte Heinrich mit leisem Spott in der Stimme. «Sind die Südstaaten vielleicht heimlich dabei, eine Konföderation auszurufen, oder hat die Regierung der Vereinigten Staaten tatsächlich beschlossen, den europäischen Großmächten den Krieg zu erklären, um vom Zwist im eigenen Land abzulenken?»

«Das war der Vorschlag einiger Wirrköpfe in unserer Regierung, der natürlich nicht ernst zu nehmen ist, Heinrich. Nein, es geht um diesen John Brown aus Kansas. Du erinnerst dich sicher daran, daß er sich vor einigen Wochen in New York aufhielt und mir einen Besuch abstattete.»

«Sämtliche Zeitungen veröffentlichten das Gerücht, daß er irgendwo in einer menschenleeren Gebirgswildnis im Süden einen Negerstaat ausrufen wolle mit einer eigenen Verfassung und einer eigenen Armee aus befreiten Sklaven.»

«In einer Zeit wie dieser kommen die Leute auf die ausgefallensten Ideen. Brown hat in Boston sechs einflußreiche und wohlhabende

Geschäftsleute von seinem Vorhaben überzeugen können. Diese Geschäftsleute nennt man die «Geheimen Sechs», was natürlich außergewöhnlich idiotisch ist, weil inzwischen nicht nur mir ihre Namen bekannt geworden sind.»

«Und woher kriegen Sie alle diese Informationen, von denen nicht einmal Zeitungsleute wie Greeley wissen?»

«Zeitungsleute sind Aasgeier, mein junger Freund. Die tauchen meistens erst dann auf, wenn es zu stinken anfängt.» Johann Biland erhob sich und ging zu einer Landkarte an der Wand. «Die ‹Geheimen Sechs› haben beschlossen, Brown ebenfalls mit Geldmitteln zu unterstützen. Inzwischen ist er nach Kansas zurückgekehrt, wo er unter einem falschen Namen sein haarsträubendes Husarenstück vorbereitet. Er will ein großes Arsenal in Virginia überfallen. Forbes, sein engster Vertrauter, war vor einigen Tagen hier in New York. Außer sich vor Zorn, weil ihm Brown den versprochenen Sold für seine Beraterdienste nicht bezahlt hat, verriet er Seward und Senator Wilson von Massachusetts den Plan.»

«Und was hat das mit meinen Waffen zu tun?»

«Indirekt hat das damit zu tun, daß John Brown der Funke sein könnte, der ins Pulverfaß fliegt.»

Johann Biland legte Heinrich die Hand auf die Schulter. «Der Bürgerkrieg steht vor der Tür, mein Junge. Wir dürfen keine Zeit mehr verstreichen lassen.»

Heinrich holte tief Luft.

«Ich habe mich entschlossen, den Regierungsauftrag abzuwarten, Herr Biland», sagte er bestimmt.

Johann Biland blickte ihn ungläubig an. Seine schmalen Lippen bewegten sich, als wollte er etwas sagen, aber dann drehte er sich um und ging gebeugt zu seinem Stuhl hinter dem Schreibtisch zurück. «Junge, wovor fürchtest du dich?» fragte er, während er sich niederließ. Der Blick aus seinen grauen Augen traf Heinrich. «Ich gebe dir die Chance deines Lebens, und du hast Angst davor, zuzugreifen.»

«Ich will nicht in Ihrer Schuld stehen, Herr Biland», sagte Heinrich. «Das ist alles. Ich hoffe, Sie haben Verständnis dafür, daß ich meinen eigenen Weg gehen will. Das dauert dann vielleicht alles ein bißchen länger, und vieles klappt vielleicht nicht auf Anhieb, aber ich habe Zeit. Ich habe ein ganzes Leben lang Zeit.»

Johann Biland lehnte sich zurück. Er mußte die Worte Heinrichs erst verarbeiten, denn er hatte nichts anderes erwartet als begeisterte Zustimmung zu seinen Plänen, in Vertrauen und Dankbarkeit. Die kalte Ablehnung, mit der ihm Heinrich begegnete, überraschte und enttäuschte ihn mehr, als sie ihn kränkte. Wenn er sich gegenüber ehrlich sein wollte, so verspürte er in diesem Moment sogar so etwas wie ein Gefühl der Achtung für den jungen Mann. Er war gescheit und stolz. Zu stolz vielleicht. Aber er weckte Erinnerungen an seine eigene Vergangenheit, als er mit trotziger Entschlossenheit dem alten Europa den Rücken gekehrt hatte und nach Amerika ausgewandert war, um ein erfolgreicher Geschäftsmann zu werden. Und zwar ohne noch einmal irgend jemand die Stiefel zu lecken und ohne weiterhin und für den Rest seines Lebens Bücklinge machen zu müssen, weil es Leute gab, denen er einen Gefallen zu danken hatte. Johann Biland war vor vielen Jahren in Amerika neu geboren worden, und in diesem Moment, als Heinrich sich erhob und groß und massig vor dem Schreibtisch stand, spürte Johann Biland, daß dieser junge Mann die gleiche Kraft besaß, die ihn so stark machte, wie er es selbst einmal gewesen war. Johann Biland lehnte sich im Stuhl zurück.

«Dann warten wir den Regierungsauftrag ab, mein Junge», sagte er.

«Danke», sagte Heinrich.

8

New York erlebte einen heißen Sommer. Wer aus dem nördlichen Europa kam, konnte die schwüle Hitze im Juli und August kaum ertragen. In den Slums, wo Tausende von Menschen in baufälligen Mietshäusern und Hütten zusammengepfercht lebten, brach die Cholera aus. Leute starben wie die Fliegen, viele davon Einwanderer, die noch nicht einmal irgendwo Unterschlupf gefunden hatten. In den engen Straßen türmte sich der Unrat. Die Ratten wurden fett und träge, und die Kinder erlegten die fettesten und zogen ihnen das Fell ab, verkauften sie an den Straßenecken oder brieten sie selbst über kleinen Feuern, die sie in Blechkanistern entfachten. Seit Monaten war alles so trocken, daß leicht die ganze Stadt hätte abbrennen können. Wenn Wind aufkam, trieb der Staub von den ungepflasterten Straßen wie Nebel durch die Straßen.

Fast jeden Tag kamen mehr und mehr Leute in die Stadt, und sie schien aus den Nähten platzen zu wollen. New York hatte nun schon fast 800 000 Einwohner. Viele davon waren entlaufene Negersklaven aus dem Süden und irische Einwanderer, die kaum Arbeit finden konnten. Im Hafen war zwar den ganzen Sommer hindurch reger Betrieb, die jährliche Hochsaison jedoch begann erst mit der Baumwollernte im Süden. Aber die Politiker der Südstaaten drohten, die Baumwolle für den Weltmarkt nicht mehr im New Yorker Hafen umschlagen zu lassen und die Rückzahlung eines alten Wirtschaftskredits von 300 Millionen Dollar einzustellen. Es kam fast zu einer Panik an der Wall Street, und die weißen Arbeiter New Yorks machten die befreiten Negersklaven für alle Mißstände verantwortlich. Scharen arbeitsloser Iren zogen durch die Slums und ließen in ihrer Verzweiflung die Wut an den Negern aus, die sie erwischen konnten.

Gegen Ende Sommer stapelten sich in den überdachten Hudson-River-Docks aber Tausende von Baumwollballen, die für Großbritannien und Europa bestimmt waren. Neger und Iren verrichteten für die gleichen Hungerlöhne die gleiche knochenbrecherische Arbeit.

Konrad und Heinrich machten während dieses Sommers mit ihrem Eisenwarenladen gute Geschäfte, und Heinrich hatte in seiner Büchsenmacherwerkstatt vor allem dadurch viel zu tun, daß viele Kunden ihre alten Steinschloßgewehre auf Perkussion umbauen ließen. Nach Geschäftsschluß beschäftigte sich Heinrich mit der Entwicklung eines mehrschüssigen Gewehrs. Er zeichnete Pläne und konstruierte mehrere Prototypen eines Schloßmechanismus, der beim Nachladen mit einem Bügel betätigt werden konnte. Das System befand sich im Anfangsstadium und war noch nicht funktionstüchtig. Heinrich war jedoch davon überzeugt, daß sein Projekt Zukunft hatte. Er hielt sein Arbeiten zu nächtlicher Stunde geheim. Nicht einmal Konrad wußte genau, was Heinrich vorhatte. Nach Geschäftsschluß blieb Konrad nur noch selten im Laden oder in der Wohnung. Er hatte Freunde und entwickelte eine Vorliebe für schnelle Pferde. Heinrich wußte, daß er von seinem Einnahmeanteil aus dem Geschäft einen großen Teil für seine Vergnügungen und für Wetten bei Pferderennen ausgab. Es war sogar vorgekommen, daß ihm Heinrich kleinere Summen vorstrecken mußte, die Konrad aber sofort wieder zurückzahlte.

Der erwartete Regierungsauftrag blieb aus. Bei einem seiner immer häufigeren Besuche in Heinrichs Werkstatt scherzte Horace Greeley einmal sarkastisch, daß sich Heinrich eben an die hierzulande üblichen Handelspraktiken halten sollte, da es ihm ja als Schützling eines einflußreichen New Yorker Bankiers nicht schwerfiele, Mittel für die notwendigen Bestechungsgelder aufzutreiben.

«Dem alten Biland ist das System bestens vertraut, wie die für Rüstung zuständigen Regierungsbeamten und Militärs Bestechungsgelder annehmen können, ohne daß man ihnen dabei auf die Schliche kommt.»

«Wollen Sie damit sagen, daß sich Johann Biland genauso an der Korruption beteiligt wie andere Leute von Rang und Namen, denen dies nachgesagt wird?»

«Das Wirtschaftssystem dieses Landes beruht leider nicht auf den Freiheiten, die uns die Verfassung garantiert und auf die wir so verdammt stolz sind, sondern auf der schamlosen Manipulation von Macht und menschlicher Schwäche. In New York ist die Korruption besonders dreist, weil man sie längst demaskiert hat. Sie ist sozusagen ein anerkannter Teil des öffentlichen Lebens, und ich wüßte von keinem Regierungsmitglied, das nicht die hohle Hand macht, wenn Konzessionen zu vergeben sind, Regierungsland abzugeben ist oder irgendwelche Verträge abgeschlossen werden.»

Greeley kannte sich aus. Er steckte seine Nase überall hinein, wo sich schlechte Düfte verbreiteten, und er machte in seiner Zeitung kein Hehl aus seiner Meinung. Den Sommer hindurch kam er mal zu jener, mal zu einer anderen Tageszeit in das Eisenwarengeschäft und setzte sich bei Heinrichs Werkbank im Hinterzimmer auf einen Schemel. Von ihm erfuhr Heinrich alles, was er über New York und Amerika wissen wollte. Greeley redete zwar nie schlecht über Johann Biland, aber er machte Heinrich klar, daß Bilands Reichtum nicht nur durch Fleiß, Sparsamkeit und Geschäftssinn zustande gekommen war, sondern auch durch skrupellose Manipulationen und rücksichtslose Geschäftspraktiken.

Es wurde Heinrich immer mehr bewußt, daß seine Zukunft von mehr abhing, als von seinem handwerklichen Können und seinem Erfindergeist. Geduld war in diesem Fall keine Tugend, die ihm einen Regierungsauftrag hätte einbringen können, sondern eine Schwäche, für die Johann Biland immer weniger Verständnis aufbringen konnte. Im August bot er Heinrich zum ersten Mal an, Major Buford auf Umwegen eine Summe von 5000 Dollar zukommen zu lassen. Ebenfalls wollte er Bufords direktem Vorgesetzten zu einigen Eisenbahnaktien verhelfen und ihm gleichzeitig den Vorschlag machen, Buford eine Beförderung in Aussicht zu stellen, falls er die Waffenprüfungskommission von der Dringlichkeit überzeugen konnte, die Armee mit den neuen Mansfeld-Gewehren auszurüsten.

Heinrich lehnte ab. Er wollte zuwarten. Noch hatte er Prinzipien, die er zu ehren gelernt hatte. Konrad nannte sie spöttisch europäische Absonderlichkeiten und Vorurteile, als er ein paar Tage später völlig überraschend ebenfalls versuchte, Druck auf Heinrich auszuüben. Es war merkwürdig, wie sehr sich Konrad während des Gesprächs ereiferte. «Du bist ein Narr, wenn du den Alten nicht gewähren läßt», sagte Konrad, der einen neuen Anzug trug und zum Ausgehen bereit war. «Denk daran, daß es unsere gemeinsame Zukunft ist. Wir könnten in einem Jahr schon steinreich sein.»

«Wir haben Zeit», gab Heinrich zurück.

«Zeit! Zeit! Herrgott, seit Monaten hockst du in deiner Werkstatt und merkst nicht einmal mehr, wie die Zeit vergeht. Du gehst nie aus. Du vergnügst dich nicht. Du verplemperst deine Jugend, Heinrich. Dabei könnten wir alle das schönste Leben haben, du und ich und Pauline. Wir sitzen sozusagen im gleichen Boot, und der Alte ist der Kapitän.»

Heinrich lächelte belustigt.

«Was hat er dir versprochen, wenn du mich überzeugen kannst, daß Bestechung ein legitimes Mittel zum Zweck ist? Die Hand seiner Tochter?»

Eigentlich hätte es ein Scherz sein sollen, aber für Konrad klang es offenbar anders. Er wurde von einem Moment auf den anderen blaß im Gesicht, und Heinrich gewahrte einen Ausdruck in seinen dunklen Augen, den er zum ersten Mal bemerkt hatte, als Konrad auf dem Schiltacher Marktplatz sein Messer entdeckte.

«Du entwickelst dich zu einem absoluten Spießer», sagte er wütend. Er verließ die Wohnung, kam aber zu Heinrichs Überraschung schon eine halbe Stunde später mit drei Eintrittskarten für eine Theateraufführung in *Niblo's Garden* zurück. Es wurde ein Stück von Banim gespielt, und zwar mit dem weltberühmten Schauspieler Edwin Forrest in der Titelrolle. Konrad und Heinrich wußten, daß Pauline den Schauspieler über alles verehrte.

Die Aufführung war am Montag abend.

Am Sonntag kaufte sich Konrad einen fast neuen Zweispänner, der ein kleines Vermögen gekostet haben mochte. Im Geschirr standen zwei wunderschöne Sommerrappen, die man kaum auseinanderhalten konnte. Das Gefährt hatte einem Grundstücksmakler gehört, mit dem sich Konrad während der Sommermonate angefreundet hatte. Konrad ließ es sich nicht nehmen, den Zweispänner am Sonntag nachmittag selbst vorzufahren. Pauline und Heinrich saßen im Garten des Biland-Hauses und tranken Kaffee, als Konrad in die Auffahrt einbog. Er zügelte das Gespann vor dem Portal, schwang sich elegant vom Bock und lud Pauline mit einer tiefen Verbeugung zu einer Rundfahrt ein. «Ich kutschiere euch den Broadway rauf und runter, damit alle Leute sehen können, daß wir noch am Leben sind», lachte er.

Pauline streichelte die Pferde. Sie warf einen Blick zu einem der Fenster hoch. Dort stand ihr Vater.

«Ich hoffe, du weißt mit dem Gespann gut umzugehen, Konrad», sagte sie. «Am Sonntagnachmittag herrscht auf dem Broadway meistens ein wahres Chaos.»

«Vergiß nicht, daß ich mal Bierkutscher war», grinste Konrad. Er half Pauline in die Kutsche, schwang sich auf den Bock und wartete, bis Heinrich eingestiegen war. Molly kam aus dem Haus geeilt und brachte Pauline einen Spitzenschal und ihr Hütchen. Oben, im ersten Stock, stand noch immer Johann Biland am Fenster, die Arme über der Brust verschränkt. Pauline winkte zu ihm hoch, und er nickte ihr zu.

Konrad knallte mit der Peitsche, und das Gespann zog an. Er war ein ausgezeichneter Kutscher, der sich im Durcheinander auf dem Broadway wie im Schlaf zurechtfand. Die beiden Sommerrappen, geschulte Wagenpferde, gehorchten seinen Zügelhilfen blind. Das Gefährt erregte ziemliches Aufsehen. Pauline sah viele Bekannte unter den Spaziergängern und in anderen Zweispännern und Buggies. Vor dem Amerika-Museum kam der Verkehr ins Stocken. Eine Menschenmenge drängte sich beim Eingang. Die Broadway-Pferdestraßenbahn war zum Bersten voll. Alle Leute wollten Barnum's Attraktion des Jahres sehen, den Zwerg Tom Thumb, der knapp sechzig Zentimeter groß war, und von dem Barnum behauptete, er hätte ihn aus Großbritannien importiert, wo er als General einer geheimen Zwergenarmee gedient hätte.

Konrad mußte an der Ecke vor dem Amerika-Museum anhalten, um eine Schar Fußgänger vorbeizulassen, die dem Kassenschalter zuströmte. Ein bunt gekleideter Ausrufer brüllte in den Verkehrslärm hinaus, umlagert von lärmenden Kindern. Aus dem Gedränge heraus rief jemand Paulines Namen. Ein Mann bahnte sich einen Weg durch die Menge. Er trug einen schwarzen Prinz-Albert-Rock und einen Zylinder. Der Mann schwitzte furchtbar. «Miss Pauline», rief er und streckte Pauline beide Hände entgegen. «Welche Wonne es ist, Sie wieder einmal am Broadway zu sehen.» Er drückte Paulines Hände und küßte sie. «Ich nehme an, daß ich das Ihrem Begleiter verdanke, Mr. Mansfeld. Ja, mein Kind, dein Vater erzählte mir von ihm. Außerdem las ich vom Schuß des Präsidenten im Garten des Weißen Hauses.» Barnum streckte Heinrich seine Hand entgegen. «Freut mich, Sie kennenzulernen, junger Mann.»

«Heinrich, das ist Mr. Barnum. Mr. Barnum, ich glaube, mein Vetter, Mr. Odermatt, ist schuld daran, daß wir hier sind. Ihm gehören Pferde und Wagen.»

Barnum blickte zum Kutschbock auf. Konrad grinste und streckte ihm die Hand entgegen.

«Sagen Sie, Barnum, ist es wahr, daß Tom Thumb seine Füße in einer Teetasse baden kann?»

«Und ob», lachte Barnum. «Und den Wein trinkt er aus einem goldenen Fingerhut, den ihm die Königin von England geschenkt hat. Kommt rein und seht es euch an.»

«Nicht heute in diesem Gedränge, Mr. Barnum», wehrte Pauline ab. «Außerdem erwartet uns Vater zum Kaffee.»

«Pauline, mein Kind, wann wirst du dich endlich von deinen Fesseln befreien?» rief Barnum mit einer theatralischen Geste seiner rechten Hand aus. «*Gentlemen*, diesem hübschen Kind entgeht ein wundervolles Leben. New York würde ihm zu Füßen liegen. Ein Wort genügt, und Pauline wäre die ungekrönte Königin dieser Stadt.» Barnum ergriff Paulines Hand. «Du bist noch schöner geworden als deine Mutter, mein Kind. Es ist eine Schande, daß dich dein Vater einsperrt.»

Pauline, die leicht errötet war, lachte verlegen. «Ich möchte nur wissen, wer solchen Unsinn verbreitet. Die Türen und Fenster in unserem Haus sind nicht vergittert, Mr. Barnum.»

«Wenn du es mir erlaubst, werde ich mich in den nächsten Tagen persönlich davon überzeugen, mein Kind.» Barnum küßte noch einmal Paulines Hand. «Außerdem habe ich eine Überraschung für dich.»

Barnum tippte an den Rand seines Zylinders, verabschiedete sich von Heinrich und Konrad und verschwand in der Menge. Konrad warf einen Blick über die Schulter zurück. «Barnum scheint sich Sorgen um dich zu machen, mein Kind», grinste er.

«Er ist ein alter Freund der Familie», sagte Pauline.

«Der es offenbar auf dich abgesehen hat.»

«Mr. Barnum?» Pauline lachte. «Komm, laß uns nach Hause fahren.»

Solange Pauline zurückdenken konnte, war ihr Geburtstag immer ein Freudenfest gewesen, sogar vorletztes Jahr, als ihre Mutter schon ziemlich unter ihrer Krankheit zu leiden gehabt hatte und ihr Bruder William immer häufiger von zu Hause wegblieb.

Jetzt waren sie beide tot. Ihre Mutter war im Februar letzten Jahres gestorben, und William hatte sich drei Tage später am Rande eines zugefrorenen Teiches erschossen. Kinder, die am nächsten Morgen Schlittschuh laufen wollten, hatten seinen Leichnam im Gestrüpp entdeckt, und Pauline hatte später in seinem Zimmer den Abschiedsbrief gefunden.

Paulines Geburtstag war der 23. September. Schon Tage zuvor wurden im Biland-Haus die Geschenke befreundeter Familien abgeliefert. Man hatte Pauline nicht vergessen, obwohl der alte Biland und seine Tochter seit dem tragischen Familienunglück völlig zurückgezogen gelebt hatten.

Zwar hatte ihr Vater mit keinem Wort angedeutet, daß ihr achtzehnter Geburtstag im engsten Familienkreis gefeiert werden sollte, aber dennoch verzichtete Pauline darauf, Gäste einzuladen. Sie bedankte sich lediglich mit handgeschriebenen Kärtchen bei Freunden und Bekannten für die Glückwünsche und Geschenke. Nur der bombastische Schausteller und Besitzer des Amerika-Museums, Phineas T. Barnum, ließ es sich nicht nehmen, sein Versprechen wahrzumachen, Pauline mit seinem Besuch zu überraschen und eine Freikarte für sein Museum zu überreichen. Barnum gehörte seit Jahren zum engeren Freundeskreis der Biland-Familie.

«Ich sehe zwar nirgendwo Gitterstäbe und Ketten, mein Kind, und trotzdem sage ich, daß dein Vater dich in seinen Klauen hat», sagte Barnum. Er nahm Pauline bei der Hand, und sie spazierten durch die Gartenanlagen. «Deine Mutter, die ich sehr verehrt habe, wäre mit dieser Art Leben bestimmt nicht einverstanden.» Beim Seerosenteich blieb er stehen. Pauline sah kurz Mollys schmunzelndes Gesicht in einem der Fenster auftauchen. Sie vergaß nie, daß Barnum ihr vor vielen Jahren den Vorschlag gemacht hatte, sich in seinem Museum als afrikanische Kannibalin ausstellen zu lassen.

«Ich möchte eben meinen Vater nicht allein lassen», erklärte Pauline. «Er braucht mich. Er hat seine ganze Familie verloren. Jetzt braucht er mich, obwohl er es selbst nicht zugeben mag.»

«Dein Vater ist ein starker Mann und noch nicht alt genug, um Pflege zu brauchen. Ich habe mich mit ihm vor einigen Tagen kurz unterhalten. Er meint, daß es dir überlassen ist, ob du ausgehen und am Gesellschaftsleben teilnehmen willst. An Einladungen sollte es jetzt, wo du achtzehn bist, bestimmt nicht fehlen.»

Pauline lachte. «Am Ende wollen Sie mich noch für Ihr Museum engagieren, wie damals Molly.»

«Gute alte Molly», grinste Barnum. «Sie wäre eine Weltattraktion geworden und hätte viel Geld verdienen können. Nun ist es zu spät. Zahnlose Kannibalinnen sind nicht gefragt. Die Leute wollen General Tom Thumb sehen und meine Fiji-Wassernixe, halb Fisch, halb Schimpanse.» Barnum legte einen Arm um Paulines Schultern. «Du hast dein ganzes Leben vor dir, mein Kind, wenn du erst einmal die Nase aus dem Loch herausstreckst, in dem du dich verkrochen hast. Komm morgen abend in mein Museum. Edwin Forrest wird auch dort sein, und ich werde es leicht arrangieren können, daß du ihn kennenlernst.»

«Wenn ich käme, wäre ich nicht allein, Mr. Barnum.»

Barnum hob die Brauen. «Ich nehme an, der junge Erfinder wird dich begleiten, mein Kind. Er ist sehr in dich verliebt.»

Pauline errötete. «Wir sind gute Freunde, mehr nicht, Mr. Barnum.»

«Oh, vertraue meiner Menschenkenntnis, Pauline. Ich habe seine Augen gesehen, als du mir ihn neulich vorgestellt hast. Inzwischen habe ich aber gehört, daß er im Gegensatz zu deinem Vetter Konrad kein sehr geselliger Mensch ist.»

«Mr. Mansfeld wird mich morgen abend begleiten.»

«Da bin ich aber gespannt, mein Kind», sagte Barnum. Pauline wollte es zwar nicht zugeben, aber Barnums Einladung und die Aussicht, den weltberühmten Schauspieler persönlich treffen zu können, versetzte sie in hellste Aufregung. Sie konnte es kaum erwarten, Heinrich und Konrad Bescheid zu geben. Sie eilte ins Haus, tanzte mit Molly durch die Halle, lief die Treppe hinauf und zog ein leuchtend rotes Kleid an. Zum ersten Mal seit zwei Jahren war Pauline nichts anderes als ein junges Mädchen, das sich auf ein Morgen freute.

Zum Geburtstag schenkte Heinrich Pauline eine Spitzenstola, die er während einer Geschäftsreise in Philadelphia gekauft hatte. Von Konrad erhielt sie ein neun Monate altes Vollblutfohlen englischer Zucht, und ihr Vater überraschte sie mit der Nachricht, daß Konrads Pferde und das Fohlen in den alten Stallungen hinter dem Haus untergebracht wurden und daß er einen Stallburschen angestellt hätte. Davon hatte nicht einmal Heinrich etwas gewußt. Es schien fast, als hätten Konrad und sein Onkel einen geheimen Pakt geschlossen, und Heinrich wurde den Gedanken nicht los, daß es dafür ganz bestimmte Gründe geben mußte. Pauline liebte zwar Pferde, aber seit dem Tod ihrer Mutter hatte ihr Vater nicht ein einziges Mal auch nur angedeutet, wieder Pferde anzuschaffen.

Am Abend saßen sie alle bei einem festlichen Essen. Pauline erzählte von Barnums Besuch und daß er sie ins Amerika-Museum eingeladen hätte, wo sie Edwin Forrest kennenlernen würde.

«Laß dir von diesen Gauklern nur nicht den Kopf verdrehen, Pauline», sagte Johann Biland ernst.

«Ich werde mich von Heinrich begleiten lassen, Vater», antwortete Pauline.

«Man sagt, daß Frauen in Gegenwart von diesem Forrest leicht aus der Fassung geraten», grinste Konrad. «Vielleicht sollte ich auch mitkommen.»

«Ich halte das für eine gute Idee», sagte Heinrich. «Du wolltest doch den Zwergengeneral Tom Thumb schon lange einmal sehen.»

«Leider bin ich morgen abend dringlich anderweitig beschäftigt, mein Freund. So bleibt mir nichts anderes, als meine teure Kusine deiner Obhut anzuvertrauen.» Konrad zwinkerte ihm mit einem Auge verstohlen zu.

Johann Biland zog sich nach dem Essen wie immer zurück. Konrad, Heinrich und Pauline gingen zu den Stallungen. Der Duft von frischem Heu lag in der Luft. Im Quartier des Stallburschen brannte Licht. Das Fohlen stand unter einem alten Ahornbaum im hohen Gras. Neugierig kam es herüber, als Pauline mit der Zunge schnalzte und die Hand durch den weißen Lattenzaun streckte. Es war ein fuchsfarbenes Fohlen mit langen, dünnen Beinen und einer weißen Blesse. Konrad hatte ihm den Namen Julia gegeben. Pauline blies ihren Atem sanft gegen die aufgeblähten Nüstern des Fohlens.

Phineas T. Barnum hatte alles bestens arrangiert. Edwin Forrest, der weltberühmte Schauspieler, und Pauline begegneten sich vor der Schaubühne, auf der sich Tom Thumb, der Zwergengeneral, präsentierte. Heinrich, der sich etwas im Hintergrund hielt, war von Forrest beeindruckt. Er war ein großer, hagerer Mann mit einem knochigen Gesicht, dessen Haut fast grau war. Sein Haar hing ihm in Strähnen vom Kopf herunter, und seine dunklen Augen glühten fanatisch. Er war offenbar sehr von der zarten Schönheit Paulines angetan und lud sie ein, ihn in seinem Haus zu besuchen. Heinrich schenkte er kaum Beachtung. Sie ließen sich von Phineas T. Barnum einige der merkwürdigsten Attraktionen zeigen, und Forrest genoß es, überall sofort im Mittelpunkt zu stehen. Heinrich mochte sich zwar über einen Menschen kein schnelles Urteil bilden, aber die arrogante und egozentrische Art des Schauspielers ging ihm gegen den Strich. Pauline hingegen genoß seine Gegenwart sichtlich. Sie bewunderte sein weltmännisches Gehabe, seine Bildung und seine theatralischen Gesten, mit denen er die Aufmerksamkeit aller anderen Besucher auf sich lenkte. Im Vorbeigehen bemerkte Heinrich die Blicke anderer Museumsbesucher, die ihnen folgten, und oft hörte er auch den Namen des großen Schauspielers flüstern. Und Forrest tat, als existierte um ihn herum niemand außer Pauline, die sich strahlend von ihm führen ließ. Sich wohl bewußt, daß ein Schimmer seines Glanzes auf sie übergegangen war. Irgendwie paßte sie an seine Seite, obwohl er dem Alter nach ihr Vater hätte sein können, und diese Erkenntnis überraschte Heinrich. Er hatte in Pauline bisher immer nur das schüchterne junge Mädchen gesehen. Aber heute war sie eine strahlende, selbstsichere junge Frau.

Später, auf der Fahrt nach Hause, saßen sie schweigend in der Kutsche. Es war schon nach Mitternacht, und auf dem Broadway wurde es ruhig.

«Du hast den ganzen Abend kaum ein Wort geredet, Heinrich», sagte Pauline, das Schweigen brechend.

«Dafür hat Forrest kaum je Luft geholt», gab er zurück.

«Du magst ihn nicht, nicht wahr?»

«Er ist ein Aufschneider und ein zynischer Besserwisser. Ich möchte ihn nicht in meiner Nähe haben müssen.»

Pauline lachte. «Er gab sich sehr viel Mühe, Eindruck auf mich zu machen.»

«Und? Es schien, daß er dich ganz schön in seinen Bann gezogen hat.»

«Das stört dich doch hoffentlich nicht, Heinrich Mansfeld», sagte sie. «Ich verehre Edwin Forrest als Schauspieler.»

«Wirst du ihn in seinem Haus aufsuchen?»

«Ich weiß nicht. Ich bin sicher, daß Vater es nicht gern sehen würde.»

«Dein Vater würde es sicher nicht verbieten.»

«Und du? Würdest du es mir gern verbieten?»

Er blickte sie von der Seite an.

«Ich glaube nicht, daß er die richtige Gesellschaft für dich ist.»

«Warum nicht?»

«Ich weiß es nicht. Ich hatte das Gefühl, daß ihn das Leben schon ziemlich zerstört hat. Als wäre ihm alles egal, verstehst du, nur er zählt noch, seine Gefühle, seine Gedanken. Nichts sonst. Außerdem verletzt er Menschen mit seinem Zynismus.»

«Hat er dich heute abend verletzt?»

Heinrich lachte. «Nein. Dazu habe ich ihm nicht die Möglichkeit gegeben. Ich war zwar dein Begleiter, aber er sah mich kaum, und er empfand mich nicht als Gefahr.»

«Er fragte mich immerhin, ob ich dich liebe», sagte Pauline, und ihre Stimme war plötzlich sehr leise. Heinrich sah ihr ins Gesicht. Es war dunkel in der Kutsche, aber er sah ihre Augen leuchten, und ihr Atem berührte sein Gesicht. In ihm stieg Verlangen auf, sie zu küssen. Er neigte sich zu ihr hinüber, und sie öffnete die Lippen. «Ich habe es ihm gesagt», flüsterte sie.

«Was?» fragte er rauh.

«Daß ich nicht weiß, ob ich dich liebe.»

Er küßte sie und hörte, wie sie leise seufzte. Ihre heißen Lippen wurden weich, und sie öffnete den Mund ein bißchen mehr. Es war das erste Mal für ihn, daß er ein Mädchen richtig küßte, und er wollte sie umarmen und an sich ziehen, aber da wich sie plötzlich zurück.

Er war überrascht, ließ es sich aber nicht anmerken. Auf dem Rest der Fahrt nach Hause schwiegen sie. Heinrich half Pauline beim Aussteigen und brachte sie bis zum Portal. Molly war noch auf und ließ Pauline ein. Heinrich ging zur Straße zurück, wo die Kutsche auf ihn wartete, aber er sagte dem Kutscher, daß er zu Fuß nach Hause gehen würde. Er schlenderte den Broadway hinunter, und seine Gedanken kreisten um Pauline und um den Kuß in der Kutsche, der vielleicht so etwas wie der Anfang einer gemeinsamen Zukunft war. Aber das alles mußte noch gut überlegt werden. Immerhin war sie Bilands einzige Tochter, und der würde nie einen Schwiegersohn akzeptieren, der nicht nach seiner Pfeife tanzte. Heinrich überquerte den Broadway, als er bemerkte, daß im hinteren Raum des Eisenwarenladens ein schwaches Licht brannte. Er blieb stehen. Es war lange nach Mitternacht, und so wie er Konrad kannte, machte dieser bestimmt nicht die Buchhaltung.

Konrad hörte nicht einmal die Hintertür knarren, als Heinrich in den Flur trat. Heinrich blieb in der kleinen Abstellkammer stehen. Durch einen Spalt in der Tür, die in seine Werkstatt führte, konnte er den gebeugten Rücken seines Partners sehen. Er saß auf dem Drehstuhl vor der Werkbank. Eine Lampe, die er mit einer Decke gegen den Durchgang zum Ladenraum abgeschirmt hatte, so daß vom Broadway her nur der schwache Lichtschein zu erkennen war, beleuchtete Konrads Gesicht von der Seite.

Heinrich konnte sich nicht vorstellen, was Konrad zu dieser Stunde in der Werkstatt tat. Er räusperte sich, um sich bemerkbar zu machen. Konrad schrak sofort hoch. Der Drehstuhl fiel um.

«Ich wollte dich nicht erschrecken», sagte Heinrich und stieß die Tür mit der Schulter auf. Sein Blick fiel auf seine Pläne, die auf der Werkbank lagen. Sein neues Repetierschloß war in einen Schraubstock eingespannt, und Konrad hatte in einer Hand einen Bleistift und in der anderen einen Meßstab. Für einen Moment herrschte bedrükkende Stille im Raum. Dann stieß Konrad den Atem durch die Nase aus.

«Gott verdammt», stieß er hervor. «Gott verdammt, du bist früh zurück.»

«Es ist nach Mitternacht.»

«Ist es?» Konrad warf den Bleistift und den Meßstab auf die Werkbank.

Heinrich starrte ihn nur an.

«Ich weiß, was du denkst», sagte Konrad gepreßt. «Du denkst, ich will dich bescheißen. Das denkst du!»

Heinrich schwieg. Der Gedanke, daß Konrad ihm in den Rücken gefallen war, ließ heißen Zorn in ihm aufsteigen. Zum ersten Mal sah er Konrad nicht als seinen Freund und Partner, mit dem er gemeinsam die schwierigste Zeit seines Lebens gemeistert hatte, sondern als einen Schuft, den er beim Diebstahl erwischt hatte.

Konrad sah, wie Heinrich die Lippen zusammenpreßte.

«Gut», sagte er. «Gut, wenn du willst, erkläre ich dir alles. Du haßt mich. Ich sehe dir das an.»

«Ich hasse dich nicht», sagte Heinrich leise und mit belegter Stimme.

«Dann setz dich. Setz dich dort auf den Stuhl!»

Heinrich setzte sich auf den Schemel, auf dem sonst immer Horace Greeley saß, wenn er zu Besuch kam.

«Gut, ich sitze», sagte er.

«Hör zu.»

«Ich höre zu.»

Konrad holte tief Luft. «*All right*», sagte er auf englisch. «Es ist einfach. Vor ein paar Wochen hat dir der Alte ein höllisches Angebot gemacht. Die Fabrik unten beim Bahnhof. Du hast abgelehnt. Mit mir hat der Alte erst geredet, als es zu spät war. Zuerst dachte ich, du bist verrückt geworden. Dann dachte ich, daß vielleicht doch noch alles richtig wird und daß der Alte schon einen Weg findet, dir diesen verdammten Regierungsauftrag zu sichern. Aber dann hast du den Fehler deines Lebens gemacht, Heinrich! Du hast den Alten vor den Kopf gestoßen, als er dir sagte, daß er ein paar wichtige Leute kaufen müsse. Und damit war die Sache entschieden. Du hast alle unsere Pläne zunichte gemacht, verdammt! Alles, was wir uns auf der Reise hierher erträumt haben!»

Konrad brach ab. Sein blasses Gesicht hatte jetzt wieder etwas Farbe. Er zeigte auf die Pläne, die auf der Werkbank lagen.

«Ich kann das Zeug verkaufen, Heinrich! Für uns, verstehst du? Nicht für mich. Es steckt ein Haufen Geld drin, in deinen Erfindungen. Hunderttausend Dollar. Sogar mehr. Es kommt nur darauf an, daß man es richtig macht. Darauf kommt es an, Heinrich. Ich wollte dich zuerst fragen, glaube es mir. Ich wollte dir sagen, daß ich die Pläne für ein Vermögen verkaufen kann. Aber dann dachte ich, daß du ein ausgemachter Narr bist, verstehst du. Und ich hatte Angst, daß du nicht mitmachst und daß dann alles endgültig zu spät ist.»

«Zu spät für was?»

«Verdammt noch mal, verstehst du denn nicht? Zu spät, auf einen Schlag reich zu werden. Zu spät, um endlich groß ins Geschäft einzusteigen. Nicht mit einem gottverdammten Krämerladen, verstehst du. Grundstücke. Großhandel. Eisenbahn. Der Alte hat alle Beziehungen. Und er hat mehr Geld, als er jemals ausgeben kann. Wer das nicht ausnützt, ist ein Narr, Heinrich!»

«Ich dachte, wir sind auf dem besten Weg, uns eine Zukunft zu schaffen», erwiderte Heinrich ruhig. «Wir haben den Laden. Es ist möglich, daß ich den Regierungsauftrag kriege und ...»

Konrad lachte rauh dazwischen. «Du hast keine Ahnung von nichts, zum Teufel. Den Regierungsauftrag kriegst du nicht, weil du gar nicht die Möglichkeit hast, die Gewehre herzustellen. Nicht ohne den Alten. Nicht ohne Schmiergelder. Ich habe mich erkundigt. Vielleicht hast du gedacht, daß ich mich die ganze Zeit nur herumtreibe auf den Rennplätzen. Aber ich habe Leute kennengelernt. Ich habe Beziehungen angeknüpft und Verbindungen hergestellt. Ich weiß, was sich abspielt, mein Freund, und ich weiß auch, daß du unsere größten Chancen einfach vergeben hast. Deshalb sitze ich hier und versuche, diese Pläne nachzuzeichnen, obwohl ich von all dem Zeug hier keine Ahnung habe.»

«Was willst du mit den Plänen?»

«Nichts mehr. Es sind deine Pläne.» Konrad tippte mit dem Finger auf das im Schraubstock eingespannte Schloß. «Es ist deine Erfindung. Ich dachte nur, daß wir damit Geld verdienen könnten.»

«Indem du meine Pläne kopierst und verkaufst?»

«Ja!»

«An wen?»

«Ich habe dir gesagt, daß ich Beziehungen angeknüpft habe.»

«Auf dem Rennplatz?» Heinrichs Stimme klang plötzlich scharf. «Jetzt hörst du mir mal zu, Konrad Odermatt! Die Pläne und das Schloß sind mein Werk. Ich will nicht, daß du damit hausieren gehst. Was immer ich entschieden habe, mußt du akzeptieren. Und falls du das nicht kannst, dann geh zum Teufel!»

«Siehst du, genau das habe ich befürchtet. Aber ich wollte dich nicht hintergehen, Heinrich. Ich wollte das alles für uns tun. Für dich und für Pauline und für mich.»

«Wenn du was für mich tun willst, dann laß deine Finger von meinen Sachen und versuche nicht, in mein Leben hineinzupfuschen!» Heinrich ging zur Werkbank, wischte mit einer Handbewegung die Skizzen hinunter, die Konrad angefertigt hatte, und faltete seine Pläne zusammen.

«Gut», sagte Konrad scharf. «Wie du willst. Dann sage ich dir besser gleich, daß ich Geld brauche, mein Freund. Und zwar nicht ein Almosen, sondern viel Geld.»

Heinrich fuhr herum. Er wußte, daß Konrad auf dem Rennplatz manchmal hohe Wetten abschloß. Horace Greeley hatte ihm bei einem seiner Besuche davon erzählt. Außerdem hatte Konrad bei seinem Onkel mehrere Kredite aufgenommen.

«Ich habe Schulden», sagte Konrad. «Ich brauche neuntausend Dollar.»

Heinrich versorgte die Pläne im Schrank, schloß ihn ab und steckte den Schlüssel ein.

«Der Alte will mir keinen Kredit mehr geben», sagte Konrad. Er begann seine Skizzen vom Boden aufzuheben und betrachtete sie. Plötzlich lachte er. «Ziemlich kümmerlich, was ich da gezeichnet habe. Glaubst du, daß jemand danach ein Gewehr machen könnte, das geradeaus schießt?»

Heinrich nahm das Schloß aus dem Schraubstock und ging zur Tür.

«Wenn du Geld brauchst, rede mit deinem Onkel», sagte er.

«Von dem krieg' ich nichts mehr. Hör mal, ich zahl' dir jeden Cent zurück.»

«Ich habe keine neuntausend Dollar.»

«Aber du hast Ersparnisse. Außerdem gibt dir der Alte sicher einen Kredit.»

Heinrich blieb in der Tür stehen und drehte sich zu Konrad um. Sie blickten sich einen Moment lang an, dann grinste Konrad. «Mach dir nichts draus, Freund», sagte er. «Irgendwie schaff' ich das schon.»

Heinrich wandte sich um und verließ den Laden. In der Wohnung legte er sich angekleidet auf sein Bett. Konrad kam in dieser Nacht nicht nach Hause und in der nächsten Nacht auch nicht.

9

Während der nächsten Tage fiel es Heinrich schwer, sich in der ihm so vertraut gewordenen Umgebung zurechtzufinden. Er schlief schlecht, und tagsüber vermochte er sich kaum zu konzentrieren. Die Gedanken an das, was passiert war, ließen ihm keine Ruhe, und ein Gewirr von Gefühlen beherrschte ihn. Bestürzung, Zorn, Unsicherheit und Angst. Gehörte er bald zu den vielen, die hier in New York mit ihrem neuen Anfang gescheitert waren? Konnte er Konrad noch vertrauen? Oder sollte er seine Konsequenzen ziehen, die Partnerschaft auflösen und noch einmal alleine anfangen, ohne Konrad und ohne die Verbindung zu Johann Biland? Er fand auf seine Fragen auch dann keine befriedigenden Antworten, als er erneut den Bankier in dessen Büro traf, um mit ihm noch einmal eine zukünftige Partnerschaft zu erörtern. Sie saßen sich am Schreibtisch gegenüber, und Biland machte kein Hehl daraus, daß er Heinrich als eine Schlüsselfigur in seinen Plänen sah. Wie wenig er von seinem Neffen Konrad hielt, wurde Heinrich während des Gesprächs klar. Biland war enttäuscht und bitter, aber er war nicht bereit aufzugeben. Sein ganzes Leben hatte er danach getrachtet, Großes zu leisten und seinen Nachkommen nicht nur seinen Namen, sondern auch sein Werk zu hinterlassen. Seine Familie bestand aber nur noch aus Pauline und, zum Ärgernis Bilands, aus diesem Neffen, dem es in seiner leichtsinnigen Art gelungen war, sich in wenigen Monaten um Tausende von Dollar zu verschulden.

«Ich könnte es mir leisten, Konrads Schulden zu bezahlen, Heinrich», sagte er grimmig, während er sich über seinen Schreibtisch beugte. «Ich könnte es mir leisten, ihm eine gewisse Narrenfreiheit zu finanzieren, sehe aber nicht ein, warum ich dies ohne Gegenleistung tun sollte.»

Es war Heinrich klar, was er wollte. «Unsere Partnerschaft wäre dafür die Voraussetzung?»

Biland lehnte sich zurück.

«Das ist richtig», bestätigte er ohne zu zögern. «Aber nicht nur geschäftlich, Heinrich. Auch privat.»

«Und wie stellen Sie sich das vor?»

«Ich hatte drei Söhne, Heinrich. Zwei starben im Kindesalter, einer nahm sich das Leben, weil er nicht viel taugte. Pauline ist das einzige, was mir von meiner Familie geblieben ist. Pauline ist meine Zukunft, Heinrich. Mein Leben nach dem Tod. Ich will, daß sie in gute Hände gerät. Ich will, daß du sie heiratest.»

«Weiß Pauline davon?»

«Sie weiß, was ich mir wünsche, Heinrich. Du hast sicher längst bemerkt, daß Pauline für mich lebt, nur für mich.»

«Ich habe gemerkt, daß Sie über Ihre Tochter verfügen, Herr Biland, und daß Sie über mich und Konrad genauso verfügen würden, wenn ich mich Ihnen ausliefere.»

«Pauline ist dir zugetan, Heinrich», entgegnete Biland, und es waren Worte, die ihm offenbar nicht leichtfielen. «Du kennst meine Pläne. Sie sind für dich und für Pauline. Sie sind eure Zukunft!»

«Ich habe eigene Pläne, Herr Biland», widersprach Heinrich. «Ich habe mein eigenes Leben.»

«Dein Gewehr muß hergestellt werden, Heinrich, bevor ein anderes fabriziert wird, das deinem ähnlich ist. Angesichts eines drohenden Bürgerkriegs wird die Entwicklung solcher Waffen von mehreren großen Firmen hart vorangetrieben. Wie viele Gewehre hast du während der letzten Monate in deiner kümmerlichen Werkstatt hergestellt?»

«Zwei», sagte Heinrich.

«Zwei!» Biland beugte sich vor. «Du weißt, daß du inzwischen zweitausend Gewehre hättest fabrizieren können, wenn du damals auf mein Angebot eingegangen wärst. Jetzt könnte es dazu schon zu spät sein. Ich habe Erkundigungen eingezogen. Colt soll demnächst ein neues Patent anmelden. Spencer auch. Deine Demonstration im Weißen Haus ist inzwischen schon vergessen. Die zuständigen Offiziere vom Waffenbeschaffungsamt sind längst bestochen. Mach die Augen auf, Heinrich, dann erkennst du, daß du ohne mich ein Krämer bist, der einen Laden am Broadway betreibt, zusammen mit einem Partner, der bis zum Hals in Schulden steckt. Mach die Augen auf, dann siehst du auch die Zukunft an meiner Seite, zusammen mit Pauline. Das Land im Westen, die Eisenbahn, die diesen mächtigen Kontinent kreuz und quer vom Atlantik bis zum Pazifik und von den Eisgebirgen im Norden bis zu den Wüstengebieten des Südens durchqueren wird.» Bilands Gesicht rötete sich, während er redete. Seine Augen leuchteten. Er war besessen von seinem letzten großen Traum. Die Erschließung des Westens durch die Eisenbahn. Ein Projekt, das einige Skeptiker noch als Hirngespinst belächelten, obwohl tatkräftige Unternehmer wie Biland längst die Weichen zu seiner Verwirklichung gestellt hatten. «Es ist nur eine Frage der Zeit, bis die erste transkontinentale Eisenbahn mit Hilfe von Staatsanleihen und Landschenkungen in Angriff genommen wird.»

«Greeley meint, daß solche Pläne zu noch mehr Korruption und zu weiteren unrechtmäßigen Bereicherungen skrupelloser Unternehmer und Gesellschaftsgründer führen werden.»

«Daß dies nicht geschieht, liegt in unserer Hand, Heinrich. Das Projekt braucht die richtigen Führer.»

«Sie und ich.»

«Ja! Mich und dich. Allein schaffe ich das nicht mehr. Dafür bin ich zu alt. Du bist jung, und du bist vom gleichen Holz geschnitzt wie ich. Es scheint mir manchmal, als hätte ich mein ganzes Leben lang auf dich gewartet.»

Heinrich versuchte zu begreifen, was Johann Biland sagte. Das war nicht einfach. Biland ging nur von sich selbst aus, genau wie er das schon sein ganzes Leben lang getan hatte. Er verschwendete nicht einen Gedanken an die Gefühle und geheimen Wünsche seiner Tochter oder an die Erwartungen, die Heinrich an sein eigenes Leben stellte. Alles in Heinrich wehrte sich gegen den Versuch Bilands, ihn, Pauline und Konrad zu benutzen, auch wenn es vielleicht nicht ganz aus reinem Selbstzweck geschah. Er bat sich Bedenkzeit aus und hoffte, mit Pauline über die Pläne ihres Vaters reden zu können.

Biland war sichtlich enttäuscht. Als Heinrich sein Büro verließ, saß er zusammengesunken hinter seinem Schreibtisch und blickte nicht einmal auf.

Während der nächsten Tage machte sich Heinrich noch mehr Sorgen um Konrad, der nicht wieder auftauchte. Manchmal ertappte er sich beim Warten. Er wartete nachts auf Konrads Schritte im Treppenhaus. Am Morgen behielt er die Ladentür im Auge. Das Bewußtsein, daß ihm Konrad fehlte, machte ihn noch unruhiger. Er entwarf vier Schreiben an Major Buford, die alle im Papierkorb landeten. Er besuchte Schiffers Familie. Sie war umgezogen in eine größere Wohnung. Die Frau bezahlte den Mietzins pünktlich, und sie gab ihm zu verstehen, daß sein Besuch nicht mehr erwünscht sei. Als Horace Greeley drei Tage lang nicht im Laden erschien, besuchte Heinrich ihn in der Redaktion. Der Zeitungsmann sah übernächtigt aus. Die Wahlen der Präsidentschaftskandidaten standen vor der Tür. Greeley warnte Heinrich davor, einen nichtsnutzigen Verschwender und Wichtigtuer wie Konrad finanziell zu unterstützen oder sich für ihn sogar an Johann Biland auszuliefern. «Deine Wut ist das einzige Gefühl, das du im Moment beachten sollst, junger Freund», sagte Greeley, «denn es ist eine ehrliche und gerechte Wut, aus der etwas Gutes entstehen kann.»

Am Abend traf Heinrich ein Mädchen, das sich Rose nannte. Rose wohnte in einem kleinen Zimmer unter dem Dach eines Mietshauses. Heinrich blieb bei ihr, schlief zum ersten Mal die Nacht durch. Früh am Morgen, es war noch dunkel draußen, erwachte er. Das Hemd klebte an seinem schweißnassen Körper. Er stand auf und machte das kleine Fenster der Dachmansarde weit auf, aber die Luft war warm und feucht. Er gab Rose fünf Silberdollar dafür, daß sie ihn in einem Sessel hatte schlafen lassen, und sie sah ihn ratlos an, als er die Wohnung verließ. Er ging nach Hause.

Konrad hockte in der Küche, den Kopf in die Hände gestützt. Als Heinrich eintrat, blickte er auf. Seine Augenlider waren gerötet, und die Haare hingen ihm wirr in die Stirn.

«Morgen», sagte er.

«Morgen.»

«Ich wollte nicht zurückkommen», sagte er. «Aber ich habe die ganze Zeit nur an dich gedacht und an unser Leben zusammen.»

«Wo warst du die ganze Zeit?»

Konrad hob die Schultern. «Da und dort. Ich habe dich gesehen, als du zu Greeley gegangen bist.»

Heinrich entfachte ein Feuer im Herd und setzte Wasser auf.

«Wir müssen zusammenbleiben», sagte Konrad. «Wir können jetzt nicht einfach mit allem aufhören, verstehst du. Das ist kein Leben.»

Er blieb. Als es Tag wurde, war er wie immer im Laden, bediente Kunden, machte Bestandsaufnahme und schrieb einige Bestellungen. Er tat, als wäre nichts passiert. Als Greeley zu Besuch kam, sagte Konrad, daß er etwas zu erledigen hätte. Zwei Stunden später kam er zurück und verkündete, daß er den Alten umbringen könnte. Er war enttäuscht und zornig. Außerdem hatte er seine Kopfschmerzen.

Es stellte sich heraus, daß Konrads Schulden höher waren als neuntausend Dollar. Er hatte sogar die Anzahlung für ein Haus in der

Henry Street geleistet, das früher einem reichen jüdischen Händler gehört hatte, der jetzt in Philadelphia wohnte. Konrad schuldete einem zwielichtigen Buchmacher mehr als zehntausend Dollar, der seine Agenten auf allen Rennplätzen hatte und der überall im Lande große Hahnenkämpfe organisierte. Der Mann drohte mit dem Gesetz, falls Konrad nicht zahlen würde, und er bestand darauf, Johann Biland persönlich zu sprechen, damit die Angelegenheit diskret bereinigt werden konnte. Biland ließ sich aber nicht aus der Fassung bringen. Er weigerte sich, den Mann zu treffen, und ließ ihm statt dessen durch einen Bankangestellten die Nachricht überbringen, daß er nicht für die obskuren Finanzgeschäfte seines Neffen verantwortlich sei und keineswegs die Absicht hätte, für irgendwelche Schuldgelder aufzukommen.

«Vater will Konrad nicht helfen», sagte Pauline bedrückt, als sie sich eines Abends auf der Bank beim Seerosenteich trafen. Es war schon dunkel. Im Haus brannte Licht, aber Johann Biland war noch nicht von der Bank zurückgekehrt. «Ich habe ihm einen Teil meiner eigenen Ersparnisse angeboten, aber Konrad sagte, daß er sich schon selbst aus dieser Misere herausbringen wird.»

«Und wie soll das geschehen?» fragte Heinrich.

«Er will das Haus verkaufen.»

«Das Haus gehört nicht ihm. Er hat Schulden gemacht, um die Anzahlung zu leisten. Wenn bekannt wird, daß er in Bedrängnis ist, muß er weit unter Preis verkaufen. Er ist mit der Hypothekenzahlung schon zwei Monate in Verzug. Sein Gläubiger könnte sofort ein Urteil erlangen, durch das Konrad das Besitzrecht und seine Anzahlung verlieren würde.»

«Dann müssen wir ihm helfen.»

«Wie denn? Ich habe keine Ersparnisse.»

«Vater würde ihm helfen, Heinrich.» Sie legte den Kopf gegen seine Schulter. Einige Minuten lang schwiegen sie. Es war ein kühler Abend. Vom Westen her wehte ein frischer Wind durch die Stadt.

«Vater wartet nur darauf, daß du sein Angebot annimmst, Heinrich», sagte Pauline leise.

Heinrich überlegte sich, ob er ihr sagen sollte, welche Pläne ihr Vater für sie beide gemacht hatte. Wußte sie überhaupt, wie weit ihr Vater über sie und ihr Leben zu bestimmen gedachte, wie er es schon mit dem ihres Bruders getan hatte, der sich als einzigen Ausweg das Leben nahm? Heinrich löste sich von Pauline und erhob sich. «Falls dich dein Vater geschickt hat, um mich zu überreden, kannst du ihm sagen, daß ich mich entschlossen habe, meinen eigenen Weg zu gehen.»

Pauline schüttelte den Kopf.

«Er hat mich nicht geschickt, Heinrich. Ich weiß nur, daß er sich nichts mehr wünscht als deine Partnerschaft.»

«Hast du mit ihm darüber geredet?»

«Er hat Andeutungen gemacht, mehr nicht.» Pauline erhob sich von der Bank und verließ die Gartenlaube. Draußen drehte sie sich nach ihm um. «Was ist so schlecht daran, daß er sich einen Sohn wünscht, der einmal seine Nachfolge antreten kann, Heinrich?» sagte sie. «Er zeigt es zwar nicht, aber er wird langsam alt und müde.»

Heinrich lachte. «Dein Vater ist im Vollbesitz seiner Kräfte. Er denkt nicht daran, sich zur Ruhe zu setzen. Im Gegenteil, er hat nicht nur die Absicht, mit einer Waffenfabrik groß an einem Krieg zu gewinnen, der wahrscheinlich unausweichlich ist. Er steht auch schon mitten im Eisenbahngeschäft, ohne daß seine Konkurrenten es wissen.»

«Du kennst ihn nicht, Heinrich. Du weißt nicht, wie er früher war. Noch vor einem Jahr oder zwei. Ich dachte, er ist ein Fels, Heinrich. Ich dachte, daß ihn nichts beugen könnte und daß er niemals alt werden würde. Aber jetzt ist das anders. Er hoffte, Konrad sei aus dem gleichen Holz geschnitzt wie er, und dann, als ihr beide herkamt, sah er sich in dir. Gleich bei der ersten Begegnung, als wir alle im Eßzimmer saßen, wußte er, daß nicht Konrad seine geheimen Wünsche erfüllen könnte, obwohl er vom gleichen Blut ist, sondern du.» Pauline griff nach seinem Arm und drückte ihn. «Bitte enttäusche ihn nicht, Heinrich.»

«Was soll ich tun?»

«Geh zu ihm. Rede mit ihm. Versuche, ihm zu vertrauen. Er ist ein guter Mensch, der keine bösen Absichten hat.»

«Ich will niemand über mich und mein Leben verfügen lassen, Pauline. Dein Vater ist für dich ein anderer Mensch als für mich. Komm, ich bringe dich ins Haus.»

Sie kam ganz nahe an ihn heran, und er merkte, wie sie zitterte. Er legte einen Arm um sie. «Du frierst», sagte er leise.

«Das ist es nicht», flüsterte sie. «Es ist die Angst, Heinrich, die Angst davor, daß Vaters letzter Traum von dir zerstört wird.»

«Du denkst zuviel an deinen Vater, Pauline. Er hat sein Leben gelebt. Er hat nie jemanden gefragt, was richtig und was falsch ist. Er hatte kühne Träume, und er ging seinen Weg, und wehe dem, der ihm zum Hindernis wurde. Ich weiß nicht, warum sich dein Bruder das Leben nahm, aber könnte es nicht damit zu tun haben, daß er die Erwartungen deines Vaters nicht erfüllen konnte?»

Pauline löste sich abrupt von ihm.

«Willst du ihn etwa für das Unglück verantwortlich machen?» sagte sie ungläubig. «Der Tod meines Bruders hat ihm beinahe das Herz gebrochen.»

«Und trotzdem hat er deinen Bruder auf dem Gewissen, Pauline», entgegnete Heinrich und wußte im gleichen Moment, daß er sie verletzte.

Sie starrte ihn mit großen, entsetzten Augen an. «Heinrich», stieß sie hervor, und es war fast wie ein leiser Hilferuf. Er wollte sie umarmen, aber sie wich zurück, raffte hastig ihre Röcke zusammen und eilte davon. Er rief ihren Namen und folgte ihr, aber dann blieb er auf dem Kiesweg stehen, weil er im Gebüsch ein Geräusch hörte. Er blickte sich um und hatte plötzlich das Gefühl, nicht allein zu sein.

«Ist da jemand?» fragte er in die Dunkelheit hinein. Er bekam keine Antwort. Er blickte zum Haus, Pauline hastete die Treppe hoch, und Molly öffnete ihr. Irgendwo raschelte Laub, und es klang, als ob sich jemand entfernte. Heinrich ging zum Zaun hinunter, aber er konnte niemand sehen. Er verließ das Grundstück durch das Haupttor. Es war schon fast zehn Uhr. Er hatte nicht gemerkt, wie schnell die Zeit vergangen war. Er ging nach Hause. Konrad war nicht da, aber jemand hatte einen Zettel unter die Tür geschoben.

«Heute Nacht soll der alte Biland bezahlen», stand mit ungelenker Handschrift auf dem Papier. Keine Unterschrift. Heinrich brauchte nur ein paar Sekunden zu überlegen, dann wußte er, wer ihm die Warnung geschrieben hatte. Schiffers Frau . . .

Heinrich rannte den ganzen Weg zurück zum Biland-Haus. Molly machte ihm auf und sagte ihm, daß Pauline dabei wäre, ein Bad zu nehmen und Biland an diesem Abend überhaupt noch nicht nach Hause gekommen war. Heinrich dachte an das Geräusch, das er im Garten gehört hatte. Er verzichtete darauf, Molly etwas von der Warnung zu sagen, die er vorgefunden hatte. Er nahm am Broadway eine Droschke und fuhr damit zum Rand der Lower Eastside. Weiter fuhren die Pferdedroschken bei Nacht nicht mehr, seit einige der Kutscher von maskierten Strolchen angehalten und beraubt worden waren.

Heinrich bezahlte die Fahrt, und der Kutscher fragte ihn, ob er nicht doch lieber in eine menschenfreundlichere Gegend zurückfahren wolle. «Mich brächten keine zehn Pferde dazu, weiter als bis hierher zu gehen, Sir», warnte er. «In diesen finsteren Gassen lauern Tod und Verderben.»

«Ich kenne mich aus», sagte Heinrich ausweichend, und der Kutscher schaute ihm kopfschüttelnd nach, wie er die Straße hinuntereilte und um eine Ecke verschwand.

Er fand das Haus, in dem Schiffers Familie wohnte. Unten war eine Bäckerei und der Laden eines Flickschusters. Eine hölzerne Außentreppe führte von einer schmalen Häuserlücke aus an der fensterlosen Schmalseite des Hauses zu einer Tür im ersten Stock. Heinrich klopfte an.

«Mrs. Schiffer», rief er halblaut. «Ich bins's, Mansfeld.»

Er hörte leise Schritte durch die Tür. Dann die Stimme von Schiffers Frau. «Gehen Sie bitte weg, Herr Mansfeld!» rief sie drängend. «Er kann jeden Moment zurückkommen, und wenn er Sie hier vorfindet, bringt er Sie um.»

«Bitte sagen Sie mir erst, wo Ihr Mann ist.»

«Ich darf nichts sagen. Ich habe ihm versprechen müssen, daß ich niemandem ein Wort sage.»

«Sie haben aber doch den Zettel geschrieben. Mit der Warnung.»

«Wenn er es erfährt, schlägt er mich tot.»

«Hat er damit gedroht, Sie umzubringen?»

Sie gab ihm keine Antwort. Heinrich schlug noch einmal gegen die Tür. Irgendwo begann ein Hund zu kläffen.

«Die ganze Nachbarschaft wird wach, Frau Schiffer», sagte Heinrich, während er sich umblickte. Im Haus gegenüber zündete jemand eine Kerze an.

«Er ist mein Mann, Herr Mansfeld», sagte die Frau durch die Tür.

Der Hund kam zum Fuß der Treppe und kläffte zu Heinrich hoch. Heinrich nahm eine Wurzelbürste aus dem Eimer, der neben der Tür stand, und warf sie nach dem Hund. Obwohl er ihn verfehlte, flüchtete der Hund die Gasse hinunter.

«Wenn Biland etwas passiert, werde ich dafür sorgen, daß Ihr Mann von der Polizei verhört wird», sagte Heinrich und klopfte noch einmal gegen die Tür. «Es wäre nichts als vernünftig, mir zu sagen, was er vorhat.»

«Lieber Gott», sagte die Frau. «Gehen Sie zum alten Dock, das letztes Jahr abgebrannt ist. Unten am Hudson ist es. Dort hat er sich verabredet.»

«Mit wem?»

«Ich darf nichts sagen.»

«Herrgott, es geht um Leben und Tod.»

«Fragen Sie Ihren Freund.»

«Konrad? Konrad Odermatt? Herrn Bilands Neffe?»

«Ich sage nichts mehr. Kein Wort.»

«Was haben sie vor, Frau Schiffer?»

«Mein Mann sagt, er will Gericht halten über Biland.»

Schiffers Frau hatte kaum ausgesprochen, da lief Heinrich die Holztreppe hinunter. Jemand warf einen harten Gegenstand nach ihm, der ihn in den Rücken traf, und ein Mann brüllte eine Verwünschung hinter ihm her, als er die Straße hinunterrannte. Er wußte, wo sich die verkohlten Überreste des alten Docks befanden und daß er mindestens zwanzig Minuten brauchen würde, um dorthin zu gelangen. Heinrich rannte, als ginge es um sein eigenes Leben.

Seit mehr als einem Jahr kam der alte Mann hinunter zu den Docks. Er trug immer den gleichen alten Mantel und den gleichen Schlapphut, dessen Krempe einen Schatten über sein Gesicht warf. Meistens kam er nicht vor Mitternacht. Und immer folgte ihm eine struppige Bastardhündin auf Schritt und Tritt. Wenn er stehenblieb, blieb auch die Bastardhündin stehen, und wenn er sich irgendwo hinsetzte, legte sie sich zu seinen Füßen nieder.

Der Mann hatte keinen Namen. Niemand wußte, woher er kam. Man sagte nur, das Leben hätte ihn gebrochen, aber das vermutete man nur. Er redete wenig, und manchmal, wenn ihm jemand eine Flasche anbot, trank er einen Schluck, schüttelte sich wie ein nasser Hund und fragte in die Runde, wer denn dieses Mal in Not geraten sei. Und Rusty Conally sagte ihm dann einen Namen oder zwei, und der Mann nahm einen Beutel hervor mit Goldstücken drin. Rusty Conally sorgte dafür, daß dem Mann nie etwas passierte und daß alle schön gerecht ihren Anteil bekamen. Er selbst kassierte später, und niemand hätte es gewagt, Rusty Conally zu bescheißen oder dem alten Mann auf dem Weg hinunter zu den Docks aufzulauern. Im Revier hier unten, beim alten Dock, das letztes Jahr abgebrannt war, herrschte Rusty Conally mit seiner irischen Straßenbande.

Bis plötzlich die Deutschen auftauchten. Es waren fünf, und einer von ihnen, der Anführer, war ein Mann mit einem kantigen Bauerngesicht und einem grau gesprenkelten Stoppelbart. Er nannte sich voller Stolz Captain Jack. Er sprach mit starkem deutschem Akzent, und als er das erste Mal Conally gegenübertrat, sagte er ihm, daß hier beim alten Dock nur für einen von ihnen Platz wäre. Er stellte Conally vor die Wahl, entweder ein anderes Revier zu suchen oder sich auf eine heiße Fahrt in die Hölle vorzubereiten. In zwei Tagen wollte er wiederkommen.

Rusty Conally lachte sich zwei Tage lang halb tot. Er war schließlich schon Jahre hier, und er hatte Freunde. Also umgab er sich mit Freunden, denen er vertrauen konnte. Und falls dieser Captain Jack wiederkäme, wollte er ihn an einem der verkohlten Querbalken aufhängen, die einmal das Dach des Docks getragen hatten.

Die Deutschen waren pünktlich. Zuerst kam Captain Jack ganz allein und unbewaffnet. Er kam am Pier entlang, zwischen den halbverfaulten Baumwollballen hindurch, die nach dem Feuer des letzten Jahres nicht mehr verladen worden waren. Rusty Conally erwartete ihn bei der Rampe, unter der sich einige seiner Freunde eingenistet hatten. Er stand breitbeinig dort, die Arme über der Hemdbrust verschränkt, das rote Haar leuchtend in der Abendsonne.

Captain Jack kam bis dicht an die Rampe heran. Seine Blicke streiften Rustys Freunde, die plötzlich von überall her erschienen wie Ratten aus ihren Löchern, grinsend voller Hochmut und Herausforderung.

Captain Jack blieb vor der Rampe stehen und blickte zu dem drahtigen Rotschopf auf, der seine halbverfaulten Zahnstummel bleckte.

«Es scheint, daß du meine Aufforderung nicht sehr ernst genommen hast, Conally», sagte Captain Jack gleichmütig. «Du hattest zwei Tage lang Zeit, von hier zu verschwinden.»

Conally grinste. Und seine Freunde lachten.

«Warum, du dämlicher Hund, hätte ich von hier verschwinden sollen?» fragte er zurück.

Captain Jack hob die Brauen. Mehr nicht. Er blickte den Rotschopf einige Sekunden lang an, als zweifelte er an dessen Verstand. Dann sagte er so laut, daß ihn auch Conallys Freunde hören konnten: «Weil du dir einen besseren Platz hättest aussuchen können als den, den ich dir anbiete.»

«Welchen Platz meinst du?» fragte Conally und zog langsam seine alte Pistole aus dem Hosenbund.

Jetzt lächelte Captain Jack.

«Die Hölle, mein Freund», sagte er. «Die Hölle.»

Und bevor Rusty Conally den rostigen Hahn an der alten Pistole spannen konnte, fiel ein Schuß, und alle seine verblüfften Freunde konnten sehen, wie sich Rustys Hemd plötzlich rot färbte, und

Conally machte große Augen, weil ihm die alte Pistole einfach aus der kraftlosen Hand fiel. Er wankte ein wenig, und es schien, als wollte er irgend etwas sagen, aber es kam nur Blut aus seinem Mund und aus seiner Nase. Er machte zwei Schritte rückwärts, stolperte über eine vorstehende Bohle und stürzte gegen die Bretterwand hinter ihm. Ganz langsam rutschte er daran herunter. Die Augenlider senkten sich ein wenig über seine Augen, und mit der linken Hand griff er in die Luft, so als suche er nach einem Halt. Dann fiel er plötzlich vornüber und schlug mit dem Gesicht hart auf den Bohlen auf.

Es war ganz still jetzt. Alle schauten gebannt zu, wie sich Conallys Körper auf den Bohlen zusammenzog und dann langsam streckte, bevor er sich nicht mehr rührte. Und von dort, wo Captain Jack hergekommen war, tauchten ein paar Männer auf, die alle Waffen in den Händen hatten. Sie stellten sich hinter ihren Anführer, auf dessen Gesicht plötzlich Schweiß glitzerte. «Nehmt ihn mit», sagte er heiser zu Conallys Freunden. «Und vergeßt nicht, daß ich von heute an hier bin. Sagt es den anderen. Sagt es allen, die es wissen wollen. Das Revier vom alten Dock gehört Captain Jack. Er ist der neue Boß. Okay?»

«Okay», sagte einer von den Iren. «Jesus Christus, ihr verfluchten Germanen fackelt nicht lange, was?» Er gab den anderen einen Wink, und sie zogen Rustys Leichnam von der Verladerampe herunter und luden ihn auf einen Handkarren. Dann holten sie ihren Hausrat unter der Rampe hervor und beeilten sich.

Von diesem Tag an war Captain Jack der Herr im Revier beim alten Dock, und der alte Mann, der ab und zu herkam und Geld verteilte, hatte keine Ahnung davon.

Niemand warnte Johann Biland, als er in jener Nacht früher als sonst zum Hafen hinunterging. Viel Geld hatte er nicht dabei, aber für die Bastardhündin, die wie immer an der gleichen Stelle auftauchte, als hätte sie die ganze Zeit nur auf ihn gewartet, brachte er seinen Lunch, den er am Mittag in seinem Büro nicht gegessen hatte. Brot, mit Butter bestrichen, und das Ende einer geräucherten Polenwurst. Er setzte sich auf die Treppe vor einer Lagerhalle und fütterte die Bastardhündin. Er wußte, daß sie fast blind war und alt, ihr Fell war verfilzt, und ihre Zitzen hingen schlaff von ihrem Bauch herunter. Manchmal redete er mit ihr, und dann legte sie den Kopf gegen seine Beine, und er streichelte ihr sanft über den Kopf und kraulte sie hinter den Ohren.

Er faltete das Papier, in das Molly seinen Lunch eingewickelt hatte, sorgfältig zusammen, damit es noch einmal verwendet werden konnte. Eine Weile blieb er sitzen und dachte über den Tag nach und über sein Leben. Alles war jetzt anders, als er es sich immer vorgestellt hatte. Fast schien es ihm, als wäre er irgendwann von seinem Weg abgekommen, ohne daß er es gemerkt hatte. Er war weitergegangen und immer weiter, und dann hatte er die ersten Anzeichen bemerkt, daß er nicht dorthin unterwegs war, wohin er eigentlich hatte gehen wollen. Aber er hielt den Schritt nicht an. Entschlossen wie immer, ohne nach links und rechts zu sehen, ging er weiter, und er weigerte sich auch jetzt noch zu sehen, daß er geirrt hatte. Obwohl er jetzt allein war. Noch war er nicht am Ende angelangt.

Er erhob sich. «Komm», sagte er zu der Bastardhündin. Und sie folgte ihm hinunter zum Hafen, wo über den schwarzen Trümmern des alten Docks tausend Schiffsmasten in den Sternenhimmel ragten.

Dort unten, wo ihn sonst Freunde erwarteten, lauerte ein Mann auf ihn, der von einem abgrundtiefen Haß beseelt war: Helmut Schiffer, der sich jetzt Captain Jack nannte.

Sie kamen aus dem Dunkeln, und einer von ihnen trat die Bastardhündin in den Bauch. Sie lief winselnd davon, und Biland schaute sich verwundert um. Da standen sie, und einer hielt eine Schiffslaterne hoch, so daß das Licht ihre finsteren Gesichter beleuchtete.

«Herr Schiffer, sind Sie das?» fragte Biland, als er glaubte, einen von ihnen zu erkennen.

«Captain Jack nennt man mich, Biland», sagte der Mann heiser. «Der Herr Schiffer ist schon lange gestorben.» Er kam herüber, gefolgt von seinen Gefährten. Einer von ihnen hatte einen Hanfstrick dabei, und ein paar andere richteten ihre Waffen auf Johann Biland. Der rührte sich nicht. Er hätte versuchen können davonzulaufen, aber weit wäre er bestimmt nicht gekommen.

«Wo sind die anderen? Meine Freunde?»

«Du hast keine Freunde, Biland.» Schiffer blieb dicht vor ihm stehen. «Wenn du einen Freund hast, dann ist es der Tod, der auf dich wartet.»

«Die Iren waren immer hier», sagte Johann Biland. «An Ihrer Stelle, Herr Schiffer, würde ich lieber um meine Familie besorgt sein, als in den Straßen herumzustrolchen.»

«Das tu' ich, Biland. Meiner Familie ging es noch nie besser. Meine Frau und die Kinder, die uns geblieben sind, leben in einer feinen Wohnung. Und sie gehen jetzt nicht mehr hungrig zu Bett wie früher, als es meine größte Sorge war, Ihrer Bank die monatlichen Zahlungen zu leisten, ganz gleich, ob es im Geschäft gutging oder nicht. Das ist jetzt alles vorbei, Biland. Aus der alten Krämerseele Helmut Schiffer ist Captain Jack geworden, dein Richter und dein Henker.»

Schiffer packte Johann Biland bei den Mantelaufschlägen. «Ist das eine Überraschung oder nicht, Biland?»

«Nehmen Sie Ihre Hände von mir, Herr Schiffer! Das ist lächerlich, was Sie da sagen, und Sie irren sich, wenn Sie glauben, mir durch solches Geschwätz Angst einjagen zu können. Ich habe Ihnen und Ihrer Familie kein Unrecht getan, und für Ihre geschäftlichen Mißerfolge können Sie weder mich noch meine Bank verantwortlich machen.»

«Mach ich aber, Biland. Und ich weiß nicht, wer mich davon abhalten könnte, dich dafür in die Hölle zu befördern. Die Welt ist gerecht, verstehst du. Früher oder später bezahlt jeder. Da nützt der ganze Reichtum nichts, den du dir ergaunert hast. Da nützen die ganzen Beziehungen nichts, die du dir mit unserem Geld erkauft hast. Du stehst als Ausbeuter vor meinem Gericht, Biland, als der Schöpfer der Armut und der Not in dieser Stadt und als Verursacher des Unglücks, das Tausende von armen Einwandererfamilien heimgesucht hat.» Schiffers Stimme zitterte. Er hatte sich alle diese Worte, die er dem alten Mann an den Kopf schleuderte, in hundert schlaflosen Nächten zurechtgelegt. Jetzt war es soweit. Biland sollte endlich seine Schulden bezahlen. Er stieß ihn hart von sich. Der alte Mann taumelte, und da packten ihn die starken Hände von Schiffers Kumpanen, die hinter ihm standen.

«Legt ihm die Schlinge um!» befahl Schiffer. Johann Biland wehrte sich nicht. Jemand streifte ihm den dicken Hanfstrick über den Kopf und zog ihn so eng um seinen Hals, daß ihm beinahe die Luft abgedrückt wurde.

Die Männer stießen ihn hinüber zu den Überresten des Docks. Unter einem angesengten Querbalken, der einmal das Hallendach gestützt hatte, blieben sie stehen. Einer der Männer schwang das Seil über den Balken. Zwei andere schleppten einen fauligen Baumwollballen herbei. Schiffer trat dicht an Johann Biland heran. «Du hast die Wahl, Biland. Du kannst entweder beten oder um Gnade bitten. Beides wird dir nichts nützen. Du weißt selbst, daß deine Seele längst dem Teufel gehört.»

«Was wissen Sie schon von mir, Herr Schiffer», erwiderte Johann Biland mühsam. «Was wissen Sie schon von meinem Leben und meiner Seele und von meiner Verantwortung? Sie haben versagt, Herr Schiffer! Was immer Sie auch angefangen haben, Sie sind jedesmal gescheitert. Ich sehe in Ihr Gesicht, und ich bin nicht einmal jetzt sicher, ob Sie dazu fähig sind, diese schmutzige Tat zu Ende zu bringen. Sie erheben sich zu meinem Richter, aber im Grunde Ihres Herzens wissen Sie, daß Sie nur ein ganz gewöhnlicher Meuchelmörder sind ohne wahren Mut. Sie sind feige, Herr Schiffer. Ein erbärmlicher Feigling. Es ist kühl, aber ich sehe, wie Ihnen der Schweiß ausbricht. Sie fürchten jetzt schon Ihr Gewissen, das Sie nie mehr zur Ruhe kommen lassen wird. Oder ängstigt Sie nur der Satan, mit dem Sie sich hier, in diesem dunklen Winkel, zu einem Stelldichein verabredet haben?»

«Halt lieber deine dreckige Fresse, Biland», zischte Schiffer. Er holte aus und schlug dem alten Mann mit dem Handrücken quer übers Gesicht. Johann Biland hatte plötzlich den Geschmack von Blut im Mund. Die Männer packten ihn, zerrten ihn herum und schoben ihn auf den Baumwollballen zu.

«Steig hoch!» befahl Schiffer heiser. «Mach voran, du alter Schuft! Wenn der Morgen graut, baumelst du hier am Strick, und die Leute, die dich sehen, werden ausspucken und sagen, daß es Gott sei Dank einmal den Richtigen erwischt hat.» Schiffer trat ihm ins Kreuz, und Johann Biland fiel gegen den Baumwollballen. Die Knie gaben unter ihm nach. Einer der Männer schlug ihm ins Gesicht, und dann zerrten sie ihn auf den Baumwollballen, zwei von ihnen zogen am Strickende, bis Johann Biland aufrecht stand, blaß im Gesicht, die Hände zu Fäusten geballt. Die dünnen Haarsträhnen bewegten sich im Wind, als er den Kopf hob und zum Nachthimmel aufblickte. Daß sein Leben einmal auf diese Art ein Ende nehmen würde, hatte er nie gedacht. Hundert Jahre alt wollte er werden, der Patriarch einer großen und bedeutenden Familie, der seinen Nachkommen ein Reich hinterlassen würde, das er aus dem Nichts mit seiner eigenen Hände Arbeit geschaffen hatte. Und jetzt stand er hier am Frachthafen auf einem fauligen Baumwollballen, und der Hanfstrick drückte gegen seinen Adamsapfel, und er hatte den Geschmack seines eigenen Blutes im Mund. Er fragte sich in diesem Moment, was er Schiffer angetan hatte, und er fand keine Antwort. Schiffer hatte sich sein Leben und das seiner Frau und seiner Kinder selbst ruiniert.

«Im Namen der Notdürftigen und Armen dieser elenden Stadt, die du bis aufs Blut ausgebeutet hast, befördere ich dich eigenhändig vom Leben in den Tod, Biland!» stieß Schiffer mit rauher Stimme hervor.

Er trat von der Seite an den Baumwollballen heran. «Willst du noch etwas sagen?»

«Es gibt nichts zu sagen», sagte Johann Biland fest.

«Gut! Wie du willst.» Schiffer ließ sich einen Knüppel geben. Er stellte sich breitbeinig hinter Johann Biland auf. Einer der Männer hob die Schiffslaterne hoch über seinen Kopf, so daß sie in das blasse Gesicht des alten Mannes leuchtete. Johann Biland schloß geblendet die Augen.

«Springst du von selbst, oder soll ich dich stoßen?» fragte Schiffer, und seine Stimme brach beinahe.

Johann Biland lachte heiser auf. «Was sind Sie nur für ein armseliger Wicht, Herr Schiffer. Tun Sie doch wenigstens einmal Ihre Arbeit.»

Schiffer schnaubte, packte den Knüppel mit beiden Händen und holte zum Schlag aus. In diesem Moment stürzte eine Gestalt aus dem Schatten eines Schuppens.

«Halt an, Schiffer!» rief eine rauhe Stimme. Schiffer und seine Männer fuhren herum. Gegenüber der Verladerampe, zwischen den tiefen Radfurchen auf der Straße, stand Konrad Odermatt mit einer Pistole in der Hand.

«Laß den Knüppel fallen, Schiffer!» befahl Konrad scharf.

«Zu spät!» brüllte Schiffer. «Dazu kommst du zu spät!» Er holte noch einmal mit Schwung aus, und es war das letzte, das er bewußt tat. Konrad schoß, und er traf. Schiffer wurde von der schweren Bleikugel so hart herumgestoßen, daß es aussah, als wäre er von einem Hufschlag getroffen worden. Er verlor das Gleichgewicht. Und als er mit dem Gesicht auf den Brettern aufschlug, war er eigentlich schon tot. Seine Finger umklammerten aber noch immer den Knüppel und lösten sich dann langsam wie im Krampf. Schiffers Männer konnten es für einen Moment nicht glauben. Aber dann richtete einer von ihnen eine Schrotflinte auf Konrad, und ein anderer zog eine alte Pistole aus dem Hosenbund.

Sie hätten Konrad getötet, hätte er nicht in diesem Augenblick Hilfe erhalten. Heinrich kam die Hafenmauer entlanggerannt und blieb keuchend am Ende der Verladerampe stehen. Er hatte einen mehrschüssigen Revolver in der Hand, den er auf die Männer richtete.

«Ihr könnt es euch aussuchen», sagte Konrad triumphierend. «Ich habe zwar keine Kugel mehr drin, aber mein Freund dort zielt mit einem neuen Patterson-Revolver auf euch, und er kann fünfmal so schnell hintereinander schießen, daß er mindestens drei in die Hölle befördert, bevor einer von euch den Finger krumm machen kann.»

«Wer zum Teufel seid ihr?» fragte der Mann mit der Schiffslaterne auf deutsch.

«Seine Schutzengel», grinste Konrad. «Wir können nur nicht fliegen.» Er ging auf die Männer zu. «Bringt diesen Narren weg!» befahl er. «Und sagt seiner Frau und seinen Kindern, daß ein Unglück geschehen ist. Er ist ins Wasser gefallen oder was.»

Die Männer wichen zurück. «Was sollen wir mit ihm tun?» fragte einer. «Er ist tot.»

«Laßt ihn verschwinden», sagte Konrad. «Beeilt euch. Bestimmt ist der Schuß gehört worden, und es könnte sein, daß Polizisten herkommen.»

«Ich hau' ab», stieß einer der Männer grimmig hervor. «Ich hab' ja gleich gesagt, daß das ins Auge gehen kann.» Er steckte seine Pistole weg und lief plötzlich davon. Dic anderen folgten ihm schnell, ohne sich um Schiffers Leichnam zu kümmern. Heinrich kam herüber. Er hatte den Revolver noch in der Hand.

«Du wärst zu spät gekommen, mein Freund», sagte Konrad Odermatt und legte ihm die Hand auf die Schulter. «Für meinen geliebten Onkel, meine ich.» Er sprang auf den Baumwollballen, packte den Strick und zog ihn mit einem Ruck über den Balken. «Das war knapp, Onkel Johann», lachte er. «Um ein Haar hätte dich dieser Schuft gehängt. Zum Glück bin ich dir nachgegangen.»

Johann Biland, blaß im Gesicht und etwas unsicher, taumelte von dem Ballen herunter und streifte sich mit zitternden Händen die Schlinge ab. Er betrachtete sie einen Moment, dann warf er den Strick über den Leichnam Schiffers. «Ich hatte zuviel Geduld mit ihm», sagte er hart. «Und Anteilnahme mit seiner Familie. Er war ein Versager. Bis zuletzt war er ein Versager.» Fast angewidert wandte er sich Konrad zu. «Konrad, die Tatsache, daß ich dir mein Leben verdanke, ist mir unerfreulich. Ich hoffe, das verstehst du.»

«Sehr wohl, Onkel Johann», grinste Konrad. «Ich hätte doch einfach zusehen sollen, wie du gehängt wirst!»

Johann Biland kniff die Augen etwas zusammen.

«Wie kommt es überhaupt, daß du mir hierher gefolgt bist?»

«Aus Sorge um dein Wohlergehen. Es ist nicht das erstemal. Heinrich sagte mir, daß du manchmal zu später Nachtstunde zum Hafen gehst. Ich folgte dir einigemal zuvor, ohne daß du mich bemerkt hättest.»

Johann Biland wandte sich Heinrich zu, der zu dem Toten gegangen war und bei ihm niederkauerte.

«Und du?» fragte er. «Warum bist du hier?»

Heinrich legte seine Hand über Schiffers Gesicht und schloß ihm die halbgeöffneten Augenlider. Er blickte auf.

«Seine Frau hat mich alarmiert», sagte er. «Sie wollte nicht, daß ihm ein Unglück geschieht.» Heinrich erhob sich. Sein Blick traf Konrad. «Sie hatte Angst um ihn», sagte er.

Konrad lachte.

«Merkwürdig. So was wie eine Vorahnung vielleicht. Das gibt es.» Er blickte sich um. «Wir verschwinden besser von hier. Wenn uns jemand hier mit Schiffers Leichnam entdeckt, gibt es einen Skandal. Komm, Onkel, ich begleite dich nach Hause.»

«Ich finde alleine meinen Weg», gab Johann Biland zurück. Er warf noch einen Blick auf Schiffers Leiche. «Jemand muß ihn begraben», sagte er, bevor er davonging.

«Ich verlasse New York», sagte Heinrich ruhig. Er saß mit nackten Füßen auf dem Bettrand, das Haar zerzaust. «Es ist alles in die Wege geleitet.»

Konrad, der dabei war, sich zu rasieren, hielt mitten in seiner Beschäftigung inne. Langsam drehte er sich zu Heinrich um. Es war kalt in der kleinen Wohnung so früh am Morgen. Draußen war es noch dunkel. Eine Lampe beleuchtete den Raum und das hagere Gesicht Heinrichs, der spät in der Nacht nach Hause gekommen war.

«Pauline fürchtet seit Tagen, daß du irgend etwas Unvernünftiges im Sinn hast», sagte Konrad nach einer Weile des Schweigens. «Ich sagte ihr, daß du kein Narr bist und daß ich für dich jederzeit die Hand ins Feuer halten würde.»

Heinrich blickte auf.

«Besten Dank», sagte er.

«Verdammt, viel lieber wäre mir, wenn ich mir die Finger nicht verbrennen würde.» Konrad drehte sich wieder dem Spiegel zu und schabte sich Seifenschaum und Bartstoppeln vom Kinn. Heinrich ging in die Küche, öffnete die Feuerung des Herdes und legte mit einem Schürhaken in der grauen Asche ein Glutnest frei. Er schichtete ein paar dünne Holzspleißen darüber, blies in die Glut, bis sie Feuer fingen, und legte vorsichtig Holz nach. Es war sechs Uhr am Morgen. Seit dem nächtlichen Überfall auf Johann Biland waren einige Wochen vergangen. Wochen, während denen Konrad und

Heinrich nicht viel miteinander gesprochen hatten. Wochen, während denen Heinrich Pauline zu erklären versuchte, warum er nicht bereit war, ein festes Bündnis einzugehen, nicht mit ihr und auch nicht mit ihrem Vater. Es war nicht einfach. Wie hätte er ihr von seinem Verdacht erzählen können, der es ihm so schwierig machte, mit Konrad unter einem Dach zu leben und seine Partnerschaft mit ihm weiterhin aufrechtzuerhalten? Wie hätte er ihr sagen können, daß er sich zum ersten Mal im Leben richtig unglücklich fühlte, so unglücklich, daß er ein immer stärker werdendes Heimweh verspürte? Sie hätte ihn nicht verstehen können. Dazu war ihr Leben zu sehr auf ihren Vater ausgerichtet. Und sie hatte ihm vor einigen Tagen gesagt, daß sie ihn nicht mehr sehen wollte, wenn er sich weiterhin den Wünschen ihres Vaters verschlösse.

Konrad kam in die Küche. Er hatte sich unter dem Ohr geschnitten.

«Was hast du vor?» fragte er. Er setzte sich an den Tisch und schaute zu, wie Heinrich Wasser aufsetzte. «Du willst doch nicht etwa zurückgehen? In die alte Heimat?»

«Horace meint, daß ich im Westen eine gute Chance hätte. In St. Louis. Es sind viele Landsleute dort. Er gab mir die Adresse eines deutschen Zeitungsmannes.»

«Du hast wirklich die Absicht, das hier alles aufzugeben?»

Heinrich drehte sich um.

«Was ist hier?» fragte er schärfer, als er beabsichtigte. «Ein Geschäft, das mit Schulden belastet ist? Pauline, die ihrem Vater regelrecht verfallen ist? Oder der alte Mann, dessen Rechnung nicht aufgegangen ist?» Heinrich kam zum Tisch herüber und blieb davor stehen. «Und was ist mit uns beiden, Konrad? Was ist mit unserem Traum geschehen? Sind wir aufgewacht, als du Schiffer umbrachtest, oder schon vorher, als ich dich beim Diebstahl erwischte?»

Konrad erhob sich langsam vom Stuhl. Er wich Heinrichs Blick nicht aus, und Heinrich konnte sehen, wie sich die Wangen seines Partners röteten. Konrad ballte seine Hände zu Fäusten.

«Ich dachte, das mit den Plänen sei vergessen, Freund», sagte er rauh. «Ich dachte, du hättest damals gesagt, daß wir zusammenbleiben und weitermachen, weil wir einen guten Anfang hinter uns haben. Wie kommt es, daß du in mir plötzlich deinen Feind siehst? Hat dich vielleicht die Schifferin in ihrem Gram auf verrückte Ideen gebracht?»

«Schiffers Witwe hat damit nichts zu tun!»

«Was ist es dann? Deine gottverdammte Selbstgerechtigkeit, die dich zu einem besseren Menschen macht oder was? Deine gottverdammte Moral? Deine Anständigkeit? Dein sauberes Gewissen, das du trägst, als wär's ein weißes Hemd?» Konrad kam um den Tisch herum. Dicht vor Heinrich blieb er stehen. «Was, zum Teufel, hast du mir vorzuwerfen? Daß ich den alten Mann dazu gebracht habe, meine Schulden zu bezahlen? Das mit Schiffer war ein Glücksfall, verstehst du. Ich habe meinem Onkel das Leben gerettet und ihn mir dafür verpflichtet. Was ist so verdammt falsch daran, mein Freund?»

«Daß Schiffer in eine Falle ging, die du ihm gestellt hast!»

Verblüffung zeichnete sich im hageren Gesicht Konrads ab. Er trat einen Schritt zurück und schüttelte den Kopf.

«Schiffer wollte den alten Mann aufhängen, weil er ihn für sein Schicksal verantwortlich machte. Stimmt das oder stimmt das nicht?»

Heinrich holte tief Luft.

«Ich habe mich umgehört, Konrad», erwiderte er. «Man hat dich zusammen mit Schiffer gesehen. In verschiedenen Hafenkneipen.»

«Und was hat das zu bedeuten? Verdammt, ich habe mich mit Schiffer getroffen, das stimmt. Ich wußte nicht, wie ich zu Geld kommen konnte, um meine Schulden zu bezahlen. Ich dachte, er könnte versuchen, in die Bank einzubrechen.»

Heinrich schwieg.

«Gottverdammt noch mal, glaubst du im Ernst, daß ich Schiffer dazu angestiftet habe, den alten Mann zu überfallen?»

Heinrich hob die Schultern. «Ich weiß nicht mehr, was ich glauben soll. Wie könnte ich dir trauen, nach dem, was passiert ist?» Heinrich ging zum Küchenschrank und nahm eine Dose mit gemahlenem Kaffee heraus. «Schiffer ist tot, und ich habe gesehen, wie du ihn umgebracht hast. Seine Frau ist sicher, daß Schiffer sich zuvor mit dir unterhalten hat und daß du ihm gesagt hast, dein Onkel hätte an diesem Abend besonders viel Geld dabei. Sie hatte Angst, verstehst du. Sie fürchtete um sein Leben, weil sie dir nicht traute.»

«Einfach so? Diese ... diese Frau, die mich kaum kennt, traut mir nicht über den Weg, und für meinen Freund und Partner bedeutet das, daß ich Schiffer in eine Falle gelockt und getötet habe, um meinen reichen Onkel zu rupfen wie einen fetten Hahn.» Konrad lachte kopfschüttelnd. «Du bist ein Narr, Heinrich, wenn du dieser Frau glaubst und hier alles aufgibst.»

«Mein Entschluß steht fest.»

Heinrich schüttete Kaffee in die Kanne, aus der Dampf zur Decke hochstieg. Unten auf der Straße läutete der Gehilfe des Milchmanns mit der Glocke.

«Weiß Pauline davon?» fragte Konrad und stellte sich hinter Heinrich. «Hast du ihr etwa gesagt, daß du mich für einen abgefeimten Schurken hältst, der einen Mord verübt hat, um seinen Onkel zu schröpfen?»

Heinrich drehte sich um. Sie standen sich so dicht gegenüber, daß sich beinahe ihre Nasen berührten. Konrads Augen funkelten.

«Ich habe ihr gesagt, daß ich weggehe», sagte Heinrich. «Sie hält das den Umständen entsprechend für eine gute Idee. Was sie wirklich fühlt und denkt, habe ich nie rausfinden können.»

«Und das andere?»

«Das andere ist deine Geschichte, Konrad. Du allein kennst die Wahrheit.»

Konrad packte Heinrich bei den Jackenaufschlägen.

«Die Wahrheit!» stieß er wutentbrannt hervor. «Die Wahrheit taugt nichts! Der Alte hatte uns in seinen Klauen. Er lachte mich aus, als ich ihn um einen Kredit bat, mit dem ich meine Schulden hätte bezahlen können. Er ist ein Erpresser, verstehst du. Er bot mir das Geld an, wenn ich dich dazu bringe, das Waffengeschäft mit ihm zu machen. Er hat sogar Pauline anstiften wollen, dich für seine Pläne zu gewinnen.»

«Laß mich los!» Heinrich wollte zurückweichen, aber Konrad wurde nur noch wütender. Er zerrte an der Jacke, so als wollte er Heinrich schütteln. Aber Heinrich war größer als er und schwerer.

«Du hast keinen Grund, mich im Stich zu lassen, Heinrich!» brüllte er. «Was immer geschehen ist, geschah zu unserem Vorteil. Für unsere Zukunft, verdammt noch mal!»

Heinrich riß sich los und wollte sich abwenden, aber in diesem Moment verlor Konrad die Kontrolle über sich.

«Okay!» schrie er. «Hier hast du einen Grund zum Weggehen!»

Und bevor Heinrich die Hände zur Abwehr heben konnte, traf ihn die geballte Faust von Konrad am Ohr. Der Schlag brachte Heinrich ins Taumeln. Er wollte sich an der Lehne eines Stuhls festhalten, aber Konrad fiel ihn wütend an und hieb ihm die Faust in den Unterleib. Heinrich verlor das Gleichgewicht, und als er fiel, riß er den Stuhl mit sich. Konrad stürzte sich in seinem hilflosen Zorn brüllend auf ihn. Er versuchte, ihm die Faust ins Gesicht zu schlagen, aber Heinrich drehte im letzten Moment den Kopf zur Seite, und der Schlag verfehlte ihn. Mit aller Kraft bäumte sich Heinrich unter Konrad auf und stieß ihn von sich. Konrad fiel zur Seite, schnellte sofort herum und warf sich erneut auf Heinrich, der sich erheben wollte. Ineinander verschlungen rollten sie über den Bretterboden. Konrad versuchte ohne Unterlaß, seine Faust gegen Heinrichs Kopf zu schlagen, während er ihn mit der linken Hand niederhielt. Heinrich vermochte ein Bein anzuziehen und sein Knie in Konrads Unterleib zu stoßen.

«Hör auf!» keuchte Heinrich. «Das hat doch keinen Sinn!»

Konrad schien ihn nicht zu hören. Er war außer sich. Schaum quoll aus seinem Mund. Er umschlang Heinrichs Kopf mit dem linken Unterarm, und die Finger seiner Hand krallten sich in Heinrichs blutendes Gesicht.

«Hier!» brüllte Konrad. «Nimm das mit auf den Weg!» Er schlug Heinrich die Faust ins Gesicht. Es krachte, als wäre irgend etwas gebrochen.

Heinrich warf sich herum und schleuderte Konrad mit letzter Kraft von sich. Konrad flog gegen die Tür. Er sprang sofort auf. Seine Augen waren blutunterlaufen. Er stand geduckt da, zum Sprung bereit und die Fäuste geballt. Heinrich hatte den umgestürzten Stuhl bei der Lehne gepackt.

«Versuch es nicht noch einmal», warnte er. Blut lief ihm aus Mund und Nase. Sein linkes Auge begann sich zu schließen. Für einen Moment standen sie sich keuchend gegenüber. Dann griff Konrad an, rannte mit gesenktem Kopf auf Heinrich zu, als wollte er ihn umrennen. Heinrich holte mit dem Stuhl aus, trat im letzten Moment einen schnellen Schritt zur Seite und hieb Konrad den Stuhl über den Rücken. Mit einem Stöhnen stürzte Konrad gegen den Tisch und dann zu Boden, wo er sich vor Schmerzen zusammenkrümmte.

Heinrich richtete sich keuchend auf und stellte den Stuhl fast behutsam auf den Boden. Langsam ging er zum Waschbecken und wischte sich das Blut vom Gesicht. Seine Nase war blutig und krumm. Die Schmerzen trieben ihm Tränen in die Augen. Er formte beide Hände zu einer Schale und führte damit kaltes Wasser aus dem Becken zum Gesicht. Das Wasser im Becken wurde rot. Sachte drückte er ein Tuch gegen sein Gesicht. Sein Hemd und seine Jacke waren voll Blut. Konrad lag halb unter dem Tisch und stöhnte.

«Du hast mir das Kreuz gebrochen.»

Heinrich kauerte bei ihm nieder. «Versuch deine Beine zu bewegen», sagte er mühsam.

«Du hast mir das Kreuz gebrochen, verdammt noch mal.» Konrad stemmte sich auf den Ellbogen hoch. Sein Gesicht war schweißnaß. Das Haar klebte ihm an der Stirn.

«Was ist mit deiner Nase?» fragte er, als er sah, daß sich auf dem Tuch vor Heinrichs Gesicht ein roter Fleck schnell vergrößerte.

«Wenn du die Beine bewegen kannst, ist dein Kreuz nicht gebrochen», sagte Heinrich durch das Tuch hindurch.

«Kannst du durch die Nase atmen?» fragte Konrad.

Heinrich schüttelte den Kopf.

«Dann habe ich dir das Nasenbein gebrochen.»

Heinrich richtete sich auf. Er fühlte sich elend wie nie zuvor, seit er in New York angekommen war, aber in diesem Moment wußte er auch, daß es hier nichts gab, was ihn hätte zurückhalten können. Und Konrad wußte es auch.

Heinrich Mansfeld verließ New York am 3. November 1858, einen Tag nach den Senats- und Kongreßwahlen. Es war so kalt, daß der Milchmann seinen Pferdewagen heizen mußte, damit die Milch in den Kannen nicht gefror. Auf dem Bahnsteig der Hudson-River-Station stand Schiffers Witwe. Beide Kinder suchten an ihrem Mantel Schutz vor einem steifen Nordwestwind, in dem die ersten Schneeflocken des Winters trieben. Schiffers Witwe blickte nur kurz auf, als Heinrich aus dem Schalterraum kam und auf den Bahnsteig hinaustrat. Er hob die Fahrkarten hoch, um ihr zu zeigen, daß alles in Ordnung war, aber sie senkte den Kopf und nestelte an der Mütze ihrer kleinen Tochter herum. Das Mädchen drückte sein Gesicht in ihren Mantel.

Ein Ausrufer ging den Bahnsteig entlang und verkündete die Namen einiger der gewählten Politiker. Wie erwartet, machten sich die Republikaner überall im Norden stark. In Illinois hatte aber Douglas gewonnen. Trotzdem war der Name Lincoln jetzt der ganzen Nation bekannt.

Horace Greeley, der sich trotz der Bedeutung dieses Tages die Zeit genommen hatte, Heinrich zum Bahnhof zu begleiten, stand beim Gepäck. Der kleine Mann hatte den Fellkragen seines Wollmantels hochgeschlagen und die Krempe des alten Hutes in die Stirn gezogen. Er gab Heinrich zum Abschied die Hand. «Ich wollte, ich könnte mit dir fahren», sagte Greeley, während er Heinrichs Hand fest drückte. «Dort draußen im Westen liegt die Zukunft Amerikas, und wenn du einen Zipfel davon zu fassen kriegst, laß es mich wissen, mein Freund. Vielleicht komme ich nach.»

Heinrich hatte Schiffers Witwe angeboten, sie und ihre Kinder bis nach Chicago zu begleiten. Dort lebte ein Vetter Schiffers, den sie noch von der alten Heimat her kannte. Sie hatte ihm geschrieben, daß Schiffer einem Unglück zum Opfer gefallen war, und er hatte ihr mitgeteilt, daß seine Frau vor einem halben Jahr mitten im Sommer nach einer Lungenentzündung gestorben war und daß er jetzt für alle seine Kinder allein zu sorgen hätte. Er wolle keines der amerikanischen Weiber zur Frau nehmen und bitte die Kusine, doch nach Chicago zu kommen. Von dort wolle er mit anderen Deutschen zusammen nach Minnesota ziehen, um irgendwo im Hinterland ein Stück fruchtbaren Bodens urbar zu machen und eine Heimstatt zu gründen.

Heinrich hatte vor, den Winter in Chicago zu verbringen und im Frühling, sobald es das Wetter erlaubte, nach St. Louis zu reisen, einer Stadt mit einem bedeutenden deutschen Bevölkerungsteil. Bestimmt würde er auch in Chicago vorübergehend Arbeit finden, vielleicht sogar in seinem Beruf als Büchsenmacher. Er hatte vor seiner Abreise noch einmal einen Brief an Major Buford geschrieben, worin er ihm mitteilte, daß er im Begriff sei, nach St. Louis zu reisen, und daß man ihn nächstes Jahr über die Adresse eines gewissen Dr. H. Boernstein erreichen könne.

Von Pauline hatte er sich schon eine Woche zuvor verabschiedet, kurz nachdem er mit ihrem Vater die geschäftlichen Dinge geregelt hatte. Es war ein kurzer und schmerzloser Abschied gewesen, denn Pauline war nicht nur enttäuscht über sein Verhalten, sie gab ihm auch zu verstehen, daß sie sich durch seinen Entschluß persönlich verletzt fühlte. «Eines Tages wirst du vielleicht einsehen, wie unrecht du meinem Vater tust, Heinrich, und ich hoffe nur, daß du dann den Weg zu uns zurückfindest.» Das waren ihre letzten Worte, bevor sie sich abrupt von ihm abwandte, damit er nicht sehen konnte, wie sich ihre Augen mit Tränen füllten.

Heinrich wußte nicht, warum er erwartete, daß sie am Tag der Abreise zum Bahnhof kommen würde. Er hielt vergeblich nach ihr Ausschau, während er das Gepäck im Zug unterbrachte und Schiffers Witwe ihm die Kinder hochreichte. Es waren ziemlich viele Leute zum Bahnhof gekommen, um sich von Freunden oder Verwandten zu verabschieden, die die lange und unbequeme Reise nach Chicago antraten. Aber Heinrich konnte im Gemenge weder Pauline noch Konrad erblicken. Erst als er schon auf der Holzbank saß und mit dem Jackenärmel die angelaufene Scheibe trockenrieb, sah er plötzlich den Zweispänner im Schneegestöber auftauchen, mit hochgeklapptem

Verdeck, die beiden herrlichen Sommerrappen im besten Geschirr. Es war Konrads Gefährt, das er inzwischen als einen Teil seiner Schuldabdeckung an den alten Biland abgetreten hatte. Auf dem Bock saß ein Kutscher, den Heinrich nicht kannte. Und im Kutscheninnern war es so dunkel, daß es unmöglich war zu erkennen, wer sich darin befand. Die Dampfpfeife der Lokomotive schreckte die beiden Pferde. Sie stiegen im Geschirr, und der Kutscher hatte alle Hände voll zu tun, sie wieder unter Kontrolle zu bringen. Der Zug fuhr an.

Als sich der Dampf lichtete, sah Heinrich eine Gestalt aus der Kutsche springen. Es war Konrad. Er lief den Zaun entlang zur Sperre, schubste den Wärter zur Seite und rannte auf den Bahnsteig hinaus. Für einen Moment sah es aus, als wollte er dem Zug hinterherlaufen. Der Wärter ließ seine Warnpfeife ertönen, und plötzlich blieb Konrad stehen. Er hob die Hand, als wollte er winken, aber sie blieb in der Luft hängen. Heinrich versuchte, das Fenster zu öffnen, sich hinauszubeugen, aber es ließ sich nicht bewegen. Er drückte sein Gesicht gegen die kalte Scheibe, und sein eigener Atem löschte das Bild aus, das ihm für immer in Erinnerung bleiben würde: Konrad im Schneegestöber auf dem Bahnsteig. Als hätte er es verpaßt, im letzten Moment noch aufzuspringen.

Zweiter Teil

ST. LOUIS

10

Es war Samstagabend im August 1859, in St. Louis, Missouri, als zwei Männer den Ladenraum der kleinen Büchsenmacherwerkstatt von Heinrich Mansfeld betraten. Obwohl es ein heißer Tag gewesen war, trug einer von ihnen einen fleckigen Mantel aus hellem Zeltstoff, der ihm lose von den schmalen Schultern bis über die Schäfte seiner staubbedeckten Stiefel herunterhing. Der Mann hatte Augen wie aus Glas: kalt und durchsichtig.

Heinrich, der an der Werkbank saß, hörte die beiden Männer eintreten. Er blickte von seiner Arbeit auf. Eigentlich hatte er so spät am Tag keine Kundschaft mehr erwartet. Durch einen Spalt im Vorhang, der die Werkstatt vom Ladenraum trennte, sah er die beiden Männer. Er kannte sie nicht. Der mit dem Mantel und dem breitkrempigen Hut mußte ein Reitersmann sein. Sein hageres Gesicht war von der Sonne tief gebräunt. Der andere war ein untersetzter Mann, der etwa fünfundzwanzig Jahre alt sein mochte, mit einem buschigen Backenbart und einem kleinen Mund. Er trug einen modischen Anzug und eine Weste, an der eine goldene Uhrkette glänzte. Außerdem hatte er eine Aktentasche bei sich.

Heinrich erhob sich von seinem Schemel, wischte seine Hände an einem Lappen ab und ging in den Laden. Der untersetzte Mann lüftete seinen Hut. «Madison», sagte er. «Ronald Madison, Sir, von *Wickliffe, Madison and Duke.* Unsere Anwaltspraxis vertritt die Interessen von Mr. Norris, Sir. Ich nehme an, Sie sind Henry Mansfeld?»

Heinrich bestätigte die Vermutung des untersetzten Mannes, der in der typischen gedehnten Sprechweise des Südstaatlers redete, und er fragte etwas zurückhaltend, womit er den Herren dienen könne.

«Mr. Norris hier, Sir, möchte seinen rechtlichen Anspruch auf die Hinterlassenschaft seiner Schwägerin, Miss Julia Baltzer, geltend machen, von dem Sie, Mr. Mansfeld, ihm in diesem Brief mitgeteilt haben.»

Madison entnahm seiner Aktentasche einen Umschlag und hielt ihn wie ein Beweisstück hoch. «Das ist der besagte Brief, Mr. Mansfeld, den geschrieben zu haben Ihnen sicherlich in Erinnerung geblieben ist, da Sie immerhin äußerst lebhaft vom Schicksal der Schwägerin meines Klienten berichtet haben.»

«Ich kann mich entsinnen, den Brief vor mehr als einem halben Jahr an die Schwester von Miss Julia geschickt zu haben, nachdem es mir endlich gelungen war, ihre Adresse ausfindig zu machen.»

«Und Sie schreiben darin, daß Miss Julia Ihnen eine Summe von nahezu vierhundert Dollar anvertraut hat, Sir, wohl in der Absicht, daß Sie das Geld dem rechtmäßigen Erben aushändigen würden.»

«Das war zwar meine Absicht, Mister», bestätigte Heinrich, «doch hat Miss Julia vor ihrem Tod nie von mir verlangt, das Geld ihrer Schwester zu überbringen.»

«Weshalb, so lautet meine wohlberechtigte Frage, Sir, haben Sie dann in diesem Brief ganz deutlich zum Ausdruck gebracht, daß Sie im Besitz des Erbes sind und es Ihnen, Sir, ein Gebot des Anstandes sei, das Geld und die Ihnen verbliebenen Habseligkeiten dieser unglücklichen jungen Frau dem rechtmäßigen Besitzer zukommen zu lassen?»

Heinrich merkte, daß der Besuch von Madison und Norris keineswegs freundlicher Natur war. Er kannte Madison zwar nicht, konnte sich aber vorstellen, daß dieser junge Anwalt alles daran setzen würde, seinem Klienten dienlich zu sein. Heinrich hatte schon lange nicht mehr damit gerechnet, daß Julias Schwester einmal auftauchen würde. Sein Brief, den er vor etwa acht Monaten an sie geschrieben hatte, war nie beantwortet worden. Ihre Adresse hatte Heinrich durch Zufall von einem deutschen Fuhrmann erhalten, der mit seinem Frachtwagen im Westen von Missouri unterwegs gewesen war und während eines heftigen Gewittersturmes im Hause eines deutschen Farmers Zuflucht gefunden hatte. Heinrich gab Madison zu verstehen, daß er nicht gewillt war, Julias Nachlaß jemand anderem auszuhändigen als ihrer Schwester, Monika Diesselhorst geb. Baltzer.

«Dann darf ich Ihnen dieses Dokument hier vorlegen», erwiderte Madison und hielt Heinrich ein fleckiges Papier vor die Nase, das einmal zerknüllt gewesen sein mußte.

«Das hier ist eine Kopie der Eintragung im Register des Ray County. Aus diesem geht hervor, daß sich die Witwe des Farmers Joseph Diesselhorst, geb. Baltzer, am 18. November des Jahres 1858 mit Mr. Ross Norris, Angestellter der Southwick-Plantage, verehelicht hat.»

Heinrich musterte den Mann im Mantel noch einmal. Was er sah, gefiel ihm nicht. Norris hatte ein böses Leuchten in seinen dunklen Augen.

«Was ist, Mr. Mansfeld?» fragte er näselnd. «Du gefällst mir auch nicht. Mir hat noch kein verdammter Yankee gefallen, glaub es mir, schon gar nicht einer, der eine verdammte Deutschenfresse hat, verstehst du! Und falls du es genau wissen willst, dort, wo ich herkomme, nennen mich die Nigger Copperhead Norris.» Norris ließ ein schlangenähnliches Zischen hören und bleckte seine spitzen, vom Tabaksaft gebräunten Zähne. «Mansfeld, mein Biß ist tödlich.»

«Sachte, Mr. Norris, Sir», sagte Madison mit unüberhörbarem Spott in seiner Stimme. «Wir beabsichtigen doch keineswegs, Mr. Mansfeld einzuschüchtern, damit er seinen moralischen Pflichten nachkommt, obwohl es ihm als Sympathisanten der Sklavenbefreier nicht leichtfallen dürfte, einem Gentleman aus dem Süden eine Hinterlassenschaft auszuhändigen, die er vermutlich längst zu eigenen Zwecken mißbraucht hat. Oder hätte ich unrecht anzunehmen, Sir, daß Sie diese Büchsenmacherwerkstatt hier, in einer der besten Geschäftslagen von St. Louis aus eigenen Mitteln bezahlt haben, Mr. Mansfeld, Sir?» Madison drehte sich um und musterte den Ladenraum, als wäre er hierhergekommen, ihn zu kaufen. «Ich habe Erkundigungen über Sie eingezogen, Sir. Aus New York kommen Sie. Dort, so sagt man, Sir, seien Sie gescheitert, sagt man. Und man sagt auch, daß es Ihnen trotz bester Beziehungen nicht gelungen ist, die zuständigen Yankee-Offiziere von der Überlegenheit Ihres Gewehres zu überzeugen. Man neigt nun zur Vermutung, daß Ihre Gönner entweder die falschen Leute bestochen haben oder daß Sie aus nur Ihnen bekannten Gründen darauf verzichtet haben, mit den Yankees Geschäfte zu machen.»

Der Anwalt brach ab und wandte sich Heinrich zu. Sein Gesicht war jetzt ernst, seine kleinen Augen lauernd. «Darf ich Sie fragen, warum Sie sich entschlossen haben, hierherzukommen? Nach Missouri, einem Staat, der sich mit fliegenden Fahnen der Konföderation des Südens anschließen wird, sollte mein Berufskollege, Mr. Abraham Lincoln, tatsächlich Präsident werden.» Madison beugte sich etwas vor. «Könnte es vielleicht sein, Sir, daß in Ihrer germanischen Heldenbrust ein Herz für den Süden schlägt?»

Heinrich mußte lachen.

«Wie kommen Sie denn auf diesen Gedanken, Madison?»

«Wie ich schon sagte, sind Erkundigungen eingezogen worden, Sir. Außerdem stehen Sie als Geschäftsmann dieser Stadt sozusagen ständig im öffentlichen Blickfeld. Wir wissen, wer Ihre Freunde sind. Wir wissen, daß Sie sich zwar mit Boernstein treffen, sich aber nicht den *wide awakens* angeschlossen haben. Außerdem weiß ich, daß Sie es bis heute versäumt haben, Ihren Standpunkt zu verkünden. Erlauben Sie mir deshalb bei dieser Gelegenheit die Frage, Mr. Mansfeld, wo stehen Sie eigentlich?»

«Hier.» Heinrich zeigte auf den Boden. «In meinem Laden und auf meinen eigenen Füßen! Mr. Madison, wenn Sie meine politische Einstellung ausfindig machen wollen, verschwenden Sie Ihre Zeit. Und wenn Sie wegen Miss Julias Hinterlassenschaft hergekommen sind, dann hätten Sie ihre Schwester Monika mitbringen sollen. Nun darf ich Sie und Mr. Norris bitten, meinen Laden augenblicklich zu verlassen.»

«Sachte, Sir, sachte», wandte Madison spöttisch ein. «Sie verkennen die Situation. Ich bin da, um Sie festzunageln. Wir wollen wissen, woran wir mit Ihnen sind. Und was die Hinterlassenschaft anbetrifft, so war es leider Gottes nicht möglich, Mrs. Monika Norris, geb. Baltzer und ehemalige Mrs. Diesselhorst, mitzubringen. Mrs. Norris – der Herr erbarme sich ihrer guten Seele – ist nämlich vor einem Monat unerwartet verstorben. Dabei fing alles so gut an, nicht wahr, Mr. Norris?»

«Ich gab ihr ein Heim auf der Plantage», bestätigte Norris eilfertig. «Niemand wollte sie haben. Diesselhorst, dieser verdammte Narr, soll entlaufene Nigger versteckt haben, als er noch lebte. Die Nigger dankten es ihm auf ihre Art. Eines Abends fand man ihn auf dem Feld. Tot. Abgestochen. Die Krähen hackten ihm die Augen aus. Wer glaubt, daß Nigger Menschen sind, ist selber schuld. Das habe ich Monika auch gesagt. Und am Anfang ging alles gut. Aber dann lief einer meiner jungen Böcke davon, Sylvester Pike, ein fleißiger Pflükker. Wir suchten überall nach ihm. Nach fünf Tagen fand ich ihn in meinem eigenen Haus. Verdammt, niemand macht mich ungestraft zum Gespött, verstehst du, Mansfeld. Niemand legt sich mit mir an. Nicht mit Copperhead Norris.»

«Mr. Norris sah sich gezwungen, seine eigene Frau zurechtzuweisen, Mr. Mansfeld, Sir», sagte Madison und seufzte. «Die arme Monika hat das nicht überlebt. Man fand sie am nächsten Tag unten bei den schwarzen Sümpfen. Sie sehen, Sir, Mr. Norris ist der einzige

Hinterbliebene und demzufolge der rechtmäßige Erbe von Miss Julias Hinterlassenschaft.»

Heinrich starrte die beiden Männer ungläubig an. «Sie meinen, Mr. Norris hat seine eigene Frau auf dem Gewissen?»

Norris bleckte wieder die Zähne.

«Mr. Norris hat einen guten Ruf als Aufseher der Southwick-Plantage, Sir. Seine Arbeitgeber vertrauen ihm. Die Sklaven fürchten ihn. Mr. Norris ist ein geachteter Mann, der demnächst seine eigene Plantage besitzen und seine eigenen Sklaven beschäftigen wird. Er vermochte es sich nicht zu leisten, den hinterlistigen Verrat seiner eigenen Frau zu tolerieren. Ich frage Sie nun, Mr. Mansfeld, Sir, welche Maßnahmen Sie ergreifen wollen, um Mr. Norris in seinem rechtlichen Anliegen zufriedenzustellen und –»

«Das, Mr. Madison, Sir, haben Sie mir mit Ihrer Enthüllung leichtgemacht», unterbrach Heinrich den Wortschwall des Anwalts scharf. Zornröte stieg ihm ins Gesicht. «Sie und Ihr Klient Mr. Norris, sind hiermit nochmals heftig aufgefordert, meinen Laden umgehend zu verlassen. Deutlicher gesagt, Madison, scheren Sie sich zum Teufel!»

«Sie belieben zu scherzen, Mr. Mansfeld, Sir», sagte Madison und trat zwei Schritte zurück. «Mr. Norris ist kein Mann, mit dem leichtsinnig umgegangen werden sollte.»

Und Norris, der langsam Knopf um Knopf seinen staubigen Mantel geöffnet hatte, ließ den Griff eines großen Revolvers sichtbar werden, der in einem Futteral an seinem Gürtel hing.

«Mansfeld, Sir, ich schieße Yankees mit größtem Vergnügen ab», sagte er in seinem breiten Alabama-Akzent. Er schlug den Mantel voll auf und legte die linke Hand auf eine aufgerollte Bullenpeitsche. «Diese hier ist für Nigger und solche, die sich mit ihnen einlassen. Der Colt ist für Yankees, Mansfeld, Sir, nur für Yankees, und wenn ich in deine Hundeaugen sehe, Mansfeld, dann geht mein Colt fast von alleine los.»

«Sehen Sie, Mr. Mansfeld, Sir, ich glaube, es wäre Ihrem Wohlbefinden dienlich, wenn Sie sich von kooperativer Seite zeigen würden und –»

Madison kam nicht weiter. Heinrich langte blitzschnell unter den Ladentisch, und im nächsten Augenblick hatte er sein Gesellenstück in der Hand. Bevor der Sklavenaufseher dazu kam, nach seinem Colt zu greifen, hatte Heinrich die Mündung der Büchse auf ihn gerichtet und den Hahn gespannt.

«Verschwinden Sie, Madison, und lassen Sie sich hier lieber nicht mehr blicken», sagte Heinrich mit gepreßter Stimme. «Und Sie auch, Norris.»

«Mr. Mansfeld, Sir, ich darf Ihnen trotz der mißlichen Lage, in die wir uns manövriert haben, einen, wie mir scheint, annehmbaren und für beide Seiten zufriedenstellenden Vorschlag machen.» Madison trat wieder vor, ungeachtet des Gewehrs, das Heinrich in der Hand hatte. «Sie können uns und der Sache des Südens mit einer Ihnen leichtfallenden Geste einen großen Dienst erweisen. Mr. Norris wäre dann geneigt, von seiner rechtlichen Forderung zurückzutreten, und Sie brauchten Miss Julia gegenüber – der Herr sei ihrer armen Seele gnädig – niemals ein schlechtes Gewissen zu haben.»

«Meine Geduld geht zu Ende, Madison!» warnte Heinrich.

«Sachte, Mr. Mansfeld, Sir.» Madison lächelte schief. «Ihre Beziehungen zu den Herren Boernstein und Sigel sind uns sehr wohl bekannt. Ich möchte Sie demzufolge bitten, am nächsten geheimen Treffen der ‹Hellwachen› teilzunehmen und eine Liste mit den Namen aller Beteiligten zu erstellen.»

«Gehen Sie, bevor ich Sie niederschieße wie einen räudigen Hund, Madison!» Heinrich hob das Gewehr etwas an und richtete es auf den Anwalt.

«Sie wären der Sache des Südens dienlich, und –»

«Die Sache des Südens ist die Sklaverei, Madison, und die Sklaverei ist ein Verbrechen!» Heinrich stieß die Worte voller Zorn hervor.

Der untersetzte Mann in seinem Prinz-Albert-Rock hob die buschigen Brauen und lächelte. «Mr. Mansfeld, Sir», sagte er sanft, «ich wußte, daß Sie sich festnageln lassen würden, bevor ich von hier weggehe.» Für einen Augenblick blieb das Lächeln in seinem Gesicht haften, dann verschwand es, und die kleinen, engstehenden Augen wurden eiskalt. «Jetzt wissen wir, woran wir mit Ihnen sind.» Er drehte sich abrupt um und ging hinaus.

Der Sklavenaufseher blieb noch einen Moment stehen. «Das nächste Mal, wenn wir uns begegnen, fährst du in die Hölle, verdammter Yankee!» zischte er.

Heinrich gab ihm keine Antwort. Copperhead Norris folgte Madison auf den Gehsteig hinaus. Heinrich stand noch einige Minuten unbeweglich hinter dem Ladentisch, die Büchse in den verkrampften Händen. Er überlegte sich, ob er tatsächlich bereit gewesen war abzudrücken, und als er den Hahn zurückgleiten ließ und den Finger vom Drücker nahm, ahnte er, daß er hätte töten können. Nicht mit leichtem Herzen, aber er hätte töten können.

Dr. Heinrich Boernstein kam aus Wien. In seiner Jugend war er österreichischer Offizier gewesen, dann Journalist, Schauspieler und Barrikadenkämpfer. 1848 wanderte er nach Amerika aus und hier, in St. Louis, der Stadt der Ausländer, gab er die bedeutendste deutschsprachige Zeitung, den *Anzeiger des Westens*, heraus, der wöchentlich erschien. Und Boernstein machte in seinen Leitartikeln kein Hehl aus seiner Ansicht, daß Missouri sich im Falle einer Spaltung der Union anschließen sollte, weil erstens die Sklaverei ein menschenunwürdiger Zustand war und zweitens sonst die Industrie der Stadt St. Louis und die freie Agrarwirtschaft des Staates Missouri dem Ruin preisgegeben wurde. Ein Großteil der Bevölkerung von St. Louis bestand aus Einwanderern aus Deutschland, der Schweiz und dem Elsaß, die als Geschäftsleute und Arbeiter ihren Lebensunterhalt verdienten und sich ebensowenig Sklaven hielten wie Tausende von deutschen Bauern, die nach der gescheiterten Revolution von 1848 und 1849 nach Amerika ausgewandert waren. Sie hatten hier nach ihrer strapaziösen Reise, meistens über den Hafen von New Orleans und in Flußbooten den Mississippi hinauf, eine schier grenzenlose Wildnis vorgefunden mit unberührten Urwäldern und pfadlosen Prärien, die sie in langjähriger knochenbrecherischer Arbeit Stück um Stück urbar gemacht hatten.

Am Abend nach dem Besuch von Madison und Norris in Heinrichs Laden kam Boernstein wie jeden Samstagabend in die «Schanz». Die «Schanz» war ein kleines Gasthaus, das einem Badener aus Rastatt gehörte, dem man in Straßburg auf der Schanz den linken Fuß weggeschossen hatte.

Heinrich saß auf der Fensterbank links von der Tür, ein Glas Bier vor sich auf dem Tisch. Boernstein, ein gewichtiger Mann mit ergrautem Backenbart, grüßte zum Wirt hin, der eben aus der Küche kam, zwei Teller mit dampfenden Kutteln in den Händen. Er brachte sie zum Ecktisch hinüber. Dort saßen ein paar Männer, die sich deutsch unterhielten. Es waren Arbeiter aus der Anheuser-Brauerei, und einer von ihnen, ein junger Schweizer, sah Konrad Odermatt so ähnlich, daß Heinrich ihn einmal gefragt hatte, ob er mit Konrad verwandt sei. Der junge Mann hatte verneint. Er kam aus dem Städtchen Zug.

Boernstein setzte sich zu Heinrich an den Tisch und bestellte sich ein Bier. Seine dunklen Augen musterten Heinrich, und es blieb diesem erfahrenen Mann nicht verborgen, daß Heinrich trüben Gedanken nachhing.

«Samstagabend, und du läßt den Kopf hängen, Heinrich», sagte er deshalb scherzhaft. «Was bedrückt dich, mein Freund?»

Heinrich hob den Kopf. Er konnte Boernstein vertrauen. Als er im Frühjahr nach St. Louis gekommen war, hatte er zuerst ihn aufgesucht. Mit einem Empfehlungsschreiben von Horace Greeley, das Boernstein dazu veranlaßte, ihm am Anfang wie ein väterlicher Freund zur Seite zu stehen, bis er sich in St. Louis eingelebt hatte und mit seiner eigenen Werkstatt anfangen konnte. In der Folgezeit hatte Boernstein einige Male versucht, Heinrich für seine deutsche Anti-Sklaverei-Bewegung zu gewinnen, aber Heinrich war nicht bereit, seinen zweiten Anfang hier in Amerika aufs Spiel zu setzen. Er überließ Boernstein und seinen deutschen Freunden die Politik, arbeitete sechzehn Stunden am Tag in seiner Werkstatt und war von der Idee besessen, ein mehrschüssiges Gewehr zu erfinden, das nicht auf dem rotierenden Trommelsystem beruhte. Privat lebte Heinrich am Anfang zurückgezogen. Er bezog eine kleine Wohnung, die ihm ein deutscher Küfer vermietete, richtete sich mit den notwendigsten Möbelstücken ein und vertrieb sich die spärliche Freizeit meistens mit dem Lesen von Büchern in englischer Sprache. Durch den deutschen Schullehrer Franz Sigel lernte er Franziska Gaertner kennen, die Tochter von Hans Gaertner, der jahrelang in den Rocky Mountains für eine Pelzhandelsgesellschaft gearbeitet hatte, bevor er an einem merkwürdigen Fleckfieber starb. Franziskas Mutter, eine Cheyenne-Indianerin, war kurz nach Franziskas Geburt bei einem von Soldaten angerichteten Massaker ums Leben gekommen. Franziska sprach Deutsch und Englisch, unterrichtete an der Deutschamerikanischen Schule von St. Louis und war eine eingeschworene Gegnerin der Sklaverei. Mit spitzer Feder attackierte sie in Boernsteins Zeitung nicht nur die Sklavenhalter des Südens, sondern auch die korrupten und unentschlossenen Politiker des Nordens.

Franziska und Sigel kamen an diesem Abend auch in die «Schanz», allerdings durch die Hintertür. Und Franziska ging sofort ins Hinterzimmer, während der kleine, drahtige Lehrer in den Schankraum kam. «Kommst du mit nach hinten, Heinrich?» sagte er auf deutsch. «Ich habe Nachrichten, die dich interessieren dürften.»

Boernstein legte Heinrich die Hand auf die Schulter.

«Einmal mußt du dich entscheiden», sagte er. «Außerdem weißt du, wieviel uns deine Mitarbeit bedeutet. Wir erleben eine schwierige Zeit, Heinrich, in der unsere Existenz bedroht ist, unsere Freiheit und die Zukunft unserer neuen Heimat.»

Sigel beugte sich zu Heinrich herunter.

«Ich habe Nachricht von Captain Brown», flüsterte er.

Heinrich hob den Kopf. Der Name führte ihn für einen Moment zurück nach New York. Er dachte an den Ladenbesuch des alten Mannes mit den feurigen Augen und all die Widersprüchlichkeiten, die er über ihn gehört hatte.

«Jetzt wird es ernst, Heinrich», sagte Sigel. Heinrich stellte sein Bierglas auf den Tisch und erhob sich. Ohne sich um Boernstein und Sigel zu kümmern, durchquerte er den Schankraum. Aus dem Augenwinkel gewahrte er die Blicke, die ihm folgten. Die Männer an den Tischen wurden aufmerksam. Die meisten von ihnen waren jeden Samstagabend hier, und sie hatten Heinrich noch nie im Hinterzimmer verschwinden sehen. Der Wirt warf Franz Sigel einen langen Blick zu. «Bring Bier nach hinten, Paul», sagte Sigel. Und Boernstein bezahlte die Zeche.

Als Heinrich das Hinterzimmer betrat, saßen dort ein halbes Dutzend Männer, die er alle als Geschäftsleute und führende Bürger kannte. Brimmer war da, der Besitzer der Ziegelei, Dr. Spiegelhalter, der junge Arzt, der Deutschungar Robert Rombauer und der Pole Blandowski, der schon unter Kossuth gekämpft hatte, der Anwalt Julius Witzig und Niklaus Bischoff, der ein Frachtgeschäft mit Fuhrhalterei betrieb, und Theodor Olshausen aus dem Holsteinischen, Redakteur der Zeitung *Westliche Post*, der in Schleswig-Holstein einer der Führer des Aufstandes gegen die Dänen gewesen war.

Blandowski erhob sich von seinem Stuhl und streckte Heinrich die Hand entgegen. «Auf diesen Moment habe ich die ganze Zeit gewartet, Freund. Daß du endlich Farbe bekennst. Niemand kann es sich in dieser Zeit noch leisten, neutral zu sein.»

Er grinste über sein breites, eckiges Gesicht. «Willkommen im Verein.»

«Eine Verschwörung ist das eher als ein Verein», sagte Heinrich und erwiderte den kräftigen Händedruck des Mannes, der im Vorstand des deutschen Schützenvereins «Schwarze Jäger» war und als einer der treffsichersten Gewehrschützen der Stadt galt. Franziska kam herüber und hakte sich bei Heinrich ein, als wollte sie ihren männlichen Gesinnungsgenossen zeigen, daß Heinrichs Anwesenheit ihrem Einfluß zu verdanken war. Boernstein, der hinter Heinrich eingetreten war, lachte.

«Ich frage mich, ob Heinrich wegen Franziska hier ist oder weil er nun doch auch die Zeichen der Zeit erkannt hat.»

«Heinrich gehört zu uns», sagte Franz Sigel. «So oder so.»

Der Wirt brachte Bier und verschwand wieder. Brimmer hob sein Glas. «Auf die Union», sagte er. «Und auf die Freiheit.»

Sie setzten sich alle an den großen runden Tisch, an dem sie schon so oft gesessen hatten, wenn es darum ging, zum Wohle der deutschen Bevölkerung und aller freiheitsliebenden Bürger der Stadt politische oder wirtschaftliche Entscheidungen zu treffen. Hier hatten sie vor Jahren, als die *know nothings* radikal gegen die Emigranten aus Europa vorgingen, die Vereinigung der *wide awakens* gegründet, der «Hellwachen», die hauptsächlich aus Deutschen bestand, dic nach der Revolution von 48/49 der alten Heimat den Rücken gekehrt hatten, in die Schweiz geflohen und von dort nach Amerika ausgewandert waren. Es waren erfahrene Männer, denen die Freiheit in diesem Land zum teuersten Besitz geworden war, weil sie dort, wo sie herkamen, mit ihrem Blut teuer dafür bezahlt hatten. Sie waren entschlossen, diese Freiheit niemals mehr aufzugeben, erneut für sie zu kämpfen und notfalls ihr Leben für sie zu opfern.

Schon lange war es Heinrich klar, daß diese Männer von einer tiefen Furcht getrieben wurden, die in ihrer politischen Erfahrung wurzelte. Das Land, der Staat Missouri, ihre Stadt St. Louis, befanden sich seit Jahren in einem nicht erklärten Kriegszustand. Die Regierung Missouris war in zwei Lager gespalten. Die einen unterstützten den Abolitionismus, die Sklavenbefreiung, die anderen traten für die Rechte der Sklavenstaaten ein. Die Bevölkerung war ebenfalls geteilter Meinung. Missouri war ein Sklavenstaat, in dem zwar weit weniger Sklaven gehalten wurden als in anderen Sklavenstaaten des Südens, aber für ihre Herren, die Plantagenbesitzer entlang des Missouri, stellten sie einen großen Wert dar. Die Befürworter der Sklavenhaltung waren stark genug, um mit dem Austritt des Staates Missouri aus der Union zu drohen, falls eine Entscheidung erzwungen werden sollte. Heinrich war bekannt, daß die Gegner der Sklavenbefreiung seit Wochen öffentlich ihren Willen bekundeten, notfalls mit Waffengewalt für ihre Grundsätze einzutreten. Gruppen von ihnen in selbstgefertigten grauen Uniformen marschierten durch die Straßen der Stadt und versammelten sich zu militärischen Kampfübungen auf den Feldern am Stadtrand. Diese Sympathisantengruppen des Südens nannten sich die *minutemen*, und sie wurden während ihrer Manöver von ihren Gegnern, den «Hellwachen», argwöhnisch und nicht ohne Sorge beobachtet.

«Die *minutemen* haben Waffen angeschafft», verkündete Phillip Brimmer, der einen seiner Arbeiter als Spion im anderen Lager hatte. «Es sind Waffen, die in verschiedenen Arsenalen im Süden entwendet wurden. Jetzt bleibt uns nichts anderes übrig, als unsere Turner zu bewaffnen, und zwar bevor der erste Schuß fällt.»

«Wir könnten Heinrich einen Auftrag zur Herstellung einiger hundert Gewehre geben, wenn er dazu die Einrichtung besäße», sagte Franz Sigel und fuhr sich mit gespreizten Fingern durch sein glattes rötlichblondes Haar. «Die kostet natürlich ein Vermögen, das wir nicht ohne fremde Hilfe aufbringen können. Außerdem weiß ich nicht, ob einige hundert Gewehre genügen werden.»

«Wenn Lincoln Präsident wird, erhalten wir Waffen», sagte Blandowski, der Pole. «Das ist absolut sicher.»

«Die Wahlen finden erst nächstes Jahr statt», wandte Julius Witzig, der hagere Anwalt, ein. «Das könnte zu spät sein.»

«Außerdem ist sein Gegenkandidat, Senator Douglas, nicht zu unterschätzen, meine Herren», warnte Franziska. «Er hat Lincoln in Illinois geschlagen. Damals war Lincoln zwar noch unbekannt, und inzwischen ist sein Name in aller Munde, wir können jedoch bei unseren Entscheidungen keinesfalls davon ausgehen, daß er die Präsidentschaftswahlen gewinnt.»

Heinrich hatte an diesem Abend am runden Tisch in der «Schanz» nicht viel zu sagen. Er hörte denen zu, die sich in der Politik auszukennen schienen und die ihm ihre geheimsten Pläne anvertrauten, als hätte er ihnen einen Treueid geschworen. Er gehörte jetzt zu ihnen, obwohl er sich innerlich noch sträubte. Franziska drückte unter dem Tisch seine Hand.

Aber er sagte niemand etwas vom Besuch, den ihm Madison und Norris abgestattet hatten. Es war fast Mitternacht, als er, bis ins Innerste aufgewühlt, nach Hause ging.

Old Man Brown, auch Captain Brown genannt, der neunundfünfzigjährige Racheengel der Sklaven, hatte zwar Geldgeber, die ihn unterstützten, und Tausende von Sympathisanten in den sklavenfreien Staaten des Nordens, aber nur wenige Getreue folgten ihm in den Kampf.

Als er im Juli 1859 sein Versteck in Kansas verließ und nach Maryland reiste, um nördlich der kleinen Stadt Harper's Ferry auf einer gemieteten Farm sein Hauptquartier aufzuschlagen, bestand seine kümmerliche Armee aus einundzwanzig Männern, wovon sechzehn Weiße waren, vier freie Neger und einer ein entlaufener Sklave.

In seinem Hauptquartier wartete er dann auf Geld und Waffen. Beides wurde ihm im Oktober geliefert, und Freunde in der Gegend versicherten ihm, daß die Sklaven im Staat Virginia, wo sich das Arsenal von Harper's Ferry befand, nur auf seinen Einmarsch warteten, um ihn zu Tausenden in seinem Kampf zu unterstützen. Damit war die Sache für John Brown entschieden. Er glaubte ohnehin, daß Gott auf seiner Seite war und deshalb nichts schiefgehen konnte.

Spät am 16. Oktober 1859 führte Captain John Brown seinen Trupp durch einen eiskalten Nieselregen. Er selbst saß unter einer Plane in einem Wagen, seine Männer folgten ihm in Zweierreihen zu Fuß auf der aufgeweichten Karrenstraße, die zur Brücke über den Potomac führte. Auf der anderen Seite, am Fuß eines Steilhangs, befand sich die kleine Stadt Harper's Ferry, deren dichtgedrängte kleine Häuser sich im eisigen Wasser des Flusses spiegelten. John Brown marschierte unbehelligt in das Städtchen ein. Niemand beachtete den Wagen und die Männer, die zum Arsenal zogen, das sich am Ende einer schmalen Straße befand, in der Nähe der großen Werkhalle von Hall's Waffenfabrik. Die Wache des Arsenals wurde lautlos überwältigt. Bevor sich der unglückliche Soldat bewußt werden konnte, was ihm geschah, klärte ihn der alte Mann voller Stolz auf. «Ich werde alle Neger hier in diesem Sklavenstaat befreien. Ich halte dieses Arsenal der Vereinigten Staaten besetzt, und falls irgendwelche Bürger gegen mich vorgehen, wird mir nichts anderes übrigbleiben, als die Stadt niederzubrennen und Blut zu vergießen.»

Und dann wartete John Brown voller Gottvertrauen auf die Heerscharen der Negersklaven, die sich zu ihm gesellen sollten. Seine Männer nahmen unterdessen ein paar Stadtbewohner als Geiseln gefangen. Die Nacht verging, und nicht ein einziger Sklave tauchte auf. Statt dessen kam es bei der Brücke zum ersten Blutvergießen, als John Browns Wachen einen Zug anhielten und den Zugführer zwangen, rückwärts davonzufahren. Eine der Wachen feuerte auf einen Gepäckträger und verwundete ihn tödlich. Der Gepäckträger war ein freier Neger!

Das merkwürdige Treiben bei der Brücke und beim Arsenal blieb im kleinen Städtchen Harper's Ferry nicht lange unbemerkt, und schon im Lauf des frühen Morgens summten überall im Osten die

Telegrafendrähte mit ersten Schreckensnachrichten über einen Negeraufstand bei Harper's Ferry. «Brandschatzung und Plünderung im Grenzland Virginias!» hieß es. Im umliegenden Gebiet formten sich mehrere Militia-Einheiten und marschierten geschlossen gegen Harper's Ferry, wo inzwischen Browns kleine Schar mit Bürgern der Stadt in eine heftige Schießerei verwickelt war. Browns Männer wurden durch gezieltes Scharfschützenfeuer im Arsenalgelände und in der Fabrikanlage von Hall's Waffenfabrik niedergehalten. Zwei seiner Leute wurden niedergeschossen. Um ein Uhr mittags schickte der alte Mann zwei Emissäre mit einer weißen Fahne aus, um zu verhandeln. Ein Kugelhagel empfing die beiden Männer, und nur einer von ihnen, John Browns Sohn Watson, vermochte sich schwer verletzt zum Pumpenhaus zurückzuschleppen.

Das Gefecht hielt den ganzen Nachmittag hindurch an und entwikkelte sich zu einem wahren Volksfest. In den Kneipen wurde Freibier und Whisky ausgeschenkt. Betrunkene verhöhnten Brown und seine Männer, während sie randalierend durch die Straßen und Gassen zogen. Gegen vier Uhr am Nachmittag versuchte John Brown noch einmal mit den Städtern zu verhandeln. Er bot ihnen seine Geiseln an, falls es ihm und seinen vierzehn verbliebenen Männern erlaubt würde, die Stadt zu verlassen. Die Bürger lachten den alten Mann aus. Brown und seine Männer verbrachten eine lange, kalte Nacht im Pumpenhaus. Ab und zu fiel ein Schuß, und eine Kugel drang durch die geschlossenen Läden der großen Fenster. Draußen grölte der Mob. Im Innern des Häuschens herrschte verzweifelte Stille. John Browns Sohn Oliver wurde von einer Kugel schwer verletzt. Man legte ihn neben seinem Bruder Watson auf den harten Boden. Beide starben langsam unter schlimmen Qualen. Oliver bat seinen Vater, ihn zu töten. Der alte Mann, das hagere Gesicht verschmiert vom Pulverruß und vom Blut seiner Söhne, fuhr ihn ärgerlich an: «Wenn du sterben mußt, stirb wie ein Mann!» Später in der Nacht rief er Oliver beim Namen, erhielt aber keine Antwort. Der alte Mann verließ seine Stellung beim Tor und kroch dorthin, wo seine Söhne lagen. Olivers Gesicht war eiskalt.

Als der nächste Tag graute, war das kleine Pumpenhaus von mehr als zweitausend entschlossenen Männern umzingelt. Zu ihnen gehörte eine in der Nacht einmarschierte Kompanie von Marinesoldaten aus Washington. Sie standen unter dem Kommando von Lieutenant Colonel Robert E. Lee von der 2. US-Kavallerie. Mit ihren Musketen, aufgepflanzten Bajonetten und einem Trupp, der mit Vorschlaghämmern ausgerüstet war, griffen sie an, schlugen ein hölzernes Tor ein und drangen in das Pumpenhaus ein. Eine der gefangenen Geiseln zeigte auf den alten Mann, der mit einem Gewehr in den Händen über seinen toten Söhnen stand. «Das ist er! Das ist John Brown!» Der alte Mann, von einer Kugel am Kopf verletzt, fuhr herum, um sich den Soldaten zum Kampf zu stellen, aber er hatte dazu die Kraft nicht mehr. Einer der Soldaten hieb mit der Breitseite seines Säbels so lange auf ihn ein, bis er bewußtlos zusammenbrach. Ein anderer stach mit seinem Säbel zweimal zu. Und damit war der große Aufstand von Old Man Brown niedergeschlagen. Von den einundzwanzig Männern, die mit ihm nach Harper's Ferry gekommen waren, überlebten nur er und vier andere. Zwei seiner Söhne waren unter den Toten und Sterbenden. Als Robert E. Lee von seinem Schimmel stieg, hatte man John Brown aus dem Pumpenhaus geschleppt. Er lag draußen im Gras, und jemand hatte ihm eine Decke unter den Kopf geschoben. Er richtete sich etwas auf. Blut lief ihm aus dem Mundwinkel in seinen grausträhnigen, zerzausten Vollbart. Als ihm Lee sagte, daß er sein Gefangener sei und damit der Gefangene der Vereinigten Staaten von Amerika, richtete sich der alte Mann etwas auf. «Ich anerkenne keinen Herrn in menschlicher Gestalt», sagte er mühsam. «Meine Mission habe ich von Gott erhalten, und allein ihm bin ich Rechenschaft schuldig.»

11

Die Nachricht vom gescheiterten Versuch, die Sklaven Virginias zu befreien, löste überall im Land, im Norden wie im Süden, chaotische und gefährliche Reaktionen aus. In St. Louis kam es zu ersten Gewalttaten. Im Hinterzimmer von «Jäger's Garten» saßen Boernstein, Sigel, Brimmer, Blandowski, Hammer und die anderen beisammen. Sigel hatte Heinrich in seiner Wohnung abgeholt. Unterwegs waren sie von einigen Südstaatlern angepöbelt worden, bei denen sich der Sklavenaufseher Norris befand.

«Wir müssen unsere Leute bewaffnen, wenn wir unser Leben und das unserer Frauen und Kinder beschützen wollen», sagte Blandowski, als Heinrich eintrat.

Franziska war auch da und las die ersten Nachrichten über Harper's Ferry vor, die während den letzten beiden Tagen in St. Louis eingetroffen waren. Sie war sichtlich erregt, und als sie vorlas, daß der alte Mann, verletzt wie er war, im finsteren Kerker eines Stadtgefängnisses in Charlestown, Virginia, auf seinen Prozeß und seine Hinrichtung wartete, füllten sich ihre Augen mit Tränen.

«Es fehlte ihm die Unterstützung, die man ihm zugesagt hat», verteidigte sie den alten Mann. «Er wurde im Stich gelassen, und jetzt überläßt man ihn hilflos seinen Häschern. Ich werde sofort nach Virginia reisen und in den Stunden seiner größten Not bei ihm sein, Henry.»

Heinrich blickte Franziska überrascht an. Er konnte erkennen, daß sie ihr Vorhaben ernst nahm und daß sie sich nicht davon abbringen lassen würde, die beschwerliche Reise nach Virginia anzutreten.

Franz Sigel schüttelte den Kopf.

«Eine Reise um diese Jahreszeit nach Virginia dauert Wochen, Franziska. Außerdem steht der Winter vor der Tür und –»

«Es ist mein freier Wunsch, bei ihm zu sein», unterbrach ihn Franziska fest. «Wenn wir ihn jetzt in seinem Kampf allein lassen, werden unsere Gegner uns besiegen.»

Boernstein lächelte.

«Du irrst, Franziska. Nichts könnte uns in unserem Kampf um die Freiheit der Negersklaven mehr stärken als der Märtyrertod eines Mannes, dem man eine edle Seele nachsagen kann. Man wird ihn tatsächlich zum ersten amerikanischen Heiligen machen, und mehr, mein Kind, hätte Old Man Brown von seinem ohnmächtigen Kampf nie erwarten können.» Boernstein holte tief Luft. «Laß ihn sterben, Franziska, damit sein Leben einen Sinn bekommt.»

«Dann will ich wenigstens bei ihm sein», sagte Franziska und blickte Heinrich an. «Mein Koffer ist gepackt.» Sie kam um den Tisch herum. «Bringst du mich jetzt nach Hause, Heinrich?»

Franz Sigel erhob sich sofort.

«Franziska, ich brauche dir wohl nicht zu sagen, wie gefährlich eine Reise in einem Sklavenstaat für dich werden kann», sagte er warnend. «Es wimmelt überall von Lumpenpack aus dem Süden, und für das bist du Freiwild, wenn es dich als Abolitionistin erkennt. Heinrich, versuch, ihr Vernunft einzureden.»

Heinrich hatte sich immer mehr zu Franziska hingezogen gefühlt, was ihn selbst erstaunte, denn sie entsprach in ihrer Klarheit und Härte so gar nicht dem, was ihn sonst an Frauen anzog. Aber sie verkörperte für ihn all das, was jetzt den Inhalt seines neuen Lebens in St. Louis ausmachte.

«Ich habe mich entschlossen, Franziska zu begleiten», entgegnete er deshalb plötzlich zur Überraschung aller. «Ihr wollt, daß ich mich auf eure Seite schlage und notfalls mit euch gegen die Sklavenhalter des Südens kämpfe. Wer könnte überzeugender sein, als ein Mann, der auf dem Schafott steht?»

«Man wird ihn hängen», warf Dr. Spiegelhalter trocken ein.

Heinrich lächelte. «Ein schwacher Trost für ihn», sagte er.

Heinrich und Franziska beschlossen, den Flußweg zu benützen, statt mit der Eisenbahn über Cincinnati nach Virginia zu reisen, obwohl die Reise dadurch länger dauern würde. Sie erhielten jedoch auf diese Art Gelegenheit, sich mit den ausgedehnten Plantagengebieten entlang des Mississippi und des Ohio Rivers besser vertraut zu machen und die Leute kennenzulernen, die John Brown hängen sehen wollten.

Die Reise nach Charlestown dauerte fast vier Wochen. Von St. Louis aus fuhren sie mit dem Schaufelraddampfer *Monticello* den Mississippi hinunter bis zur kleinen Stadt Cairo, wo der Ohio River einmündet. Dort stiegen sie in ein kleines Dampfboot um, das sie den Ohio hochbrachte, bis nach Parkersburg. Auf dieser Fahrt wurde ihnen zum ersten Mal deutlich, daß sie in Virginia nicht gerade willkommen sein würden. Und als sie in Parkersburg an Land gingen, schien es fast, als befänden sie sich nicht nur in einem anderen Staat der Union, sondern im feindlichen Ausland. Während der Überlandreise mit der *Northwestern Virginia Railroad* blieb es Heinrich lange ein Rätsel, warum man sie überall sofort als Gegner der Sklaverei erkannte, und erst nach Tagen beschwerlicher Fahrt den alten *Clarksburg Trail* entlang, sagte ihnen der Besitzer einer Herberge, daß ihnen die Verbissenheit, mit der die Yankees an ihren Grundsätzen festhielten, im Gesicht geschrieben stände. «Bei uns haben selbst die Schwarzen keine so finsteren Gesichter wie ihr Yankees», behauptete der Mann grinsend.

In Clarksburg versuchte Heinrich vergeblich, für sich und Franziska Unterkunft zu finden. Er klapperte sämtliche Herbergen ab, aber es schien, als hätte jemand längst die Kunde verbreitet, daß sie von St. Louis nach Charlestown unterwegs waren, um die letzten Tage mit John Brown zu verbringen. Der Besitzer einer Pension bedrohte Heinrich mit einer Schrotflinte. In einem Restaurant gab man ihm den Ratschlag, die Stadt so schnell wie möglich zu verlassen, wenn ihm sein Leben lieb sei.

Heinrich und Franziska verbrachten die Nacht in einem halbverfallenen leeren Schuppen, hungrig, müde und verzweifelt. Die Reise wollte nicht zu Ende gehen. Am Morgen, in aller Frühe schon, lärmte ein Zeitungsjunge die Neuigkeit in die Welt hinaus, daß man John Brown zum Tode verurteilt hätte.

Als die Sonne aufging und sich der Nebel aus den Niederungen hob, feierten die Leute in Clarksburg das Todesurteil.

«Man wird ihn befreien», sagte Franziska. «Seine Freunde werden nicht zulassen, daß ihn die Sklavenhalter umbringen.»

Heinrich war nicht so zuversichtlich.

Sie erreichten Charlestown am 18. November, einige Tage vor *Thanksgiving*. Die kleine County-Hauptstadt, keine zehn Meilen von Harper's Ferry entfernt auf dem Hochland, schien unter militärischer Besetzung zu stehen. Wachtsoldaten patrouillierten in den Straßen.

In der ersten Herberge, wo Heinrich nach einem Zimmer fragte, wurde er feindlich abgewiesen. «Unter meinem Dach schläft kein

Yankee», sagte der Wirt und spuckte einen Strahl Tabaksaft vor Heinrichs Schuhe.

Im Hotel nebenan wurden Heinrich und Franziska zu ihrer Überraschung freundlich empfangen. «Bestimmt seid ihr wegen Old Man Brown hergekommen», sagte der Besitzer. «Lady, ich sehe, daß Sie eine beschwerliche und lange Reise hinter sich haben, und möchte Sie deshalb nicht enttäuschen, aber es ist äußerst schwierig, wenn nicht nahezu unmöglich, den alten Mann in seiner Zelle aufzusuchen.»

«An wen könnten wir uns wenden?» fragte Heinrich.

«Sheriff Campbell ist eigentlich für das Gefängnis zuständig, und er ist ein äußerst unnachgiebiger Mann, der sich strikt weigert, eine Besuchserlaubnis auszugeben. Man sagt, daß Pläne bestehen, Old Man Brown zu befreien, und daß die *New York Tribune* sogar einen maßstabgerechten Grundriß des Gefängnisses abgedruckt hat, um mögliche Befreier anzuspornen.»

«Mit all den Soldaten in der Stadt wird es kaum gelingen, einen solchen Plan durchzuführen. Es muß doch jemand geben, an den wir uns wenden können.»

«An General Taliaferro vielleicht. Er kommandiert die Miliztruppen. Oder wenn Sie Beziehungen haben, dann versuchen Sie von Gouverneur Wise einen Besucherpaß zu erhalten. Aber versprechen Sie sich lieber nichts davon. Es sind Hunderte vergeblich in die Stadt gekommen, um dem alten Mann Ehre zu erweisen.»

Am nächsten Tag sprach Heinrich im Hauptquartier der Virginia-Miliz vor. General Taliaferro empfing ihn. Heinrich versuchte, ihm klarzumachen, daß er nichts anderes vorhatte, als mit dem Gefangenen zu reden und sich zu vergewissern, daß es ihm den Umständen entsprechend gutging. «Ich vertrete hier einen Großteil der Bürgerschaft von St. Louis, Missouri.» Heinrich legte Taliaferro ein Empfehlungsschreiben Boernsteins vor, das ihn als Berichterstatter seiner Zeitung auswies.

Taliaferro versprach zu sehen, was sich machen ließe.

«Kommen Sie morgen wieder, Mr. Mansfeld», sagte er. «Ich kann Ihnen aber nichts garantieren.»

Am nächsten Morgen suchte Heinrich noch einmal General Taliaferro auf, der ihn auf den nächsten Tag vertröstete. Die Woche verging. Berichterstatter vom *New York Herald*, von der *Tribune* und von den großen illustrierten Wochenzeitschriften wurden zu John Brown vorgelassen. Am Montag machte die Frau des Hotelbesitzers Franziska mit der Frau des Gefängnisaufsehers bekannt, einem

Mann namens Avis. Mrs. Avis sprach mit großem Respekt von John Brown und versicherte Franziska, daß ihr Mann sich hingebend um das Wohlergehen seines Gefangenen kümmere.

Am Tag nach *Thanksgiving* suchte Franziska General Taliaferro selbst auf, und zur Verwunderung Heinrichs stellte er ihr ohne Umschweife einen Besucherpaß aus. Sie war überglücklich, den alten Mann doch noch sehen zu dürfen. Taliaferro holte sie persönlich im Hotel ab.

Nach zwei Stunden kam sie zurück. Ihre sonst so dunkle Haut war blaß, und es schien Heinrich, als wäre sie in der kurzen Zeit um Jahre gealtert. Sie hatte Old Man Brown frohen Mutes in seiner Zelle vorgefunden.

«Er schreibt sehr viel, beantwortet alle Briefe, die er erhält, und wartet beinahe sehnsüchtig auf den Tag seiner Hinrichtung. Er will nicht, daß jemand versucht, ihn zu retten.» Franziska nahm Heinrichs Hand und drückte sie fest. «Heinrich, ich weiß erst jetzt, wie wichtig es ist, gegen die Sklaverei zu kämpfen. Wir sollen uns gut vorbereiten, hat er mir empfohlen. Wir sollen uns bewaffnen und auf das Schlimmste gefaßt sein.»

In dieser Nacht – Heinrich lag wach – klopfte Franziska an seine Zimmertür. Er öffnete und ließ sie herein, und sie sagte ihm, daß sie nicht allein sein wolle. Er wollte ihr sein Bett zur Verfügung stellen und selbst in einem alten Polsterstuhl beim Fenster schlafen, aber dann berührten sie sich, und er merkte, wie verzweifelt sie war, und er nahm ihren Kopf zwischen seine Hände und küßte sie zum ersten Mal. Sie weinte an seiner Brust, und er löschte die Lampe auf dem Nachttisch. Behutsam zog er sie zu sich ins Bett, und sie sträubte sich nicht, als seine Hände unter ihr Nachthemd glitten und sich auf ihre kleinen Brüste legten. Irgendwann dachte er an Pauline, wohl weil er fast jede Nacht an sie dachte, aber die Gedanken formten kein Bild wie sonst, weckten keine Gefühle, und zum ersten Mal, seit er New York verlassen hatte, erschien ihm die Vergangenheit zu weit entfernt, als daß er noch einmal nach ihr hätte greifen können. Sein Leben, so empfand er, war in Abschnitte geteilt, die nur durch einen dünnen Faden miteinander verbunden waren, ein Faden, der im Moment riß, als er Franziska in die Arme nahm.

Am 2. Dezember 1859 wurde John Brown gehängt.

Es war ein wunderschöner Tag. Ein blauer Himmel wölbte sich

über der kleinen Stadt, und ein warmer Südwind wehte über das Stoppelfeld am Stadtrand, wo der Galgen errichtet worden war.

Ein offener Brückenwagen wartete auf den Gefangenen. Die Sonne schien in das hagere Gesicht des alten Mannes, als er auf den Platz hinaustrat vor dem Gefängnis, und alle, die aus einiger Entfernung herübersahen, konnten das Lächeln erkennen, das seinen Mund umspielte. Er ging geradewegs auf eine Negerin zu, die mit ihrem Kind im Arm am Straßenrand stand. Bevor ihn jemand daran hindern konnte, küßte er das Kind auf die Stirn. Dann ging er zum Wagen. Heinrich, der am Straßenrand stand, war von der Leichtigkeit überrascht, mit der sich der alte Mann bewegte. Niemand brauchte ihm auf den Wagen zu helfen, auf dem sein Sarg stand.

«Der alte Brown macht einen geradezu munteren Eindruck, nicht wahr», sagte einer der Zuschauer in Heinrichs Nähe. Heinrich wandte den Kopf. Neben ihm standen ein kleiner, drahtiger Mann und eine Frau. Die Frau reckte den Hals, um besser sehen zu können. Der Mann bat einen Soldaten, ein bißchen zur Seite zu treten.

Der Akzent, mit dem der Mann sprach, war so ausgeprägt, daß Heinrich ihn sofort als Schweizer erkannte.

«Gestatten Sie mir die Frage, woher Sie kommen, mein Herr?» fragte er deshalb auf deutsch.

«Kentucky», erwiderte der kleine Mann, der außerdem ein wenig lispelte. Heinrich glaubte, eine fast verdeckte Hasenscharte entdekken zu können. «Meine Frau und ich, wir sind auf der Reise nach Louisiana, wo ich eine Anstellung als Arzt annehmen werde.» Der Mann gab sich Mühe, ein gutes Hochdeutsch zu sprechen. «Sie sind Deutscher, junger Mann?»

«Aus Württemberg. Mansfeld ist mein Name, Heinrich Mansfeld.»

«Mansfeld? Sagen Sie, waren Sie etwa letztes Jahr in New York? Als Geschäftspartner von Konrad Odermatt?»

«Konrad und ich, wir sind zusammen in New York angekommen», sagte Heinrich.

Der Mann lüftete seinen Hut und streckte Heinrich lachend seine Hand entgegen. «Gestatten, mein Name ist Wirz. Dr. Henry Wirz aus Zürich. Konrad hat mir vor drei Wochen geschrieben. Er hat die Absicht, im Auftrag von Mr. Barnum vom Amerika-Museum nach dem Süden zu reisen. Er wollte mich in Kentucky besuchen, wo ich als Arzt tätig war. Leider mußte ich ihm mitteilen, daß wir uns entschlossen haben, unser Domizil nach Louisiana zu verlegen. Ich hoffe aber, daß er uns dort aufsuchen wird.» Wirz nahm seine Frau beim Arm. «Elizabeth, der junge Mann hier ist ein Bekannter von Konrad Odermatt. Du erinnerst dich, als ich dir seinen Brief vorlas. Er berichtete von seiner Partnerschaft mit einem Büchsenmacher. In New York.»

Die Frau blickte kurz zu Heinrich auf, aber dann galt ihre Aufmerksamkeit wieder den Vorgängen auf dem Platz vor dem Gefängnis.

«Welch ein Zufall», sagte Wirz und drückte Heinrich noch einmal die Hand. «Welch ein unglaublicher Zufall. Wir wollten erst direkt nach Louisiana reisen, aber dann dachte ich, daß es sich bei dieser Hinrichtung um ein einmaliges weltgeschichtliches Ereignis handelt, von dem in hundert Jahren noch die Rede sein wird. Bestimmt sind Sie auch nicht hier, um dem alten Narren die letzte Ehre zu erweisen.»

«John Brown hat sich zumindest meinen Respekt verdient, Dr. Wirz», gab Heinrich kühl zur Antwort. «Ich bin aus St. Louis angereist, und wenn ich dorthin zurückkehre, werde ich mich jenen anschließen, die sich dem Kampf gegen die Sklaverei verschworen haben.»

Wirz hob ungläubig seine Brauen.

«Wollen Sie damit sagen, daß Sie ein Abolitionist sind, Mansfeld? Ein Republikaner womöglich?» Wirz lachte. «Schauen Sie sich den alten Mann an. Der hat sich genauso zum Narren gemacht, wie alle Yankees sich zum Narren machen werden, sollten sie versuchen, den Süden zu verändern. Diese Nation ist geteilt, Mansfeld, glauben Sie mir. Es sind zwei Welten; die des Nordens und die des Südens. Ich für meinen Teil habe mich für den Süden entschieden, und wenn Sie mal Gelegenheit haben sollten, dann zögern Sie nicht, mich auf der Marshall-Plantage in Milliken's Bend, Louisiana, zu besuchen. Meine Frau und ich, wir würden uns sehr freuen.»

Heinrich bedankte sich für die Einladung. Und während er zusah, wie der Wagen vorüberfuhr, dachte er an jene Nacht im Heustock des Bauernhauses im Kinzigtal, als ihm Konrad von Wirz erzählt und ihm einige Fotografien gezeigt hatte. Wenn er sich recht erinnerte, dann war Wirz aus der Schweiz wegen irgendwelchen Schwierigkeiten mit dem Gesetz ausgewiesen worden. Außerdem hatte er Frau und Kinder zurückgelassen.

Die Zuschauer waren in Bewegung geraten, als der Wagen sich in Bewegung gesetzt hatte. Wirz blieb in der Nähe seiner Frau, die nach vorn drängte. Er blickte sich kurz nach Heinrich um und schwenkte den Hut. «Beeilen Sie sich, sonst verpassen Sie noch die Hinrichtung!» rief er.

Der Wagen mit dem Verurteilten fuhr die Straße hoch und zum Stoppelfeld hinaus, wo auf einer kleinen Erhebung der Galgen stand. Eine hölzerne Treppe mit zwölf Stufen führte zur Plattform hinauf. Das Feld leuchtete golden im Sonnenlicht. In der Ferne, eingetaucht im bläulichen Dunst, hob sich dunkel der bewaldete Bergrücken der Blue Ridge. Langsam fuhr der Wagen den Weg hoch, der zum Feld führte.

General Taliaferro kam auf seinem Schimmel an und gab ein Zeichen. Man half John Brown vom Wagen herunter. Der alte Mann faßte den Galgen ins Auge und ging, ohne zu zögern, die Stufen zur Plattform hinauf. Als er oben stand, nahm er seinen Hut vom Kopf und kämmte sich mit gespreizten Fingern durch das widerspenstige Haar. Sein Blick wanderte hinunter zu der Menschenmenge, die sich auf dem Feldweg drängte, und Heinrich hatte das Gefühl, als blickte ihn der alte Mann direkt an. Neben Heinrich hob ein junger Mann die Faust und brüllte: «Hängt den alten Verbrecher!» Der Mann war ein junger, hitzköpfiger Schauspieler mit dem Namen John Wildes Booth. In wenigen Jahren würde er ebenfalls Geschichte machen: als Mörder des amerikanischen Präsidenten Abraham Lincoln.

12

Kurz vor Weihnachten kehrten Heinrich und Franziska nach St. Louis zurück. Es war inzwischen eiskalt geworden, aber es lag nur wenig Schnee auf den Feldern um die Stadt herum. In den Ackerfurchen war das Regenwasser gefroren, und an den Ufern des Mississippi bildete sich Eis.

Francis P. Blair, der republikanische Kongreßabgeordnete von St. Louis, hielt sich über die Festtage in seiner Heimatstadt auf. Er hatte sich voll und ganz dem Kampf gegen die Sklaverei verschworen. Und da er stets für die Rechte der Einwanderer eintrat, war ihm die uneingeschränkte Unterstützung der deutschen Bürgerschaft von St. Louis sicher. Die Deutschen anerkannten den Politiker als ihren Führer und als ihre direkte Verbindung zum entfernten Washington. Über ihn unterstützten sie den Wahlkampf des republikanischen Präsidentschaftskandidaten Abraham Lincoln und die Politik des Nordens.

Zum Jahresanfang hatte man die Hinrichtung von John Brown zwar noch nicht vergessen, aber es war in der Folgezeit weder zu dem befürchteten großen Sklavenaufstand gekommen, noch hatten die radikalsten Südstaaten ihre Drohung wahrgemacht, sich von der Union zu lösen.

Am Neujahrstag fand auf der Treppe des Gefängnisses von St. Louis die traditionelle Versteigerung einiger Sklaven statt, die im Lauf des Jahres in den Besitz der Stadt übergegangen waren, sei es durch eine Schuldeintreibung oder durch den Tod eines erbenlosen Sklavenhalters. Vier Frauen, zwei Männer und drei Kinder sollten an den Meistbietenden verkauft werden. Heinrich erkannte unter den Interessenten den Sklavenaufseher Norris, der sich seit Monaten in der Stadt aufhielt, und den Anwalt Ronald Madison, den viele als Führer der *minutemen* und als den gefährlichsten politischen Gegner von Francis P. Blair ansahen. Madison war begleitet von einem Trupp von *minutemen*, die am Fuß der Treppe Aufstellung nahmen. Der

Gefängnisaufseher und zwei Wärter führten die Sklaven aus dem großen Tor. Einer der Männer, ein hünenhafter Neger mit kurzgeschorenem Haar und dicken, aufgeworfenen Lippen, hielt einen Jungen an der Hand, der vielleicht vier Jahre alt war.

Unter den Zuschauern wurden die ersten Rufe laut. «Sklaverei ist ein Verbrechen!» rief eine Frauenstimme. «Nieder mit den Sklavenhaltern!»

Die *minutemen* wurden nervös. Manch einer griff verstohlen unter den Mantel, wo er seine Waffe verborgen hielt.

Oben auf dem Treppenabsatz vor dem Tor standen die Sklaven in einer Reihe nebeneinander. Die beiden Männer waren an den Fußgelenken aneinandergekettet. Eine der Frauen war so schwach, daß sie von einer der jüngeren gestützt werden mußte. Alle trugen zerlumpte Kleider, der Riese nur eine Hose und ein Hemd, das seinen mächtigen Oberkörper straff umspannte.

«*Ladies and Gentlemen*, ich bitte um Ruhe, damit wir mit der Versteigerung der Sklaven beginnen können», rief der Gefängnisaufseher, ein rotbärtiger Mann, der auch als Laienprediger tätig war. Er breitete seine Arme aus. «*Ladies and Gentlemen*, ich kann mich nicht entsinnen, daß wir jemals an einem Neujahrstag eine prächtigere Auswahl zum Angebot gehabt hätten. Diese hier, die sind alle erstklassig, angefangen von diesem Säugling hier bis zu dem Riesenbock dort, der Kraft hat wie ein Bär und einen äußerst gutmütigen Charakter.»

«Ein Durchbrenner ist er!» hörte Heinrich die Stimme des Sklavenaufsehers Norris in den Lärm der Leute brüllen. «Haniel heißt der Bock, und er gehört zur Herde der Southwick-Plantage!»

Madison eilte die Treppe hoch und begann auf den Gefängnisaufseher einzureden. Er zeigte auf den Sklaven am Ende der Reihe. Unten schrien die Zuschauer durcheinander. Heinrich hörte Franziskas helle Stimme. «Freiheit für alle Menschen!» rief sie. Der Ruf wurde von anderen aufgenommen. «Freiheit für alle Menschen!»

Oben vor dem Tor zeigte Norris auf den hünenhaften Neger. Der Gefängnisaufseher schüttelte den Kopf. Norris brüllte, daß er den Sklaven seinem Herrn zurückbringen würde. «Der Bock gehört Mrs. Victoria Maxwell Grant persönlich!» brüllte er.

«Der Hüne ist ein freier Neger!» rief eine andere Stimme. «Ich kenne ihn. Er heißt Freeman Washington.» Brimmer löste sich von der Menge. Am Fuß der Treppe blieb er stehen. «Wer auch immer behauptet, daß dieser Mann dort ein Sklave ist, lügt.»

Brimmers Worte waren so wirkungsvoll, daß die Menge beinahe auf einen Schlag verstummte. Alle starrten zum Fuß der Treppe hin, wo Norris stand in seinem langen Fellmantel und dem breitrandigen Hut, der einen düsteren Schatten über sein hageres Gesicht warf. Norris drehte sich Brimmer zu, und sein bellendes Auflachen ließ den Deutschen für einen Moment zusammenfahren.

«Ich weiß nicht, wer Sie sind, Sir, aber ich nehme an, daß Sie zu diesem Einwandererpack gehören, mit dem wir in naher Zukunft ein für allemal aufräumen werden.»

Bevor Brimmer etwas erwidern konnte, sprang Norris mit einigen Sätzen die Treppe hoch, so daß er die Menge überblicken konnte.

«Ich kann beweisen, daß der Bock dort oben kein freier Nigger ist!» rief er in die Runde. «Er gehört zur Southwick-Plantage, wo er zwei Jahre unter meiner Aufsicht stand. Wenn dieser... dieser Negerfreund hier glaubt, daß er den Bock als einen freien Nigger erkennt, dann soll er diese Behauptung beweisen.» Norris bleckte seine gelben Zähne und wandte sich dem Gefängnisaufseher zu. «Nimm ihm die Kette ab!» verlangte er.

Der Gefängnisaufseher schüttelte den Kopf. «Dies ist eine öffentliche Versteigerung und kein Rummelplatz!» rief er. «Dieser Nigger wurde uns zusammen mit dem Jungen von Jim Hicks überlassen. Hicks, wie viele von euch wissen, hat seine Farm aufgeben müssen. Seine Schulden betragen weit über dreitausend Dollar. Somit sollte dieser starke Bock allein mindestens zwölfhundert Dollar einbringen, mit dem Jungen zusammen zweitausend. Ich bin nicht ermächtigt, ihn –»

Ronald Madison, der Anwalt, unterbrach ihn und sagte leise etwas zu ihm. Schließlich zuckte der Gefängnisaufseher die Schultern. Ein Raunen ging durch die Menge, als er hinter den Riesen trat und die Kette von dem Stahlring löste, der sein Fußgelenk umspannte.

«Nun, Sir, rufen Sie ihn zu sich!» forderte Norris Brimmer höhnisch auf.

Brimmers Gesicht war blaß. Er blickte zu dem Sklaven hoch.

«Freeman, hör zu», sagte er laut. «Du bist ein freier Mann. Wenn ich dich jetzt rufe, kannst du herkommen oder stehenbleiben, verstehst du. Aber wenn dir die Freiheit lieb ist, dann komm zu mir.»

Der Neger stand unbeweglich. Sein Blick schien in die Ferne gerichtet. Er zuckte nicht einmal mit einer Wimper.

«Freeman, komm her!» forderte ihn Brimmer noch einmal auf.

Der Neger stand wie ein Klotz. Und Norris lachte und öffnete seinen Mantel. Er nahm die zusammengerollte Bullenpeitsche vom Gürtel, drehte sich der Menge zu und warf sie über die Treppe hinunter.

Norris drehte sich zu dem Neger um. «Haniel!» sagte er so laut, daß alle den Namen hören konnten. Der Neger rührte keinen Muskel. Norris grinste. «Bring mir die Peitsche!»

Es schien, als hielte die Menge den Atem an. Für Sekunden stand der Hüne unbeweglich auf dem Treppenabsatz. Dann ließ er die Hand des Jungen los. Mit völlig ausdruckslosem Gesicht sprang er leichtfüßig die Treppe hinunter, hob die Peitsche vom Boden auf, drehte sich um und lief die Treppe wieder hoch. Vor Norris blieb er mit gesenktem Kopf stehen, die zusammengerollte Peitsche in der Hand.

«Erkennst du mich, Haniel?» fragte Norris in die Stille hinein.

«Ja, *Massa*», erwiderte der Hüne, ohne aufzusehen.

«Gut, Haniel. Dann sag den Leuten, daß du fast vor einem Jahr von der Southwick-Plantage davongelaufen bist.»

Der Hüne drehte sich den Leuten zu.

«Ich bin Haniel, ein Bock von der Southwick-Plantage», sagte er mit unbewegtem Gesicht. «Ich bin kein freier Nigger nicht. Ich bin ein Durchbrenner.»

«Ist es das erste Mal, daß du durchgebrannt bist, Haniel?» fragte Norris voller Spott.

«Nein, *Massa*, Sir. Es ist nicht das erste Mal, daß Haniel durchgebrannt ist.»

«Das zweite Mal?»

Der Hüne schüttelte den Kopf.

«Auch nicht das zweite Mal, *Massa*, Sir.»

«Dann zeig den Leuten, daß du ein widerspenstiger Bock bist, Haniel, und daß man sich schon viel Mühe mit dir gemacht hat. Zieh dich aus, Haniel!»

Für einen Augenblick schien es, als wollte der Neger den Kopf heben und zu Norris aufblicken, aber dann begann er sein Hemd aufzuknöpfen. Die Menge wurde unruhig. «Schande!» rief eine schrille Frauenstimme. «Der Allmächtige wird dich bestrafen, Sklavenschänder!»

Norris grinste mit gebleckten Zähnen in die Runde. Er konnte sich seiner Sache sicher sein, denn hinter der Menge hatte inzwischen ein Trupp Soldaten Aufstellung genommen.

Der Neger zog das Hemd aus. Die Leute starrten ungläubig auf seinen muskelbepackten Oberkörper. Über der rechten Brustwarze war ihm ein Zeichen eingebrannt worden, so daß deutlich zwei wulstige vernarbte Buchstaben zu erkennen waren, ein R und ein S, die ihn als *Runaway Slave*, als Durchbrenner, kennzeichneten.

«Das ist meine persönliche Markierung, Leute!» rief Norris triumphierend.

Die Menge brach sofort in Lärm aus. Die Leute brüllten ihre Zustimmung zum Treppenabsatz hoch. Andere verwünschten Norris und alle Sklavenhalter. Norris ließ sich nicht beeindrucken. Er packte den Neger beim Arm und drehte ihn so, daß die Leute seinen narbenbedeckten Rücken sehen konnten. Hunderte von Schlägen mit Kettenpeitschen und Lederklatschen hatten ihm buchstäblich immer und immer wieder die Haut abgezogen. Die Wunden waren verheilt, aber die Narben machten aus dem breiten Rücken eine Kraterlandschaft, die nach allen Richtungen durchzogen war von höckrigen Wülsten und tiefen Furchen.

Die Menge geriet in Bewegung. Es sah fast danach aus, als ob sie die Treppe stürmen wollte, aber die Soldaten drängten vor und hielten die Leute zurück. Der Lärm der Menge brandete durch die Stadt, als Norris seinem Sklaven befahl, das Hemd anzuziehen. Haniel gehorchte. Norris redete noch auf den Gefängnisaufseher und einen Vertreter der Stadt ein, der als Auktionator bestellt worden war. Er zeigte auf den Jungen, den Haniel an der Hand gehalten hatte.

«Dreihundert», brüllte Madison durch den Lärm. «Keinen blutigen Cent mehr!»

«Gut, dann nehmen Sie den kleinen Bock in Dreiteufelsnamen mit», gab der Auktionator zurück.

Die *minutemen* nahmen Madison, Norris und die beiden Sklaven in die Mitte. Die Soldaten verschafften ihnen einen Weg durch die Menge. Fäuste wurden drohend geschüttelt, und Flüche begleiteten die Gruppe, aber es kam zu keinem Handgemenge. Heinrich bahnte sich einen Weg zu Franziska. Sie versuchte, Norris ins Gesicht zu spucken. Einer der *minutemen* schlug nach ihr, traf sie aber nicht. Oben auf dem Treppenabsatz bat der Auktionator um Ruhe. Er schob den anderen männlichen Sklaven zum Rand des Absatzes. «Wir wollen mit der Auktion beginnen», brüllte er. «Wer bietet achthundert Dollar für diesen feinen Bock? Wer bietet achthundert Dollar für diesen gesunden jungen Nigger? Zeig ihnen deine Zähne, Junge! So ist es gut. Schaut her Leute, achthundert für diesen gesunden Bock. Er ist das Doppelte wert. Wer bietet achthundert Dollar?»

«Ein Dollar!» schrie Franziska zum Treppenabsatz hoch. «Ein Dollar!» Und fast hundert Leute fielen ein: «Ein Dollar! Ein Dollar! Ein Dollar!» Ohne Unterlaß und als ob jemand dazu den Takt geschlagen hätte, schrien sie diese Worte. Ihre Gesichter röteten sich. Der Atem formte sich zu Dunstschleiern. Oben baten die zuständigen Beamten vergeblich um Ruhe. Eine Viertelstunde lang brüllten die Leute: «Ein Dollar!» Dann sprang Blandowski auf die Treppe und breitete die Arme aus. Die Menge verstummte. Der Auktionator nickte befriedigt. «Seid vernünftig, Leute!» sagte er in die Stille hinein. «Wir wollen voranmachen mit dieser Sache. Wer bietet achthundert Dollar für diesen starken Bock hier? Achthundert ist fast geschenkt. Acht –»

«Zwei Dollar!» brüllte Blandowski. Und die Leute fielen ein. «Zwei Dollar! Zwei Dollar!»

Eine Stunde später lärmten die Hartnäckigsten unter ihnen vor dem Gefängnis noch immer diese beiden Worte. Die Sklaven waren unterdessen längst in ihre Zellen zurückgebracht worden, und der Auktionator war nach Hause gegangen. Es fing gegen Abend leicht zu schneien an.

In der eisigen Nacht nach der mißglückten Neujahrsversteigerung drangen vermummte Gestalten in einen kleinen Steinanbau der Herberge *Ladbroke Inn* ein und befreiten sieben Negersklaven, die dort im Auftrag von Norris eingesperrt waren. Unter den sieben befanden sich der Hüne Haniel, der Junge, den Madison bei der Auktion gekauft hatte, eine junge Frau und ein Mädchen von vierzehn Jahren, das hochschwanger war.

Am nächsten Tag, als Norris persönlich einen Eimer mit Maisgrütze zum Anbau bringen wollte, stellte er fest, daß das schwere Vorhängeschloß der Tür aufgebrochen war. Er schlug sofort Alarm, und den ganzen Tag durchkämmten Suchtrupps der *minutemen* mit Spürhunden die Stadt und die Umgebung, aber von den entlaufenen Sklaven wurde nicht eine Spur entdeckt. Am Nachmittag betraten Madison und Norris mit drei anderen Männern den Laden von Heinrich. Sie klopften sich den Schnee von den Stiefeln, und Madison kam ohne Umschweife auf die Sklaven zu sprechen.

«Mr. Mansfeld, auf die Frage hin, wer den Negersklaven zur Flucht verholfen haben könnte, wurde unter anderem auch Ihr Name erwähnt», sagte er und rieb seine Hände über dem Kanonenofen, der in der Ecke stand. Madison blickte Heinrich von unten herauf schräg an. «Könnte es sein, daß Sie etwas zu verbergen haben, Sir?»

Heinrich stand hinter dem Ladentisch, eine doppelläufige Schrotflinte in den Händen.

«Wenn Sie nach den entlaufenen Sklaven suchen, dann sind Sie hier am falschen Ort», sagte er rauh.

Norris, der bei der Tür stand, ging nun ebenfalls zum Ofen hinüber. Er bückte sich und nahm einen derben Schnürstiefel hervor, den jemand zum Trocknen hingestellt hatte. Dieser Stiefel mußte noch vor kurzem völlig durchnäßt gewesen sein. Das dicke Leder war jetzt zwar trocken und hart, aber an der Rahmennaht klebte Dreck, den Norris mit dem Fingernagel wegkratzte und dann zwischen Daumen und Zeigefinger zerrieb. «Ziegelerde», stellte er schleppend fest.

Madison hob seine dünnen Brauen.

«Sie wissen, daß der Diebstahl von Sklaven hierzulande noch immer als eines der schlimmsten Verbrechen angesehen wird, Mr. Mansfeld, Sir», sagte er mit drohender Stimme. «Sollte sich, Sir, meine Vermutung bewahrheiten, könnte Ihnen in naher Zukunft Übles widerfahren.»

«Scheren Sie sich zum Teufel, Madison», gab Heinrich ruhig zurück. «Ich fürchte Sie nicht.»

«Mr. Mansfeld, obwohl seit Ihrer Rückkehr aus Virginia Ihre politische Gesinnung kein Geheimnis mehr ist, hätte ich Sie für gescheiter gehalten, als daß Sie für einen Negersklaven Kopf und Kragen riskieren würden. Immerhin, so kam mir zu Ohren, Mr. Mansfeld, Sir, haben Sie sich entschlossen, hier in St. Louis eine Familie zu gründen, zusammen mit einem Weib, dem nicht gerade der allerbeste Ruf nachgeht.»

Heinrich kniff die Augen etwas zusammen. Er versuchte zu verbergen, wie aufgewühlt sein Inneres war. Er hatte nicht nur mitgeholfen, die Sklaven zu befreien, er hatte sie auch zusammen mit Franziska auf Schleichwegen zu Brimmers Ziegelei gebracht, wo sie sich inzwischen versteckt hielten. Wütend machte ihn aber nicht die Tatsache, daß Madison ihn verdächtigte, sondern dessen Arroganz und die Anspielung auf Franziska.

«Mr. Madison, mein Privatleben geht Sie einen Dreck an», sagte er deshalb mit zornbebender Stimme.

Madison grinste hämisch. «Sie irren sich, Mr. Mansfeld, Sir. Aber lassen wir dieses Thema, denn wir sind wegen der dreckigen Sklaven hergekommen und nicht, um Ihr frisches Glück zu zerstören.»

Norris knallte den Schuh auf den Ladentisch. «Wo sind die Sklaven, Mansfeld?»

Heinrich blickte ihn durchdringend an. «Ist nicht schon die ganze Stadt nach ihnen abgesucht worden, Norris?»

«Bis auf Brimmers Ziegelei», entgegnete Madison kalt. «Sie werden herausfinden, Mr. Mansfeld, Sir, daß es sich nicht lohnt, gegen unsere Gesetze zu verstoßen.»

Madison und die Männer verließen den Laden. Heinrich zweifelte keinen Moment daran, daß sie zu Brimmers Ziegelei hinausgehen würden, obwohl inzwischen dichtes Schneetreiben eingesetzt hatte. Er machte den Laden zu, verließ ihn durch die Hintertür und rannte zur «Schanz» hinunter, die sich nur ein paar Häuserblocks entfernt befand. Der Wirt befahl seinem Sohn, zur Ziegelei hinauszulaufen und Brimmer zu warnen. «Wahrscheinlich ist es dazu schon zu spät», sagte er. Heinrich lief zu «Jäger's Garten», und nach etwa einer Viertelstunde hatte er zwei Dutzend Deutsche zusammengetrommelt, die alle dem Schützenverein angehörten. Geschlossen marschierten sie zur Ziegelei hinaus, wo inzwischen Norris, hoch zu Roß, und ein Trupp der *minutemen* drohten, das Tor niederzureißen und die Gebäude in Brand zu setzen, falls man ihnen nicht erlaubte, die Ziegelei zu durchsuchen. Als Norris den herannahenden Trupp der deutschen Jäger gewahrte, riß er sein Pferd so hart herum, daß es wiehernd auf die Hinterhand stieg. Die *minutemen*, die alle bewaffnet waren, formierten sich und richteten die Gewehre auf die Deutschen.

«Wenn ihr Krieg wollt, dann sollt ihr ihn haben!» schrie Norris und zog seinen Revolver unter dem Mantel hervor. «Die erste Kugel gilt dir, Mansfeld!» Er zielte, aber sein Pferd tänzelte. Heinrich stand regungslos vor den Jägern, als Norris abdrückte. Der Hammer schlug auf ein Zündhütchen, das feucht geworden war. Der Schuß löste sich nicht.

Neben Heinrich hob Blandowski seine Jagdbüchse. «Fahr zur Hölle, Sklaventreiber!» brüllte er. Der Schuß traf das steigende Pferd in den Hals. Es sprang zur Seite, brach hinten ein und stürzte. Norris versuchte, sich aus dem Sattel zu werfen, blieb aber mit einem Bein im Steigbügel hängen. Der schwere Körper des Pferdes begrub ihn halb unter sich. Dampfschwaden stiegen von der Stelle auf, wo Blut in den Schnee lief. Das Pferd wollte aufstehen. Die Hufe keilten durch die Luft. Sein Kopf hob sich, die Augen weit und weiß. Heinrich hob sein Gewehr, legte an und feuerte. Seine Kugel traf das Pferd in den Kopf und tötete es auf der Stelle. Norris brüllte, während er versuchte freizukommen. Er schaffte es nicht. Das Pferd lag auf seinem verdrehten rechten Bein.

Die Deutschen hatten unterdessen die Gewehre auf die *minutemen* gerichtet.

«Wollt ihr weitermachen?» fragte Blandowski mit kalter Stimme. «Ihr braucht es nur zu sagen.»

«Nicht jetzt», sagte einer ihrer Anführer. «Aber ihr kriegt euer Fett schon noch, ihr verfluchten Hunde!» Er senkte sein Gewehr. «Paßt nur auf. Tag und Nacht. Einmal erwischen wir euch alle!»

Das Tor zum Hof der Ziegelei wurde von innen aufgestoßen. Brimmer und ein paar seiner Arbeiter kamen heraus. Brimmer hielt eine Schrotflinte in den Händen. Sein Gesicht war gerötet.

«Keiner kommt hierher und droht mir mit einem Schießprügel!» sagte er rauh. «Ich habe sie gefragt, was sie wollen, und der da sagte, daß ich Neger versteckt hielte, die ihm gehörten. Er nannte mich einen Sklavendieb.»

Brimmer befahl seinen Arbeitern, Seile herbeizubringen, und mit vereinten Kräften zogen sie den schweren Pferdekadaver von Norris herunter. Norris fiel beinahe in Ohnmacht. Sein Bein war über dem Knie gebrochen. Blut sickerte durch seine Hose. Die Arbeiter trugen ihn zu Brimmers Büro, das sich in einem kleinen Ziegelbau direkt hinter dem Tor befand. Dort legten sie ihn auf den Boden.

«Wenn ihr wollt, könnt ihr euch jetzt umsehen», sagte Brimmer zu den *minutemen.* «Die einzigen Neger hier sind Joe und Paul, und die sind frei.»

«Die Sklaven sind inzwischen abgehauen», keuchte Norris wütend. «Aber weit kommen sie nicht bei diesem Wetter.» Er richtete sich mit schmerzverzerrtem Gesicht auf. «Brimmer, wenn wir sie erwischen, möchte ich nicht in deiner Haut stecken!»

Brimmer grinste breit und trat Norris gegen das gebrochene Bein. Norris brüllte auf.

«An deiner Stelle, du verdammter Sklaventreiber, würde ich lieber den Mund halten», sagte er, «sonst lasse ich dich nämlich zur Stadt hinunterkriechen.»

Die *minutemen* standen beim Tor, als zwei von Brimmers Arbeitern einen Frachtwagen mit zwei schweren Gäulen im Geschirr vorfuhren. «Los, bringt ihn zum Doc», forderte er die *minutemen* auf. Sie holten Norris heraus, legten ihn auf die Wagenbrücke und sprangen selbst auf. Norris hob drohend seine Faust, als der Wagen durch das Tor fuhr.

Heinrich fragte sofort nach den Sklaven.

«Ich sah Norris die Straße hochreiten und dachte mir, daß irgend etwas schiefgegangen ist», sagte Brimmer. «Ich machte das Tor zu, und es blieb ihm nichts anderes übrig, als auf seine Freunde zu warten. In der Zwischenzeit machten sich die Neger zur Flucht bereit. Ich wollte ihnen nur zu einem Vorsprung verhelfen.»

«Norris hat recht», sagte Blandowski. «Bei diesem Wetter kommen sie nicht weit.»

«Die sind zäh», entgegnete Brimmer. «Wetten, daß die sogar über den Fluß kommen und morgen schon in Kansas sind. Der Hüne auf jeden Fall, der hat sich geschworen, daß er Norris einmal das Kreuz bricht.»

Brimmer irrte sich. In der Nacht brach ein furchtbarer Schneesturm über die Stadt herein. Am Morgen war St. Louis eingeschneit. Die Temperatur war auf über dreißig Grad minus gesunken, der Missouri fast völlig zugefroren. Die Städter mußten sich an diesem Morgen buchstäblich freischaufeln. Bald türmten sich auf den Straßen riesige Schneehaufen. Ein Pferdepflug blieb stecken. Der Verkehr war völlig lahmgelegt. Es schneite drei Tage lang ohne Unterlaß, und der Schnee deckte alle Spuren zu. Am vierten Tag rückte aus der Jefferson-Kaserne eine Armeepatrouille aus. Sie erreichte Brimmers Ziegelei am Mittag. Der Leutnant trank in Brimmers Büro einen heißen Grog. «Es hätte wohl keinen Sinn, nach Spuren zu suchen», meinte er, nachdem Brimmer ihm versichert hatte, daß er niemals entlaufene Negersklaven beherbergen würde. Die Soldaten ritten hinunter zum Mississippi und dann zurück zur Kaserne.

Man fand die steifgefrorenen Leichen von vier Negersklaven drei Wochen später in einer kleinen, halb zerfallenen Hütte nördlich der Stadt, dort, wo der Missouri in den Mississippi floß. Hier, in einem lichten Wäldchen am Woodcreek, hatten die Sklaven Schutz gesucht. Unter den Toten befand sich das junge, hochschwangere Mädchen. Von dem Hünen Haniel und dem Jungen fehlte jede Spur, aber ein halbes Jahr später, im Hochsommer, erreichte die Nachricht St. Louis, daß der ehemalige Sklavenaufseher der Southwick-Plantage, Mr. Norris, tot in seinem Bett aufgefunden worden sei. Jemand hätte ihm mit bloßen Händen das Genick gebrochen.

«Bestimmt war das der Hüne», sagte Heinrich zu Franziska, die im sechsten Monat schwanger war. «Wie war noch sein Name?»

«Haniel», sagte Franziska. Und sie lächelte.

Ihr eigener Sohn sollte Carl heißen, falls es überhaupt ein Sohn sein würde. Zu Ehren von Carl Schurz, der auf eine Einladung von Francis P. Blair am 1. August nach St. Louis kommen und in der *Verandah Hall* eine Rede halten sollte.

Heinrich und Franziska hatten im Februar auf Drängen von Franz Sigel hin geheiratet. Weder Franziska noch Heinrich hatten es eilig gehabt, das Bündnis einzugehen, obwohl ihnen beiden seit der Reise nach Virginia klar war, daß sie zusammengehörten. Drei Monate nach der Hochzeit, als Franziska während des Unterrichts im Deutschamerikanischen Institut von heftiger Übelkeit überrascht wurde, verriet ihr Dr. Spiegelhalter, daß sie ein Kind erwartete. Franziska wollte zwar weiterhin ihre Tätigkeit als Lehrerin ausüben, aber Franz Sigel bestand darauf, daß sie vorübergehend zu Hause blieb, um sich zu schonen und sich auf die Geburt vorzubereiten. Franziska schrieb zwar weiterhin noch kurze Artikel für Boernsteins *Anzeiger*, aber im Lauf der Schwangerschaft schien sie ihr Interesse für die Politik immer mehr zu verlieren.

Heinrich hätte nie gedacht, daß er eine so tiefe Zuneigung zu Franziska hätte fassen können. Am Anfang hatte ihn ihr Selbstbewußtsein befremdet, da er nie zuvor ein weibliches Wesen gekannt hatte, das so selbstverständlich, als fehlte anderen nur der Mut dazu, ihren eigenen Weg ging. Ihr Kampf um die Rechte der Frauen und der Sklaven war selbst im fernen Osten des Landes nicht unbemerkt geblieben. Sie erhielt Briefe von den einflußreichsten Männern aus Geschäftswelt, Politik und Kunst.

Heinrich merkte erst während der Schwangerschaft, daß Franziska auch eine andere Seite hatte, eine sanfte, liebevolle und fröhliche Seite, die es ihm leichtmachte, ein neues Gefühl des Glücks zu empfinden, wie er es gar nicht für möglich gehalten hätte. Er schrieb seinem Stiefvater im Frühling nach Burgstetten, daß er der glücklichste Mensch der Welt sei in seiner neuen Heimat. Er habe sich vermählt, schrieb er stolz, und daß seine Frau Franziska hieße.

Er schrieb auch nach New York, legte ein Hochzeitsbild bei, aber der Brief, der an Konrad Odermatt adressiert war, kam ein paar Wochen später zurück. Jemand hatte mit Bleistift auf den Umschlag geschrieben: «Vorübergehend verreist.» Für Wochen danach hatte Heinrich die stille Hoffnung, Konrad hätte New York verlassen, um nach St. Louis zu kommen. Franziska ahnte, was er sich im stillen erhoffte, denn er verschwieg ihr seine Freundschaft mit Konrad nicht, erzählte ihr an langen Abenden von ihm und von ihrer gemeinsamen

Reise in die Neue Welt. Sie wußte auch von Pauline, und manchmal neckte sie ihn, weil sie ihn noch immer bis in seine Träume verfolgte.

«Sie muß sehr schön gewesen sein», sagte sie einmal, als sie am Abend durch das Wäldchen am Stadtrand spazierengingen.

«Nicht so schön wie du», sagte er.

Sie blieb stehen, und sie blickte zu ihm auf.

«Ich bin nicht schön», sagte sie.

Er lächelte und küßte sie. «Jeden Tag wirst du schöner», sagte er. «Ich liebe dich sehr, Franziska.»

13

Das Jahr 1860 sollte das Jahr der Entscheidung werden. Entweder gelang es den Politikern des Nordens und des Südens, den Republikanern und den Demokraten, ihre Differenzen zu bereinigen, oder der Nation drohte die Spaltung. Henry Boernstein war davon überzeugt, daß es zu einer Sezession der Südstaaten käme, falls Abraham Lincoln tatsächlich zum Präsidenten gewählt würde. Im schlimmsten Fall, so meinte Boernstein, gäbe es Krieg zwischen den Südstaaten und den Nordstaaten, weil im Norden und im Süden die Gemüter der Politiker zu erhitzt waren, als daß eine Auflösung der Union in Frieden hätte stattfinden können. Dabei ging es nicht nur um die Sklavenfrage, sondern um bedeutende wirtschaftliche Interessen.

Ende April und Anfang Mai hielt die demokratische Partei in Charleston, Südkarolina, ihren großen Konvent ab, ausgerechnet in Charleston, einer Hochburg des Südens, in der die Delegierten aus dem Norden auf offene Ablehnung stießen. Der Konvent mußte abgebrochen werden, weil das Pro-Sklaverei-Programm von den Politikern aus dem Norden abgelehnt wurde und daraufhin die Delegierten des Südens demonstrativ abreisten.

Unterdessen wurde in Chicago Abraham Lincoln in der dritten Abstimmung zum Präsidentschaftskandidaten der republikanischen Partei gewählt.

In St. Louis feierten die Republikaner und die Deutschen die Wahl Lincolns als einen ersten großen Sieg. Lange nach Mitternacht – in der Stadt hing noch immer der beißende Qualm der Feuerkracher – drang jemand in Brimmers Ziegelei ein und setzte einen großen Schuppen in Brand. Der Schuppen brannte bis auf die Grundmauern nieder.

Zwei Tage später erwischte es Heinrich. Er war spät in der Nacht auf dem Heimweg. Aus dem Dunkeln heraus überfielen ihn fünf maskierte Männer. Heinrich wehrte sich verzweifelt, und dabei biß er einem der Männer ins Ohr. Die anderen schlugen ihn zusammen, bis er fast ohnmächtig war. Dann rissen sie ihm die Kleider vom Leib und bestrichen seinen nackten Körper mit Ofenschwärze. «Jetzt geht's dir dreckig, Niggerfreund», sagte einer von ihnen, der sich ein rotes Halstuch vors Gesicht gebunden hatte. Sie schleppten ihn hinunter zum Ufer des Mississippi. Dort, bei einem der Verladepiers, zwischen Bergen von weißem Kalksteinschotter, brannte ein Feuer. Heinrich nahm mehrere dunkle Gestalten wahr, die ihre Gesichter nicht verdeckt hatten, aber er erkannte niemand. Wahrscheinlich waren es Flußschiffer aus Louisiana.

«Das ist der Sklavendieb!» sagte der Anführer der maskierten Männer. Er stieß Heinrich in den Lichtschein des Feuers.

«Er sieht fast aus wie ein dreckiger Niggerbock», sagte einer der Flußschiffer. Ein anderer trat Heinrich ins Kreuz. Heinrich, geschwächt von den Schlägen, sank in die Knie.

Die Flußschiffer stießen ihn zu Boden und hielten ihn fest. Einer von ihnen beugte sich über das Feuer. Er trug einen dicken Asbesthandschuh. Heinrich preßte die Zähne fest zusammen, als er sah, wie der Mann ein glühendes Brandzeichen aus dem Feuer nahm. Er drehte sich um und hielt ihm den glühenden SS-Brand für *Slave Stealer*, Sklavendieb, vor die Augen. Heinrich schloß die Lider, damit seine Augäpfel nicht verbrannten.

«Wo willst du das Zeichen, Niggerdieb?» fragte die Stimme des Anführers. Heinrich hätte schwören können, daß sie Rechtsanwalt Madison gehörte. «Auf dem Bauch oder auf der Stirn?»

Die Männer lachten grölend.

«Auf dem Pimmel», sagte einer, und er trat Heinrich in die Seite.

Heinrich öffnete die Augen. Der Mann mit dem Brandzeichen kniete rittlings über ihm, das grinsende Gesicht naß von Schweiß.

«Los, Jules», sagte einer.

Der Anführer kam näher. «Mansfeld, Sir, gib zu, daß du den Sklaven von Norris zur Flucht verholfen hast.»

«Geh zum Teufel, Madison!» stieß Heinrich hervor. Der Anführer lachte. Dann gab er dem Mann, der über Heinrich kniete, ein Zeichen. Der Mann beugte sich vor und drückte Heinrich das glühende Eisen auf den Daumenballen der linken Hand. Heinrich konnte einen Schrei nicht zurückhalten. Er bäumte sich auf, aber die Männer hielten ihn nieder, bis sich das Eisen tief in seine Haut gebrannt hatte.

«Steh auf, Mansfeld!» befahl der Anführer. Heinrich hörte seine Stimme wie durch dichten Nebel dringen. Er drehte sich auf den Bauch und stemmte sich hoch. Er versuchte aufzustehen, aber es wurde ihm schwindlig, und er fiel der Länge nach hin. Einer der Männer half ihm auf die Beine und drehte ihn in die Richtung auf die Stadt zu.

«Geh nach Hause, Sklavendieb», sagte der Mann.

Heinrich kam nicht bis nach Hause. Er brach auf halbem Weg hinter der Schreinerei von Wagner zusammen. Franziska, die sich Sorgen um ihn machte, als er eine Stunde nach Mitternacht noch nicht zu Hause war, alarmierte Konstantin Blandowski, der in der Nähe wohnte. Der Pole weckte ein paar andere, und sie machten sich sofort auf die Suche. Nach einer Stunde fanden sie Heinrich zwischen zwei Bretterstapeln bei der Schreinerei, wo Wagners Hund am Zaun auf und ab lief und keine Ruhe geben wollte. Sie brachten Heinrich sofort zu Dr. Hammer.

Die Beteiligung am Überfall auf Heinrich hätte Ronald Madison nicht nachgewiesen werden können. So stellte Heinrich Strafanzeige gegen Unbekannt. Ein Verfahren wurde aber aus Mangel an Anhaltspunkten nie aufgenommen.

Für Heinrich wurde der Zwischenfall zum auslösenden Faktor für seine Entscheidung, dem Kampf gegen Madison und seine Spießgesellen eine neue Dimension zu geben. Noch im Krankenbett besprach er sich mit Boernstein und bot ihm an, im geheimen die Produktion von Mansfeld-Gewehren aufzunehmen. Mit ihnen sollten die Mitglieder des Turnvereins und andere Freiwillige ausgerüstet werden, damit im Notfall die Stadt gegen die Sezessionisten verteidigt werden konnte. Es mußte nur gelingen, für dieses Projekt die notwendige Unterstützung zu bekommen.

Heinrich stellte minuziöse finanzielle Berechnungen an und legte den ganzen Plan Boernstein nach einer Woche vor. Boernstein hatte inzwischen im Osten seine Beziehungen spielen lassen und war zuversichtlich, daß die notwendigen Geldmittel schon bald zur Verfügung stehen würden.

Nach Heinrichs Plan sollte auf Brimmers Gelände ein Fabrikgebäude entstehen, in dem zur Tarnung Bestandteile für den Lokomotivenbau hergestellt wurden. In unterirdisch angelegten Werkräumen aber würde unter Heinrichs persönlicher Aufsicht die Produktion von Mansfeld-Gewehren aufgenommen. Heinrich rechnete damit, daß in einem halben Jahr bis zu zweitausend Gewehre hergestellt werden konnten.

Franziska war der Eifer, mit dem sich Heinrich diesem gewagten

Unternehmen widmete, unheimlich. Nie zuvor hatte sie ihn so unzugänglich erlebt. Er sprach kaum ein Wort mit ihr. Die Nächte verbrachte er an seinem Pult in der Werkstatt, tagsüber schien er sich verkriechen zu wollen. Er wich ihr aus, und sie versuchte vergeblich, ihn auf andere Gedanken zu bringen.

Die Angst, die sich plötzlich in ihr rührte, trieb sie zu einem gefährlichen Entschluß. An einem Abend, als Heinrich in seiner Werkstatt arbeitete, nahm sie eine kleine Pistole aus der Schublade der Schlafzimmerkommode und verließ das Haus durch die Hintertür.

Ronald Madison bewohnte ein Haus in der oberen Pine Street. Er hatte das herrschaftliche Gebäude mit den vier mächtigen Eingangssäulen vor einigen Jahren bauen lassen, als er ganz bestimmte Pläne für seine geschäftliche und private Zukunft hatte. Inzwischen war vieles anders geworden, und die meisten Zimmer seines weißen Palastes standen leer.

Er lebte allein. Er hatte zwar Angestellte, aber die bewohnten Räume im hinteren Teil des Hauses, wo sich auch die Küche befand, der Hundezwinger mit den englischen Jagdhunden und die Stallungen.

Wenn er einsam war, ließ er Eurynome kommen, ein junges, gertenschlankes Negermädchen, das mit seiner Mutter und einem Onkel im Haushalt Madisons beschäftigt war. Eurynome war scheu und zierlich wie ein Reh, und sie verstand es, ihm jeden Wunsch von den Augen abzulesen. Sie widersprach nie, gab ihm immer das Gefühl, ihm untertänig zu sein, bewunderte in zutraulicher Kindlichkeit alles, was er tat und sagte, und verschwand, wenn er ihrer überdrüssig war.

An einem Abend, als Madison nach Hause kam, um sich für eine Versammlung der *minutemen* im Berthold-Haus umzuziehen, kam ihm Eurynome schon im Garten entgegen. Das war ungewöhnlich, denn er hatte dem Mädchen eingeschärft, sich nur blicken zu lassen, wenn er nach ihr rief.

Eurynome war ziemlich aufgeregt. Sie blickte sich scheu nach allen Seiten um, als fürchte sie, beobachtet zu werden. Aber nur ihr Onkel stand beim Gärtnerhäuschen und tat, als bemerke er nichts.

«Was willst du?» fragte Madison schroff. «Habe ich dir nicht gesagt, du sollst dich nicht ungerufen blicken lassen?»

«Jemand ist da», sagte das Mädchen hastig.

«Jemand ist da?» fragte er verwundert. «Wo denn?»

«Bitte, *Massa*, kommen Sie», sagte das Mädchen und ging den Kiesweg hoch, der um das Haus herum zum Hintereingang führte. Dort, im Schatten eines Schrägdaches, das über den Hundezwinger hinwegragte, stand Franziska. Die beiden Hunde liefen hechelnd am Gitter auf und ab.

Madison blieb stehen und scheuchte Eurynome mit einer Handbewegung davon. Um Zeit zu gewinnen, die er dazu brauchte, seine Fassung zu finden, schaute er dem Mädchen nach, bis es hinter einer Hecke verschwunden war. Dann erst wandte er sich Franziska zu.

«Ich kann mir nicht vorstellen, daß dein Mann von diesem Besuch etwas weiß», sagte er.

«Niemand weiß, daß ich hier bin. Niemand hat mich gesehen.»

«Mein Sklavenmädchen und der Gärtner haben dich gesehen.»

«Die sagen nichts.»

«Das ist richtig. Die wagen es nicht, etwas zu sagen.» Madison schloß die Tür auf. «Willst du hereinkommen?»

Sie nickte, und er ließ sie eintreten. Er machte die Tür hinter sich zu und führte sie in den großen Salon, der ganz nach seinem pompösen Geschmack mit wuchtigen Möbelstücken eingerichtet war. An den Wänden hingen riesige Ölgemälde, die Landschaften von Südkarolina zeigten, mit Jagdhunden und berittenen Jägern in roten Fräkken. Madison ging zu einem Schrank, öffnete ihn und nahm eine Flasche und zwei Gläser heraus. «Echter französischer Cognac», sagte er.

«Ich trinke nicht», sagte sie.

«Ah, ich verstehe», lachte er. «Noch immer die alte Abneigung gegen das Feuerwasser des weißen Mannes.»

Madison goß sich selbst ein Glas voll ein, hob es hoch und grinste. «Auf die Sezession, meine Liebe, und darauf, daß Lincoln niemals Präsident wird.»

Sie blickte ihn nur an. Er war kein Säufer, das wußte sie. Aber er konnte Alkohol nicht gut vertragen. Wenn er zuviel getrunken hatte, wurde er aggressiv und verlor alle Hemmungen. Er schien ihre Gedanken zu erraten.

«Schau mich nur nicht so besorgt an, meine Liebe. Ich tu dir nichts, was du nicht willst.» Er lachte. «Wozu bist du hergekommen?»

«Ich will mit dir reden.»

Er trank das Glas leer und goß sich noch einmal ein.

«Über was?»

«Über dich und über das, was du meinem Mann angetan hast.»

Er hob die Brauen.

«Du willst mich doch nicht etwa beschuldigen, Franziska?» fragte er spöttisch, und in diesem Moment sah sie ihm an, daß er wirklich in jener Nacht dabeigewesen war, als man Heinrich aufgelauert hatte. Er kam auf sie zu und blieb vor ihr stehen. «Du bist noch genauso schön wie früher», sagte er. «Manchmal liege ich im Bett und denke, daß dich Mansfeld mit seinen Blicken verschlingt.» Er trat noch einen Schritt näher und trank ein wenig von seinem Cognac. Seine Augen glänzten. Ein Lächeln, das ihr nicht gefiel, umspielte seinen kleinen Mund.

«Weißt du, daß ich dich nie nackt gesehen habe», sagte er.

«Ich bin hergekommen, um dir zu sagen, daß du Heinrich in Ruhe lassen sollst, Ronald», sagte sie. «Ich appelliere an deine Ehre, die dir doch immer so wichtig war.»

Er lachte. «Du hast Angst um ihn, nicht wahr?» Er hob die rechte Hand und nahm eine dünne Haarsträhne zwischen seine Finger, die an der Seite ihres Gesichts herunterhing. «Oder hast du nur Angst, daß er von unserer gemeinsamen Vergangenheit erfährt?»

«Wir hatten nie eine gemeinsame Vergangenheit, Ronald», entgegnete sie und wich einen Schritt zurück. «Wir waren befreundet. Das ist alles.»

«Wirklich», sagte er und lachte, «ich habe dich nicht ein einziges Mal nackt gesehen. Dabei mußt du einen wunderbaren Körper haben.» Er stellte das leere Glas auf ein Marmortischchen. «Ich werde manchmal fast wahnsinnig, wenn ich daran denke, daß er dich für sich alleine hat, Franziska. Und ich hasse ihn dafür, daß er deine Brüste küßt und dich mit seinen schwieligen Büchsenmacherhänden überall antastet. Ich hasse ihn, und ich verwünsche ihn, Franziska, und eines Tages werde ich ihn dafür töten.»

«Der Haß zerstört dich, Ronald. Es ist der Haß, der dein Leben unerträglich macht. Ich dachte, daß die Zeit die Wunde heilen könnte, die ich dir ohne Absicht geschlagen habe. Aber es ist alles noch viel schlimmer geworden, nicht wahr? Es zerfrißt dich. Du kannst an nichts anderes mehr denken als daran, mein Glück zu zerstören!» Franziska ballte ihre Hände zu Fäusten. «Ja, Ronald Madison, ich bin glücklich! Ich bin sehr glücklich, und ich bin hergekommen, um dir zu sagen, daß du das nicht ungestraft tun kannst, was du vorhast. Ich werde mich wehren! Ich werde kämpfen für mich und meine Familie, und wenn du nicht ganz, ganz vorsichtig bist, dann wirst du es sein, der am Ende auf der Strecke bleibt!»

Er blickte sie an und lächelte.

«Du drohst mir, Franziska?» sagte er leise und ungläubig. «Du bist nicht hergekommen, um mich zu bitten, deinen Mann zu verschonen. Du bist hergekommen, um mir zu drohen.»

«Ich bin hergekommen, um dich zu warnen, bevor es dazu zu spät ist!» Franziskas Stimme wurde messerscharf. «Du weißt, daß ich kämpfen kann.»

«Ich weiß, daß du eine kleine Raubkatze bist, meine Liebe.» Er drehte sich um, nahm die Flasche vom Tisch und goß sich noch einmal ein.

«Und du hast Mut, Franziska. Daran hat es dir nie gefehlt. Mansfeld, dieser klägliche Hund, hat dich nicht verdient.»

«Du sollst wissen, daß ich schwanger bin, Ronald!»

Er fuhr herum und musterte sie.

«Du zeigst es nicht», sagte er, und sie bemerkte, wie plötzlich Schweiß auf seine Stirn trat. Er hob das Glas. «Darauf, daß es eine Kröte ist, die du auf die Welt bringst, meine Liebe.» Er legte den Kopf in den Nacken und goß sich den Cognac in den Hals. Dann holte er aus und wollte das leere Glas in den Kamin werfen. In diesem Moment bemerkte er jedoch, daß Franziska eine kleine vernickelte Derringer-Pistole aus einer Kleiderfalte zog und auf ihn richtete. Sie spannte den Hammer.

«Ich könnte dich jetzt niederschießen wie ein tollwütiges Tier», sagte sie mit zitternder Stimme. «Ich habe mich in dir getäuscht, Ronald. Ich dachte, ich kann mit dir vernünftig reden, aber das geht nicht, weil du besessen bist von deinem Haß. Jemand sollte deinen Qualen ein Ende bereiten, bevor du ein großes Unglück verschuldest.»

Er blickte sie mit glitzernden Augen an.

«Und warum tust du es nicht?» zischte er. «Schieß doch! Herrgott noch einmal, schieß doch, du kleine Hure!» Er brüllte die letzten Worte, und dann schleuderte er das Glas gegen den gemauerten Kamin. Es zersprang, und die Scherben regneten auf die Teppiche und auf die Polstermöbel herunter. «Schieß!» brüllte er, und jetzt kam er auf sie zu.

Sie wich zurück.

«Bleib stehen!» rief sie scharf.

«Warum schießt du nicht?» Er lachte heiser. «Ich sag's dir, meine kleine Franziska. Weil du mich liebst, deshalb schießt du nicht. Weil du mich noch immer liebst, und das ist auch der Grund, warum du hergekommen bist. Ich sehe es in deinen Augen. Das Leben mit ihm hat dich zur Hure gemacht. Du hast dich an ihn verkauft, nicht wahr. Du hast ihm deinen Körper verkauft, deinen schönen, schlanken Körper. Ich sehe . . .»

«Ronald, ich schieße!» warnte sie, aber sie kam nicht mehr dazu, die kleine Pistole abzudrücken. Plötzlich sprang er vor und packte mit beiden Händen ihr Handgelenk. Er drückte ihren Arm jäh hoch und drehte ihn, bis sie die Pistole vor Schmerzen fallen ließ.

Triumphierend schleuderte er sie von sich. Sie taumelte rückwärts, bis sie gegen die Wand stieß.

«Zieh dich aus!» keuchte er und kam auf sie zu. «Los, zieh dich aus!»

Sie schüttelte den Kopf.

«Ronald, ich werde meinen Freunden sagen, was hier vorgefallen ist, wenn du jetzt nicht aufhörst.»

«Das wirst du nicht. Wie könntest du ihnen erklären, daß du hierhergekommen bist, während dein Mann verletzt im Bett liegt? Ich hätte ihn umbringen sollen, meine Liebe. Der rothaarige Germane hätte ihm mit Genuß die Kehle durchgeschnitten.» Er blieb vor ihr stehen. «Wenn du deinen Mann beschützen willst, meine Liebe, dann ziehst du dich jetzt aus.»

Er blieb vor ihr stehen. Sein Atem ging schwer, und seine Augen funkelten tückisch.

«Mach lieber nicht, daß ich dich zwingen muß!»

«Laß uns in Ruhe, Ronald. Das ist alles, was ich von dir verlange. Laß mich und meinen Mann in Ruhe!»

«Ich will dich haben, Franziska. Jetzt will ich dich haben. Das ist die einzige Chance, die ich dir und ihm gebe.» Madison benetzte mit der Zunge seine Lippen. «Ich weiß, daß er mitgeholfen hat, die Sklaven zu befreien, und ich weiß auch, daß er sich Blair und seinen Verbündeten angeschlossen hat. Unter dieser Voraussetzung ist er für mich und meine Freunde Freiwild. Genau wie Sigel und Boernstein auch und Blandowski und Brimmer und Hammer. Wir werden sie alle erledigen, wie man Verräter erledigt. Dein Mann hat nur eine Chance, meine Liebe, und die bist du.» Er beugte sich vor, packte sie bei den Armen und zerrte sie an sich heran. Sein heißer, nach Cognac riechender Atem schlug ihr ins Gesicht. Sie warf den Kopf in den

Nacken und schrie. Da schlang er einen Arm um sie, und sie schlug ihm ihre Hand ins Gesicht, und ihre Fingernägel gruben sich tief in seine Schläfe und in die Wange. Brüllend ließ er sie los. Sie sprang zur Seite und stürzte auf die Tür zu, die in die Halle hinausführte. Sie war nicht abgeschlossen. Sie rannte durch die Halle, verfolgt von Madison. Sie erreichte den Hinterausgang zuerst und stürzte ins Freie. Die beiden Jagdhunde sprangen kläffend gegen die Gitterstäbe des Zwingers, während Franziska den Kiesweg hinunter auf das Gärtnerhäuschen zurannte, wo der alte Mann stand und sich mit dem Ärmel seines Hemds den Schweiß aus dem Gesicht wischte.

Franziska sah sich im Laufen nach Madison um. Er war ihr noch ein Stück weit nachgerannt und dann stehengeblieben. Blut lief ihm aus der Schramme über die rechte Gesichtshälfte.

Franziska hielt an und strich sich die Haarsträhnen aus dem Gesicht. Nach Atem ringend, ging sie langsam an den Stallungen vorbei und am Koppelzaun entlang zu einem Weg, der durch ein unbebautes, aber von üppigem Unterholz bewachsenes Grundstück zur Straße führte. Als sie nach Hause kam, war es bereits dunkel. Heinrich war nicht da. Sie ging ins Schlafzimmer und wusch sich gründlich. Dann zog sie ein anderes Kleid an und verließ die Wohnung. Sie brachte Heinrich ein Schinkenbrot in die Werkstatt. Er saß über seine Pläne gebeugt, als sie eintrat und sich auf einen Schemel beim Fenster setzte. Erst nach einiger Zeit blickte er auf.

«Warum gehst du nicht nach Hause?» fragte er.

«Ich will bei dir sein», sagte sie leise.

Da erhob er sich, blies die Lampe aus, die über der Werkbank hing, und nahm sie bei der Hand. «Komm», sagte er. «Ich bin müde.»

Im Juni, als sich nach einem zweiten mißglückten Konvent die Demokraten endgültig in zwei Lager spalteten und damit zu rechnen war, daß Lincoln die Wahl gewinnen würde, traf sich Heinrich im Hinterzimmer der «Schanz» mit einem Mann, der aus Cincinnati angereist war. Der Mann hieß Herbert Mueller, und er war der Besitzer einer großen Eisenwarenfabrik.

«Ich habe mir Ihre Pläne angesehen, Herr Mansfeld», sagte Mueller und paffte seine Pfeife, während seine kleinen harten Augen auf Heinrich gerichtet waren. «Die Sache ist nicht einfach durchzuführen. Wenn nämlich unsere Gegner erfahren, was wir in aller Heimlichkeit herstellen, wird es nicht nur hier in St. Louis zu einem Volksaufstand kommen. Ich behaupte sogar, daß es den Ausbruch des Bürgerkriegs bedeuten würde.»

«Ich bin mir dieser Gefahr bewußt, Herr Mueller», erwiderte Heinrich gelassen. Seine Hand war noch immer verbunden, da die Brandwunde schlecht heilte. «Wir haben entsprechende Maßnahmen ergriffen. Das Gelände, auf dem die Fabrik gebaut werden soll, ist inzwischen eingezäunt und steht unter ständiger Bewachung. Die Werkstätten entstehen unterirdisch, wenn das Fabrikgebäude fertig ist. Der Aushub wird unterirdisch in die Ziegelei abgeführt. Kein Mensch wird etwas erfahren.»

«Und die Arbeiter?»

«Wir werden alle Arbeiter und Angestellten einer strengen Prüfung unterziehen, bevor wir sie in unserer Fabrik beschäftigen», sagte Boernstein, der am Kopfende des Tisches saß. «Herr Mansfeld wird Büchsenmacher aus Missouri und Illinois beschäftigen. Und oben, in der Halle des Eisenwerks und in der Gießerei, werden nur Leute arbeiten, auf die wir uns hundertprozentig verlassen können.»

«Sie werden Leute von mir kriegen», sagte Mueller. «Trotzdem bin ich mir nicht im klaren darüber, wie Sie die Waffenfabrikation auf die Dauer geheimhalten können.»

«Ich gebe zu, daß das Projekt mit unkalkulierbaren Risiken verbunden ist», sagte Heinrich, «und dennoch muß es dringend verwirklicht werden, wenn wir im Falle einer Auseinandersetzung diese Stadt davor bewahren wollen, daß sie in die Hände der Sezessionisten fällt.»

«Verzeihen Sie mir die Frage, Herr Mansfeld, aber glauben Sie wirklich, daß Sie der richtige Mann dazu sind, ein so bedeutendes Unterfangen erfolgreich durchzuführen?»

Heinrich blickte von seinen Papieren auf, und Boernstein glaubte in den Augen seines jungen Freundes einen Glanz zu erkennen, wie er ihn zuvor noch nie gesehen hatte.

«Ich verbürge mich mit meinem Leben!» sagte Heinrich mit rauher Stimme. «Das muß Ihnen und den Geldgebern genügen.»

Mueller hob seine Brauen.

«Man erzählte mir, daß es einige Leute in dieser Stadt geben soll, die es besonders auf Sie abgesehen haben, Herr Mansfeld?»

«Heinrich ist einem gewissen Madison ein Dorn im Auge», erklärte Boernstein. «Madison gehört zu den Anführern der Sezessionisten. Außerdem ist er Rechtsanwalt mit politischen Ambitionen. Seit dem Überfall auf Herrn Mansfeld behalten wir ihn im Auge.»

Mueller klopfte die Pfeife im Aschenbecher sorgfältig aus und legte sie auf den Tisch. «Gut», sagte er und lehnte sich im Stuhl zurück. «Sollte etwas schiefgehen, sind Sie wohl der erste, der daran glauben muß, Mansfeld. Also werden Sie vorsichtig sein. Eine bessere Garantie gibt es leider in diesem Fall nicht. Das Geld für den Bau der Fabrik und für die Anschaffung der Maschinen und der Einrichtung ist vorhanden. Wann wollen Sie mit dem Bau beginnen?»

«Sofort!» sagte Heinrich. «Wann kann ich über das Geld verfügen?»

«Ich bin ermächtigt worden, Ihnen einen Scheck über eine Summe von vierzigtausend Dollar auszustellen. Damit sollte der Anfang gesichert sein.»

«Wer sind die Geldgeber?» fragte Heinrich.

«Es ist mir strengstens untersagt worden, Namen zu nennen, Mansfeld. Die Geldgeber wollen in Anbetracht der Gefährlichkeit dieser Sache im Hintergrund bleiben. Ich kann Ihnen nur versichern, daß es sich um Unternehmer handelt, die über flüssiges Kapital verfügen und bereit sind, dieses zur Erhaltung des Friedens in unserer Nation einzusetzen.»

Heinrich versuchte nicht, mehr über die Hintermänner in Erfahrung zu bringen. Es war ihm einerlei, wer die Kosten für sein Vorhaben aufbrachte. Die Hauptsache war, daß man ihm trotz seiner Jugend vertraute und freie Hand gab. Als Mueller am nächsten Tag St. Louis verließ, war Heinrich im Besitz eines Schecks über vierzigtausend Dollar, der von Mueller ausgestellt war.

Heinrich gab in verschiedenen Zeitungen der Stadt Inserate auf, in denen er Bauarbeiter suchte. Er ließ sie in seiner Werkstatt vorsprechen und wählte sie sorgfältig aus. Absichtlich stellte er mehrere Arbeiter an, die nicht dem deutschstämmigen Bevölkerungsteil von St. Louis angehörten. Ohne Zweifel befanden sich unter ihnen Mitglieder der *minutemen* und Sympathisanten der Sezessionisten, aber beim Bau der Fabrik gab es nichts zu verheimlichen. Trotzdem kam in der Stadt sofort das Gerücht auf, daß die Fabrik auf Brimmers Gelände keineswegs nur ein Zweitwerk der Firma Mueller & Co. in Cincinnati war, sondern eine als Eisenwerk getarnte Waffenfabrik, in der eine Wunderwaffe hergestellt werden sollte, die es bisher nur in Europa gab. Heinrichs Name tauchte in diesen Berichten mehrere Male auf. Man schrieb, daß er in aller Heimlichkeit ein mehrschüssiges Gewehr entwickelt hätte, mit dem die «Hessen» der Stadt ausgerüstet werden sollten, damit Francis Blair und seine Freunde St. Louis unter ihr Joch beugen konnten.

Heinrichs Laden wurde zum Ziel wütender Protestaktionen. Man bombardierte Schaufenster und Tür mit nassen Dreckklumpen. Heinrich machte daraufhin den Laden zu und vermietete ihn an einen Hutmacher.

Von da an verbrachte er die Tage auf dem Baugelände, das von Mitgliedern der Turnvereine bewacht wurde, um Banden von jungen Männern aus St. Louis daran zu hindern, das angefangene Ziegelsteingebäude niederzureißen und die Arbeiter zu verprügeln.

Als das Gebäude stand und die letzten Ziegel das Schrägdach deckten, legten unten bei den Docks Tag für Tag große Frachtboote an. Dockarbeiter löschten das Stückgut, das aus größeren und kleineren Kisten bestand. Sie enthielten Maschinenteile, die mit Fuhrwerken der Ziegelei zur Fabrik transportiert wurden. Jeder dieser Transporte wurde von Mitgliedern der *minutemen* argwöhnisch belauert. Niemand merkte, wie unterdessen in dunklen Nächten unter der Fabrik Werkräume ausgehoben wurden, die nur durch einen Geheimgang von einem Lagerschuppen der Brimmerschen Ziegelei aus erreicht werden konnten. Brimmer selbst beaufsichtigte den Bau dieser Katakomben, wie er die dunklen, schlecht gelüfteten Kellerräume nannte. Zu ihrem Bau wurden nur Mitglieder aus den Turnvereinen und Studenten des Deutschamerikanischen Instituts und des medizinischen Kollegiums von Dr. Hammer angeheuert.

Obwohl nichts an die Öffentlichkeit sickerte, forderten die mit dem Süden sympathisierenden Zeitungen der Stadt eine staatliche Untersuchung des Eisenwerks von Mueller & Co. Durch eine Gerichtsverfügung wurden die Anwälte Ronald Madison und Basil Duke daraufhin von der Regierung beauftragt, eine Kommission zusammenzustellen, der Heinrich einen Rundgang durch die Fabrik zu gewähren hatte.

Madison und Duke gingen sofort an die Arbeit. Sie ernannten eine Kommission von neun Männern der Stadt, unter denen sich der Kommandant des Arsenals von St. Louis befand, ein gewisser Major Bell. Die Kommission sollte von mehreren Reportern der lokalen Presse begleitet werden.

Franziska versuchte vergeblich, Heinrich dazu zu bewegen, ihr wenigstens einen kleinen Einblick in sein Vorhaben zu gewähren, damit sie seine Sorgen und Nöte mit ihm teilen konnte. Am Vorabend des Tages, an dem der Rundgang stattfinden sollte, las sie in einer Zeitung, daß die Bürger von St. Louis bereit waren, die Fabrik auf dem Brimmer-Gelände niederzubrennen und Heinrich Mansfeld mit Schimpf und Schande aus der Stadt zu jagen, falls sich herausstellte, daß er tatsächlich ein hinterhältiges und schmutziges Spiel trieb.

Heinrich kam an diesem Abend früher als sonst nach Hause. Mitglieder des Turnvereins hatten ihm auf dem Heimweg das Geleit gegeben, damit er nicht auf offener Straße angepöbelt oder sogar gelyncht wurde. Das war ihm nämlich ebenfalls schon angedroht worden.

Heinrich war in letzter Zeit hager und blaß geworden. Seine Augen waren an diesem Abend rot gerändert. Franziska wußte, daß er kaum mehr dazu kam, sich zu entspannen, und nachts wachte sie selbst oft auf, weil er keine Ruhe fand und manchmal schweißgebadet aufstand, um den Gedanken zu entfliehen, die ihn bis in seine Träume verfolgten.

An diesem Abend, nachdem sie das Essen aufgetragen hatte, stellte sie ihn zur Rede. Zu ihrer Überraschung gab er ihr bereitwillig Auskunft über alles, was sie von ihm wissen wollte. Es schien fast, als hätte er nur darauf gewartet, ihr endlich von seinem Projekt erzählen zu können. Er sagte ihr, daß die Fabrik tatsächlich dazu eingerichtet war, Bestandteile für den Lokomotivenbau herzustellen.

«Madison wird sich morgen zum Narren machen», lachte Heinrich, aber es war nicht das fröhliche Lachen, das sie bisher von ihm gewohnt gewesen war. Sie nahm seine Hand mit der wulstigen, schlecht verheilten Narbe in ihre Hände und drückte sie.

«Ronald Madison hat sich wie ein kleiner, gefährlicher Dämon in unser Leben eingeschlichen, Heinrich. Ich fürchte, daß es ihm gelingen könnte, es zu zerstören.»

«Du irrst, Franziska. Madison wird dazu keine Gelegenheit mehr erhalten. Er hätte es sich gut überlegen sollen, bevor er sich mit mir anlegte.»

«Er hat aus dir einen anderen Menschen gemacht, Heinrich. Du solltest dich mal im Spiegel betrachten. Seit Tagen ißt du kaum mehr. Du schläfst nicht, und wenn du schläfst, peinigen dich Alpträume. Du glaubst vielleicht, es würde mir entgehen, daß du selbst Angst hast, aber ich sehe sie jeden Tag in deinen Augen. Du hast Angst um uns, Heinrich, und der Gedanke, daß du für alles, was geschehen wird, die Verantwortung trägst, läßt dich nicht mehr zur Ruhe kommen.»

«Ich habe mich entschieden, Franziska, nachdem man mir eine Entscheidung aufgezwungen hat.» Heinrich entzog ihr seine Hand. «Hast du nicht selbst oft genug gesagt, daß dieser Kampf notwendig ist? Hast du nicht selbst gekämpft ohne Rücksicht auf die Gefahren, die dir drohten?»

«Seither hat sich vieles verändert.»

«Was hat sich geändert? Daß wir Mann und Frau sind? Daß du schwanger bist? Daß die Gefahr jetzt direkt auf uns gerichtet ist?» Heinrich erhob sich und ging zum Fenster. Es war dunkel draußen. «Wir beginnen in drei Tagen mit der Produktion meiner Gewehre, Franziska. Die Werkräume sind eingerichtet. Wir haben acht deutsche Büchsenmacher angeheuert und ein Dutzend Arbeiter aus Muellers Fabrik in Cincinnati. Es ist alles so gelaufen, wie ich es geplant hatte. Ohne die kleinste Panne.» Er drehte sich zu ihr um. «Ich bin müde, Franziska, aber ich bin auch stolz und zuversichtlich. Ich glaube, diese Nacht werde ich ruhig schlafen.»

«Obwohl es gut sein könnte, daß du morgen gehängt wirst!» sagte sie, und er merkte, wie ihre Augen feucht wurden. Er ging zu ihr, beugte sich über sie und küßte sie auf den Scheitel.

«Madison wird nicht eher aufgeben, als bis er dich vernichtet hat, Heinrich, und dafür hat er gute Gründe. Ich will –»

«Ich mag seinen Namen nicht mehr hören», unterbrach Heinrich sie hart. Er küßte sie noch einmal; sie hob den Kopf, und er sah, daß Tränen über ihre Wangen liefen.

«Was hältst du davon, wenn wir nächste Woche in die Locust Street umziehen?» fragte er plötzlich und lächelte. «Boernstein hat mich auf ein kleines Haus aufmerksam gemacht, das zu kaufen wäre. Das Haus hat eine Veranda und einen schönen großen Garten mit Obstbäumen. Wir können es uns morgen ansehen, wenn du willst.»

«Morgen?»

«Ja. Natürlich nur, wenn man mich nicht aufhängt.» Er lachte, obwohl ihm eigentlich nicht danach zumute war. Und das spürte sie.

14

Ronald Madison war voll eifriger Zuversicht, als er sich mit den übrigen Mitgliedern der Kommission vor dem neuen Tor traf, durch das man die Ziegelei von Brimmer und das neue Eisenwerk von Müller & Co. erreichen konnte. Er war felsenfest davon überzeugt, zumindest auf irgendwelche Anhaltspunkte zu stoßen, durch die man ein konspiratives Treiben in der Fabrik hätte aufdecken können. Wenn Mansfeld nichts zu befürchten gehabt hätte, wäre Franziska niemals zu ihm ins Haus gekommen.

Madison trug Grau an diesem Morgen. Seine Schrammen auf der rechten Gesichtshälfte waren verkrustet. Er sah frisch aus, scherzte mit Basil Duke, einem schlanken Mann mit einem markant geschnittenen Gesicht und rötlichblonden Haaren. Heinrich sah vom Fenster seines Büros aus, wie sich die Mitglieder der Kommission vor dem Tor trafen und sich gegenseitig die Hände schüttelten. Die Presseleute trafen ebenfalls ein. Bei ihnen befand sich Boernstein, der unter dem Titel «Mr. Madison sieht Gespenster» einen Bericht voll beißendem Spott und Sarkasmus vorbereitet hatte.

Eine Gruppe von Männern – Heinrich wußte, daß sie den *minutemen* angehörten – marschierte die Straße hinauf zum Fabriktor. Da alle trotz der hochsommerlichen Wärme Anzüge trugen, war zu vermuten, daß sie bewaffnet waren.

Heinrich hatte es nicht anders erwartet. Er verließ sein Büro, ging die schmale Außentreppe hinunter und durchquerte den Fabrikhof. Die Männer draußen blickten ihm durch die Stäbe des neuen schmiedeeisernen Fabriktors entgegen. Madisons Gesicht rötete sich etwas, und ein hochmütiger Ausdruck machte sich darauf breit.

«Ja, Mr. Mansfeld, Sir, einen schönen guten Morgen wünsche ich Ihnen. Ich hoffe, Sie haben gut geschlafen.»

Heinrich spürte, wie kalte Wut in ihm aufstieg, die er nur mühsam zurückhalten konnte. Er erwiderte Madisons Gruß nicht, schloß das Tor auf und ließ die Männer hereinkommen. Erst als sich der Kommission und den Presseleuten auch die Schar der *minutemen* anschließen wollte, trat er vor und faßte den Anführer ins Auge, einen dunkelhaarigen jungen Mann, der sich sehr selbstsicher zeigte.

«Im Gerichtsbeschluß steht nichts davon, daß ich die Fabrik einer Bande von Strauchdieben zugänglich machen soll, obwohl der Beschluß ja von Richter Berthold ausgestellt worden ist.»

Die Männer der Kommission waren stehengeblieben, da Heinrich so laut gesprochen hatte, daß sie alle seine Worte verstehen konnten. Basil Duke, Madisons Partner, kam sofort herüber.

«Mr. Mansfeld, die jungen Herren sind zu unserer Sicherheit herbestellt worden», sagte er. «Auch wenn Richter Berthold es versäumt hat, den Beschluß dementsprechend auszustellen, dürften Sie gegen eine solche Maßnahme nichts einzuwenden haben, sofern Ihr Gewissen sauber ist.»

Heinrich lächelte, aber seine Augen hätten Duke warnen sollen.

«Mr. Duke, wollen Sie damit sagen, daß diese Bande auf Ihre Veranlassung hier erschienen ist?»

«Diese Bande, wie Sie es so leichtsinnig ausdrückten, Mr. Mansfeld, Sir, besteht aus ehrenwerten und unbescholtenen Bürgern dieser Stadt.» Duke zeigte auf den Anführer. «Dieser junge Mann zum Beispiel ist Charles Hoyt, der Sohn von Dr. William Hoyt.»

Heinrich trat auf den jungen Mann zu, verbeugte sich kurz und packte ihn dann blitzschnell bei den samtenen Aufschlägen seines Anzugs. Mit einem Ruck zerrte er ihm die Jacke auf. Die Knöpfe sprangen weg, und ehe sich Charles Hoyt versah, hatte ihm Heinrich einen Patterson-Revolver aus dem Hosenbund gezogen. Er spannte den Hammer, drehte sich um und richtete die Mündung auf Basil Duke, der von einem Moment auf den anderen leichenblaß wurde.

«Mr. Mansfeld, Sir, sind Sie von Sinnen», stieß er heiser hervor. «Das ist gegen das Gesetz!»

«Ist es das», gab Heinrich spöttisch zurück. «Welches Gesetz?»

«Sag es ihm, Ronald!» Duke begann furchtbar zu schwitzen.

Heinrich grinste, als Ronald Madison vortrat.

«Machen Sie's kurz, Madison! Sagen Sie mir, wer diese Hühnerdiebe herbestellt hat, und die Sache ist erledigt.»

«Wir waren der Meinung, hier auf Gruppen von euren Turnern zu stoßen, und da –»

«Sehen Sie hier irgendwelche Turner, Madison?»

«Nein. Aber es wäre –»

«Sehen Sie hier irgendwelche ehrbare und unbescholtene Bürger unserer Stadt?» unterbrach ihn Heinrich.

Madison hob die Brauen und blickte sich um. Beim Anblick von Henry Boernstein, der bei den Zeitungsreportern stand und von einem Ohr zum anderen grinste, wurde Madison dunkelrot im Gesicht.

«Ja, ich sehe hier mehrere unbescholtene und ehrbare Bürger dieser Stadt, Mansfeld», sagte er und schlug sein Stöckchen, das einen vergoldeten Knauf hatte, ungeduldig gegen sein Bein. «Was soll dieses entwürdigende Schauspiel, Mansfeld?»

«Entweder sehen Sie schlecht, Madison», sagte Heinrich, und jetzt klang seine Stimme wieder eiskalt, «oder Sie haben üble Freunde.»

«Ich verstehe nicht», sagte Madison mißtrauisch.

«Dann geben Sie diesen jungen Männern hier den Befehl, ihre Anzugjacken auszuziehen, Madison.»

Madison lachte auf. «Sie müssen verrückt geworden sein, Sir! Warum sollte ich . . .»

«Los, Madison! Sie sollen sich ausziehen!»

Major Bell trat vor. «Mr. Mansfeld, ich glaube, das geht jetzt entschieden zu weit. Ich muß –»

«Sie halten vorläufig den Mund, Major», schnappte Heinrich. «Die Öffentlichkeit dieser Stadt hat ein Recht zu erfahren, daß Leute vom Schlage Madisons nicht ungefährlich sind.» Er fuhr plötzlich herum und richtete den Revolver auf Ronald Madison. «Wird's bald, Mister!» sagte er scharf.

Madison holte tief Luft. Da niemand Anstalten machte, ihm zu helfen, wandte er sich an die jungen Männer beim Tor. «Zieht Eure Anzugjacken aus», sagte er.

Kein einziger gehorchte. Einige grinsten. Andere blickten nur haßerfüllt herüber. Die meisten von ihnen gehörten tatsächlich zu den besten Familien der Stadt. Sie waren es nicht gewohnt, gedemütigt zu werden.

«Ihr habt gehört, was der Mann verlangt», sagte Madison rauh.

«Uns ist scheißegal, was der Mann verlangt», antwortete Charles Hoyt, der Anführer der jungen Männer, lakonisch. «Wenn wir hier nicht gebraucht werden, gehe ich jetzt nach Hause.» Er wollte sich umdrehen und davongehen. Da trat Heinrich zwei Schritte vor und stieß Basil Duke den Revolverlauf so hart in den Unterleib, daß sich der Anwalt mit schmerzverzerrtem Gesicht zusammenkrümmte.

«Bleib stehen, du Strolch!» befahl Heinrich scharf. «Und wenn ich sehe, daß einer deiner Kumpane seine Hand irgendwo im Anzug verschwinden läßt, geht die Knarre hier von alleine los, und Mr. Duke kriegt ein Stück Blei mitten ins Gedärm.»

Der junge Mann blieb stehen, und keiner von seinen Freunden wagte es, sich zu bewegen. Sie konnten es kaum fassen, daß ein einzelner Mann sie mit einem Revolver, der ihrem Anführer gehörte, in Schach hielt.

Noch einmal forderte Heinrich Madison auf, den Befehl zu wiederholen. Madison gehorchte nach einem kurzen Zögern, das er offenbar dazu benutzte, seinen Ärger hinunterzuschlucken.

Charles Hoyt war der erste, der der Aufforderung nachkam. Er zog seine ohnehin schon lädierte Jacke aus, und zur Überraschung aller hatte er noch eine einschüssige alte Steinschloßpistole im Hosenbund stecken.

Jetzt begannen auch die anderen, die Jacken auszuziehen. Sie alle hatten darunter Pistolen, Revolver und Messer versteckt. Einer hatte sogar eine Schrotflinte mit abgesägtem Lauf mitgenommen.

«Was nun, Mansfeld?» fragte Charles Hoyt und spuckte Heinrich vor die Füße.

«Ihr könnt jetzt nach Hause gehen», sagte Heinrich.

«Mit unseren Waffen?»

«Selbstverständlich. Die Leute sollen sehen, auf wen sie in nächster Zeit achtgeben müssen. Los, verschwindet, ihr Strauchdiebe!»

Sie wollten die Jacken wieder anziehen, aber Heinrich befahl ihnen, sie schön nebeneinander ans Tor zu hängen. Erst dann durften sie sich auf den Weg nach Hause machen. Den Patterson-Revolver, den er dem jungen Arztsohn abgenommen hatte, händigte Heinrich Basil Duke aus, der noch immer sichtlich unter Bauchschmerzen litt.

«So, nachdem jetzt geklärt ist, von welchen Leuten die Gefahr ausgeht, die dieser Stadt droht, werde ich die Herren durch die Fabrik führen. Bitte sehen Sie sich alles genauestens an. Und falls Sie Fragen haben, wenden Sie sich vertrauensvoll an mich!»

Ohne sich umzusehen, ging Heinrich allen voran über den Platz. Er betrat die Fabrik durch den Eingang zur Gießerei, in der eine Backofenhitze herrschte.

«Hier werden die Gußteile für die Taunton-Lokomotiven hergestellt», erklärte Heinrich und ließ die Männer zusehen, wie muskulöse Arbeiter mit entblößten Oberkörpern, von denen der Schweiß in Strömen herunterlief, die mächtigen Schmelztiegel ausschwenkten und das flüssige Eisen über verzweigte Kanäle in die Formen laufen ließen. Der Raum war erfüllt von Dampf, Brodeln und Zischen. Heinrich winkte einen Vorarbeiter heran und bat ihn, den Herrschaften den gesamten Entstehungsvorgang eines Eisengußteils zu erklären. Der Mann grinste breit, wischte sich mit seinem behaarten Unterarm Schweiß und Ruß vom Gesicht und begann langsam zu erzählen. Nach zehn Minuten in der kaum erträglichen Hitze, fiel der Warenhausbesitzer Colton Green beinahe in Ohnmacht. Sie mußten ihn an die frische Luft befördern. Auch die anderen Mitglieder der Untersuchungskommission hatten genug. Schweißdurchnäßt, mit hochroten Köpfen und vor Anstrengung keuchend, verließen sie die Gießerei.

Draußen fragte Heinrich sie, wie es ihnen gefallen hätte.

«Interessant ist es schon», sagte Major Bell, dem dunkle Haarsträhnen in der nassen Stirn klebten. «Schade nur, daß die Fabrik nicht auf dem Gelände der Bierbrauerei steht und wir jetzt den Durst löschen können.»

Es sollte ein Scherz sein, aber niemand lachte. Heinrich führte die Kommission durch einen anderen Eingang in die Werkhalle, wo ein Dützend Arbeiter beschäftigt waren. Hier dröhnten ohne Unterlaß die Hammerschläge. Ein hochspringender Funke aus einer Esse verbrannte Madisons grauen Rock. Die Luft war dick von schwarzem Qualm, der nicht abziehen wollte, obwohl die Fenster offenstanden. Die neuen Backsteinwände waren schon dick mit Ruß bedeckt, der hartgetretene Dreckboden voll mit blinkenden Eisenspänen. Auch in der Werkhalle war es so heiß, daß die Arbeiter ihre Lederschürzen über dem nackten Oberkörper trugen.

«Hier werden Plattfedern hergestellt», sagte Heinrich, «und dort drüben U-Bolzen.» Madison entdeckte die Stahltür an der Schmalseite der Halle. Er machte Major Bell darauf aufmerksam, der sofort hinüberging. Die Tür war abgeschlossen.

«Was befindet sich hinter dieser Tür, Mr. Mansfeld?» fragte der Major.

«Ein verstecktes Arsenal», sagte Heinrich. «Wollen Sie es sehen?»

«Bitte schließen Sie auf.»

Heinrich öffnete die Tür. Im Raum dahinter stand eine Werkbank mit einer Schraubzwinge, in die ein Gewehr eingespannt war. Ein Werkzeugschrank, eine kleine Drehbank und eine Bohrmaschine machten den Rest der Einrichtung aus. An den Wänden hingen mehrere Pläne. Einige roh gehauene Eichenholzstücke, die zur Herstellung von Gewehrschäften benutzt wurden, lagen auf einem Trockenrost. Mehrere Gewehre standen in einem Gewehrrechen. Neben dem Fenster hingen eine alte Tasche aus Segeltuchstoff und Lederstreifen und ein Paar klobige Schuhe, deren Sohlen durchgelaufen waren.

«Das ist meine Werkstatt, meine Herren», sagte Heinrich nicht ohne Stolz. «Und das Gewehr, das Sie sehen, ist die Wunderwaffe, von der die Zeitungen berichtet haben. Das Mansfeld-Gewehr, das nicht mit einer Nadel, sondern mit einem Schlagbolzen versehen ist. Bis jetzt habe ich ein paar solcher Gewehre hergestellt, wovon drei in meinem Besitz geblieben sind. Damit, so wird mir Mr. Madison zweifellos beipflichten, läßt sich kaum ein Krieg gewinnen.»

Madison wich Heinrichs Blick aus. Abrupt drehte er sich um und verließ den kleinen Raum. Major Bell wollte sich das Gewehr näher ansehen, aber Heinrich erklärte ihm freundlich, daß er im Moment keine Zeit hätte. «Wir sind mit der Arbeit im Verzug, meine Herren. Unsere Auftraggeber verlassen sich auf pünktliche Lieferungen.»

Sie verließen die Fabrik und schauten sich draußen in der Lagerhalle noch ein bißchen um. Aber es gab nichts, was ihren Verdacht aufs neue hätte wecken können. Nach knapp zwei Stunden verließ die Kommission das Fabrikgelände und machte sich auf den Weg zurück in die Stadt. Heinrich gab ihnen die Anzugjacken der jungen Männer mit. Madison schäumte innerlich vor Wut und Enttäuschung über den Mißerfolg dieser Aktion.

Heinrich blieb den ganzen Morgen in der Fabrik. Am frühen Nachmittag aber ging er nach Hause. Franziska erwartete ihn. Zusammen spazierten sie zur Locust Street hinunter zu dem kleinen Haus, das Heinrich zu kaufen beabsichtigte. Franziska war entzückt. Das Haus hatte tatsächlich eine wunderschöne breite Veranda. Es war sonnig und lag in einer bevorzugten Straße. Sie setzten sich auf die Veranda, und Heinrich erzählte ihr, was in der Fabrik vorgefallen war.

«Du hättest Madison sehen sollen, als ich ihm einige der Anzugjakken auf den Arm legte und er unverrichteter Dinge abziehen mußte. Er ist fast geplatzt vor Wut.»

Franziska hätte ihm in diesem Moment gern gesagt, was sie bedrückte, aber wie hätte sie ihm diesen schönen Nachmittag verderben können. Sie lachte mit ihm und hörte seinen scherzhaften Erzählungen zu, während sie in den Hintergarten gingen. Er schüttelte einen Pflaumenbaum, hob einige der schönsten Früchte vom Boden auf und gab sie ihr. Er zeigte zu einem Fenster im zweiten Stock hoch und sagte, daß dies das Zimmer ihres Sohnes sein würde. Er war glücklich an diesem Nachmittag, frei von den Sorgen, die ihn seit vielen Wochen gepeinigt hatten. Sie hakte sich bei ihm ein, und sie schlenderten durch das hohe Gras und umarmten sich im Schatten einer alten Esche, die neben einem kleinen Geräteschuppen stand.

Am nächsten Tag brachten die Zeitungen höhnische Berichte über den Vorfall bei der Fabrik. Besonders Boernstein und die anderen Redakteure der deutschen Zeitungen ließen es sich nicht nehmen, Madison und Duke bis auf die Knochen lächerlich zu machen. Die Blamage für die beiden Anwälte und ihre Verbündeten war perfekt.

Noch in der gleichen Woche wurde der Hauskauf abgeschlossen. Franziska machte sich sofort daran, das bescheidene neue Heim an der Locust Street nach ihrem Geschmack behaglich einzurichten, damit es zu einem geselligen Mittelpunkt für den sich laufend vergrößernden Freundeskreis werden konnte. Und in der Folgezeit entpuppte sich Franziska als eine liebenswürdige und anmutige Gastgeberin. Es verging kaum ein Abend, an dem nicht einige Bekannte zu Besuch kamen, um auf der Veranda bei einem Glas Wein die Politik des Landes zu bereden und von Neuigkeiten aus dem Osten zu berichten.

An einem dieser Abende brachte Henry Boernstein sogar den ehemaligen süddeutschen Revolutionär Friedrich Hecker mit, der in der Nähe von St. Louis, aber auf der anderen Seite des Missouri, im sklavenfreien Staat Illinois, eine Farm bewirtschaftete und in Belleville als Anwalt tätig war.

Heinrich hätte sich nie zu träumen gewagt, einmal eine solch großartige Gesellschaft unter seinem Dach zu haben: Männer, deren Namen ihm seit Jahren geläufig waren, die er insgeheim bewunderte und die sich hier, in ihrer neuen Heimat, zu einem bedeutenden politischen und wirtschaftlichen Kreis zusammengeschlossen hatten. Dr. Emil Preetorius war hier, aus der bayrischen Pfalz, der sich als junger Jurist in die Revolutionsbewegung gestürzt hatte und später flüchtete. Dr. Dänzer, der Zeitungsredakteur, Franz Sigel, Dr. Weigel, der Arzt Dr. Hammer und Dr. William Taussig mit seinem Bruder James und der junge Dr. Spiegelhalter, der kürzlich seine Arztpraxis eröffnet hatte. Sie gehörten zu den eifrigsten der deutschen Patrioten von St. Louis, die meisten von ihnen Männer, die in ihrer alten Heimat schon gegen die Willkür der Obrigkeit und um Freiheit und Leben der Bürger gekämpft hatten. Auch von Carl Schurz war viel die Rede, dessen Name seit der Wahl

Lincolns zum Präsidentschaftskandidaten täglich in allen Zeitungen des Landes abgedruckt war. Er wollte auf eine Einladung von Francis Blair hin am 29. Juli in der *Verandah Hall* eine Rede halten. Heinrich war begierig darauf, diesen Mann kennenzulernen, der in Deutschland durch seine kühnen Taten schon fast zu einem Volkshelden geworden war: Carl Schurz, der Mann, der aus der Festung Rastatt entkommen war, bevor ihn die Preußen mit den anderen Freischärlern in den Kasematten einkerkern und später für seine agitatorische Arbeit und dafür, daß er der Einberufung als preußischer Soldat nicht Folge geleistet hatte, hätten standrechtlich erschießen können. Heinrich hatte viel von ihm gehört, und es gab keinen Deutschen in St. Louis oder anderswo in Amerika, der nicht stolz gewesen wäre auf diesen großartigen jungen Mann, der von den Sklavenhaltern und den Politikern des Südens gefürchtet wurde, als hielte er das Schicksal der Nation in seiner eigenen Hand.

Die Herren waren sich einig, daß Carl Schurz seit seiner Ankunft in Amerika mehr als jeder andere für die Rechte der Ausländer eingetreten war und daß seine Anwesenheit in St. Louis ihrer Sache von unermeßlichem Nutzen sein würde. Heinrich verspürte, wie er angesteckt wurde von der hoffnungsvollen Vorfreude, mit der alle dem Besuch ihres großen Landsmannes entgegensahen.

In der Stadt wurden überall Vorbereitungen zum Empfang des großen Gastes getroffen. Man schmückte die ganze Stadt, aber der deutsche Teil wurde zu Ehren des Landsmannes besonders herausgeputzt. Überall hingen Fahnen, amerikanische und deutsche, rot-weiß-blaue Girlanden und Spruchbänder, auf denen man Carl Schurz in seiner Muttersprache willkommen hieß.

Zwei Tage bevor der hohe Gast erwartet wurde, wollte Heinrich Franziska mit in die Stadt nehmen und sich mit ihr in «Jäger's Garten» zu den anderen gesellen. Seit Wochen hatte sie an keinen Versammlungen mehr teilgenommen, und Heinrich dachte, daß ein Spaziergang durch die geschmückte Stadt sie erfreuen würde.

Er rief am Gartentor ihren Namen, als er nach Hause kam, aber sie eilte ihm nicht wie sonst an der Tür entgegen. In einem Zimmer des oberen Stockwerks brannte Licht. Die Haustür war verriegelt. Heinrich rief noch einmal nach ihr, und dann hörte er sie die Treppe herunterkommen. Sie schob den Riegel zurück, und er sah ihrem Gesicht an, daß etwas nicht stimmte. Er hatte in ihren Augen noch nie den Ausdruck von Furcht gesehen, aber im Moment, als er sie in die Arme nahm, erkannte er, daß sie sich zu Tode geängstigt hatte.

«Was ist passiert?» fragte er leise und strich ihr mit der Hand sanft über das straffe Haar. «Ist etwas mit . . . mit dem Kind?»

Sie schüttelte den Kopf.

«Ich bin froh, daß du da bist, Heinrich», sagte sie leise. «Ich bin so froh, daß du da bist.» Sie löste sich von ihm und ließ ihn eintreten. Er machte die Tür hinter sich zu, und sie schob den Riegel vor, was sie sonst nie tat, bevor es draußen richtig dunkel war.

Sie blickte zu ihm auf und sagte: «Madison war hier.»

«Hier?» fragte er. «Hier im Haus?»

«Ich habe ihn nicht hereingelassen», sagte sie. «Er hat nach dir gefragt.»

«Was wollte er von mir?»

«Er hatte einen Mann dabei, der dich wiedersehen wollte.»

«Ein Mann? Was für ein Mann?» Heinrich merkte, wie ihm heiß wurde. Er dachte sofort an Konrad.

«Einen Deutschen. Er nannte seinen Namen. Er sagte, du kennst ihn bestimmt und hättest ihn in bester Erinnerung.»

Heinrich nahm Franziska bei den Schultern.

«Wer war es?» fragte er scharf. «Wer war der Mann, Franziska?»

«Ein einarmiger Mann», sagte sie. «Hettich nannte er sich. Und er lachte und sagte, daß man ihn drüben den roten Hettich genannt hat.»

«Der rote Hettich?» Heinrich ließ Franziskas Schultern los, drehte sich um, ging zum Fenster und blickte auf die Straße hinaus. Die Abenddämmerung war hereingebrochen. Auf der anderen Straßenseite stand ein Mann und blickte herüber. Es war Hans Kircher, einer ihrer Nachbarn.

«Hat er dich bedroht?» fragte Heinrich leise. Und dann lauter: «Hat er dich in Angst versetzt, Franziska?» Er sah sie fest an. «Der Mann ist ein Verbrecher, Franziska. Wahrscheinlich hat man ihn aus seiner Heimat verbannt.»

«Etwas in seinen Augen machte mir angst, Heinrich», sagte sie leise. «Wir müssen sehr vorsichtig sein. Dieser Mann hat böse Absichten, und er ist nicht allein.»

Heinrich nahm Franziska in die Arme. Sie zitterte.

«Wir werden vorsichtig sein», versprach er. «Ich möchte nur wissen, warum Madison uns im Visier hat. Seit ich hier bin, legt er sich mit mir an. Morgen sage ich den anderen Bescheid. Madison soll nicht glauben, daß er uns einschüchtern kann. Dr. Preetorius wird sich der Sache annehmen und Madison in seine Schranken verweisen.»

Sie hob den Kopf und blickte zu ihm auf, und einen Moment lang dachte sie erneut daran, ihm ihr Geheimnis zu verraten, aber dann verließ sie der Mut. Es war nicht die Zeit dazu, Geheimnisse preiszugeben, die Verständnis und Vertrauen erforderten.

«Es sind so viele, die nur darauf warten, daß der Sturm losbricht, Heinrich. Ich bin froh, daß du da bist», sagte sie noch einmal. «Es geht jetzt schon wieder besser.»

St. Louis jubelte, als Carl Schurz kam. Die Stadt bereitete dem großen Redner einen triumphalen Empfang, und er bedankte sich mit einer großartigen Rede in der *Verandah Hall,* die er in deutsch hielt. Der große Saal war zum Bersten voll. Heinrich und Franziska saßen mit den Führern der deutschen Bürgergemeinde in der vordersten Reihe. An den Pforten standen schwarzgekleidete Jäger, und obwohl sie keine Waffen trugen, wußte man, daß sie als Wachen abgestellt worden waren.

Carl Schurz setzte sich in seiner Rede mit der Sache aus der Sicht der Sklavenhalter auseinander und führte sämtliche Gründe an, mit denen die Sklavenhalter ihr politisches und wirtschaftliches System zu verteidigen suchten. Er zeigte auf, daß dieses System nur durch Unterdrückung funktionieren konnte und nur dadurch, daß den Bürgern grundlegende Rechte vorenthalten wurden. Er sprach einfach und klar verständlich.

«Liebe Zuhörer, es ist meine Absicht, fair zu sein mit den Sklavenhaltern, und, so ungewöhnlich es klingen mag, was die Angemessenheit ihrer Politik betrifft, stimme ich ihnen zu. Es ist Existenzangst, die sie antreibt. Da die Sklaverei eine leicht entzündbare Angelegenheit ist, könnte schon der verirrte Funke eines Gedankens oder einer Hoffnung eine furchtbare Feuersbrunst verursachen. Die Fackel der Redefreiheit und der Pressefreiheit, die das Haus der Freiheit erleuchtet, könnte so ohne weiteres das Haus der Sklaverei in Brand setzen.»

Die Rede dauerte nahezu vier Stunden, und am Ende wollten ihn die Leute fast nicht gehen lassen. Die Jäger mußten ihn in ihre Mitte nehmen, damit es ihm überhaupt möglich wurde, das Gebäude zu verlassen. Draußen standen die «Hellwachen» Spalier. Fackelschein beleuchtete den Platz. Es war Mitternacht, aber in den Straßen herrschte Hochbetrieb.

Heinrich brachte Franziska nach Hause. Sie hatte bis zum Ende der Rede ausgeharrt, und obwohl sie erschöpft war, wollte sie zu Fuß gehen. Die frische Luft tat ihr gut. Sie hing schwerer an Heinrichs Arm als sonst, und ab und zu blieben sie stehen, und dann legte sie ihren Kopf an seine Schulter.

«Ich glaube, Carl Schurz könnte mit seinen Worten vielen Leuten in den Südstaaten die Augen öffnen, Heinrich», sagte sie, nachdem sie den halben Weg geschwiegen hatte, um über das nachzudenken, was sie an diesem Abend gehört hatte. «Er vermag den Leuten verständlich zu machen, worum es bei der Sklaverei wirklich geht. Ich glaube, die wenigsten Leute im Süden merken, daß die Sklaverei und ihr System nur auf Kosten der einfachen Leute funktionieren kann. Dieses System versklavt nicht nur die Neger, es versklavt alle diejenigen, die keinen Reichtum besitzen, keine Ländereien mit Plantagen und darum keine Verwendung für Sklaven haben. Ich verstehe nicht, warum die Leute im Süden das nicht wahrhaben wollen.»

An der Ecke Clark Street überquerten sie die Straße. Sie waren noch etwa zweihundert Meter von ihrem Haus entfernt, als sie plötzlich ein halbes Dutzend Männer sahen, die aus dem Schatten einer Häuserlücke ins Licht einer Laterne traten. Franziska drückte Heinrichs Arm.

«Hab keine Angst, Liebes», sagte Heinrich leise. «Hab nur keine Angst.»

«Es sind *minutemen*», flüsterte Franziska.

Heinrich erkannte einen der Männer, dem er nie mehr zu begegnen erwartet hatte. Der rote Hettich. Hager, mit schmalen Hängeschultern, löste er sich von den anderen und trat auf die Straße. Er trug eine dunkle Hose und ein weißes Hemd, das ihm lose von den Schultern hing und auf seiner Brust offenstand. Die Ärmel waren hochgerollt, und am rechten Unterarmstumpf war deutlich die Ledermanschette mit dem Eisenhaken zu erkennen. Dicht bei ihm stand der stumme Junge, an dessen Namen Heinrich sich nicht mehr erinnern konnte.

«He, Mansfeld, eigentlich dachte ich, daß ich hier deinen Freund treffe», sagte der rote Hettich. «Ich war in New York. Habe mich umgehört. Man sagte mir, daß dein Freund hierher gereist ist. Deshalb kam ich her.»

«Er ist zu deinem Glück nicht da», erwiderte Heinrich.

Der rote Hettich lachte auf. «Dafür bist du da, und das ist dein Pech! Später finde ich deinen Freund, ganz gleich, wo er sich versteckt.»

Er kam näher, blieb einige Schritte vor Heinrich und Franziska stehen, verbeugte sich und lüftete seinen Hut. «Bitte, Madam», grinste er. «Ich wollte Sie nicht erschrecken. Wie war denn die Rede des ehrenwerten Herrn Schurz?»

«Lassen Sie uns besser in Frieden», gab Franziska zurück, und ihre Stimme klang fest. «Sie sind hier ein Fremder, auch wenn Sie glauben, daß Mr. Madison Sie schützen kann. Lassen Sie uns in Ruhe, sonst wird sich bald die Polizei um Sie kümmern.»

«Die Polizei? Meine Papiere sind in Ordnung. Ich verstoße gegen keine Gesetze. Ich wollte heute abend sogar zur Versammlung gehen, aber es waren zu viele Leute dort.» Der rote Hettich lachte höhnisch. «Zu viele rechtschaffene und ehrenwerte Leute. Sehen Sie, Frau Mansfeld, wir Hettichs haben nie zu denen gehört, so lange ich zurückdenken kann. Wir waren immer die Außenseiter. Verjagt und verstoßen hat man uns überall. Nun ist das anders, verehrte Frau Mansfeld. Dieses Land ist unsere neue Heimat, und wir haben uns entschlossen, unserer Heimat zu dienen und für unsere Rechte zu kämpfen. Daß wir auf der anderen Seite stehen als Sie und Ihr Mann, nun, das ist sozusagen Ihr Pech und nicht unseres. Ich hoffe, Sie verstehen, was ich meine.» Hettich verbeugte sich noch einmal, zwinkerte Heinrich mit einem Auge zu und hob den rechten Arm mit dem Haken. «Dafür, Mansfeld, bezahlt ihr beide, du und dein Freund, das garantiere ich dir!» Kaum hatte er ausgesprochen, machte er auf dem Absatz kehrt und ging davon. Die anderen folgten ihm.

«Mein Gott, jemand muß verhindern, daß er seine Drohung wahr machen kann», sagte Franziska, während sie den Männern nachblickte.

Heinrich nickte nur. Er wußte selbst, wie gefährlich und unberechenbar dieser Mann war, den Konrad in Schiltach zum Krüppel gemacht hatte.

Am 1. August hielt Carl Schurz seine Rede in englischer Sprache. Noch einmal war der Saal bis auf den letzten Platz besetzt, aber dieses Mal saßen in den vordersten Reihen jene Männer der Stadt, die es sich zur Aufgabe gemacht hatten, die Sache des Südens zu vertreten.

Während der Rede von Schurz strömten die «Hellwachen» in Scharen vor der *Verandah Hall* zusammen, alle mit ihrer schwarzen Mütze auf dem Kopf, dem weiß eingefaßten Wachstuchcape über den Schultern und der langen dünnen Stange, die an einem Ende mit einer Zinnlampe versehen war. Der Flammenschein dieser Lampen beleuchtete den Platz und erzeugte eine gespenstische Atmosphäre.

Im Hinterzimmer der «Schanz» hatten sich unterdessen einige Führer der «Hellwachen» und der republikanischen Partei versammelt. Francis P. Blair war nicht dabei, weil er in der vordersten Reihe unter den Zuhörern saß, nur einige Stühle entfernt von seinem größten Gegner, Claiborne Fox Jackson, dem Kandidaten der Demokraten für das Gouverneursamt.

Franz Sigel hatte eine Liste mit den Namen jener erstellt, die in der ersten Reihe der *Verandah Hall* saßen und zukünftig als die einflußreichsten und gefährlichsten Gegner anzusehen waren.

«Die Fronten werden allmählich klarer», verkündete er. «Jackson hat sich schon jetzt mit einem Gefolge von Gleichgesinnten umgeben, und es sind Männer, die wir im Auge behalten müssen.»

«Wer sind sie?» fragte Brimmer. «Wahrscheinlich gehört Madison zu ihnen.»

«Madison war in Begleitung seiner intimsten Freunde, dem Anwalt Basil Wilson Duke und dem Händler Colton Greene.»

«Ist dir ein Mann aufgefallen, der einen feuerroten Haarschopf hat und einen Eisenhaken anstatt einer Hand am rechten Arm?»

«Es wimmelt im Saal von irischen Feuerfressern, die geschlossen hinter Madison, Duke und Greene stehen.»

«Der Mann ist kein Ire. Der Mann ist ein Straßenräuber aus dem Schwarzwald.» Heinrich erzählte, was in Schiltach vorgefallen war.

Carl Schurz' Rede dauerte an diesem Abend nicht so lange wie am Abend zuvor. Heinrich war von der «Schanz» nach Hause gegangen, um Franziska zu holen, aber sie fühlte sich nicht wohl genug. So ging er allein zum «Jäger's Garten», und Henry Boernstein machte ihn mit Carl Schurz bekannt.

«Eisenbahnbestandteile», schmunzelte Schurz. «Mansfeld, ich habe von Ihnen in der Zeitung gelesen. Was ist denn nun aus Ihrer Erfindung geworden?»

«Nichts. Die Regierung hat sich etablierten Waffenfabriken zugewandt. Irgend etwas ist schiefgelaufen, und wenn Sie die Wahrheit wissen wollen, dann sage ich Ihnen, daß ich es versäumt habe, an die zuständigen Beamten Schmiergelder zu zahlen.»

«Eine Praxis, die leider in diesem Lande üblich ist und wahrscheinlich niemals enden wird, solange das politische Machwerk auf einem korrupten Beamtensystem beruht, Mansfeld. Ich bin aber froh, Sie hier in unseren Reihen zu finden. Wir brauchen die besten Männer, die stärksten Kämpfer und die kühlsten Köpfe. Ich hörte, daß Sie sich in New York mit Greeley befreundet haben.»

«Ich hatte die Ehre, fast täglich Mr. Greeleys Witz und politischen Sachverstand genießen zu dürfen, Dr. Schurz», bestätigte Heinrich. «Aber das liegt eine Weile zurück, und meine Verbindungen zu New York sind nahezu abgebrochen. Meine Frau, Franziska, die sich sehr um die Sklavenbefreiung und um die Rechte der Frauen in diesem Land bemüht, hätte Sie gern persönlich kennengelernt.»

«Ist sie hier?»

«Leider nein.» Heinrich lächelte. «Sie ist in Erwartung, und sie fühlt sich seit einigen Tagen nicht sehr wohl. Sir, wir haben gemeinsam beschlossen, unserem Sohn Ihnen zu Ehren den Namen Carl zu geben.»

«Falls es ein Sohn wird», lachte Schurz. «Kommen Sie, Mansfeld, ich bin des Rummels ziemlich müde, und wir wollen Ihrer Frau einen kurzen Besuch abstatten, falls Ihnen das genehm ist.»

Blair, Boernstein, Sigel, Dr. Hammer, Brimmer, Julius Witzig und Dr. Spiegelhalter ließen es sich nicht nehmen, ebenfalls noch auf einen Sprung herüberzukommen. Franziska war schon im Bett, und als Heinrich ihr mitteilte, wer sich unten im Salon bei den Gästen befand, fiel sie beinahe in Ohnmacht. Es dauerte fast eine halbe Stunde, bis sie herunterkam. Scheu, beinahe verlegen, reichte sie Carl Schurz die Hand, dann plauderten sie fast eine Stunde. Als Schurz sich verabschiedete, bat er Heinrich und Franziska, ihn doch nach dem Wahlkampf auf seiner Farm in Watertown zu besuchen. «Meine Frau würde sich bestimmt sehr über Ihren Besuch freuen, Franziska», sagte er. «Sie vermißt es sehr, politisch interessierte Frauen zur Seite zu haben. Watertown ist ein kleines Städtchen, und es ist gut möglich, daß wir uns in der Zukunft hier im Westen niederlassen.»

«In St. Louis hoffentlich», sagte Heinrich Boernstein. «Die Stadt würde Sie und Ihre Familie mit offenen Armen empfangen.»

Es war lange nach Mitternacht, als die Männer das kleine Haus der Mansfelds verließen. Niemand bemerkte den Mann, der auf einem benachbarten Grundstück im Schatten eines alten Schuppens stand und die Glut seiner Zigarette mit den Händen verdeckte. Irgendwo in der Ferne entlud sich ein Gewitter über dem Land. Leises Donnergrollen war zu hören. Der Wind, der vom Fluß herauf durch die Stadt strich, war warm und trug den Geruch von Regen mit sich. Aber es fiel kein Regen in dieser Nacht, und am nächsten Morgen wölbte sich ein wolkenloser Himmel über dem Land und der Stadt am Mississippi River.

Es waren noch drei Monate bis zur Wahl, drei lange Monate, in denen in Städten wie St. Louis der Haß auf die *Dutchmen* immer stärker wurde, weil die Unionstreue der meisten deutschstämmigen Bewohner der USA nicht zu erschüttern war. Die Deutschen wußten aus eigener Erfahrung nur zu gut, was es bedeutete, in einem zersplitterten Land zu leben. Für die Deutschen waren die Vereinigten Staaten von Amerika das neue Vaterland. Und darauf bauten sie ihre Zukunft.

15

Carl Mansfeld kam am 4. Oktober 1860 zur Welt. Vier Pfund und dreihundert Gramm schwer, ohne Haare und mit Hängebacken. Heinrich konnte sich nicht erinnern, jemals einen häßlicheren Säugling gesehen zu haben. Bei der Geburt war alles gutgegangen, und Franziska verließ das Wochenbett schon nach wenigen Tagen, um draußen im Garten die Wärme der Herbstsonne zu genießen. Es herrschte ein richtiger Altweibersommer, den die Leute hier jedoch Indianersommer nannten. Es war warm, der Himmel fast jeden Tag wolkenlos. Wer zum November eine Erhitzung des Kampfes um die Präsidentenwahl erwartet hatte, sah sich getäuscht. Schurz war zwar noch immer unterwegs und hielt mit großer Wirkung seine Reden, aber die Spaltung der demokratischen Partei ließ kein richtiges Kopf-an-Kopf-Rennen der Kandidaten aufkommen.

In Missouri und insbesondere in St. Louis war man sich im klaren darüber, welch wichtige Rolle der Staat im Falle einer Spaltung der Union übernehmen würde. Weder der Norden noch der Süden würde freiwillig auf ein navigierbares Flußsystem verzichten wollen, auf dem die unerschlossenen Wildnisgebiete durch eine relativ bequeme und schnelle Truppen- und Materialversorgung kontrolliert werden konnten.

Das Mississippi-Flußsystem erstreckte sich insgesamt über 1,2 Millionen Quadratmeilen. Das Herzstück war die 250 Meilen lange Strecke des Mississippi zwischen St. Louis und Memphis. Hier vereinigten sich der Missouri River und der Ohio River mit dem «Fluß der Flüsse» oder dem Old Man River, wie ihn die Leute im Süden nannten, die in seinem fruchtbaren Tal lebten bis hinunter zum weitläufigen Delta, wo sich New Orleans befand, die einzige Hafenstadt an der Ostküste, die durch den Fluß eine Direktverbindung zum Landesinnern hatte. Der Süden würde alles versuchen, diese Direktverbindung zu behalten, und im Falle einer Sezession blieb dem Norden nur der Versuch zu verhindern, daß der Staat Kentucky, der vom Ohio durchflossen wurde, und der Staat Missouri sich den Südstaaten anschlossen.

Die Wahl, so fürchtete und hoffte man zugleich, würde die Entscheidung herbeiführen und im Staate Missouri endlich Klarheit über die Sklavereigesetze schaffen. Die Sklavenhalter und ihre Verbündeten, obwohl eine Minorität, waren in voller Stärke in der Staatsregierung vertreten. Die Stadt St. Louis, das wirtschaftliche Zentrum des Staates, wurde politisch von den Sklavereigegnern kontrolliert. In weiten Gebieten des Staates, die von europäischen Siedlern erschlossen worden waren, gab es keine Sklaven. Über drei Viertel der 114 000 Sklaven verteilten sich auf die Counties entlang dem Missouri River, ein Gebiet, in dem vor allem Baumwolle, Tabak und Mais angebaut wurden. Es konnten also nur wenige sein, die ein großes Interesse daran hatten, daß die Sklaverei erhalten blieb und sogar weiter ausgedehnt wurde. Aber diese wenigen hatten eine starke Lobby im Staatskapitol von Jefferson City, der Hauptstadt Missouris. Und sie wurde unterstützt von Tausenden von sogenannten Hinterländern zumeist englischer und irischer Herkunft. Die meisten von ihnen hatten nie eine Schulbildung genossen, waren ohne Besitz, ohne Barschaft und ohne guten Willen von anderen Südstaaten nach Missouri eingereist, mit der vagen Vorstellung, daß es ihnen in diesem noch nicht so dicht besiedelten Land leichter fallen würde, eine Lebensgrundlage zu finden. Von den übrigen Einwohnern Missouris wurden diese zwielichtigen Gesellen «weißer Abschaum» genannt. Die einzigen, die gesellschaftlich einer noch niedereren Klasse angehörten und auf die sie hinunterblicken konnten, waren die Negersklaven. Es fiel den Sklavenhaltern und ihren politischen Vertretern deshalb leicht, solche Leute für die Sache des Südens zu gewinnen und sie gegen den Norden und die Sklavenbefreiung aufzustacheln. Man brauchte sie nur noch mit Waffen auszurüsten, um sie in Heerscharen von begeisterungsfähigen Soldaten zu verwandeln.

Je näher die Wahl rückte, desto wachsamer wurden Blair und seine Verbündeten. Sie suchten nach einer legalen Möglichkeit, die deutschen Bürger zu bewaffnen, bevor die Staatsmiliz im Auftrag der Regierung die Gelegenheit ergreifen konnte, strategisch wichtige Positionen in der Stadt zu besetzen.

Ende Oktober, eine Woche vor der Wahl, hatte das Eisenwerk H. Mueller & Co. unter Heinrichs Aufsicht im geheimen immerhin schon dreihundert Gewehre hergestellt, die alle im unterirdischen Kellergewölbe aufbewahrt wurden. Eine Ladung vorfabrizierter

Gewehrläufe aus New York, in Kisten verpackt und als Kunstgegenstände deklariert, erreichte St. Louis mit einem Schaufelraddampfer. Da zur Zeit eine Kunstausstellung mit Leihgaben verschiedener Museen stattfand, erregten die Kisten keinerlei Mißtrauen. Die Läufe wanderten auf dem Umweg über die Ausstellungshalle in den Keller von H. Muellers Eisenwerk.

Anfang November wurde es kalt. Heinrich war an einem schlimmen Fieber erkrankt, das ihn aber am Wahltag nicht ans Bett zu fesseln vermochte. Blaß und hager ließ er sich zum Postamt fahren, um seine Stimme abzugeben. Danach ging er zur Redaktion des *Anzeigers*, wo Henry Boernstein dabei war, ein Extrablatt zusammenzustellen. Es war der 6. November.

«Du glaubst es nicht, aber seit acht Uhr heute morgen bin ich dabei, dieses Ding hier immer wieder umzuschreiben», sagte er, als Heinrich eintrat. Er blickte auf und schüttelte den Kopf. «Lieber Himmel, wie siehst du denn aus, mein Freund? Wie ein wandelnder Leichnam.»

Heinrich ließ sich auf einem der Drehstühle nieder.

«Es ist seltsam still in der Stadt», sagte er mit heiserer Stimme.

«Die Ruhe vor dem Sturm. Bis jetzt sieht es gut aus für uns. Bis zehn Uhr dürften wir genau Bescheid wissen.»

Francis Blair kam über die Straße gelaufen, das Gesicht gerötet vor Aufregung. Er stürzte herein, als säße ihm der Teufel im Nacken, nahm einen Flachmann aus der Rocktasche und tat einen tiefen Schluck.

«Hier, Medizin, die dich zum Leben erweckt, Heinrich», sagte er und bot Heinrich die Flasche an. Heinrich nahm einen kräftigen Schluck, an dem er beinahe erstickte. Eisige Schauer rannen ihm über den Rücken, und er begann mit den Zähnen zu klappern.

«Rück den Stuhl näher zum Ofen», sagte Boernstein. «Himmel, Franziska hätte dich nicht gehen lassen sollen.»

«Sie weiß nicht einmal, daß ich hier bin», keuchte Heinrich. Der Whisky trieb ihm plötzlich Hitze in den Kopf. Die Uhr an der Wand zeigte zwanzig Minuten vor zehn. In den großen Städten des Ostens waren sie in der Zeit voran. Es konnte nicht mehr lange dauern, bis man das endgültige Resultat erfahren würde.

Franz Sigel kam in die Redaktion. Er hatte vor dem Telegrafenamt so lange auf Neuigkeiten gewartet, daß er jetzt seine Füße nicht mehr spürte. Er wärmte sich am Ofen auf.

Schließlich, es war kurz nach zehn Uhr, hörte man Böllerschüsse, und die Glocke der katholischen Kirche begann zu läuten. Junge Männer und Kinder rannten durch die Straßen und brüllten, daß Lincoln die Wahl gewonnen hatte. Franz Sigel lief mit dampfenden Schuhen zum Telegrafenamt zurück. Boernstein und Francis Blair umarmten sich und führten einen Freudentanz auf. Brimmer stürzte herein, er hatte Tränen in den Augen.

«Wir haben es geschafft», sagte er immer und immer wieder. «Wir haben es geschafft. Old Abe ist unser Präsident.»

Draußen marschierte eine Blasmusik die Market Street hinunter. Franziska und Blairs Frau Appoline drängten sich durch die Leute. Franziska hatte den kleinen Carl auf dem Arm, tief vermummt in einer dicken Wolldecke.

«Da bist du ja», rief sie, als sie Heinrich mit rotem Gesicht und fiebrigen Augen auf dem Drehstuhl beim Ofen hocken sah. «Du hast Dr. Spiegelhalter versprochen, das Bett nicht zu verlassen.»

«Er ist im Fieberwahn weggegangen und bis jetzt noch nicht zu sich gekommen», lachte Henry Boernstein. «Außerdem ist er betrunken, meine Liebe.»

Appoline Blair warf ihrem Mann einen Blick zu, und Blair hob unschuldig seine eckigen Schultern. Er ging eilig zur Tür. «Ich gebe schnell ein Glückwunschtelegramm auf», sagte er, und bevor er nach draußen ging, brüllte er: «Ein Hurra für Lincoln!»

Die Stadt war außer sich an diesem Tag. In der ersten Begeisterung nach der Bekanntgabe der Wahlergebnisse dachte wohl kaum jemand ernstlich an die drohende Gefahr, die von den Gegnern Lincolns ausging.

Vier Tage nach Lincolns Wahl trafen sich die Führer der St.-Louis-Republikaner zu einer Lagebesprechung in der «Schanz». Schon nach den ersten Worten von Francis Blair war allen Anwesenden klar, daß die Gefahr, die dem Staat Missouri drohte, jetzt erst ihre wahre Gestalt angenommen hatte, denn im Januar würde Claiborne F. Jackson das Amt des Gouverneurs übernehmen. Er war ein Plantagenbesitzer mit mehreren Dutzend Sklaven und ein rigoroser Verfechter der Sache des Südens. Das Gouverneursamt würde ihm die Macht geben, seinen Staat mit sich in die Sezession zu reißen. Dazu standen ihm Ausnahmegesetze und die Staatsmiliz unter dem Kommando seines Freundes, General Daniel M. Frost, zur Verfügung. Außerdem hielt er enge Kontakte mit anderen Plantagenbesitzern der Südstaaten und konnte sich auf eine ganze Reihe einflußreicher

Freunde und Bekannte verlassen, deren Interessen er als oberster Staatsdiener zu vertreten hatte.

Francis Blair machte darauf aufmerksam, daß Jackson jederzeit durch ein neues Rekrutierungsgesetz die Milizarmee von General Frost um Tausende von Soldaten verstärken konnte und daß im Falle einer Sezession das St.-Louis-Arsenal zu einem besonders lohnenden Streitobjekt werden würde. Es war das erste Mal, daß man vom Krieg sprach, als wäre er schon Tatsache. Allen war klar, daß Missouri nicht in die Hände der Sezessionisten fallen durfte, aber man wußte nicht, wie man es verhindern könnte. Mit Jackson als Gouverneur verlagerte sich das politische Gleichgewicht stark zugunsten der Sezessionisten.

Francis Blair machte seinen Verbündeten deshalb den Vorschlag, ein Sicherheitskomitee zu gründen, sozusagen ein Zentralorgan in St. Louis, bei dem die Fäden zusammenliefen und das notfalls in der Lage war, schnelle Entscheidungen zu treffen und der Staatsregierung Paroli zu bieten.

Da sich unter den Anwesenden niemand freiwillig zur Verfügung stellte, wurde für den Sonnabend eine Geheimversammlung in Heinrichs Haus einberufen. Alles sollte nach einem gesellschaftlichen Beisammensein aussehen, und die Männer waren angehalten, ihre Ehefrauen mitzubringen.

Am Donnerstag kam Franziska zu später Stunde in die Fabrik. Ein Geselle holte Heinrich von der Drehbank weg. Franziska erwartete ihn im Büro. Sie hatte Carl nicht dabei, aber bevor er sie nach ihrem Sohn fragen konnte, sagte sie ihm, daß Henry Boernsteins Frau auf ihn aufpassen würde. «Wir sind den ganzen Nachmittag zusammengesessen, Heinrich», sagte Franziska. «Es ist nicht mehr gut bestellt um die Lage der Nation und um unseren Frieden. Man fürchtet, daß Südkarolina am Wochenende die Union verläßt. Aber ich bin nicht deswegen hergekommen, Heinrich.» Sie nahm einen Briefumschlag aus dem Mantel. «Der kam heute mit der Post, und ich dachte, du willst ihn gleich lesen.»

Der Brief kam aus Louisiana. Die steile Handschrift war Heinrich fast so gut bekannt wie seine eigene. Sie gehörte Konrad. Heinrich drehte den Umschlag in den Händen. Er merkte, wie ihm das Blut in den Kopf stieg.

«Willst du allein sein, Heinrich?» fragte Franziska, als er keine Anstalten machte, den Umschlag zu öffnen. Er schüttelte den Kopf. Seine Gedanken wirbelten durcheinander. Louisiana? Er dachte an

Pauline. Zum ersten Mal seit langer Zeit. Es schien, als fühlte Franziska das. Sie stellte sich auf die Zehenspitzen und küßte ihn sanft.

«Ich habe mir immer eingeredet, daß er inzwischen ein großer Geschäftsmann geworden ist», sagte Heinrich. «Daß er Pauline geheiratet hat, ins Eisenbahngeschäft eingestiegen ist und der alte Biland stolz auf seinen Schwiegersohn sein kann.»

Heinrich riß den Brief auf, der in deutscher Sprache geschrieben war. Er setzte sich auf die Fensterbank und überließ Franziska den Stuhl beim Schreibtisch.

«Mein lieber Freund Heinrich!

Du wirst erstaunt sein, von mir aus Louisiana zu vernehmen, wenn Du aber zurückdenkst, dann erinnerst Du Dich wahrscheinlich an das Bild in der Zigarrenkiste, die Du mir geschenkt hast und wo diese *Southern Belle* mit den . . .»

Heinrich brach ab.

«Warum liest du nicht weiter?» fragte Franziska.

«Liebling, der Brief ist eigentlich nicht für deine Ohren bestimmt», antwortete er.

«Würdest du ihn mir vielleicht trotzdem vorlesen?»

«Lieber nicht.»

Sie sagte nichts mehr.

«Gut», meinte er. «Du wirst dich ärgern.» Er las dort weiter, wo er aufgehört hatte.

«. . . mit den üppigen Brüsten und dem strammen Arsch abgebildet war, und damals habe ich Dir schon gesagt, daß ich mal nachsehen will, ob solche Weiber dort unten tatsächlich existieren, und als es nicht mehr weiterging mit dem alten Biland, da habe ich mein Bündel gepackt und bin weggegangen, zuerst nach Kentucky, weil ich dachte, dort finde ich den Wirz, aber der war nicht mehr dort; nach Louisiana verreist, meinten die Leute dort. Und schließlich fand ich Dr. Caspari in Brownsboro, und der hatte eine Adresse von Wirz, tief im Süden. Jetzt bin ich hier, und ich kann Dir sagen, daß es mir gutgeht und alles stimmt, was auf dem Zigarrenbildchen zu sehen war, nur noch viel besser. Ich will hier ganz bestimmt nicht wieder weg, und wenn Du Lust hast, dann kannst Du herkommen, weil hier genug Platz ist für Dich, und falls Du Anhang hast, für diesen natürlich auch. Ich lebe hier auf einer Plantage, wo Wirz als Arzt angestellt ist für die Negersklaven, und ich kann Dir sagen, daß es denen hier gutgeht, besser als der Molly beim alten Biland und natürlich viel besser als denen, die in New York leben wie die Ratten. Ich will nicht politisch werden, weil ich keine Ahnung mehr von nichts habe, aber wenn Lincoln gewählt wird, ist der Teufel los hier im Süden, das sagen sie alle, und sie sind ganz wild darauf, nach Washington zu marschieren und das Kapitol anzuzünden. Ich weiß nicht, was ich davon halten soll. Dieses Geschwätz vom Krieg macht mich manchmal ganz krank. Ich bin dafür, den Frieden zu bewahren, weil es für mich nämlich ein richtig herrliches Leben ist, fast wie im Paradies, und wenn Du herkommst, dann siehst Du gleich, wovon ich rede, weil Du Dir nämlich von einem hübschen Weib den Bauch fächeln lassen kannst, grad wie Du es haben willst. Falls Du natürlich schon verheiratet bist, dann schlage ich Dir vor, diesen Brief nur zu lesen und dann sofort verschwinden zu lassen, damit Du keinen Ärger kriegst. Das ist der Unterschied, mein Freund. Von den Yankees kriegst Du andauernd Ärger, weil die für alles ihre Regeln haben, die von irgendwelchen Moralaposteln gemacht werden und von den dämlichen Politikern. Nimm Dich nur in acht, mein Freund, sonst stecken sie Dich noch in eine Uniform, bevor Du weißt, wofür Du überhaupt kämpfen willst.»

Heinrich brach ab und blickte Franziska an. Sie lächelte, so, als verstünde sie jetzt, warum er nie viel von Konrad erzählt hatte. Und er lächelte zurück. «So ist er», sagte er und zuckte die Schultern. «Der alte Biland sagte einmal, daß Konrad ein leichtlebiger Taugenichts sei. Aber ich glaube nicht, daß ihn der alte Biland richtig erkennen konnte. Dafür fehlte ihm das Vertrauen in Menschen, die anders sind, als er sie sich vorstellt.»

»Dieser Konrad scheint recht unbekümmert und zügellos.»

«Das ist er. Und gerade deshalb fehlt er mir oft. Ich hatte immer das Gefühl, ich sei der Stärkere von uns beiden, nur weil er mir auf seine Art die Kraft dazu gab, stark zu sein.»

Heinrich blickte zum Fenster hinaus über das Ziegeldach eines Lagerschuppens hinaus in die Ferne. Er kannte Konrad so gut, daß er zwischen den Zeilen des Briefes so etwas wie Wehmut herauslesen konnte, obwohl er schrieb, welch herrliche Zeit er in Louisiana verlebte. Es mußte ihn etwas weggetrieben haben vom alten Biland und von New York. Er schrieb nichts von Pauline. Er erwähnte sie nicht einmal. Und doch war sie im Brief irgendwie enthalten. Heinrich las weiter.

«Ich hoffe, mein Freund, Du hast Dich nicht diesen fanatischen Yankees angeschlossen, die sich hinter Lincoln versammelt haben und nicht eher Ruhe geben wollen, als bis uns der Kragen ob ihrer puritanischen Heuchelei platzt. Die Nigger hier sind nämlich unsere Nigger, und ich mag sie, besonders die Mädchen, wenn sie noch richtig jung sind und bereit zum Brüten, was natürlich ein ganz großes Geschäft ist, weil nämlich schon ein Säugling, der unter der Hand verkauft wird und nicht auf dem Markt, an die zweihundert Dollar bringt, besonders wenn er Blut eines Weißen in den Adern hat. Heinrich, ich sehe schon, wie Du wütend wirst, wenn Du das liest, weil Du ja auch so einen wunderbaren Gerechtigkeitssinn hast, aber ich sage Dir, ich habe in New York schlimmere Zustände erlebt als hier unten, wo alles in bester Ordnung ist, so wie es ist, und wo Du jeden gesunden Nigger fragen kannst, ob er nicht zufrieden ist mit seinem Dasein als Sklave, und dann singt er Dir direkt was vor, und die Weiber tanzen für Dich. Komm her und schau Dich um, wenn Du wissen willst, wie es bei uns im Süden wirklich ist oder ob wir Unmenschen sind oder nicht. Ich hoffe, wir sehen uns irgendwann wieder, weil ich oft an Dich denken muß und mir Sorgen um Dich mache, weil ich weiß, daß Du ein ziemlich weiches Herz hast und man Dich eventuell leicht aufs Kreuz legen kann, was ich natürlich nicht bös meine, sondern nur schreibe, weil ich mir Sorgen mache und ich nicht auf Dich aufpassen kann. Jetzt habe ich genug geschrieben, und wenn Du mir auch schreiben willst, dann findest Du hiermit meine Adresse.»

Heinrich blickte auf. Aber er sah Franziska nur flüchtig an und senkte dann den Kopf.

«Er ist also auf einer Plantage», sagte er und faltete den Brief langsam zusammen. Franziska fühlte, wie tief ihn Konrads Worte getroffen hatten. Sie sah es ihm an. Plötzlich erhob er sich und durchquerte das Büro mit schnellen Schritten. Bei der Tür zögerte er einen Moment, dann ging er ohne ein Wort hinaus. Später, als er nach Hause kam, tat er, als wäre nichts geschehen. Ein paar Tage danach, als sie Konrads Brief erwähnte, sagte er, er hätte ihn weggeworfen.

«Es wäre mir recht, wenn du mich nicht mehr danach fragen würdest», sagte er. «Und auch nicht nach Konrad.»

Sie sprachen nie mehr über Konrad.

Anfang Dezember lud Abraham Lincoln Francis Preston Blair in sein Haus nach Springfield ein. Blair entstammte einer Familie, die seit Jahrzehnten in einflußreichsten Positionen Politik betrieb. Blair machte dem zukünftigen Präsidenten klar, welche Bedeutung die sogenannten Grenzstaaten Kentucky und Missouri erhalten würden, falls es zu einer Spaltung der Nation in Nord und Süd kam. «St. Louis darf unter keinen Umständen in die Hände der Sezessionisten fallen, Mr. Lincoln», erklärte er. «Und damit dies nicht geschieht, brauchen wir Ihre volle Unterstützung, sobald Sie im Amt sind. Wir brauchen Soldaten, und wir brauchen Waffen. Das Arsenal in St. Louis ist aufs höchste gefährdet.»

«Es kam mir zu Ohren, daß die deutschen Turner mit irgendwelchen Wunderwaffen ausgerüstet werden, die in einer geheimen Fabrik entstehen sollen.»

«Wir werden in ein paar Monaten einige hundert Mann ausrüsten können», sagte Blair ausweichend. «Aber Missouri und die Stadt St. Louis können der Union nicht erhalten werden, wenn Sie mir nicht freie Hand geben. Ich muß über die Köpfe verschiedener Leute hinweg schnelle Entscheidungen treffen können, wobei mir die volle Unterstützung Washingtons sicher sein muß, ganz gleich, was passiert.»

Lincoln versicherte Francis Blair, daß er ihn und seine Verbündeten nicht im Stich lassen würde, und versprach, seinen ganzen Einfluß geltend zu machen, damit Blairs Entscheidungen auch vom jetzt noch amtierenden Kabinett Buchanan akzeptiert würden.

Mehr wollte Blair nicht, und er reiste voller Zuversicht nach St. Louis zurück.

Der neue Gouverneur und seine Getreuen würden sich noch wundern, wie undankbar ihre Aufgabe war, Missouri von der Union abspalten zu wollen.

Am Montag, den 17. Dezember beschloß Südkarolina, die Union mit den Vereinigten Staaten von Amerika aufzulösen, und der Telegraf sandte die Hiobsbotschaft in die Welt: Die Union der Vereinigten Staaten existiert nicht mehr.

Die Nachricht erreichte St. Louis am nächsten Tag. Am Abend trafen sich Pro-Union-Führer in der Stadt zu einer Lagebesprechung in Francis Blairs Haus. Noch wußte niemand mit Bestimmtheit, welche Folgen der Abfall Südkarolinas und die Auflösung der Union haben würden.

Im Berthold-Haus feierten die *minutemen* ein triumphales Fest. Madison war dort, und sein Freund Basil Wilson Duke hielt eine feurige Rede, in der er alle Bürger aufforderte, sich dafür zu rächen, daß sie durch die heuchlerischen Anhänger Lincolns um ihren Glauben an die Verfassung der Vereinigten Staaten betrogen worden waren. Vor den Pforten des Berthold-Hauses patrouillierten Jungmänner der *minutemen*, die jetzt ihre Waffen offen trugen. Scharen von Sympathisanten drängten sich auf der Straße vor dem herrschaftlichen Gebäude, dessen Fenster vom Licht mächtiger Kronleuchter erhellt waren.

Heinrich entdeckte auf dem Weg zum Blair-Haus den roten Hettich an der Spitze eines Trupps von *minutemen*, die alle graue Uniformröcke trugen. Er hatte drei Winkel am Ärmel und einen Säbel umgehängt.

Im Salon des Blair-Hauses hatten sich ein Dutzend Männer versammelt, denen Francis Blair vertrauen konnte. Man konnte ihm ansehen, daß das Leben nicht immer gnädig mit ihm verfahren war. Er war zwar erst vierzig Jahre alt, wirkte aber um zehn Jahre älter. Die Falten in seinem Gesicht waren tief eingekerbt, und seine grauen Augen zeigten den harten Ausdruck eines unbeugsamen Mannes, der als engagierter Politiker seinen Beitrag zur Schaffung dieser Nation geleistet hatte.

An diesem Abend machte er seinen Verbündeten deutlich, daß der Sturm nicht aufzuhalten war. Seine Worte schufen erschreckende Klarheit.

«Der Abfall Südkarolinas bedeutet nicht nur die Auflösung, er bedeutet Krieg! Er bedeutet, daß wir in naher Zukunft um unseren Staat werden kämpfen müssen. Er bedeutet, daß uns Worte nicht mehr helfen können und daß einige von uns im Kampf um das, woran wir fest glauben, fallen werden. Niemand weiß, wo der erste Schuß fallen wird, meine Herren. Vielleicht in Charleston. Vielleicht in Alabama, in Mississippi oder Louisiana. Vielleicht aber auch hier in unserer Stadt. Und deshalb habe ich Sie hierher gebeten. Um die Lage, in der wir uns befinden, zu klären. Wir können nun nicht mehr verhindern, daß es zwischen Nord und Süd zu einem Krieg kommen wird. Aber wir können und müssen dafür sorgen, daß unser Staat Missouri nicht in die Sezession abfällt. Sobald Claiborne Jackson sein Amt als Gouverneur antritt, wird er einen Konvent einberufen, und eine Volksvertretung wird über unser Schicksal befinden. Ich rechne damit, daß die Abstimmung zu unseren Gunsten ausfallen wird, meine Herren. Dies würde wiederum bedeuten, daß Jackson und seine Leute Missouri durch Gewalt an sich reißen müssen.»

«Mit Hilfe der Staatsmiliz, die Jackson notfalls um einige tausend Mann verstärken wird, ist das kein Problem», sagte Dr. Hammer. «Wobei zu bedenken ist, daß das Arsenal hier in der Stadt sozusagen zum strategisch wichtigsten Objekt einer militärischen Operation würde.»

«Das ist richtig», pflichtete Franz Sigel bei. «Wenn der Miliz das Arsenal in die Hände fällt, ist das Schicksal Missouris besiegelt.»

«Heinrich, wie sieht es mit deiner Produktion aus? Wir können nicht mehr länger zuwarten, wenigstens einen Teil unserer Leute zu bewaffnen.»

«Wir haben zur Zeit nahezu vierhundert Gewehre hergestellt», sagte Heinrich.

«Gut, dann sollen Dr. Hammers Studenten mit den Mansfeld-Gewehren ausgerüstet werden und sich von nun an jede Nacht heimlich zur Anheuser-Brauerei begeben, wo sie sich versteckt halten können. Von der Brauerei aus hat man freie Sicht auf das Haupttor des Arsenals. Und falls es von den Milizeinheiten Jacksons angegriffen wird, könnten wir ihnen in den Rücken fallen.»

Dr. Hammer nickte. «Ich übernehme die Sache unter der Voraussetzung, daß wir notfalls sofort Verstärkung von Washington erhalten. Dafür haben Sie zu sorgen, Blair. General Harney ist zwar ein Mann der Union, leider aber mit starken familiären Verbindungen zum Süden. Deshalb ist er zumindest als Risikofaktor zu betrachten, und es müßte versucht werden, ihn von Washington aus abkommandieren zu lassen.» General Harney kommandierte die Garnison von St. Louis.

«Keine leichte Aufgabe, die Sie mir da so leichthin zutrauen, Dr. Hammer», sagte Blair und trank sein Glas leer.

«Im Notfall bleibt uns keine andere Wahl, als ein deutsches Regiment auf die Beine zu stellen», schlug Franz Sigel mit ernster Stimme vor. «Ein schlagkräftiges Regiment, das von erfahrenen Offizieren kommandiert wird. Das würde wahrscheinlich genügen, um Jackson und seine Miliz in Schach zu halten.»

«Für solche Maßnahmen muß erst die politische und gesetzliche Grundlage geschaffen werden, meine Herren», wandte Francis Blair ein. «Obwohl wir zahlenmäßig stark sind, gelten wir als Außenseitergruppe, weil die meisten von uns deutscher Herkunft sind. Wir müssen uns mit den anderen Pro-Union-Gruppen verbünden. Es sind

Leute, die ganz einfach den Frieden erhalten wollen, auch wenn sie mit Lincoln als Präsidenten oder mit der Politik der Republikaner nicht zufrieden sind.»

«Inzwischen sollten wir endlich ein Sicherheitskomitee gründen, das sich aus Führern unserer Bürgerschaft zusammensetzt, denen Leute aus allen Schichten und Interessengruppen vertrauen können», schlug Heinrich vor. «Wer von uns Deutschen meldet sich freiwillig, die Sache in die Hand zu nehmen?»

Blair schlug vor, Männer zu ernennen, die sich bis jetzt wenig exponiert hatten, und Brimmer sagte, daß er den Anwalt Julius Witzig vielleicht überreden könnte. Witzig war ein Deutschelsässer, der sich bis jetzt in dieser Sache ziemlich zurückgehalten hatte. Er schien deshalb besonders geeignet, die Rolle eines Aufpassers zu übernehmen, den möglicherweise auch die gemäßigten Kreise bei den Gegnern respektieren konnten.

Den Rest der Nacht verbrachte Heinrich in der Fabrik. Es war schon fast Tag, als er nach Hause kam und sich in der Küche auf einen Schemel setzte. Er war todmüde. Franziska hatte ihn gehört. Sie kam in einem Nachtumhang die Treppe herunter. Sie machte Feuer im Herd und setzte Wasser auf. Dann kniete sie vor ihm nieder und zog ihm die klobigen Schuhe aus.

Sie redeten kein Wort miteinander. Sie bereitete ihm ein heißes Bad, und er schlief im Bottich ein. Die Sonne ging auf, als er aufwachte. Franziska war nicht da. Er stieg aus dem Bottich, rieb sich trocken und stieg die Treppe hoch, die ins zweite Stockwerk führte. Franziska war im Schlafzimmer. Sie zog die Vorhänge zu, als er hereinkam.

«Du solltest dich ausruhen, Heinrich», sagte sie. «Du schläfst nicht mehr. Das kann auf die Dauer kein Mensch durchstehen.»

Heinrich gab ihr keine Antwort. Er beugte sich über das kleine Bett, in dem Carl schlief und dabei schmatzend am Daumen saugte.

«Paß auf, daß er nicht aufwacht», flüsterte Franziska.

Heinrich richtete sich auf. Es war warm im Zimmer. Im Ofen knisterte das Feuer. Er setzte sich auf den Bettrand.

«Was haben sie gesagt?» fragte Franziska. «Daß es Krieg gibt?»

Jetzt hob er den Kopf.

«Niemand will Krieg», sagte er. «Ich will ihn nicht, und trotzdem mache ich jede Nacht in aller Heimlichkeit Gewehre. Tausend Gewehre, Franziska. Zweitausend! Es kommt nur darauf an, wieviel Zeit uns noch bleibt. Und in ein paar Wochen werde ich selbst vielleicht mit einem dieser Gewehre in den Krieg ziehen, den ich gar nicht haben will.»

«Du bist ein Büchsenmacher und kein Soldat, Heinrich», entgegnete Franziska, und ihre Hand berührte sein kaltes Gesicht.

Heinrich sah sie zum ersten Mal seit langer Zeit wieder richtig an. Ihr dunkles Haar umrahmte sanft das schmale Gesicht mit den dunklen Augen. Es war ein Gesicht, das viel von seiner Härte verloren hatte, die ihm am Anfang, als er sie kennengelernt hatte, aufgefallen war. Die Züge hatten sich geglättet, die Konturen im warmen Licht der Lampe waren ebenmäßig und weich. Sie war fraulicher geworden in den letzten Monaten. Und hübscher.

«Ich würde für dich in den Krieg ziehen», sagte er leise. «Für dich und für unseren Sohn. Es ist seine Zukunft, die gefährdet ist.»

Ihre Augen weiteten sich etwas. Sie wunderte sich über die Bestimmtheit in seiner Stimme. Er wich ihrem Blick nicht aus, und sie lächelte.

«Dann kämpfen wir miteinander, Heinrich», sagte sie. «Komm, leg dich hin. Ich leg mich zu dir.»

«Es ist Morgen», sagte er, aber er ließ sich ins Bett zurückfallen, und sie zog ihren Umhang aus und legte sich zu ihm. Sie war nackt und warm, und er umschlang sie mit seinen Armen und hielt sie davon ab, sich über die Lampe zu beugen und das Licht zu löschen.

«Ich will dich sehen», sagte er leise zu ihr, und sie lachte, als er die Decke von ihrem Körper zog. Ihre Lippen zitterten, als er sie küßte, und sie drängte sich ihm entgegen. «Komm zu mir», sagte sie leise. «Komm zu mir!»

16

Es kam alles fast genauso, wie Francis P. Blair Jr. es vorausgesagt hatte. Die Weihnachtstage in St. Louis vergingen stiller als sonst. Vielleicht lag es auch daran, daß es bitterkalte Tage waren. In Jefferson City, der Hauptstadt des Staates Missouri, wechselte die Regierung, und am 3. Januar übernahm Claiborne F. Jackson sein Amt als Gouverneur des Staats Missouri.

Wer bis dahin nicht gewußt hatte, wes Geistes Kind der neue Gouverneur war, erfuhr es durch seine Antrittsrede, die am nächsten Tag in den Zeitungen von St. Louis abgedruckt war. Jacksons Pläne für Missouri waren eindeutig die Sezession, und um diese durchzusetzen, stand ihm General Daniel M. Frost, Oberbefehlshaber der Staatsmiliz von Missouri, bedingungslos zur Seite.

Franziska war erneut schwanger. Sie wußte es schon, als das neue Jahr begann. Zuerst hatte sie Heinrich mit ihrem Geheimnis überraschen wollen und nur auf eine gute Gelegenheit gewartet. Doch es schien, als würde die Zeit für gute Gelegenheiten knapper und knapper. Heinrich verbrachte bis zu zwölf Stunden am Tag in der Fabrik. Meistens kam er am Abend nicht direkt nach Hause, sondern gesellte sich zu seinen Freunden, die sich entweder in «Jäger's Garten» oder in der «Schanz» trafen, manchmal auch im «Flora-Garten». Und ab und zu nahm er an geheimen Übungen in der Turnhalle teil, zusammen mit Franz Sigel, Henry Boernstein, Blandowski, Bischoff, Salomon und anderen Deutschen, die sich verbissen auf einen militärischen Einsatz vorbereiteten.

Am 10. Januar wurde Franziska beim Einkaufen von Ronald Madison auf offener Straße angesprochen.

«Franziska, ich hoffe, du nimmst mir nicht übel, wenn ich dir verrate, daß Mansfeld fast zuoberst auf unserer Liste steht», sagte er scharf. «Direkt hinter Blair, Sigel und Boernstein. Was meinst du, was mit ihm geschieht, wenn es zum Krieg kommt?»

Er packte sie am Arm.

«Niemand will den Krieg», entgegnete Franziska, und sie spürte, wie sie am ganzen Leib zitterte. «Laß bitte meinen Arm los!»

«Wenn es sich herausstellt, daß er in der Fabrik doch Waffen herstellt, wird er aufgehängt!» Madison drückte noch etwas fester zu. «Oder gevierteilt. Bleib lieber stehen und mach ein freundliches Gesicht, wenn du kein Aufsehen erregen willst. Immerhin wissen die Leute, daß wir uns einmal sehr nahe standen, nicht wahr?»

Endlich ließ er ihren Arm los.

«Das ist eine Ewigkeit her, Ronald», sagte sie hart. «In Zeiten wie diesen denken die Leute nicht mehr oft an das, was einmal war. Sie fürchten sich, was einmal sein wird, wenn Männer von deinem Schlag über die Zukunft bestimmen sollten.»

«Du nimmst mir noch immer übel, was bei mir zu Hause passiert ist, nicht wahr?» Er lachte. «Hast du es ihm erzählt? Natürlich nicht. Niemand hat es erfahren, nicht wahr? Er weiß noch nicht einmal, daß wir einmal eng befreundet waren.»

«Du wirst unser Glück nicht zerstören, Ronald. Das lasse ich nicht zu!»

«Dann richte ihm etwas aus, meine Liebe!» entgegnete er. «Richte ihm aus, daß er sich sein erbärmliches Leben erkaufen kann. Sein Sohn soll doch einen Vater haben, oder? Sein Sohn soll doch nicht als Waisenkind zum Gespött seiner Freunde werden, weil er einen Narren zum Vater und eine kleine Hure zur Mutter hatte.»

Ihre Augen blitzten auf. «Man wird dich und deine Freunde bald aus dieser Stadt jagen», sagte sie hart. «Ich habe dich schon gewarnt, als ich zu dir kam. Und dann hast du dich beim Rundgang in der Fabrik blamiert. Warum gibst du nicht endlich auf?»

«Weil ich dieses Mal alle Trümpfe in der Hand habe. Und ich will sehen, wieviel er taugt. Ich will ihn entweder kriechen oder hängen sehen. Sonst nichts.» Madison packte sie wieder am Arm. «Sag ihm, daß ich einen Grundriß der Fabrik will, auf dem alle geheimen Räume eingezeichnet sind, vor allem aber diejenigen, in denen die Gewehre gelagert werden, die er heimlich herstellt.»

«Selbst wenn es diese Gewehre gäbe, Heinrich ist kein Verräter!»

«Dann meinst du, daß er niemals kriechen wird?»

«Er wird kämpfen, Ronald Madison! Genau wie ich.»

«Du irrst dich. Er wird mir eines Tages die Stiefel lecken, dazu zwinge ich ihn!»

«Und wer soll das für dich besorgen? Dein neuer Kettenhund?»

«Oh, hat er dich etwa erschreckt, der rote Germane?» Madisons Stimme troff vor Hohn. «Er ist ein furchtbarer Geselle. Völlig unberechenbar. Der traut keinem mehr, nicht einmal mir. Und er hat absolut kein Gewissen, verstehst du. Gestern fragte er mich, ob er zuerst dich oder deinen Mann umbringen soll!»

Er seufzte. «Weißt du eigentlich, wie ernst es mir damals war, als ich so dumm war, ausgerechnet Sigel, und auch noch im Beisein von Boernstein und Dr. Hammer, auszuplaudern, daß ich dich bitten würde, meine Frau zu werden?»

«Hör doch auf mit diesen uralten Geschichten, Ronald! Ich hatte Gründe abzulehnen. Warum akzeptierst du das nicht endlich?» Sie schüttelte den Kopf. «Fast tust du mir leid.»

«Törichte Gründe waren es», sagte er. «Ich konnte es nie begreifen.»

«Seither ist vieles anders geworden. Du hast dich für den Süden entschieden, obwohl du zu uns gehört hast. Wir waren alle enttäuscht, und Dr. Hammer meinte damals, daß du es dir vielleicht noch einmal überlegen wirst. Aber ich kannte dich besser. Ich wußte, daß deine Freunde auf der anderen Seite keine Nachsicht kennen würden und niemals Verständnis für einen Mann aufgebracht hätten, der auf seine Vernunft hört und nicht auf irgendwelche politischen Parolen.»

«Du hast mich im Stich gelassen!»

«Nein. Das stimmt nicht. Wir haben uns entscheiden müssen, und du hast das als eine persönliche Niederlage betrachtet, und Niederlagen konntest du noch nie ertragen.»

«Du und deine Freunde haben mich um mein Leben betrogen!» sagte Ronald Madison scharf.

«Du hast dich selbst betrogen, Ronald. Und du betrügst dich noch immer. Du bist zwar im Süden aufgewachsen, aber dein Leben ist hier ein anderes geworden. Du hast lange Zeit keine Sklaven mehr gehalten, und ich erinnere mich, daß du einmal sogar einen Artikel gegen die Sklaverei veröffentlicht hast. Und dann hast du dich mit Basil Duke und mit Jackson zusammengetan, und Dr. Hammer hat einmal gesagt, daß es in deinem Inneren fürchterlich aussehen müsse, weil du dauernd das Feuer schüren müßtest, das du damals aus Trotz entfacht hast, nur weil ich dir sagte, daß ich nicht die Absicht hätte, dich zu heiraten.»

«Ich bin es nicht gewohnt, zu verlieren», sagte er schroff und preßte wieder ihren Arm. Sie versuchte nicht, sich ihm zu entziehen.

«Die Sezession der Südstaaten ist nicht mehr aufzuhalten. Und wir werden auch den Krieg gewinnen, Franziska! Sag deinen Freunden, daß wir ihre Absichten kennen. Wir wissen, daß Blair vorhat, die Armee hierherzubringen und alle verfluchten Hessen dieser Stadt zu bewaffnen. Sag ihnen, daß es Krieg gibt, sollten Truppen in die Stadt einmarschieren. Wir sind bereit!»

Madison ließ sie los. Er sah Basil Duke die Treppe vom Gerichtsgebäude herunterkommen.

«Missouri gehört uns, Franziska», sagte er schnell. «Denk daran und entscheide dich, bevor es zu spät ist.»

«Ich habe mich entschieden, Ronald. Damals, als wir uns trennten. Und in deinem Haus hat sich die Kluft zwischen uns noch vertieft. Wenn es Krieg gibt, werde ich gegen euch kämpfen.»

Madison grinste tückisch. «Weißt du, was ich dem roten Hettich erwidert habe, als er mich fragte, wen er zuerst umbringen soll, deinen Mann oder dich?»

Sie wollte sich abwenden und weitergehen, aber er hielt sie mit einer heftigen Bewegung zurück.

«Das macht keinen Unterschied, Franziska», sagte er. «Es macht wirklich keinen Unterschied. Das habe ich ihm gesagt.»

Er ließ sie los, und sie eilte schnell davon. Sie hörte, wie er Basil Duke einen Gruß zurief, und war froh, als sie Dr. Spiegelhalter entdeckte, der vor dem Tabakwarenladen seinen Einspänner abgestellt hatte. Er kam mit einer Papiertüte aus dem Laden, und als er sie sah, lachte er breit über das ganze Gesicht. Er war der einzige, der wußte, daß sie wieder schwanger war.

«Hast du es ihm schon gesagt, Franziska?» fragte der junge Arzt mit den strohblonden Haaren und den fröhlichen blauen Augen.

Sie lachte und hängte sich bei ihm ein, aber er kannte sie inzwischen gut genug, um zu erkennen, daß irgend etwas mit ihr geschehen war. Er bot ihr an, sie nach Hause zu fahren, aber sie erklärte ihm, daß sie zum Deutschamerikanischen Institut fahren wolle, um mit Franz Sigel einige Dinge zu besprechen.

Sigel war im Unterricht, und sie wartete im Rektorzimmer auf ihn, wo jetzt über der Vitrine mit einer Sammlung erzhaltigen Gesteins ein Bild von Carl Schurz hing. Sonst hatte sich hier während ihrer Abwesenheit nichts verändert. Professor Sigel, wie man ihn hier nannte, kam nach dem Unterricht ins Zimmer und lockerte den Schlips um seinen Hals. «Du fehlst uns, Franziska», sagte er und legte einen Arm um sie. «Was macht der kleine Carl?»

«Wenigstens scheinst du nicht vergessen zu haben, daß es noch andere Dinge gibt als nur den Krieg», sagte sie etwas bitter. «Heinrich sieht seinen eigenen Sohn nur noch schlafend, wenn er spät in der Nacht nach Hause kommt.»

Er gab sie frei und setzte sich an den Tisch. «Franziska, man hat mir heute früh mitgeteilt, daß General Winfield Scott Truppen nach St. Louis entsandt hat.» Scott war Oberbefehlshaber der US-Armee in Washington. Sigel nahm seine Brille aus dem Etui und begann, die Gläser zu reinigen. Und während Franziska ihm zusah, überlegte sie sich, ob sie diesen kleinen, drahtigen Mann jemals entspannt gesehen hatte, zurückgelehnt in einen Stuhl, die Beine übereinandergeschlagen und einen zufriedenen Ausdruck in seinem Gesicht. Sie lächelte bei diesem Gedanken, denn so wie sie ihn sich eben vorgestellt hatte, wäre er ein anderer Mensch und nicht Franz Sigel, der ehemalige Freischärler-Offizier, der ihr den Mut gegeben hatte, für ihre Überzeugung zu kämpfen und niemals aufzugeben. Würde er je verstehen können, was seit der Geburt ihres Sohnes in ihr vorgegangen war? Würde er verstehen, daß sie Angst hatte wie niemals zuvor? Angst davor, daß der Krieg nicht mehr zu verhindern war. Seit sie Heinrich kannte, gab es so viel in ihrem Leben, was sie nicht verlieren wollte. Träume, die durch Heinrich wahr geworden waren. Geheime Wünsche, die er ihr durch seine Liebe erfüllt hatte. Der Friede, den sie zum ersten Mal in sich verspürte, seit Carl auf der Welt war. Das alles schien immer mehr in Gefahr zu geraten, und sie wußte sich nicht dagegen zu wehren.

Franz Sigel setzte die Brille auf. «Was ist?» fragte er. «Stimmt etwas nicht? Zwischen dir und Heinrich etwa?»

Sie schüttelte den Kopf, hob das Tuch vom Einkaufskorb und nahm eine Tüte mit Erdnüssen heraus. Sie wußte, daß er Erdnüsse über alles liebte.

«Ich traf auf der Straße Ronald», sagte sie.

«Bist du deswegen hier?»

«Hier, die sind für dich.» Sie schob ihm die Tüte mit den Erdnüssen hin. «Nein, ich wollte ohnehin herkommen. Gertrude paßt auf unseren Carl auf. Ich bin hier, weil ich mir Sorgen um Heinrich mache. Er erzählt mir nicht, was vorgeht. Aber ich merke ihm an, daß er mich nur aus der Sache heraushalten will, weil er um unser Wohl fürchtet. Was ist es, Franz? Die Waffen in der Fabrik?»

«Wir bereiten uns auf das Schlimmste vor, Franziska.» Sigel zuckte nervös mit den Schultern und rückte den Stuhl etwas zurück, als wollte er im nächsten Moment aufspringen. «Krieg! Es ist fast wie damals in Deutschland. Heinrich hat es nicht miterlebt, aber sein Vater war dabei.»

«Er ist nicht mehr oft zu Hause», sagte sie.

«Keiner von uns ist mehr oft zu Hause, Franziska.»

«Er sagt, daß er zu geheimen Versammlungen geht.»

«Das stimmt.» Sigel erhob sich, trat zum Fenster und blickte auf die Straße hinunter. Dann drehte er sich um und verschränkte die Arme vor seiner schmalen Brust. «Dein Mann ist Gruppenführer, Franziska», sagte er, und sie hörte den Stolz, der in seiner Stimme mitschwang. Er erklärte ihr, was das bedeutete. Heinrich hatte eine Gruppe des Turnvereins übernommen, die aus vierzig jungen Männern bestand. Die meisten von ihnen hatten den «Hellwachen» angehört und während Lincolns Wahlkampf ihre Loyalität zur republikanischen Partei demonstriert. «Es sind fast alles Landsleute», sagte Sigel. «Zweimal in der Woche werden militärische Übungen abgehalten. Es gibt bis jetzt zwei Dutzend Gruppen. Ich führe eine an, Boernstein eine andere, Dr. Hammer und Blandowski und –» Sigel brach ab, ging zu ihr und legte ihr die Hand auf die Schulter. «Es sind nur Vorbereitungen, Franziska. Himmel, ich hätte nie gedacht, daß ausgerechnet du einmal mit Sorgenfalten auf der Stirn vor mir sitzen würdest, wenn die Rede vom Kampf um unsere Freiheit ist.»

«Die Zeit mit Heinrich hat mich glücklich gemacht», sagte sie und lächelte zu ihm auf. «Manchmal denke ich, daß es ein gutes Leben ist.»

«Eine Illusion», erwiderte Sigel. «Heinrich weiß, daß er für dich und seinen Sohn kämpfen muß, wenn es Krieg gibt. Du kannst stolz auf ihn sein. Wenn Blair sich durchsetzen kann, wird aus unseren Gruppen bald eine schlagkräftige Armee, und dann ist deinem Mann ein Offiziersrang sicher.»

«Dafür müßte er am Leben bleiben, Franz», sagte sie etwas bitter.

«Natürlich. Aber das gilt für uns alle, nicht wahr?»

«Ronald Madison hat mich gewarnt, Franz», sagte Franziska. «Er weiß, daß in Heinrichs Fabrik Waffen hergestellt werden. Er weiß auch, daß Truppen hierher unterwegs sind.»

«Die Spione sind überall», seufzte Sigel und ging zum Schreibtisch zurück. «Für die Sezessionisten ist Heinrich die Schlüsselfigur. Deshalb ist er besonders gefährdet, ganz abgesehen vom persönlichen Groll, den Madison gegen ihn hegt. Was hat er sonst noch gesagt?»

«Er will einen Grundriß der Fabrik. Das sei die einzige Chance für Heinrich und mich.»

«Verrat?»

«Ja.» Sie erhob sich und knöpfte ihren Umhang zu. «Sein Haß beherrscht ihn, sein einziges Ziel ist es, Heinrich zu vernichten. Glaube mir, eines Tages wird er ihn töten. Ich weiß nicht, ob ich Heinrich etwas sagen soll. Von Ronald. Daß wir einmal befreundet waren. Damit er sich besser gegen die Gefahr wappnen kann.»

Sigel hob seine dünnen Brauen.

«Willst du meinen Rat?» fragte er. «Es ist einerlei, ob du es ihm sagst oder nicht, Franziska. Er liebt dich, und du liebst ihn. Die Sache mit Madison liegt lange zurück. Wer erinnert sich noch daran?»

«Ronald», sagte sie. «Und ich.» Sie lächelte, als sie zur Tür ging. Er öffnete ihr und begleitete sie hinunter. In einem der Schulzimmer sangen Kinder ein deutsches Wanderlied. Es war eine Ewigkeit her, seit sie es das letztemal selbst gesungen hatte, zusammen mit ihrem Vater, irgendwo weit entfernt von der Stadt in den Rocky Mountains. Jetzt schien ihr, als wäre es in einem anderen Leben gewesen.

Am 11. Januar marschierten vierzig Infanteriesoldaten unter dem Kommando eines jungen Lieutenants in St. Louis ein und schlugen auf einem Platz beim Regierungsgebäude ihr Biwak auf. Die Nachricht, daß die Vereinigten Staaten von Amerika Truppen ausgeschickt hatten, um die Regierungsgebäude unter Bewachung zu stellen, ging wie ein Lauffeuer durch die ganze Stadt.

Vor dem Haus von Richter Berthold sammelten sich Scharen von *minutemen.* Ein Schüler des Deutschamerikanischen Instituts kam zu Heinrich in die Fabrik gerannt mit einer Nachricht von Franz Sigel, daß sie sich in «Jäger's Garten» treffen würden. Heinrich ließ die Arbeit liegen und verließ die Fabrik. In den Straßen um das Regierungsgebäude drängten sich Tausende von aufgebrachten Bürgern der Stadt. Vergeblich versuchte Heinrich, sich einen Weg zu bahnen. Er kam nicht durch, und plötzlich fand er sich inmitten einer Gruppe von *minutemen,* die fäusteschwingend und lärmend zum Platz vor dem Regierungsgebäude drängten. Heinrich wollte sich umdrehen und Zuflucht in einer Häusernische suchen, als ihn jemand am Arm packte und zur Seite riß. Im nächsten Moment sah Heinrich das schmutzige, von roten Bartstoppeln bedeckte Gesicht des roten Hettich, die aufgeworfenen Lippen zu einem häßlichen Grinsen verzerrt.

«Laß mich los!» fuhr Heinrich ihn scharf an.

Der rote Hettich lachte auf, ließ ihn los und zog ein Messer unter dem alten badischen Uniformmantel hervor, den er wahrscheinlich aus seiner Heimat mitgebracht hatte. Ehe sich Heinrich zur Wehr setzen konnte, drückte ihm der rote Hettich die Spitze der Klinge unter dem Adamsapfel gegen die Kehle.

«Mansfeld, ich könnte dich jetzt kaltmachen, ohne daß in dem Getümmel jemand etwas merkt», zischte der rote Hettich.

«Und warum tust du es nicht, wenn dir schon danach zumute ist?» gab Heinrich zurück.

«Paß auf, ich tu's. Ich schneide dir die Kehle durch wie einem Gokkel. Aber erst sagst du mir, wo ich deinen Freund finden kann!»

Heinrich merkte, wie ihm der Schweiß ausbrach.

«Ich weiß nicht, wo er ist», sagte er.

«Überleg's dir noch einmal», schnappte der rote Hettich. «Überleg's dir schnell.»

«Da gibt's nichts zu überlegen. Ich weiß nicht, wo ...»

Die Menge geriet jäh in Bewegung. Irgendwer verlor das Gleichgewicht. Ein Mann stieß Heinrich den Ellbogen in die Seite. Plötzlich packte eine Hand den Arm des roten Hettich. «Himmel, was soll denn das?» fragte eine dunkle Männerstimme. «Wir wollen doch nicht hier in St. Louis mit dem Blutvergießen beginnen!»

Der Mann war groß und stark genug, um den roten Hettich daran zu hindern, mit dem Messer zuzustoßen. Der rote Hettich riß sich los und ließ das Messer im Mantel verschwinden.

«Glück gehabt, Mansfeld!» rief er heiser, während er von der Menge weggeschoben wurde.

Der Mann neben Heinrich schüttelte den Kopf. «Widerlicher Kerl», sagte er. «Sie sind Heinrich Mansfeld, nicht wahr? Der Büchsenmacher?»

Heinrich nickte. «Und wer sind Sie?»

«Reverend Anderson», sagte der Mann mit den dunklen Augen und dem schwarzen Vollbart. «Galusha Anderson.» Er hakte sich bei Heinrich ein. «Vielleicht wären wir besser zu Hause geblieben.»

Sie wurden weitergeschoben bis zum Platz, wo inzwischen die Soldaten vor der Treppe zum Regierungsgebäude Aufstellung genommen hatten. Auf den Stufen stand der junge Lieutenant, blaß um die Nase, den Säbel in der Hand. Sein Pferd, ein feuriger Rappe, der von seinem Burschen gehalten wurde, tänzelte nervös umher, die Nüstern aufgebläht und die Augen schreckhaft geweitet. Steine flogen auf den Platz hinaus. Heinrich sah Francis Blair die Treppe hocheilen und im Regierungsgebäude verschwinden.

«Wir jagen euch mit blutigen Köpfen aus der Stadt, Yankees!» schrie die Menge. Sie verfluchte den Präsidenten der USA, General Scott und den Abgeordneten Blair, und einige brüllten: «Zur Hölle mit Blair und seinen verdammten Hessen!» Noch wurden nur Fäuste geschüttelt und Drohungen ausgestoßen, aber General Harney, der sich in seinem Hauptquartier aufhielt und voller Sorge aus dem Fenster blickte, erkannte die Gefahr und ließ die Soldaten zum Arsenal marschieren, wo sie vorerst den Blicken der Öffentlichkeit entzogen sein würden. Es war eine vernünftige Entscheidung. Die Menge beruhigte sich, nachdem der Trupp abmarschiert war, aber von diesem Tag an gärte es in der Stadt. Und die Menschen begegneten sich mit immer größerem Mißtrauen.

Das Kommando im Arsenal hatte seit Jahren Major William H. Bell, Absolvent der Elite-Akademie West Point aus Südkarolina, der sich seine Position in St. Louis zunutze gemacht hatte, um sich während seiner Dienstzeit mehrere exklusiv gelegene Stadtgrundstücke anzueignen und in St. Charles County eine Farm zu kaufen, auf der er mehrere Sklaven beschäftigte. Bells Loyalität zu Gouverneur Jackson und der Sache des Südens war kein Geheimnis, und Francis Blair erachtete es von erstrangiger Dringlichkeit, den Major zu entmachten.

Spione berichteten Blair Mitte Januar, daß Major Bell dem Kommandeur der Staatsmiliz von Missouri, General Daniel M. Frost, versichert hatte, er würde das Arsenal gegen jeden «Mob» verteidigen, nicht aber gegen eine Übernahme durch die Miliz.

Bei einem Treffen in seinem Haus versprach Blair seinen Freunden, daß Major Bells Zeit abgelaufen sei. «Wer sich neben den Stuhl setzt, den ich ihm anbiete, fällt auf den Arsch», sagte Blair grimmig. Seine Augen waren gerötet, das Gesicht aufgedunsen vom Schnaps, den er reichlich trank.

Am 24. Januar wurde Major Bell überraschend von seinem Posten abberufen und nach New York beordert. Am gleichen Tag fiel Blair die Abschrift eines Briefs in die Hände, den General Frost an Gouverneur Jackson geschrieben hatte. Darin teilte er ihm mit, daß Major Bell im Gleichschritt mit ihnen marschieren würde.

«Das ist der Beweis dafür, daß Jackson und Frost die Absicht haben, das Arsenal zu besetzen, noch bevor eine politische Entscheidung die Zukunft unseres Staates beschließen könnte», erklärte Blair seinen Freunden.

Nachfolger von Major Bell wurde Major Peter V. Hagner, ebenfalls West-Point-Absolvent, geboren in der Landeshauptstadt Washington und Sohn deutscher Eltern. Blair versuchte Hagner sofort davon zu überzeugen, daß das Arsenal in Gefahr war, aber Hagner unterstützte die Meinung seines direkten Vorgesetzten, General Harney, der die Vermutung für puren Unsinn hielt, daß Milizeinheiten das Arsenal überfallen würden.

Hagner hatte keine Ahnung, daß die Blairs – Francis Blairs Bruder Montgomery war Postminister in Washington – inzwischen längst ein paar politische Stränge gezogen hatten. Von Fort Riley in Kansas aus befand sich ein Hauptmann mit achtzig Soldaten auf dem Marsch nach St. Louis. Noch kannte ihn hier niemand. Nur Francis Blair hatte von ihm gehört. Sein Bruder hatte ihm geschrieben, daß es in Fort Riley, Kansas, einen drahtigen kleinen Feuerfresser gäbe, der sich weder vor Tod noch Teufel fürchtete. «Nach allem, was ich von ihm gehört habe, kannst du ihm blind vertrauen», schrieb Montgomery Blair. «Er haßt jede Art von Religion, hält die meisten Politiker für Schurken und hat sich mit Leib und Seele der Union verschrieben. Die Erkundigungen, die ich über ihn eingezogen habe, bestätigen alle, daß er nichts und niemanden so sehr respektiert wie sich selbst. Wer sich mit ihm anlegt, wird auf der Strecke bleiben. Und er trägt den richtigen Namen, mein Bruder. Der Mann ist ein Löwe, ein wilder, prächtiger Löwe.»

17

Der wilde, prächtige Löwe hieß Lyon, Captain Nathaniel Lyon.

Er erreichte mit seiner kleinen Einheit das Arsenal von St. Louis am 2. Februar, und Hagner, ebenfalls Captain, allerdings seit Jahren schon Titularoffizier im Majorsrang, wollte sofort klarstellen, wer im Arsenal das Kommando führte. Aber Lyon war nicht nur ein wilder, prächtiger Löwe, er war auch ein widerspenstiger, von sich selbst überzeugter Mann, der sich niemandem unterordnen wollte. Dazu hielt er seine Aufgabe, die ihm Washington anvertraut hatte, für zu bedeutend.

Das St.-Louis-Arsenal war eines der größten der USA. Es enthielt zur Zeit 30 000 Gewehre und Musketen und 1 500 000 Schuß Munition. Im Pulvermagazin waren 90 000 Pfund Pulver gelagert, und auf freiem Gelände zwischen den Gebäuden türmten sich Pyramiden und lange Mauern, die aus Kanonenkugeln und Granaten errichtet worden waren. Einige Dutzend Festungs- und Feldgeschütze waren ebenfalls im Freien aufgereiht und wurden von der diensthabenden Mannschaft einsatzbereit gehalten.

Das Arsenalgelände befand sich auf einer Ebene auf der Südseite der Stadt, am Ufer des Mississippi. Es wurde auf drei Seiten von einer drei Meter hohen Kalksteinmauer eingefaßt und auf der vierten Seite vom Fluß begrenzt, der hier fast eine Meile breit war. Als zusätzliche Absicherung war entlang des Flußufers ein Zaun errichtet worden, mit einer Öffnung auf halber Strecke, die als «Wassertor» bezeichnet wurde.

Gleich nach seiner Ankunft wurde Captain Lyon klar, daß eine solche Menge von Kriegsmaterial niemals in die Hände der Staatsmiliz fallen durfte. Aber das Arsenal war nahezu ungeschützt. Im Süden überragten einige Erhebungen die Mauern, von denen aus das Arsenalgelände unter Feuer genommen werden konnte. Wer auf diesen Hügeln Geschütze postierte, kontrollierte das Arsenal. An den Umfassungsmauern waren keine Schießscharten angebracht. Ein

Feind, der sich dem Arsenal näherte, konnte dies ungehindert tun, bis er mit der Nase vor dem Tor stand.

Lyon suchte sofort General Harney in seinem Hauptquartier auf. Der alte General empfing ihn frostig. Irgendwie fühlte er sich durch die plötzliche Entscheidung Washingtons, Lyon hierherzuschicken, hintergangen. Man hätte ihn, den Kommandanten, wenigstens konsultieren können.

Lyon hörte sich an, was der General zu sagen hatte. Danach war er nur noch mehr von seiner Meinung überzeugt, daß alte Generäle sich kaum von alten Schlachtrössern unterschieden. Irgendwo hätte es auch für Harney eine letzte grüne Weide geben sollen. Hier, in seiner Stadt, entschied sich womöglich die Zukunft der Nation. Hier war kein Platz mehr für alte Führer, die ihre ganze Energie in Medaillen und Abzeichen an der Brust trugen und der Zukunft entgegensahen, als wäre sie tatsächlich ein Teil ihrer längst verblaßten Träume.

Lyon traf sich im Hauptquartier des Arsenals mit Francis Blair. In ihm, dem er eigentlich verdanken konnte, daß er vom Garnisonsdienst in Fort Riley abkommandiert und hierher versetzt worden war, fand Lyon einen Mann von gleicher Gesinnung und mit dem gleichen Ziel vor Augen: die Sezession im Keim zu ersticken. Blair machte Lyon mit der gegenwärtigen Situation in St. Louis vertraut und berichtete ihm, daß er seit einiger Zeit bereits dabei war, die Bürger der Stadt für den Notfall vorzubereiten, damit beim Ausbruch eines bewaffneten Konflikts sofort eine Bürgerarmee organisiert werden konnte.

«Die Waffen dafür werden in einem Eisenwerk hier in der Stadt hergestellt. Es sind Mansfeld-Gewehre, von denen nahezu eintausend bereits vorrätig sind und in unterirdischen Gewölben gelagert werden.»

Als Blair den Namen Mansfeld nannte, hob Lyon die Brauen.

«Mansfeld?» wiederholte er nachsinnend. «War das nicht ein deutscher Emigrant, von dem die Zeitungen berichteten? Das war vor etwa drei Jahren, und wenn ich mich recht entsinne, hatte er ein neuartiges Gewehr mit einem Bolzenverschluß entwickelt, das sich Präsident Buchanan im Weißen Haus vorführen ließ.»

«Das ist unser Mann», nickte Francis Blair. «Ein ausgezeichneter Büchsenmacher, der sich unserer Sache verschworen hat. Sie werden ihn kennenlernen. Er war zugegen, als man John Brown aufhängte. Der Name seiner Frau ist Ihnen vielleicht irgendwann zu Ohren gekommen: Franziska Gaertner. Bevor sie heiratete und die Mutter eines Kindes wurde, galt ihre ganze Aufmerksamkeit den Rechten der Frau und der Sklaven.»

«Ich habe von ihr gehört», bestätigte Lyon. «Wann kann ich mich mit Mansfeld treffen?»

«Heute nacht. Es wird ihm eine Ehre sein, Ihnen die Fabrik zu zeigen, Captain. Unsere größte Sorge gilt allerdings den bereits hergestellten Waffen und den Waffen, die im Arsenal gelagert sind. Mr. Mansfeld machte mir diesbezüglich den Vorschlag, seine Gewehre über den Fluß nach Illinois zu bringen, wo man sie für den Ernstfall bereithalten könnte.»

«An diese Möglichkeit habe ich gleich gedacht, als ich hier ankam und sah, welche Schätze im Arsenal aufbewahrt werden.»

«Solange Lincolns Kabinett noch nicht regiert und General Harney hier das Sagen hat, sind Ihnen und mir die Hände gebunden.»

«Das heißt, daß General Harney aus dem Feld geschlagen werden muß. Ich setze diesbezüglich mein vollstes Vertrauen in Ihre politische Erfahrung, Sir.»

Blair, der es vorgezogen hatte, allein zum Arsenal zu kommen, machte sich zum Gehen bereit.

«Ich sehe, daß wir uns verstehen, Captain», sagte er. «General Harney ist ein altgedienter Offizier, und es wird nicht leicht sein, die zuständigen Militärs davon zu überzeugen, daß eine Versetzung angebracht ist.» Blair ging zur Tür. «Ich wünschte, wir könnten Ihre Ankunft hier gebührend feiern, Captain, aber unsere Gegner beobachten uns mit mißtrauischen Augen auf Schritt und Tritt. Ich möchte nicht, daß jemand auf die Idee kommen könnte, wir wären die Rädelsführer einer Verschwörerbande.»

«Mir ist es egal, für was mich meine Gegner halten, Sir, solange ihnen der Schweiß ausbricht, wenn sie mich sehen», erwiderte Captain Lyon hart. «Ich werde umgehend damit anfangen, an der Umfassungsmauer des Arsenals Schießscharten anzubringen. Außerdem werde ich versuchen, auf den Hügeln im Süden des Arsenals eine Geschützbatterie zu postieren. Damit sollte allen klar sein, daß ich nicht hierhergekommen bin, um mich zur Ruhe zu setzen.»

«Hagner wird Ihnen kaum tatenlos zusehen, Captain», warnte Blair.

«Gut», erwiderte Lyon mit unbewegtem Gesicht. «Wenn er mir in die Quere kommt, schmeiß ich ihn über den Zaun in den Mississippi.»

Blair lächelte, als er hinausging, aber im Grunde genommen war er nicht so sicher, daß die Drohung des Captains nur ein Scherz gewesen war.

Heinrich hatte zwar durch Francis Blair einiges über Nathaniel Lyon erfahren, als er aber dem Captain zum ersten Mal begegnete, wurde er von dessen äußerer Erscheinung doch überrascht. Er hatte sich Lyon als einen kräftigen Mann vorgestellt, von grobschlächtiger Art und mit einem wilden, flammendroten Bart. Statt dessen erschien am verabredeten Platz in der Nähe der Fabrik ein drahtiger mittelgroßer Mann, von dessen hageren Schultern ein fadenscheiniger und schlechtsitzender Uniformrock hing. Ein zwar wilder, aber schütter wirkender Krausbart bedeckte die untere Hälfte des lächelnden Gesichtes. Nathaniel Lyon hatte glasklare Augen, wachsam wie die eines Raubvogels, der auf Beute aus ist.

Spät in der Nacht, auf dunklen Umwegen, brachte Heinrich den Captain in die Fabrik, wo er ihm die unterirdischen Werkräume zeigte, in denen die Gewehre hergestellt wurden. Lyon ließ sich eine Waffe bis ins Detail erklären und stellte am Ende von Heinrichs Ausführungen fest, daß ein Krieg gegen die Sezessionisten leichter zu gewinnen wäre, wenn alle Soldaten des Nordens mit Mansfeld-Gewehren ausgerüstet würden. Daraufhin führte ihn Heinrich durch einen schmalen Gang in ein Kellergewölbe, in dem die schußfertigen Gewehre gelagert wurden.

«Wir besitzen nach der neuesten Bestandsaufnahme eintausendundsiebzehn Gewehre, Captain», sagte Heinrich nicht ohne Stolz. «Das reicht fast, um alle Turner und Jäger auszurüsten, die wir hier in St. Louis haben. Ich bin allerdings nicht mehr ganz so überzeugt, daß dieses Versteck hier sicher ist. Das Eisenwerk steht unter ständiger Beobachtung. Außerdem fürchte ich, daß unter meinen Arbeitern welche sind, die dazu zu verleiten wären, unseren Gegnern eine profitable Information zu verraten.»

«Sie meinen, es gibt Verräter in der Fabrik?»

«Nicht alle haben sich für diese oder die andere Seite entschieden, Captain», erklärte Heinrich. «Außerdem gibt es noch immer Leute in St. Louis, denen das Hemd näher ist als der Rock. Sie rechnen damit, daß wir so oder so den kürzeren ziehen.» Heinrich geleitete Nathaniel Lyon zurück ins Büro. Der Captain wollte von ihm wissen, ob er irgendeinen Verdacht hätte. Heinrich verneinte.

«Ich glaube nur nicht, daß die Waffenfabrikation tatsächlich noch ein Geheimnis ist, Captain, falls sie es überhaupt jemals war. Deshalb dachte ich daran, die Gewehre an einem sichereren Ort unterzubringen.»

«Sie denken an das Arsenal?»

«Ja», sagte Heinrich bestimmt.

«Das Arsenal ist ein genauso unsicherer Ort, Mr. Mansfeld», entgegnete Captain Lyon. «Zumindest, solange Hagner das Kommando darüber hat.»

Die beiden Männer verließen die Fabrik. Auf dem Weg in die Stadt überhäufte Lyon Heinrich mit Fragen. Die Situation in St. Louis war unübersichtlich. Heinrich versuchte dem Captain durch seine Antworten einen klaren Überblick zu verschaffen. Lyon blieb vor der Anheuser-Brauerei stehen und blickte hinunter zum Mississippi, an dessen Ufer die Umfassungsmauer des Arsenals aufragte. Die beiden Männer verabschiedeten sich, und Heinrich ging nach Hause.

Obwohl Lyon überrascht war, mit welcher Überzeugung sich deutsche Einwanderer der Sache der Union verschworen hatten, traute er ihnen nicht ganz. Während der nächsten Tage besuchte er zusammen mit Heinrich mehrere Male einen geheimen Exerzierplatz in einer leerstehenden Fabrikhalle am Stadtrand, wo Franz Sigel Mitglieder der Jägervereine und Turnerbünde militärisch ausbildete. Obwohl die meisten Männer keine Uniform trugen, wirkten sie unter der Führung Sigels als eine geschlossene Einheit, und Captain Lyon kam nicht umhin, ihr militärisches Können zu bewundern.

Am 9. Februar wurde in Montgomery der ehemalige Senator und Plantagenbesitzer Jefferson Davis aus Mississippi zum Präsidenten der Südstaaten, die sich Konföderierte Staaten Amerikas nannten, gewählt. Die Nation war endgültig gespalten.

Im Blair-Haus trafen sich Captain Lyon, Francis Blair, Heinrich Mansfeld, Henry Boernstein, Franklin Dick und Oliver Filley, der Bürgermeister von St. Louis. Ein Sicherheitskomitee wurde gegründet, dem aus dem deutschen Lager Julius Witzig angehörte. Das Komitee hatte die vorrangige Aufgabe, dafür zu sorgen, daß der bevorstehende Konvent des Staates Missouri zu einer Entscheidung für ein Verbleiben in der Union kommen würde. Außerdem hatte es in der Auseinandersetzung mit Gouverneur Jacksons Staatsregierung die Interessen der unionstreuen Bürger von St. Louis zu vertreten.

Der Tag der Entscheidung rückte näher. Am 18. Februar 1861 trat

Jefferson Davis das Amt des Präsidenten der Südstaaten an. Am 4. März wurde Abraham Lincoln als neuer amerikanischer Präsident in Washington eingesetzt.

Lincoln versicherte in seiner Antrittsrede noch einmal, daß er nicht die Absicht hätte, den Sklavenstaaten ihre Rechte streitig zu machen, aber seine Ausführungen schienen wie ein Echo aus einer Wirklichkeit, die schon nicht mehr existierte. Er wolle auch dafür sorgen, daß die Gesetze der Union von allen Staaten befolgt würden, und warnte, es zu Gewaltanwendungen und Blutvergießen kommen zu lassen. Er verzichtete darauf, irgendwelche Konzessionen zu machen oder Versprechungen abzugeben, welche die Sezession betroffen hätten. Statt dessen gab er sogar zu verstehen, daß er nicht gedenke, mit seiner Regierungspolitik stark von der vorherigen Regierung abzuweichen.

In St. Louis feierten die Deutschen. Heinrich und Franziska gesellten sich zu ihren Freunden in der «Schanz». Heinrich trank mehr, als er vertragen konnte. Sigel bot sich an, ihn und Franziska nach Hause zu geleiten, aber Heinrich wehrte ab, umarmte Franziska und tanzte mit ihr singend über die Straße und rutschte dabei auf einem Haufen frischer Pferdeäpfel zwischen den Schienen der Straßenbahn aus. Sie stürzten beide, und Heinrich schlug so unglücklich mit dem Kopf auf, daß er zwar beinahe nüchtern wurde, trotzdem aber nicht mehr aufstehen konnte. Franziska wollte ihm aufhelfen, aber er war zu schwer und stellte sich zu ungeschickt an. Unterdessen waren einige Passanten aufmerksam geworden, und als Franziska jemand um Hilfe bitten wollte, trat Ronald Madison vor, ein feistes Grinsen im Gesicht. Franziska gewahrte unter den Männern den roten Hettich, obwohl der Schatten seiner Hutkrempe über dem hageren Gesicht lag.

Heinrich blickte auf, als sich Madison zu ihm herunterbeugte und ihm die Hand hinstreckte.

«Ah, Madison, was willst du?» fragte er mit schwerer Zunge und wischte sich mit dem Handrücken über den Mund, ohne die dargebotene Hand zu beachten.

«Ihnen auf die Beine helfen, Mr. Mansfeld, Sir», sagte Madison. «Zur Feier des Tages und als Friedensangebot.» Madison sagte es laut und mit unverhohlenem Spott in der Stimme.

Heinrich hob die Brauen. «Das meinst du ernst, nicht?» fragte er.

Franziska schüttelte den Kopf. «Steh auf, Heinrich», sagte sie. «Bitte bring mich nach Hause.»

«Laß nur, Franziska», lachte Madison. «Es scheint, dein Mann hat es Mr. Lincoln gleichgetan und sich unvorsichtigerweise in einen übelriechenden Haufen gesetzt. Hier, ich biete Ihnen meine Hand an, Mr. Mansfeld, Sir, denn heute sind wir vielleicht zum letzten Mal Brüder.»

«Waren wir das jemals, Madison?» fragte Heinrich zweifelnd. «Brüder?»

Auf dem Gehsteig lachte ein Mann etwas schrill. Irgendwo in der Stadt gingen verspätete Feuerkracher los. Madison beugte sich zu Heinrich herunter.

«Deine Fabrik fliegt in die Luft, bevor ihr eure Gewehre in Sicherheit bringen könnt», raunte er. Und laut sagte er: «Sie haben Pferdemist am Kragen, Sir, und Sie geben sogar für einen Yankee eine erbärmliche Gestalt ab.»

Ein Ausdruck von blankem Hohn breitete sich im feisten Gesicht des Rechtsanwalts aus, ein Ausdruck, den Heinrich in diesem Moment kaum ertragen konnte. Er wischte sich erneut mit dem Handrücken über den Mund, verzog sein Gesicht zu einem schiefen Grinsen und ergriff Madisons Hand.

«Ein Bruder läßt den anderen nie alleine in der Scheiße sitzen», lallte er und zog Madison mit einem kräftigen Ruck von den Beinen. Der Rechtsanwalt stürzte über Heinrich hinweg, und das Unglück wollte es, daß er beim Aufprall auf den nassen Pflastersteinen mit dem Gesicht in einem frischen Haufen warmer Pferdeäpfel landete. Die Umstehenden grölten, teils vor Freude, teils vor Unmut. Heinrich lachte, erhob sich etwas umständlich und wischte den Straßendreck von seinen Jackenärmeln. Madison schäumte vor Wut, als er sich aufrichtete. Einige seiner Begleiter wollten ihm auf die Beine helfen, aber bevor er richtig stand, riß er sich los, und zur Überraschung aller fiel er Heinrich mit geballten Fäusten an. Heinrich, der sich Franziska zugewandt hatte, wurde vom ersten Schlag Madisons am Ohr getroffen. Er taumelte, verlor beinahe das Gleichgewicht und konnte sich im letzten Moment an einem der Männer festhalten, die vom Gehsteig auf die Straße hinausgetreten waren. Der Mann fluchte.

«Wehr dich, du verdammter Hesse!» stieß er hervor. Etwas verschwommen sah Heinrich das Gesicht Franziskas. Voller Entsetzen und Furcht. Und Abscheu.

Jemand schlug Heinrich einen harten Gegenstand ins Kreuz, der ihn vorwärts und auf Madison zutaumeln ließ. Madison war ein stämmiger Mann mit kräftigen Fäusten. Er schlug Heinrich die Linke in den Bauch, und als Heinrich vornüber zusammensackte, traf ihn die geballte Rechte im Gesicht. Heinrich glaubte Glocken läuten zu hören. Er merkte nicht, wie er Madison mit beiden Armen umschlang und zu Boden riß. Er spürte nur, wie er hart aufschlug. Und er hörte Madisons Stimme dicht an seinem Ohr.

«Dein Weib, Mansfeld, war schon mir zu Gefallen», zischte Madison. Heinrich vernahm die Worte, und irgendwie prägten sie sich tief in sein Bewußtsein ein, obwohl er ihren Sinn im Moment gar nicht erfaßte. Er hatte Stoff zwischen den Fingern und Blut im Mund. Der Stoff riß. Ein Schlag traf ihn in die Seite.

Er hörte Franziska rufen: »Hört auf! Heinrich, das ist eine Schande!» Heinrich stieß Madison von sich. Sie rollten übereinander auf der Straße, und es gelang ihm, auf die Beine zu kommen, bevor sich Madison erheben konnte. Gebeugt, schwer atmend und mit blutverschmiertem Gesicht starrte Heinrich den Anwalt an, der sich einige Schritte von ihm entfernt erhob. Madisons Rock war an der Schulternaht gerissen, seine weiße Hemdbrust voll mit Blutspritzern. Das Haar klebte in seinem verschmutzten Gesicht.

Jemand hob Madisons Hut vom Boden auf und reichte ihn ihm.

«Mansfeld», keuchte Madison, «es ist nicht meine Art, mich mit Yankees und Ausländern zu raufen. Wenn du meinst, daß in deiner ganzen Erbärmlichkeit ein Hauch von Ehre zu finden ist, leistest du mir für diese Schmach Genugtuung.» Er zog den zerrissenen Handschuh von seiner linken Hand und warf ihn Heinrich mit einer fast theatralisch wirkenden Geste vor die Füße.

Heinrich, dem das Blut aus der Nase ins Hemd rann, holte tief Luft. Die Männer auf der Straße starrten ihn an. Kein Laut war mehr zu hören.

Heinrich wischte sich das Blut von Mund und Kinn. Er blickte zuerst Franziska an, dann den roten Hettich, der ungläubig den Kopf schüttelte.

«Donnerwetter, der hat dich zum Zweikampf rausgefordert, Mansfeld», sagte er in seinem badisch-schwäbischen Deutsch. «Da gugsch aber, gell?» Er lachte und trat auf Heinrich zu. «Nimm den Handschuh auf, wenn du den Mumm dazu in den Knochen hast!»

Niemand sonst rührte sich vom Fleck. Alle warteten auf eine Reaktion Heinrichs.

«Komm, Heinrich», hörte er Franziska sagen. «Es ist genug jetzt. Laß dich von Mr. Madison nicht zu solchem Unsinn hinreißen!»

Heinrich bückte sich langsam, nahm den Handschuh vom Boden auf und streckte ihn Madison entgegen.

«Was uns trennt, Madison, hat nichts mit Ehre und Stolz zu tun. Und die Frage, wer von uns die richtige Seite gewählt hat, wird nicht in einem veralteten Gesellschaftsspiel entschieden werden, sondern auf den Schlachtfeldern. Hier, nimm deinen Handschuh und geh nach Hause! Wir werden uns früh genug als Feinde wiedersehen.»

«Soll das heißen, daß du mir keine Genugtuung leisten willst, Mansfeld?» fragte Madison ungläubig.

Heinrich lächelte schwach. «Nicht im Duell, Madison», sagte er. «Dazu sehe ich keine Veranlassung.» Er warf Madison den Handschuh vor die Füße, nahm Franziska am Arm und ging davon. Hinter ihnen brach Lärm aus. Die Männer brüllten Schimpf und Schande hinter ihm her, obwohl er in Begleitung Franziskas war. Und Franziska war wütend. Sie drückte seinen Arm fest.

«Wie kommt es, daß die meisten Männer sich hin und wieder wie Esel benehmen müssen, Heinrich? Du hast mir einen schönen Abend versprochen, statt dessen bringst du es fertig, dich in meiner Gegenwart auf der Straße zu prügeln wie ein Maultiertreiber.»

«Entschuldige», sagte Heinrich hinter der Hand hervor, mit der er sich ein Taschentuch gegen seine Nase drückte. «Als ich in den Pferdeäpfeln saß und er sich zu mir herunterbeugte und sagte, daß wir zum letzten Mal Brüder sein würden, da dachte ich, daß er nicht ungeschoren davonkommen sollte. Nicht an diesem denkwürdigen Tag, Liebes. Immerhin hat er unseren Präsidenten beleidigt.»

Daheim pflegte sie seine Platzwunden und Prellungen. Sein Gesicht war ziemlich verschwollen, und während sie sich um ihn kümmerte, dachte er plötzlich an Konrad und an den Streit, den sie in ihrer Wohnung in New York ausgetragen hatten. Und in diese Gedanken hinein fielen wie aus dem Nichts die Worte, die ihm Madison zugeraunt hatte, als er auf der Straße gelegen hatte.

«Seit wann kennst du Madison eigentlich?« fragte er, als sie eine Beule auf seiner Stirn mit Zinksalbe bestrich.

Sie richtete sich auf und blickte ihn an.

«Seit ich hier in St. Louis bin», sagte sie. «Warum?»

«Hm.»

«Das ist keine Antwort, Heinrich.» Sie drehte sich um und versorgte den Salbentopf im Schrank. Später, als sie im Bett lagen, erzählte sie ihm von der Zeit, als sie nach St. Louis gekommen war. Ihr Vater war krank gewesen. Rocky-Mountain-Fleckfieber. Unterwegs, irgendwo in einer kleinen Siedlung am Missouri River, war er gestorben. Flußfahrer hatten sie mit auf ihr Boot genommen und in die Stadt gebracht. Sie war allein gewesen, noch keine sechzehn Jahre alt, bei den Indianern und in entlegenen Handelsforts aufgewachsen unter rauhen Männern, die der Zivilisation entflohen waren. In der Stadt wurde sie zuerst von einer wohlhabenden Familie mit neun Kindern aufgenommen. Die Frau litt an der Schwindsucht. Der Mann betrieb ein großes Fracht- und Fuhrunternehmen. Im Haus waren mehrere Sklaven angestellt. Franziska durfte die Schule besuchen, und der Mann sorgte dafür, daß es ihr an nichts fehlte. Doch kurz nachdem seine Frau gestorben war, drang er eines Nachts in ihr Schlafzimmer ein und überfiel sie. Sie schrie um Hilfe, und als er von ihr abließ, lief sie davon. Montgomery Blair, damals Bürgermeister von St. Louis, nahm sie in sein Haus auf. Durch ihn und seine Frau kam sie mit Leuten aus der besseren Gesellschaft der Stadt in Kontakt, erhielt Schliff und Bildung. Sie lernte, sich eine eigene politische Meinung zu bilden, und schloß sich einer Frauenorganisation an, die von Mrs. Blair gegründet worden war. Kurz bevor die Blairs St. Louis verließen und nach Washington umzogen, brachten sie Franziska im Deutschamerikanischen Institut unter, und dort lernte sie nach einer Rede den jungen Rechtsanwalt Ronald Madison kennen.

«Er war damals neu in St. Louis und wohnte zur Miete in einem Haus an der Pine Street», erzählte Franziska. Sie hatte sich im Bett aufgesetzt. Heinrich lag neben ihr, still, das eine Auge zugeschwollen, das andere geschlossen. «Obwohl er seine politische Meinung mir gegenüber nie verheimlichte, fühlte ich mich zu ihm hingezogen. Vielleicht war es sein Enthusiasmus, mit dem er seine Ansichten vertrat. Oder die Art, wie leicht er als Gastredner im Institut von den Verhältnissen auf der Plantage seiner Eltern erzählte, von den Sklaven, die ihm nahegestanden hatten und von denen er sprach, als wären sie seine Blutsverwandten. Erst später, als ich erfuhr, daß er im Auftrag seines Vaters die hübschesten und kräftigsten Negerinnen schwängerte und damit zum personellen Reichtum der Plantage beitrug, wurde mit klar, daß Ronald Madison sich nicht von den anderen Sklavenhaltern unterschied. Er hielt sich für einen Südstaaten-Gentleman, ein höhergestelltes Wesen, selbstgerecht und besessen von einem unbändigen Stolz auf seine Herkunft und auf den Süden als seine Heimat. Ich war ziemlich erschreckt, als ich ihn plötzlich richtig erkannte, und ich wußte nicht, was ich tun sollte. Ich hatte niemanden in der Stadt, dem ich mit einer solchen Sache hätte vertrauen können. Außer Franz Sigel. Er hatte bei meiner Anstellung als Lehrerin geholfen. Und er ermöglichte mir Reisen für politische Vorträge nach Chicago, Cincinnati und sogar nach Philadelphia und New York. Ronald konnte das nicht ertragen. Die ganze Zeit hatte er versucht, mir meine Überzeugung zu nehmen. Er mußte zusehen, wie ihm die Felle davonschwammen. Am Ende wollte er mich heiraten. Einfach so. Ganz schnell. Er wollte sogar seine Anwaltspraxis hier aufgeben und mit mir nach Südkarolina gehen auf die Plantage seiner Familie.» Franziska strich die Bettdecke glatt. «Jetzt weißt du alles, Heinrich», sagte sie. «Jetzt weißt du, warum er die Beherrschung verlor. Ich habe ihn nie zuvor so gesehen, völlig außer sich. Er legt viel Wert auf seine Erziehung und auf seine Manieren.»

Heinrich öffnete das eine Auge, und sie konnte nicht genau erkennen, ob er lächelte oder das Gesicht vor Schmerzen verzog.

«Warum hast du mir das nicht früher erzählt?» fragte er.

«Ich dachte nicht, daß es wichtig ist, dir davon zu erzählen. Es war nicht wichtig für mich. Es war eine kurze Freundschaft. Mehr nicht.»

«Für ihn war es mehr.»

«Ja. Er hatte Pläne geschmiedet. Er wollte seinen Freunden zeigen, daß er mich unterkriegen kann. Ich glaube, seine Freunde haben ihn ausgelacht. Deshalb war er sogar bereit, St. Louis zu verlassen und nach Hause zurückzukehren.»

«Er hält das für eine Schmach, Franziska. Eine Erniedrigung. Und dafür haßt er dich.» Heinrich setzte sich ächzend auf und nahm ihre Hand zwischen seine Hände. «Es ist gut, daß ich nun Bescheid weiß», sagte er. «Ronald Madison will die Fabrik niederbrennen und dir heimzahlen, was du ihm angetan hast. Die Sezession und der Krieg, das sind willkommene Vorwände.»

Sie legte ihren Kopf gegen seine Schulter. «Ich fürchte ihn und seinen Zorn, Heinrich», sagte sie leise. Und dann sagte sie ihm, daß sie wieder ein Kind erwartete. Er konnte es kaum glauben, berührte sanft mit der Hand ihren Bauch und sagte, daß es vielleicht ein Mädchen würde, genauso wie sie, hübsch und klug und mit großen dunklen Augen, die voller Liebe und Wärme wären, und dafür küßte sie ihn, und die Tränen liefen ihr über das Gesicht. Es war ein guter Tag gewesen, obwohl Heinrich zuviel getrunken hatte und trotz des Vorfalls auf der Straße. Abraham Lincoln war Präsident. Als Heinrich einschlief, dachte er nicht an den Krieg.

Dritter Teil

WILSON'S CREEK

18

Während der nächsten Tage zeigte sich in St. Louis deutlich der wahre Charakter der Zeit. Über dem Berthold-Haus flatterte zum ersten Mal die Fahne der Südstaaten. Gruppen von *minutemen* patrouillierten in den Straßen und zogen zu den Toren des Arsenals, wo sie die Wachen verhöhnten, die Union beschimpften und jede Gelegenheit wahrnahmen, Captain Lyon und seine Fortbesatzung mit der Drohung herauszufordern, daß General Frost und seine Miliztruppen demnächst klarstellen würden, wem die Waffen im Arsenal gehörten.

Captain Nathaniel Lyon erhielt unterdessen Verstärkung durch einen Geschützzug der 4. US-Artillerie.

In Washington schilderte Francis P. Blair dem neuen Kriegsminister Cameron die Lage in St. Louis und überzeugte ihn von der großen strategischen Bedeutung des Arsenals. Der ließ daraufhin General Harney telegrafisch Order zukommen, Captain Nathaniel Lyon zum Kommandanten des Arsenals zu machen. Um Harney nicht zu erzürnen, ließ er Hagner das Kommando über das Feldzeugdepot.

Heinrich und Captain Lyon besuchten jeden Abend die geheimen Exerzierplätze der Turner und Jäger und ließen es sich nicht nehmen, selbst einige Übungen zu leiten. Es war ihm und Heinrich klar, daß die Deutschen den Kern einer Freiwilligenarmee ausmachen würden, falls Lincoln durch eine Aggression der Südstaaten gezwungen würde, die Männer der Union unter die Waffen zu rufen.

Noch herrschte eine Zeit des Wartens, aber die Hoffnung auf eine friedliche Lösung war inzwischen einer gefährlichen Ungeduld gewichen. Die Bürger aus den beiden Lagern begegneten sich mit immer größerem Argwohn. Daniel G. Taylor löste Oliver Filley als neuer Bürgermeister ab. Spione berichteten Lyon, daß die *minutemen* in dunklen Nächten Waffen in das Berthold-Haus schafften: Gewehre und Revolver, die dazu bereitgestellt würden, Miliztruppen auszurüsten.

In der Nacht vom 8. auf den 9. April versuchte jemand in die Eisenwarenfabrik von Mueller & Co. einzudringen, aber eine Patrouille aus dem Arsenal überraschte die Einbrecher, die beim Herannahen der Soldaten sofort die Flucht ergriffen und in der Dunkelheit verschwanden.

Am 10. April kam Boernstein in die Fabrik. Heinrich erzählte ihm, daß jemand versucht hätte, in die Fabrik einzudringen. «Die Waffen müssen an einem sicheren Ort untergebracht werden», sagte er. «Wir können nicht mehr länger zuwarten.»

«Francis Blair kommt in einer Woche aus Washington zurück. Bis dahin wollen wir nichts unternehmen. Ich bin sicher, daß er einige Überraschungen für uns mitbringen wird.»

«Wenn das nur nicht zu spät ist», entgegnete Heinrich. «Eine Woche ist eine Ewigkeit. Die Welt könnte untergehen.»

Am 12. April 1861 hatte das Warten ein plötzliches Ende. Die Konföderierten griffen Fort Sumter, die Inselfestung vor Charleston, an, und die Yankees schossen zurück. Es war Krieg.

Es dauerte einen Tag, bis die Kunde vom Kriegsausbruch St. Louis erreichte. Die Zeitungen druckten in aller Eile Extrablätter. Vor dem Telegrafenamt drängten sich die Bürger der Stadt, begierig nach jeder neuen Nachricht, die über den Draht kam. *Minutemen* und Mitglieder der *Home Guards* und der «Hellwachen» standen Schulter an Schulter, benommen und noch nicht bereit, den Krieg, den sie alle mit heraufbeschworen hatten, jetzt als eine endgültige Entscheidung hinzunehmen. Niemandem wurde so richtig klar, daß all die Drohungen der letzten Jahre mit einem Mal wahrgemacht worden waren. Keine Kompromisse waren mehr möglich, keine Worte konnten mehr verhindern, daß sich Männer mit den Waffen in der Hand gegenübertraten. Es war Krieg. Weit entfernt noch, zu weit entfernt, als daß man die Geschütze hätte hören können, und so neu, daß kaum jemand begreifen konnte, was tatsächlich geschehen war. Es war Krieg.

Seit die Nachricht von der Kapitulation in Fort Sumter eingetroffen war, rotteten sich vor dem Haupttor des Arsenals Horden von Sympathisanten der Konföderation zusammen, um die Wachposten zu beschimpfen. Manchmal flogen Steine über die Mauer hinweg. Die unter Jacksons Landesregierung neu gewählten Polizeikommissionäre sprachen im Hauptquartier von General Harney vor und unterbreiteten ihm einen Beschluß, daß es Captain Lyon fortan untersagt wäre, Patrouillen auszuschicken und seine Leute außerhalb des Arsenals zu postieren. Lyon tobte, als ihm Hagner den Befehl Harneys vorlegte, die Geschütze auf dem Hügel südlich des Arsenals zurückzuziehen und die Patrouillen einzustellen.

«Statt dessen sollten wir ausrücken und das Berthold-Haus besetzen. Und das Regierungsgebäude!»

Er beschränkte sich aber darauf, die Verteidigungseinrichtungen im Arsenal zu verbessern. Die Mauer bekam über Nacht Schießscharten. In den Straßen, die von der Stadt zum Arsenal hinunterführten, grölten die Anhänger der Konföderation. Sie waren siegesgewiß. Lyon und seine kleine Besatzung würde kaum in der Lage sein, das Arsenal zu halten. Und mit weiterer Verstärkung brauchte der kleine, drahtige Captain nicht zu rechnen. In Missouri würde höchstens ein deutscher Hund einen Knochen von einem Mann nehmen, der sich an die Unionsarmee verdingte.

Francis Blair kehrte von Washington zurück und brachte einen Befehl der Regierung in Washington mit, fünftausend Gewehre zur Bewaffnung loyaler Bürger bereitzustellen. Dieser Befehl hatte nichts mit der Aufforderung zu tun, vier Regimenter in den Dienst der Union zu stellen, sondern war nichts anderes als eine Maßnahme, die *Home Guards* zu bewaffnen, damit sie ihre eigene Stadt gegen die Staatsmiliz schützen konnten. «Wir haben dadurch die gesetzliche Handhabe, die *Home Guards* offiziell unter Waffen zu stellen», erklärte Blair seinen Freunden, die sich in seinem Haus trafen.

Lyon schloß sich der allgemeinen Freude nicht an. Er gab zu bedenken, daß General Harney als Oberbefehlshaber des zuständigen Militärdistrikts diesen Befehl zuerst bestätigen mußte.

«Und selbst, wenn Harney zustimmt, das Vorhaben würde sofort publik werden, und die Konföderierten würden das Arsenal einkreisen, und zwar so dick, daß es von uns kaum einer wagen würde, durchzubrechen.»

Heinrich pflichtete dem Captain bei. «Die *Home Guards* genügen nicht, um das Arsenal und damit die Stadt zu schützen. Gouverneur Jackson verweigert dem Präsidenten die Aufstellung von vier Regimentern. Warum stellen nicht *wir* dieses Kontingent?»

«Zehntausend Mann?» fragte Boernstein zweifelnd. «Das sind zehntausend Mann, Heinrich!»

Sigel meinte, daß man zehntausend Mann auf die Beine bringen könnte.

«Dazu müßte die gesetzliche Grundlage erst geschaffen werden», sagte Francis Blair. «Oder zumindest müßte eine ungesetzliche Handlung vertretbar sein.»

«Dann machen Sie sich an die Arbeit, Sir», sagte Captain Lyon und deutete zum Schreibtisch.

Blair grinste. «Gottverdammt, warum eigentlich nicht», meinte er und setzte sich an den Schreibtisch. Es war kein Laut zu hören, während er mit der Feder eine Nachricht auf ein Papier kritzelte. Als er aufstand, war sein Gesicht gerötet.

«Hier», sagte er. «Das geht an unseren Kriegsminister.» Er las laut vor: «Unser Gouverneur ist nicht bereit, Ihrer Aufforderung zur Stellung von Freiwilligen nachzukommen. Würden Sie freiwillige Kompanien und Regimenter aus St. Louis akzeptieren? Wäre dies so, lassen Sie bitte diesbezüglich Captain Lyon einen Befehl zukommen, damit er diese Truppen in den Dienst stellen kann.»

«Vergessen Sie nicht General Harney, Sir?» fragte Captain Lyon mit leisem Sarkasmus in der Stimme.

Blair schüttelte den Kopf. «Nein, Captain, ich bin noch nicht fertig.» Er setzte sich noch einmal hin. Dieses Mal verfaßte er eine Nachricht an seinen Bruder in Washington, der inzwischen in Lincolns Regierung das Amt eines Postministers bekleidete. Er teilte ihm mit, daß die Regierung die notwendigen Befehle ausgeben sollte, Harney durch einen zuverlässigeren Offizier zu ersetzen und Lyon zu ermächtigen, die von Lincoln verlangten vier Regimenter einzuschwören und den Rest der unionstreuen Bürger zu bewaffnen, solange diese gewillt waren, als Zivilgarde oder *Home Guards* ihren Dienst zu tun.

In der Nacht diktierte Lyon seinem Adjutanten einen Brief an Harney, in dem er seinen Vorgesetzten um die Einwilligung bat, Freiwillige zu rekrutieren, um das Arsenal zu verteidigen.

Am Spätnachmittag des 20. April wurde bekannt, daß die Abgeordneten des Konvents in der Hauptstadt den Abfall Missouris in die Sezession verworfen hatten.

Am Nachmittag des 21. April trafen sich rund dreihundert Mitglieder von drei verschiedenen Turnvereinen im «Flora-Garten», um die Möglichkeiten abzuklären, wie sie ihrem Heimatland dienen konnten. Heinrich verließ seine Fabrik früh, um an den Beratungen teilzunehmen. Die meisten der Anwesenden waren junge, kräftige Männer deutscher Herkunft. Einige waren noch in der alten Heimat geboren und aufgewachsen. Es gab zwar einige Hitzköpfe unter ihnen, die den Krieg unbedingt in den Straßen von St. Louis gegen die *minutemen* beginnen wollten, aber sie erhielten kaum Unterstützung. Heinrich ermahnte sie, Ruhe zu bewahren und unter keinen Umständen mit einem Blutvergießen zu beginnen. Und Boernstein erklärte, daß Missouri nicht für die Union gewonnen werden konnte, wenn man seine Energie darauf verwandte, aus blutigen Straßenschlachten als Sieger hervorzugehen. «Die *minutemen* sind nur ein kleiner Haufen, der uns kaum gefährlich werden kann, Leute!» rief Boernstein von der Tanzbühne herunter. «Gouverneur Jackson und General Frost sind dabei, eine Milizarmee auf die Beine zu stellen, die bald zehntausend Mann zählen wird. Wir haben aus sicheren Quellen in Erfahrung gebracht, daß Südstaatenpräsident Jefferson Davis Kriegsmaterial nach Missouri entsenden wird, vielleicht sogar Truppen.»

Die Menge brach in Lärm aus. «Dann laßt uns nach Illinois gehen, wo wir uns den dortigen Regimentern stellen können!» rief ein junger Mann aus Heinrichs Turnergruppe. «Dort nimmt man uns mit Handkuß!»

«Auf nach Illinois!» brüllte ein anderer. «Ist es nicht scheißegal, mit wem wir kämpfen, solange es gegen Jackson geht und gegen das verdammte Pack aus dem Süden?»

Es kam zu einer heftigen Auseinandersetzung. Die jungen Männer wollten sich nun alle den unionstreuen Illinois-Regimentern anschließen und über den Fluß nach Belleville gehen, wo es Friedrich Hecker und seine Freunde bestimmt nicht unterlassen würden, eine klare Entscheidung zu treffen und Freiwilligentruppen auf die Beine zu stellen.

Heinrich versuchte vergeblich, sich Gehör zu verschaffen, und als er merkte, daß niemand mehr die jungen Männer von ihrem Entschluß abbringen konnte, sprang er vom Tanzboden und bahnte sich einen Weg durch die Menge zum Tisch, an dem Franz Sigel, Blandowski, Brimmer und Schütter saßen. Sigel hob die Schultern.

«Warum eigentlich nicht», sagte er. «Die Illinois-Regimenter sind schnell einsatzbereit und können nach Missouri einmarschieren.»

«Wir müssen uns einig sein», wandte Heinrich scharf ein. «Wir brauchen jeden Mann für unsere eigene Armee!»

«Welche Armee?» fragte Phillip Brimmer spöttisch. «Es könnte gut sein, daß wir uns zu sehr auf jene Leute verlassen haben, die glauben, daß Lincoln ihnen einen Gefallen schuldig ist. Wir sitzen hier auf heißen Kohlen, Heinrich, und wenn uns der Hosenboden zu schmoren anfängt, ist es womöglich zu spät.»

Brimmer erhob sich und machte Anstalten, die Tanzbühne zu betreten, als plötzlich beim Eingang zum «Flora-Garten» Bewegung entstand. Es war Francis Blair, der sich einen Weg durch die Reihen der jungen Turner bahnte, die ihn kaum durchlassen wollten. Franz Sigel stand auf und bat mit lauter Stimme um Ruhe. Blandowski, ein stämmiger Mann, der die Hemdärmel hochgerollt hatte, trieb die Menge mit kräftigen Stößen auseinander.

Sigels Stimme durchdrang den Lärm, und allmählich wurde es ruhiger. Francis Blair erreichte hinter Blandowski die Bühne, sprang hinauf und schwenkte einen Zettel.

«Ruhe, Leute!» rief er. «Ruhe, Teufel noch mal! Ich erhielt soeben ein Telegramm vom Kriegsministerium!» Er hob den Zettel hoch über seinen Kopf. «Es ist die Ermächtigung, vier Freiwilligen-Regimenter zu stellen!»

Donnernder Applaus erfüllte den «Flora-Garten». Alle wollten jetzt sofort zum Arsenal marschieren und sich für den Dienst der Union rekrutieren lassen, aber Blair ermahnte die Leute, die Ruhe zu bewahren und ihre Trümpfe nicht leichtsinnig aufs Spiel zu setzen.

«Es gilt, vorsichtig zu Werke zu gehen! Wenn unsere Gegner von unserem Vorhaben erfahren, kann es in dieser Stadt zu Tumulten kommen. Wir wollen keinen Aufruhr verursachen. Wir wollen nicht, daß es zu unnötigem Blutvergießen kommt.»

Nach langem Hin und Her, und nachdem Franz Sigel den Turnern und Schützen erklärt hatte, daß die Rekrutierung eigentlich aus militärischer Sicht nicht legal sein konnte, solange General Harney nicht seine Zustimmung gab, kehrte im «Flora-Garten» Ruhe ein. Es wurde bestimmt, daß sich alle Freiwilligen in der Nacht einzeln und in aller Heimlichkeit zum Arsenal begeben sollten, und zwar auf dem Weg dem Flußufer entlang und durch das Wassertor. Jeder Mann sollte sich den Wachen am Tor durch eine Karte ausweisen, auf der das Wort «Saxton» geschrieben stand. Bis es Nacht wurde, sollten alle ihrem normalen Tageslauf nachgehen und sich davor hüten, auf irgendwelche Herausforderungen zu reagieren. Blair wollte unterdessen dafür sorgen, daß im Arsenal ein Rekrutierungsoffizier zur Verfügung stand, der den Mut hatte, bestimmte militärische Regeln zu übersehen.

Als Heinrich nach Hause kam, war es schon beinahe dunkel. Franziska kam zur Tür. Sie hatte Carl im Arm. Ihr schmales Gesicht war blaß und etwas eingefallen. Es ging dieses Mal nicht so gut mit ihrer Schwangerschaft. Sie aß wenig und mußte sich häufig übergeben. Dr. Spiegelhalter meinte, es sei die Aufregung.

Heinrich nahm Carl aus ihrem Arm, hob ihn hoch über seinen Kopf und drehte sich im Kreis. Carl lachte und ruderte mit den Armen, als wollte er fliegen.

«Er hat fast den ganzen Tag geweint«, sagte Franziska. «Er zahnt.»

Carl lachte, solange ihn sein Vater im Haus herumtrug. Aber als er in seinem Bettchen lag, fing er wieder an zu weinen. Franziska nahm ihn wieder auf.

«Reverend Anderson hat mir ein Hausmädchen angeboten», sagte Heinrich. «Eliza. Ein Freund des Reverends, dessen Namen er nicht nennen wollte, hat das Mädchen vor drei Jahren bei der Neujahrsauktion gekauft.»

«Ein Sklavenmädchen?» fragte Franziska verwundert.

«Nein. Der Freund von Reverend Anderson hat Eliza vor einigen Wochen die Freiheit gegeben. Ich glaube, eine Hilfe würde dir vieles erleichtern, Franziska. Außerdem werde ich in nächster Zeit wenig zu Hause sein und längere Zeit fernbleiben. Eliza kann dir Gesellschaft leisten. Reverend Anderson sagt, sie ist äußerst intelligent, hat ein freundliches Wesen und kann gut vorlesen.»

«Ich möchte viel lieber, daß du mehr zu Hause bist, Heinrich.» Franziska setzte sich aufs Sofa und wiegte Carl in den Schlaf. Sie sah Heinrich nicht an. «Ich habe dir gesagt, daß ich Angst habe.»

«Um mich brauchst du keine Angst zu haben, mein Liebes», lachte er, setzte sich neben sie und legte einen Arm um ihre Schultern. «Ich habe Sigel gesagt, daß ich mich höchstens für drei Monate rekrutieren lasse. Und ich habe es abgelehnt, eine Kompanie zu übernehmen, obwohl man mir den Dienstgrad eines Captains angeboten hat. Ich habe keine Erfahrung in der Kriegsführung, Franziska. Ich wollte nie Soldat werden. Ich wollte nur ein Büchsenmacher sein, der gute Gewehre macht. Und ich wollte eine Familie haben, Söhne und Töchter und eine Frau, die glücklich ist. Ich dachte, du bist glücklich, Franziska.»

Sie legte ihren Kopf an seine Schulter.

«Ich liebe dich, Heinrich», sagte sie. «Ich liebe dich sehr. Vielleicht zu sehr. Und deshalb habe ich Angst um dich. Und um mich, weil ich ohne dich nicht leben könnte.»

«Ich habe nicht die Absicht zu sterben.»

Sie sagte nichts darauf, aber als er sie von der Seite ansah, bemerkte er, daß ihr Tränen über die Wangen liefen. Er küßte sie und versicherte ihr, wie sehr er sie liebte und daß er heute abend zum Arsenal gehen und Franz Sigel seine Entscheidung mitteilen würde, sich nicht als Freiwilliger zu stellen. «Sigel wird das verstehen, Franziska», sagte er. «Er weiß, wie es um dich steht. Ich werde ihm sagen, daß es unser gemeinsamer Entschluß ist und daß ich weiterhin Gewehre herstellen werde, wenn das notwendig sein sollte.»

Er berichtete ihr, daß heute nacht die Turner und Schützen zum Arsenal gingen, um sich rekrutieren zu lassen. Für drei Monate im freiwilligen Kriegsdienst für die Union. Er war ganz aufgeregt, und sie merkte ihm an, daß er dabeisein wollte. Die ganzen Monate hatte er nur auf diesen Tag gewartet. Jetzt fiel die Entscheidung für diese Stadt und für Missouri. Und er hatte einen großen Anteil daran.

«Ich will, daß du hingehst, Heinrich», sagte sie. «Deine Freunde brauchen dich. Sie müssen sich auf dich verlassen können, auf das, was du sagst, und auf deinen Scharfsinn.» Sie legte ihm Carl in den Arm und wischte sich mit einem Tuch die Tränen vom Gesicht. «Eigentlich sollte ich sehr stolz auf dich sein, Heinrich.»

Er erhob sich und ging zum Fenster. Carl schlief inzwischen fest. Draußen war es dunkel. Drüben, auf der anderen Seite der Locust Street, im Haus, wo die Shermans wohnten, waren die Fenster hell erleuchtet. Einer der Sherman-Söhne spielte auf der Veranda mit dem Hund.

«Es ist ein Brief für dich gekommen», sagte Franziska plötzlich. «Aus Louisiana.» Sie zeigte auf ein kleines rundes Tischchen, wo neben einem Körbchen mit einem Biedermeierstrauß ein Briefumschlag lag. Heinrich nahm ihn auf. Adresse und Absender waren von Konrads Hand. Der Brief trug einen Poststempel von New Orleans. Er war fast zwei Wochen unterwegs gewesen.

Heinrich übergab den schlafenden Carl Franziska, ging ins Schlafzimmer und öffnete den Umschlag.

«Lieber Freund Heinrich!

Ich hoffe, Du hockst auf einem guten Stuhl, von dem Du nicht herunterfällst, wenn Du liest, daß Dein alter Freund Konrad ein Soldat geworden ist, und zwar kein gewöhnlicher, sondern ein Offizier. Wenn Du mich nur sehen könntest in meiner neuen Leutnantsuniform. Die Weiber kriegen aus lauter Ehrfurcht nicht nur feuchte Augen! Weil ich nämlich der schneidigste Offizier im 3. Louisiana-Infanterie-Regiment bin, gerade wie ein Luntenstock und mit einem Schnauz, wie mein Großvater einen hatte, fein gewachst und gezwirbelt. Ich wollte Dir eigentlich eine Daguerreotypie von mir beilegen, aber die ist mir von einer Verehrerin entwendet worden, als ich mich von ihr verabschiedete, weil es wieder einmal hieß, daß wir endlich auf den Marsch geschickt würden. Keiner weiß zwar wohin, aber man redet von Missouri, und sollten wir mal in der Nähe von St. Louis sein, komme ich Dich besuchen, falls Du überhaupt noch dort bist, was ich nur vermuten kann, weil ich im ungewissen bin, seit mein Brief an Dich vom letzten Jahr ohne Antwort blieb. Ich denke jetzt oft an Dich, und ich bin froh, daß die Yankees nicht mit Deinen Gewehren auf uns schießen, weil ich ja nicht unbedingt von einem Freund niedergeschossen werden will. Ich hoffe, Du bist kein Soldat, obwohl ich mir natürlich denken kann, daß Du im Grunde Deines Herzens ein richtiger Yankee geworden bist, der die Sklaven befreien will. Schreib mir, solange die Post noch funktioniert. Wer weiß, was später ist. Man sagt, daß bald überall richtig Krieg ist. Du würdest Dich bei uns wohlfühlen, sage ich Dir. Unsere Kompanie besteht hauptsächlich aus Deinen Landsleuten und aus Schweizern. Wirz hat mir aus Vicksburg geschrieben. Er sagt, daß er dabei ist, mit anderen zusammen ein Regiment zu organisieren und daß ich mich ihnen anschließen soll. Wenn wir hier in diesem stinkigen Lager noch lange herumhocken und nichts tun, folge ich vielleicht seinem Rat. Hier wird man nur krank. Die Cholera kriegst du und Läuse. Ich fühle mich seit einigen Tagen nicht mehr wohl, und wenn es so weitergeht, müssen die mich womöglich im Lazarett zurücklassen, und ich verpasse noch den ganzen Krieg. Ich grüße Dich, mein Freund, und hoffe, von Dir bald ein Lebenszeichen zu erhalten, bevor ich irgendwo auf einem Schlachtfeld in meinem Blute liege. Auf Wiedersehen! Dein Konrad.

P. S. Natürlich brauchst Du Dir keine Sorgen um mich zu machen. Ich lasse mich schon nicht von einem gottverdammten Yankee abschießen!»

Heinrich starrte lange auf die Zeilen nieder. Seine Gedanken trugen ihn zu Konrad, und er versuchte sich vorzustellen, was aus seinem Freund geworden war. Er erschrak über den Gedanken, daß Konrads Regiment vielleicht bereits mit dem Befehl auf dem Marsch war, in Missouri die Milizarmee von Gouverneur Jackson und General Frost zu unterstützen.

Heinrich erhob sich. Erst jetzt merkte er, daß Franziska in der Tür stand und ihn anschaute.

«Er ist Soldat geworden», sagte er und gab ihr den Brief. «Ich muß zum Arsenal, Liebes. Bitte warte nicht auf mich. Ich werde veranlassen, daß das Hausmädchen sich morgen bei dir vorstellt.»

«Wir können uns ein Hausmädchen nicht leisten, Heinrich.»

«Das laß nur meine Sorge sein.» Er küßte sie auf die Stirn. «Man wird uns für die vorrätigen Gewehre bezahlen. Mein Anteil wird dazu ausreichen, mit einer eigenen Waffenfabrik zu beginnen, wenn der Krieg vorbei ist.»

«Wenn der Krieg vorbei ist, brauchen die Leute keine Waffen mehr», sagte sie leise, drehte sich um und legte Carl in sein Bettchen. Dann setzte sie sich unter die Lampe im Wohnzimmer und las Konrads Brief. Heinrich zog sich eilig um. Als er aus dem Schlafzimmer kam, war sein Gesicht gerötet. Er trug seinen besten Anzug und einen Hut. Sie lächelte.

«Du siehst gut aus, mein Mann», sagte sie. «Gar nicht wie ein Soldat.»

Er wandte sich zur Tür, drehte sich aber noch einmal um.

«Geh schlafen, Franziska», sagte er sanft.

Sie nickte. Er kam noch einmal zu ihr und küßte sie. Dann verließ er eilig das Haus.

Bevor der Morgen graute, hatten sich im Arsenal von St. Louis siebenhundert Freiwillige zum Kriegsdienst gestellt, ohne daß die *minutemen* und ihre Verbündeten etwas davon merkten. Die meisten dieser neuen Soldaten waren deutscher, schweizerischer und österreichischer Herkunft. Die neuen Soldaten wurden umgehend mit Musketen, Bajonetten und Munition ausgerüstet und sofort entlang der Arsenalmauern in Stellung gebracht.

Captain Nathaniel Lyon hatte zwar erwartet, daß Heinrich als Captain eine Kompanie kommandieren würde, die sich aus den Männern zusammensetzte, mit denen er seit Wochen exerzierte, aber er zeigte Verständnis für seine familiäre Situation. Er wußte selbst, daß Franziska, durch die Schwangerschaft geschwächt, unter der ständigen Bedrohung litt, der sie sich ausgesetzt fühlte. Franz Sigel, der als einer der ersten zum Arsenal gekommen war, wollte Heinrich sowieso lieber in der Fabrik wissen als an der Spitze einer Infanteriekompanie. Er nahm Heinrich zur Seite.

«Ich sage dir jetzt etwas, über das du den Mund halten sollst», raunte er ihm zu. «Ich habe eine Nachricht von Hecker aus Illinois erhalten. Er plant, eine Belleville-Kompanie von Scharfschützen zusammenzustellen, falls er die notwendigen Gewehre erhält. Du verläßt St. Louis morgen früh und fährst nach Springfield, verstehst du?»

Heinrich schüttelte den Kopf. «Überhaupt nicht», sagte er.

«Mann, es geht um deine Zukunft, Heinrich. Um die Fabrik.» Sigel winkte ab, als Brimmer herüberkam, um ihm zu sagen, daß längst nicht genügend Uniformen vorhanden wären, um die Soldaten alle einzukleiden.

«Dafür ist einer von Lyons Männern zuständig», sagte Sigel schroff, und Brimmer ging eilig davon.

«Du triffst dich in Springfield mit Gouverneur Yates, Heinrich. Blair hat das arrangiert. Eigentlich geht es darum, zehntausend Musketen aus dem Arsenal nach Illinois zu schaffen. Gleichzeitig kauft Yates eintausend Mansfeld-Gewehre aus deiner Fabrik, um damit die Scharfschützen auszurüsten.»

«Weiß Captain Lyon davon?»

«Nein. Wir wollen diese Sache nicht an die große Glocke hängen, verstehst du. Den Staaten stehen Gelder in Fülle zur Verfügung, um Kriegsgüter aufzukaufen. Yates ist bereit, pro Mansfeld-Gewehr neun Dollar und fünfundzwanzig Cents zu bezahlen. Diesen Preis hat Mueller bereits ausgehandelt. Das sind rund neuntausend Dollar für tausend Gewehre. Davon steckst du dir ein Drittel ein, Heinrich. Der Rest geht an die Vermittler und an die Geldgeber.»

«Man hat mir bis jetzt noch nicht gesagt, wer finanziell hinter unserem Unternehmen steckt.»

«Was kümmert dich das, mein Freund? Hauptsache, du machst einen Profit, mit dem du etwas aufbauen kannst. Und die ganze Sache ist legal, Heinrich.»

«Auch aus moralischer Sicht?»

«Natürlich. Der Krieg schreibt neue Regeln und Gesetze. Es gibt am Ende nur Sieger und Verlierer, und es kommt nicht darauf an, ob einer Uniform getragen hat oder nicht.»

Captain Lyon kam eilig zu ihnen herüber und zog einen Zettel aus der Tasche seines Uniformrocks.

«Siebenhundert Mann», sagte er. «Wenn das so weitergeht, haben wir in knapp einer Woche ein ganzes Regiment hier versammelt. Gut, daß Sie da sind, Mansfeld. Blair hat mir mitgeteilt, daß Sie nach Springfield reisen werden, um zu veranlassen, daß ein Teil des Waffenbestandes aus dem Arsenal nach Illinois in Sicherheit gebracht wird.»

«Ich wurde eben dahingehend informiert, Captain.» Heinrich lächelte verlegen, und Sigel murmelte, daß er sich die Stellungen beim Haupttor ansehen wolle. Heinrich begleitete Captain Lyon ins Hauptquartier, wo ihm dieser seinen Plan unterbreitete, wie die Waffen unbemerkt aus dem Arsenal geschafft werden konnten.

«Wir werden die *minutemen* ablenken müssen, da sie von nun an das Arsenal keine Sekunde mehr unbeobachtet lassen. Dazu benutzen wir einige hundert Vorderladergewehre, die durch das Haupttor hinaustransportiert werden. Ich bin sicher, daß Mr. Madison und seine Leute diesen Transport abfangen. Dadurch wird es uns möglich, die zehntausend Musketen für Illinois durch das Wassertor auf einen Transporter zu verladen.»

«Dazu müßte ein ganz genauer Zeitplan entworfen werden», sagte Heinrich.

«Das habe ich getan. Hier.» Lyon faltete ein Blatt Papier auseinander. «Das ganze Manöver findet in der Nacht vom 25. auf den 26. April statt. Ich habe alles aufgeschrieben. Zwei Kopien davon sind für Sie und für Gouverneur Yates bestimmt.»

Lyon und Heinrich gingen zusammen den Zeitplan durch. Es gab nichts daran auszusetzen. Es war schon früh am Morgen, und Heinrich wollte das Arsenal verlassen, solange es noch dunkel genug war, um auf Schleichwegen ungesehen zum kleinen Hause an der Locust Street zurückzukehren. Im Osten, über dem Mississippi, zeigten die ersten Silberstreifen bereits den neuen Tag an, als sich Heinrich von Captain Lyon verabschiedete.

«Sie sind ein Mann, den ich gerne auf meiner Seite wüßte», sagte Lyon, als sie sich die Hand reichten. «Auf dem Schlachtfeld, meine ich.» Lyon lächelte knapp. «Dort, wo die Entscheidungen fallen werden.»

«Vielleicht kommt es trotz allem nicht soweit», entgegnete Heinrich.

Ein kaum erkennbares Lächeln milderte die scharfgeschnittenen Züge des Captains. Er drückte Heinrichs Hand fest. «Empfehlen Sie mich Ihrer verehrten Frau Gemahlin, Mansfeld. Und sie soll sich nicht zu sehr sorgen. Ich glaube, Missouri gehört uns.»

Heinrich verließ St. Louis am 22. April mit der Fähre. Von East St. Louis aus reiste er mit der Eisenbahn nach Springfield, der Heimatstadt von Abraham Lincoln. Er kam am Abend dort an und nahm ein Zimmer in einer Herberge.

Springfield war eine kleine Stadt, und zur Zeit schien sie sich in ein Sammellager für Soldaten verwandelt zu haben. Von überallher marschierten Freiwilligenkompanien in die Stadt ein, die in aller Eile organisiert worden waren. Die meisten dieser Soldaten trugen keine Uniformen, und nur einige von ihnen waren mit modernen Gewehren bewaffnet. Die anderen hatten ihre alten Steinschloßbüchsen schußfertig gemacht, und viele trugen nicht mehr als eine Pistole oder ein Messer im Gürtel.

Am nächsten Tag traf sich Heinrich zur abgemachten Zeit mit Gouverneur Richard Yates, einem verschworenen Gegner der Sklaverei. Yates machte Heinrich klar, daß er alle ihm gegebenen Möglichkeiten ausschöpfen würde, um Missouri davor zu bewahren, in die Sezession abzufallen.

Heinrich unterbreitete Yates den Plan, den Captain Lyon ausgearbeitet hatte. Yates studierte ihn genau und versprach, zur gegebenen Stunde einen Frachtdampfer unter dem Kommando eines Offiziers der Armee bereitzuhalten.

«Und was ist mit den Mansfeld-Gewehren, die mir Francis Blair versprochen hat?»

«Die sind zum Abtransport bereit», sagte Heinrich und breitete eine Karte auf dem Tisch aus. «Hier ist Kemper Landing, ein alter Ankerplatz, der nicht mehr benutzt wird. Wenn der Zeitplan eingehalten wird, müßte der Frachter dort um drei Uhr am Morgen anlegen.»

«Und Sie werden dafür sorgen, daß eine Ladung von tausend Gewehren dort bereitgehalten wird.»

Heinrich versicherte dem Gouverneur, daß die Gewehre bereit sein würden. Die Unterredung dauerte knapp eine halbe Stunde. Danach traf sich Heinrich mit Friedrich Hecker und dem Schweizer Emil Frey, die an diesem Morgen aus Belleville und Highland angereist waren, um sich mit Yates und dessen Militärberater abzusprechen. Beide rechneten damit, daß ihre Scharfschützenkompanien mit Mansfeld-Gewehren ausgerüstet werden konnten. Hecker zeigte Heinrich gegenüber seine Begeisterung.

«Ich habe viel von Ihnen gehört, Mansfeld. Und von Ihren Gewehren.« Er nahm eine Prise aus seiner Schnupftabakdose. «Sigel hat mir versichert, daß sie das englische Enfield-Gewehr in seiner Funktion und Genauigkeit bei weitem übertreffen.»

«Soviel ich weiß, werden meine Gewehre bereits von amerikanischen Konkurrenten kopiert», sagte Heinrich. «Aber ich glaube nicht, daß die Konföderierten ihre Soldaten mit einer gleichwertigen Waffe ausrüsten können.»

«Man spottet sogar, daß die Rebellen Schwierigkeiten haben werden, überhaupt genug Waffen aufzutreiben», sagte Emil Frey. Der Schweizer, der später einmal, zurück in seinem Vaterland, Bundesrat werden sollte, war nach einem Studium in Deutschland erst vor einem Jahr nach Amerika ausgewandert. «Das ist für uns ein beruhigendes Gefühl, aber ich schließe mich dennoch nicht der Meinung einiger Optimisten an, die glauben, daß dieser Krieg in ein paar Wochen beendet sein wird.»

«Das glaube ich auch nicht», sagte Heinrich. «Aber ich hoffe dennoch, daß uns allen die schlimmsten Befürchtungen erspart bleiben.»

«Dann, mein Freund, gehen Sie von der trügerischen Annahme aus, daß es vernünftige Politiker gibt.» Hecker lachte. «Die hat es nie gegeben, und ich bin sicher, daß es sie auch in Zukunft nicht geben wird. Nicht auf unserer und nicht auf der anderen Seite. Eine vernünftige Politik erfordert Geduld und Verständnis für die Anliegen und Nöte der anderen. Wer kann sich die schon leisten, Mansfeld? Lincoln nicht und Jefferson Davis nicht. Also bleibt nur der Krieg. Und ich sage Ihnen, unsere lieben Mitbürger werden ihn mit heller Begeisterung austragen. Keiner denkt daran, daß ihn die erste Kugel treffen kann. Es sind nur die Rebellen, die tot umfallen.»

«Dann liegt es nicht nur an den Politikern», sagte Heinrich.

«Richtig, Mansfeld. Es liegt an uns allen. An Ihnen und an mir. Ich möchte überleben, damit wir uns nach dem Krieg noch einmal unterhalten können. Wenn alles vorbei ist, hat man wieder mehr Zeit, vernünftig zu sein.»

Während Heinrichs kurzer Abwesenheit sprach Reverend Galusha Anderson im kleinen Haus an der Locust Street vor und bot Franziska das ehemalige Sklavenmädchen Eliza als Haushilfe an. Eliza war achtzehn Jahre alt und ohne Familie. Sie war auf einer Plantage irgendwo im Süden geboren und erinnerte sich nur noch schwach an ihre frühe Kindheit. Irgendwann war sie auf dem Sklavenmarkt an einen Herrn verkauft worden, der in der Nähe von Vicksburg eine Plantage hatte. Dies, so erinnerte sich Franziska, war der Ort, den Konrad in seinem ersten Brief aus dem Süden erwähnt hatte. Sie wollte das Angebot des Reverends zuerst ablehnen, aber als sie sah, wie warmherzig und fröhlich Eliza in wenigen Minuten die Zuneigung von Carl gewann, erklärte sie sich bereit, ihr die kleine Kammer unter dem Giebel einzurichten und ihr neben freier Kost und Logis wöchentlich 4 Dollar Lohn zu zahlen.

Als Heinrich am 24. April nach St. Louis zurückkehrte, hatte Eliza sich bereits so unentbehrlich gemacht, daß Franziska sie nicht mehr missen wollte. Und Carl noch viel weniger. Fast pausenlos hing er am Schürzenzipfel des Mädchens, das ihn auf Schritt und Tritt mit sich nahm, selbst wenn sie ihn tragen mußte.

Obwohl Heinrich müde war von der langen Zugreise, suchte er sofort Francis Blair auf und berichtete ihm von seiner Unterredung mit Gouverneur Yates und Hecker. Blair war bester Laune, obwohl im Stadtzentrum schon den ganzen Tag über ein furchtbarer Tumult herrschte und er seine Frau und Kinder vorsorglich aus der Stadt gebracht hatte, weil sein Haus von aufgebrachten Anhängern der Südstaaten mit Steinen bombardiert worden war. Er informierte Heinrich, daß sich inzwischen über zweitausend Mann zum Kriegsdienst gestellt hatten und daß Lyon dabei war, das erste Regiment von Missouri-Freiwilligen zu organisieren, dem er als Colonel selbst vorstehen würde. Wie groß Blairs Einfluß auf die Regierung Lincolns und insbesondere auf das Kriegsministerium war, wurde Heinrich klar, als Blair ihm mitteilte, daß General Harney inzwischen seines Postens als Kommandant in St. Louis enthoben worden war.

Blair und Heinrich gingen am Spätnachmittag hinüber zur «Schanz», wo sie sich mit Franz Sigel und den anderen trafen. Im Hinterzimmer wurde ein Plan entworfen, wie tausend Mansfeld-Gewehre nach Kemper Landing, nördlich der Stadt, transportiert werden konnten, ohne daß die *minutemen* Verdacht schöpften. Brimmer erklärte sich bereit, zwei seiner Ziegeltransportwagen zur Verfügung zu stellen. Es kam nur darauf an, daß Madisons Spione in der fraglichen Nacht abgelenkt wurden.

Am 24. April kam Captain James H. Stokes nach St. Louis, Militärberater von Gouverneur Yates in Illinois, und legte Captain Lyon einen Befehl des Kriegsministeriums vor, der ihn ermächtigte, zehntausend Gewehre aus dem Arsenal in Empfang zu nehmen und nach Illinois zu transportieren. Dreißig Meilen flußaufwärts lag der Dampfer *City of Alton* bereit, um in einer Nachtfahrt das Arsenal anzulaufen und die Ladung aufzunehmen.

Noch einmal gingen Lyon und Stokes den Plan durch, die *minutemen* durch einen Transport von tausend nutzlosen Steinschloßgewehren abzulenken. Diese veralteten Waffen waren in mit flachen Eisenbändern gesicherten Kisten verpackt, die nicht leicht geöffnet werden konnten. «Bis die Sezessionisten merken, was sie erbeutet haben, ist der Dampfer längst wieder unterwegs flußaufwärts», versicherte Lyon dem Militärberater aus Illinois.

Kurz vor Mitternacht trieb in aller Stille die *City of Alton* auf den Steg beim Wassertor des Arsenals zu. Kaum hatte der Dampfer angelegt, verließen einige Planwagen das Arsenal durch das Südtor. Die Spione der *minutemen* schlugen sofort Alarm, und Madison hatte keine Mühe, in kürzester Zeit hundert gut bewaffnete Männer um sich zu scharen. Er hielt den Wagenzug mehrere Meilen vom Arsenal entfernt an. Die Wagenfahrer, reguläre Soldaten aus Lyons Einheit, leisteten keinen Widerstand. Madison triumphierte. Am Morgen würde er die Beute in aller Öffentlichkeit zur Schau stellen und den Bürgern von St. Louis dadurch zeigen, welche Absichten Captain Lyon und seine hessischen Verbündeten tatsächlich hegten.

Während die *minutemen* in aller Eile ein paar Wagen herbeischafften, um die vermeintlich kostbare Beute in die Stadt zu transportieren, wurden im Arsenal 20000 Musketen, 5000 Karabiner, 500 Revolver und 100000 Patronen auf die *City of Alton* verladen. Einige der Spione der *minutemen*, die sich trotz des Ablenkungsmanövers nicht hatten irreführen lassen, wurden von Wachsoldaten überrascht und auf Befehl Lyons vorübergehend im Wachhaus festgehalten. Als die *minutemen* die erbeuteten Kisten vor einer jubelnden Menge in der Stadt aufbrachen und Ronald Madison feststellen mußte, daß er Lyon auf den Leim gegangen war, gab Kapitän Samuel Mitchell auf der Kommandobrücke der *City of Alton* den Befehl, abzulegen und stromaufwärts Kurs auf Kemper Landing zu nehmen.

Langsam verschwand der Dampfer in der Dunkelheit. Im Arsenal kehrte Ruhe ein. Die Soldaten hielten die Stellungen an der Umfassungsmauer besetzt. Ein Trupp, der auf Patrouille gewesen war, kehrte mit der Nachricht zurück, daß die Rebellen in der Stadt vor Enttäuschung und Wut heulten. Wenig später entdeckte einer der Freiwilligen in Lieutenant Stones Kompanie einen Lichtschein über den Häusern der Stadt. Es sah fast so aus, als wollte die Sonne an diesem Morgen im Norden aufgehen.

«Entweder ist es Brimmers Ziegelei oder das Eisenwerk, das dort brennt», sagte Blandowski, der von seiner Stellung herübergekommen war. Er trug einen schlechtsitzenden Uniformrock mit Schulterstücken, die ihn als Captain auswiesen.

Lyon ließ umgehend eine Kompanie unter dem Kommando Captain Saxtons ausrücken. Die Soldaten wurden auf der Straße zum Eisenwerk mit Dreckklumpen und Steinen beworfen, und eine Horde wütender *minutemen*, bewaffnet bis an die Zähne, kam ihnen entgegen. Ronald Madison führte den Trupp an, und erst nachdem Saxton ihm glaubhaft vorschwindelte, daß Captain Lyon inzwischen eine Kompanie zum Berthold-Haus im Zentrum der Stadt geschickt hatte, sah Madison davon ab, es auf einen Kampf ankommen zu lassen.

Drei von Brimmers Transportwagen standen eine Meile von der Fabrik entfernt in einem Waldstück bereit, das sich bis hinunter zum Ufer des Missouri ausdehnte. Eine Wagenstraße führte durch den Wald zur alten Anlegestelle, wo noch ein halbzerfallenes Wohnhaus und ein Lagerschuppen standen.

Heinrich hatte an diesem Abend alle seine Arbeiter nach Hause geschickt außer dem Vormann der Gießerei und einem jungen Büchsenmacher, der erst vor einigen Monaten aus Deutschland gekommen war und in St. Louis nach Arbeit gefragt hatte. Aber zwei Dutzend Studenten von Dr. Hammer lagen seit Wochen Nacht für Nacht in der Anheuser-Brauerei in Bereitschaft. Sie schlichen sich nach Einbruch der Dunkelheit einzeln auf das Fabrikgelände und versteckten sich in dem Ziegelschuppen, von dem aus man die unterirdischen Werkstätten und das Lager des Eisenwerks erreichte.

Es war neun Uhr, als Dr. Hammers Gruppe vollzählig zum Einsatz bereit war. Drei Stunden lang trugen die schwarzgekleideten Studenten Kiste um Kiste eine Meile weit durch Maisfelder und Gestrüpp bis zum Wald hinüber, wo die Wagen warteten. Kurz nach Mitternacht war die letzte Kiste verladen.

Bis jetzt war alles gutgegangen. Heinrich kletterte auf den Bock des ersten Wagens, dessen Gespann von Brimmer selbst gelenkt wurde. Außer Brimmer hockte noch eine dunkle Gestalt auf dem Bock, die Heinrich in der Dunkelheit nicht erkennen konnte. Brimmer klatschte die Zügel gegen die Rücken der beiden Pferde, die lustlos anzogen.

Heinrich fragte die Gestalt, ob sie einer von Dr. Hammers Medizinstudenten sei. Brimmer lachte, und Heinrich zuckte zusammen, als die Gestalt neben ihm nach seiner Hand griff und sie drückte.

«Ich bin deine Frau», sagte sie leise.

«Franziska! Wie kommst du denn hierher?»

«Ich wollte bei dir sein in dieser Nacht», sagte sie ernst. «Du schickst mich doch nicht nach Hause?»

«Ich sollte dich nach Hause schicken.»

«Das tust du nicht.»

«Ich sagte, ich *sollte* es tun!» Er entzog ihr die Hand und legte den Arm um ihre Schultern. «Ich werde dich an den Herd ketten, wenn wir zu Hause sind.»

«Ich dachte, du freust dich.»

Heinrich zog sie fester an sich. «Ich freue mich natürlich, aber es ist gefährlich.»

«Ich weiß.»

«Hast du davon gewußt, Brimmer? Daß sie herkommt?»

«Sie war plötzlich hier bei den Wagen», antwortete Brimmer. «Sie hat ihren eigenen Kopf, Junge. Das müßtest du inzwischen wissen.»

Die Wagen rumpelten ächzend durch tiefe Fahrrillen, und erst unten in der Nähe des Flusses konnte man schwach einen Pfad erkennen, der an einem alten Bretterschuppen entlang zu einem hölzernen Steg führte. Kurz nach zwei Uhr morgens erschien der Schaufelraddampfer. Er tauchte aus dem Schatten der mächtigen Bäume auf, die weiter flußabwärts die Uferbänke des Missouri bedeckten.

Eine Stunde später waren die Kisten verladen, und der Dampfer legte schwerfällig vom Steg ab. Heinrich hatte eine Quittung in der Tasche, die besagte, daß 9250 Dollar auf den Namen Mueller & Co. auf die Staatsbank von Illinois eingezahlt worden waren. Davon gehörten Heinrich dreitausend Dollar, und das war die erste größere Summe, die er mit seiner Bolzenverschlußbüchse verdient hatte.

Wichtiger aber war ihm im Moment, daß ein Teil seiner Gewehre nun in Sicherheit war und Madison seine Drohung nicht mehr wahr machen konnte.

Auf dem Weg zurück bemerkte Brimmer vom ersten Wagen aus plötzlich den Lichtschein zwischen dem Geäst der Bäume und hielt sein Gespann an. «Lieber Gott, das kann nur die Fabrik sein, Heinrich», sagte er. «Man hat die Fabrik angezündet.»

Einige Sekunden lang hockten sie alle drei regungslos auf dem Bock. Dr. Hammer rief vom nächsten Wagen, daß man den Brand vielleicht noch löschen könne, wenn man sich etwas beeilen würde.

Brimmer trieb sein Gespann an, die Pferde fielen in Galopp. Jenseits der Maisfelder brannte die Fabrik lichterloh, die Flammen schlugen hoch in den Nachthimmel, Glutwolken trieben im Wind auf die Stadt zu. Das Feuer hatte auch vom Schuppen Besitz ergriffen, durch den der Geheimgang in die unterirdischen Werkräume führte. Man konnte sofort erkennen, daß nichts mehr zu machen war. Brimmer war nur um seine Ziegelei besorgt und trieb das Gespann über den flachen Hügelrücken hinweg bis zum eisernen Tor, das weit offen stand. Dort hielt er an und sprang vom Bock. Die Hitze des Feuers war hier kaum zu ertragen. Franziska schützte ihr Gesicht mit ihrem schwarzen Umhang und starrte entsetzt auf die Flammen, die aus allen Fenstern züngelten und über dem Dach der Fabrik zusammenschlugen. Knallend barsten die Backsteinmauern. Eine Hälfte des Gebäudes fiel in sich zusammen. Nur die Gießerei war noch unversehrt.

Heinrich schwang sich vom Bock, rannte durch das Tor und blieb auf dem Hof stehen. Hinter ihm versammelten sich die Studenten. Jemand sagte, der Brand sei sicher von den *minutemen* gelegt worden, und man solle dafür Richter Bertholds Haus anzünden.

Franziska drängte sich vor, stellte sich neben Heinrich und hakte sich bei ihm ein.

«Wenn wir Glück haben, bleiben die Kellerräume unversehrt», sagte er hoffnungsvoll. Aber kaum hatte er ausgesprochen, erschütterte eine gewaltige Explosion die Nacht. Es schien, als hätte sich mit einem Schlag die Erde aufgetan. Feuergarben schossen nach allen Richtungen, als die Pulverfässer hochgingen. Eine Glutwolke hob sich wie ein Feuerball aus den hochlodernden Flammen. Heinrich preßte seine Frau an sich und starrte wie gebannt auf das Inferno, in dem das Eisenwerk unterging.

«Fast wäre alles vergebens gewesen», sagte er bitter.

«Es wäre niemals vergebens gewesen», sagte Franziska leidenschaftlich. «Nicht einmal, wenn wir die Gewehre nicht noch rechtzeitig weggebracht hätten.»

Auf der Straße, die vom Arsenal heraufführte, tauchte eine berittene Militärpatrouille auf. Und irgendwo in der Stadt begannen Glocken Feueralarm zu läuten. Der Nachthimmel über St. Louis färbte sich rot.

Als Heinrich und Franziska endlich nach Hause zurückkehrten, schien die Sonne. Im Garten saß Eliza und flocht aus ersten Frühlingsblumen einen Kranz für Carl. Auf der Straße standen der rote Hettich und der stumme Junge. Sie beobachteten Eliza und Carl. Als Franziska die beiden sah, brach sie in einen Weinkrampf aus. Heinrich brachte sie sofort ins Haus. Dann holte er Carl herein, aber der rote Hettich und sein stummer Begleiter waren inzwischen verschwunden.

19

Am 29. April stellte der Präsident der Konföderierten Staaten von Amerika, Jefferson Davis, im Capitol von Montgomery, Alabama, die lang erwartete offizielle Kriegserklärung aus.

Am selben Tag erhielt Captain Nathaniel Lyon einen Befehl aus Washington, der ihn dazu autorisierte, seine Streitkräfte auf zehntausend Mann zu verstärken. Damit konnte er endlich die vier rekrutierten Regimenter in den Dienst der Union stellen.

Bis zum Ende des Monats stellten sich über sechstausend Mann im Arsenal zum Kriegsdienst. Aus Belleville kam, überraschend für alle, Friedrich Hecker mit seinem Stiefsohn angereist, da sich die Organisation seiner Scharfschützenkompanie nicht hatte realisieren lassen. Was mit den tausend Mansfeld-Gewehren inzwischen passiert war, wußte er nicht. Hecker machte kein großes Aufheben und wollte unbedingt in Sigels Regiment Dienst tun.

Die erste Woche im Mai verging fast ohne Zwischenfälle.

Das bedeutendste Ereignis für St. Louis fand am 3. Mai statt. Milizeinheiten unter General Frost bezogen am Stadtrand, nur wenige Meilen vom Arsenal entfernt, zu «Manöverzwecken» ein Lager, das sie Camp Jackson nannten. Die *minutemen* stellten sich der Miliz geschlossen zur Verfügung, allen voran Ronald Madison, der seine Anwaltspraxis vorübergehend geschlossen hatte. Zeltreihen wurden aufgestellt, Uniformen ausgegeben.

Arkansas und Tennessee hatten sich inzwischen ebenfalls den Südstaaten angeschlossen.

Einer der Arbeiter des Eisenwerks, der Beziehungen zu führenden *minutemen* hatte, berichtete Heinrich, daß ein Transport von über zweihundert Gewehren und siebzig Tonnen Pulver von St. Louis aus unterwegs nach Jefferson City wäre, um die dort verbliebenen Milizeinheiten für eine eventuelle Verteidigung der Regierungshauptstadt auszurüsten.

Heinrich überbrachte diese Nachricht Captain Lyon im Hauptquartier. Aber er war mit seinen Ausführungen noch nicht fertig, als einer der Agenten, die vom Sicherheitskomitee eingesetzt waren, hereinstürmte. Er kam aus Cairo, einer kleinen, aber strategisch wichtigen Stadt an der Einmündung des Ohio Rivers in den Mississippi. Der Mann berichtete aufgeregt, daß der Schaufelraddampfer *J. C. Swan* aus Baton Rouge am frühen Morgen in Cairo angelegt hatte, um Kohlen aufzunehmen. Seine Ladung bestand aus Kriegsmaterial. Der Dampfer würde vermutlich am nächsten Morgen, dem 8. Mai, in St. Louis anlegen.

Lyon schickte umgehend nach Francis Blair und Mitgliedern des Sicherheitskomitees. Die Männer trafen sich am späten Morgen im Hauptquartier, wo ihnen Lyon die neue Situation unterbreitete und ihnen klarzumachen versuchte, daß nun die Milizeinheiten in Camp Jackson zur Aufgabe gezwungen werden müßten.

«Das Kriegsmaterial stammt vermutlich aus dem Baton-Rouge-Arsenal, das vor Wochen von Louisiana-Miliztruppen geplündert wurde», sagte Lyon grimmig. «Danach handelt es sich um Eigentum der Union, das sichergestellt werden muß. Wenn wir das Material durch Frosts Milizsoldaten nach Camp Jackson transportieren lassen, schlagen wir zwei Fliegen mit einer Klappe. Wir können Frosts wahre Absichten entlarven, ihn durch eine militärische Aktion gegen Camp Jackson zur Kapitulation zwingen und gleichzeitig das gestohlene Kriegsmaterial sicherstellen.»

«Dazu fehlt uns die gesetzliche Handhabe», wandte Julius Witzig ein. «Ich gebe aber zu, daß ich Ihnen den Umständen entsprechend gern beipflichte, Captain Lyon. Wir sind alle davon überzeugt, daß Camp Jackson nicht deshalb errichtet wurde, weil Frost Manöver durchführen will, sondern weil er im Auftrag von Gouverneur Jackson die Absicht hegt, das Arsenal einzunehmen.»

Auch die anderen Mitglieder des Sicherheitskomitees konnten sich nicht mit Lyons Plänen einverstanden erklären, solange nicht eindeutige Beweise vorlagen, daß die Milizeinheiten im Camp Jackson tatsächlich im Interesse der Südstaaten handeln würden.

«Gut, dann verschaffen wir uns diese Beweise», sagte Captain Lyon, stand abrupt auf und wandte sich an Francis Blair. «Ihre verehrte Schwiegermutter, Sir, Mrs. Alexander, läßt sich doch hin und wieder in einem Landauer aufs Land fahren?»

Blair nickte zustimmend. «Das ist allgemein bekannt, Captain. Ich wüßte aber nicht, was meine Schwiegermutter mit dieser Angelegenheit –»

«Entschuldigen Sie, daß ich Sie unterbrechen muß, Sir. Es ist Eile geboten. Würden Sie es für unverschämt halten, wenn ich Sie bitten würde, mir den Landauer heute nachmittag zur Verfügung zu stellen? Mit dem Kutscher. Außerdem bitte ich Sie, mir einige Kleidungsstücke Ihrer Frau Schwiegermutter zu besorgen, vor allem den prächtigen Hut mit dem Schleier, den sie sonntags immer trägt.»

Die Männer blickten Captain Lyon verständnislos an. Sein Gesicht war sehr ernst, als er sich Rechtsanwalt Witzig zuwandte. «Ich habe die Absicht, mich zum Camp hinausfahren zu lassen, Mr. Witzig. Es wäre vielleicht von Vorteil, wenn Sie mir in Ihrem Buggy folgen könnten, damit mein Bericht später durch Ihre eigenen Beobachtungen gestützt werden kann.»

«Sie wollen als meine Schwiegermutter verkleidet Camp Jackson einen Besuch abstatten, Captain?» fragte Francis Blair, und bevor Lyon ihm antworten konnte, brach er in schallendes Gelächter aus. Auch Heinrich konnte sich nicht zurückhalten, aber Lyon wandte sich unvermittelt an ihn, und seine Augen blitzten.

«Sie dürfen mich begleiten, Mansfeld», sagte er. «Ziehen Sie Kleider Ihrer Frau an, und stopfen Sie sich ein Kissen unter den Rock!»

Heinrich blieb das Lachen im Hals stecken. Lyon meinte es offensichtlich ernst. Francis Blair waren die Tränen gekommen. Er wischte sich die Augen. «Captain, wenn ich meiner Schwiegermutter erkläre, wie Sie aussehen, fällt sie in Ohnmacht.»

«Sagen Sie ihr, daß ich ein junger strahlender Held bin, Sir», entgegnete Lyon, der wie alle anderen im Raum wußte, daß Mrs. Alexander blind war. Blair und die Mitglieder des Sicherheitskomitees sahen ein, daß es Captain Lyon mit seinem Plan bitterernst war, und mußten zugeben, daß er die einzige Möglichkeit bot, sich einen Überblick über das Lager der Milizarmee General Frosts zu verschaffen.

Heinrich eilte nach Hause, und als er sich im Schlafzimmer umzog, kam Franziska herein. Als sie ihn in einem ihrer weiten Unterröcke überraschte, den Hut schief auf dem Kopf und den Schleier übers Gesicht gezogen, lachte sie schallend heraus. Er war gerade dabei, sich ein dickes Flaumkissen unter den Rock zu schieben.

«Sollte es dir gelingen, mit dieser Maskerade jemanden zum Narren zu halten, dann muß es ein Blinder sein», sagte Franziska und setzte sich schwer auf den Bettrand.

«Captain Lyon ist blind», lachte Heinrich und erklärte ihr, was er vorhatte. Doch obwohl er versuchte, seiner Stimme einen fröhlichen Klang zu geben, merkte er, wie die Angst in ihr hochstieg. Er setzte sich zu ihr, nahm den Hut vom Kopf und umarmte sie. «Es ist ganz ungefährlich», beruhigte er sie. «Julius Witzig folgt uns in seinem Buggy. Und selbst wenn man uns erkennen würde, ich glaube nicht, daß Frost es sich erlauben könnte, Captain Lyon etwas zustoßen zu lassen oder ihn gar zu arretieren.»

«Ich habe so Angst, dich zu verlieren, Heinrich», sagte sie. «Ich habe diese Angst schon seit Wochen. Es ist wie eine böse Ahnung.»

«Ahnungen trügen oft», sagte er. «Ich hatte Angst um dich bei der Geburt von Carl. Ich hatte kein gutes Gefühl. Und alles ist gutgegangen. Also mach dir keine Sorgen.»

Franziska half Heinrich, die langen Seidenhandschuhe anzuziehen, die ihm viel zu klein waren. Dann nahm sie eine Perlenhalskette aus der Schmuckschatulle und legte sie ihm um den Hals.

«Ich hoffe, es fragt mich niemand nach der Schwangerschaft», lachte Heinrich.

Sie küßte ihn zärtlich. «Dann sagst du verschämt, wie leicht es dir falle, das Kind deines geliebten Mannes zu tragen», wies sie ihn spöttisch an.

Unten fuhr der Landauer vor, mit Old Peter auf dem Bock und Francis Blairs Schwiegermutter, die in Wirklichkeit Captain Nathaniel Lyon war, im Fond. Heinrich nahm Franziska bei der Hand und führte sie zum Fenster. «Schau ihn dir gut an, Liebes», sagte er. «Ich wette, der hat keine Kissen, sondern eine kleine Haubitze unter seinem weiten Rock versteckt.»

Franziska lächelte und öffnete das Fenster. «Guten Tag, Mrs. Alexander», rief sie. «Ist es nicht ein wunderbarer Frühling, den wir haben?»

Captain Lyon legte lauschend den Kopf schief.

«Bist du das, Franziska, mein Kind?»

«Hier oben, im Fenster», lachte Franziska.

Jetzt reckte Lyon den Hals.

«Wie geht es mit deiner Schwangerschaft, mein Kind?» fragte er mit hoher, verstellter Stimme.

Franziska stieß Heinrich mit dem Ellbogen an. «Sag es ihm», forderte sie ihn auf. «Sag es ihm.»

Heinrich lehnte sich etwas vor, rot unter dem Hutschleier. «Oh, Ma'am, es fällt mir leicht, das Kind meines geliebten Mannes zu tragen», piepste er. Old Peter, der grauhaarige Neger auf dem Bock des Landauers, grinste von einem Ohr zum anderen. Zum Glück war niemand sonst auf der Straße.

Lindell Grove, eine natürliche Anlage von parkähnlicher Schönheit, zählte zu den bevorzugten Ausflugszielen der Stadtbewohner. Hier, im Schatten der alten Bäume, hatte General Daniel M. Frost, Oberbefehlshaber der Missouri-Miliz, sein Armeelager errichtet und es zu Ehren des Gouverneurs Camp Jackson genannt. Milizsoldaten aus allen Teilen Missouris hatten in langen Reihen ihre weißen Armeezelte aufgestellt. Vom ersten Tag an wurde das Lager zu einem gesellschaftlichen Treffpunkt jener Stadtbürger, die mit dem Süden sympathisierten.

Old Peter fuhr den Landauer gemächlich durch die Stadt. Bei der Olive Street, die nach Lindell Grove hinausführte, wartete Julius Witzig mit seinem Einspänner und schwenkte hinter dem Landauer auf die Straße ein. Es herrschte reger Verkehr. Die Damen in Buggies und Landauern schützten ihre blassen Gesichter mit Schirmen gegen die Sonne. Überall war Gelächter zu hören und frohe Stimmen. Kinder rannten über die Wege und durch die Wiesen, um die Soldaten zu sehen.

Camp Jackson glich einem Festplatz. Überall auf den Wiesen und im Schatten der Bäume waren auf weißen Tüchern Picknicks ausgebreitet. Die Damen saßen auf Kissen im Gras, die bunten Chiffonröcke sorgfältig um sich ausgelegt. Lange Korkenzieherlocken hingen unter kleinen Hütchen und Häubchen hervor und berührten nackte Schultern. Bunte Fächer bewegten sich überall, strahlende Augen waren auf die Soldaten gerichtet, vor allem auf die Herren Offiziere, die sich in Gruppen unterhielten, mit gespielter Lässigkeit an Baumstämmen lehnten, die Schnurrbärte getrimmt und spitz, mit weißen Handschuhen und lackierten Stiefeln. Eine Marschkapelle spielte, und auf dem Platz zwischen den Zelten wurden Fahnen präsentiert, ein großes Zeremoniell, das Hunderte von Zuschauern angelockt hatte.

Niemand wußte von den wahren Sorgen und Nöten, die General Frost bedrückten. Lyon konnte sie nur erahnen, als er die Zahl der anwesenden Milizsoldaten schätzte. Es waren weniger, als er vermutet hatte. Im Gegensatz zu anderen Staaten im Süden, klappte es anscheinend hier mit der Rekrutierung nicht so gut. Konnte es sein, daß sich die Männer von St. Louis zurückhielten, weil sich in den Nachbarstaaten bereits so viele Freiwillige für die Union zum Dienst gemeldet hatten? Oder weil allmählich bekannt geworden war, wie viele Soldaten im Arsenal und in den Kasernen inzwischen zum Einsatz bereitstanden?

Lange brauchte Lyon nicht, bis er in Camp Jackson die Zeichen sah, die ihn in seiner Gewißheit bestärkten, daß Frost seine Milizarmee als Teil der konföderierten Streitkräfte betrachtete. Die Kompaniestraßen zwischen den Zeltreihen trugen die Namen bedeutender Persönlichkeiten der Südstaaten. Die Fahnen, die präsentiert wurden, waren die von Südstaaten wie Louisiana und Südkarolina, sowie die neugeschaffene Fahne der Südstaaten, die sich *Stars and Bars* nannte.

Niemand versuchte, den Landauer anzuhalten oder die vermeintlichen Damen anzusprechen, denn die ganze Aufmerksamkeit galt dem militärischen Treiben, dem Antreten von Kompanien, den Trommlern und der Marschkapelle mit ihren blitzenden Instrumenten.

Auf dem Heimweg bat Captain Lyon Rechtsanwalt Witzig, die anderen Mitglieder des Sicherheitskomitees zusammenzurufen.

Die Männer trafen sich am Spätnachmittag im Hauptquartier des Arsenals. Lyon versuchte sie zu überzeugen, daß schnelles Handeln unumgänglich geworden sei, aber immer noch wollte die Mehrheit eine offizielle Beschlagnahmung des Lagers durch die Regierung abwarten. Schließlich blieb Francis Blair nichts anderes übrig, als einen Trumpf auszuspielen, den er eigentlich lieber im Ärmel versteckt lassen wollte.

«Man hat General Harney wieder als Kommandant unseres Departments eingesetzt, Gentlemen», sagte er, «ich habe eben erst die Nachricht erhalten, daß er sich umgehend auf den Weg zurück macht und wahrscheinlich bereits am Samstag in St. Louis eintreffen wird.»

«Und wem, zum Teufel, haben wir das zu verdanken?» fragte Captain Lyon, dem die Zornröte in den Kopf stieg.

«Vermutlich Harney selbst. Er gehört nicht zu den Männern, die sich so leicht abschieben lassen. Und er hat gute Freunde in Washington, Captain. Wenn wir also irgend etwas gegen General Frost und seine Miliz unternehmen wollen, dann muß das so schnell wie möglich geschehen.»

Es kam zur Abstimmung. Einige fügten sich nur unter Vorbehalten.

«Nach wie vor», warnten sie, «halten wir es für ungesetzlich und verfassungswidrig, militärisch gegen eine Milizarmee vorzugehen, die sich aus Bürgern unseres Staates zusammensetzt. Dafür, Gentlemen, wird später irgend jemand die Verantwortung tragen müssen, und ich will verdammt sein, wenn man dann nicht dem Sicherheitskomitee die Schuld in die Schuhe schieben will.»

«Machen Sie sich darüber nur keine Sorgen», sagte Blair. «Ich halte notfalls meine eigene Rübe hin, falls dadurch Missouri gerettet werden kann.»

Zwei der Mitglieder des Sicherheitskomitees verließen zum Zeichen ihrer Entrüstung die Versammlung und das Arsenal. Captain Lyon unterbreitete den anderen einen genauen Plan, wie er gegen Camp Jackson vorgehen wollte. Alle Vorbereitungen mußten heimlich getroffen werden. Nicht einmal die Regimentskommandeure sollten bis zum Zeitpunkt des Ausrückens etwas erfahren. Der ehemalige Bürgermeister Oliver Filley versprach, von den größten Ställen der Stadt drei Dutzend Pferde aufzutreiben, mit denen die Geschützbatterien gezogen werden konnten. Außerdem wollte er dafür sorgen, daß genügend Reitpferde für die Offiziere bereitständen.

Die Invasion von Camp Jackson war für den 10. Mai geplant. Lyon hatte vor, seine Truppen gleichzeitig auf Straßen aufmarschieren zu lassen, die parallel durch die Stadt zur Lindell Grove hinausführten. Alle Einheiten sollten zur exakt gleichen Zeit Camp Jackson erreichen und ihre Stellungen beziehen. Blair schlug für ein solches Manöver die Morgenstunden vor, da dann der Verkehr auf den Straßen noch gering war. Lyon jedoch wollte verhindern, daß seine Truppen in Camp Jackson eintrafen, wenn die Milizeinheiten in Reih und Glied ihre Exerzierübungen durchführten und sozusagen für einen Angriff gewappnet waren. Eine günstigere Zeit war der frühe Nachmittag, kurz nach dem Essen, wenn die meisten Soldaten sich auf die nachmittäglichen Besuche der Stadtbevölkerung vorbereiteten und auf die Ruhestunden.

«Wir wollen natürlich dort sein, bevor die hübschen jungen Damen in Scharen eintreffen, so daß im Falle von Widerstand kein Durcheinander entsteht und Panik ausbricht. Ich schlage deshalb als genauen Zeitpunkt zwei Uhr dreißig vor.»

Blair mußte zugeben, daß Lyons Überlegungen Hand und Fuß hatten. Der Captain schien nichts außer acht gelassen zu haben. Seine Pläne waren bis ins Detail ausgearbeitet. Die Einheiten sollten von den verschiedenen Sammellagern aus in Bewegung gesetzt werden, in denen sie sich zur Zeit aufhielten.

Noch einmal machte Lyon den Männern klar, daß es nicht seine Absicht war, einen Krieg anzufangen, sondern daß er General Frost nur die Aussichtslosigkeit seiner Lage klarmachen und ihn zur Kapitulation zwingen wollte. «Und wenn Frost einen Funken Verstand unter seinem Hut hat, zieht er den Schwanz ein», sagte Captain Lyon, bevor er die Männer verabschiedete.

Am frühen Morgen des 10. Mai, einem Freitag, erhielten die Regimentskommandeure der freiwilligen Einheiten und der *Home Guard* dann den Befehl, sich im Arsenal einzufinden. Dort gab ihnen der Captain die geplante militärische Operation gegen General Frosts Milizeinheiten in Camp Jackson bekannt und zeigte ihnen auf einer Landkarte, welche Marschroute sie zu nehmen hatten. Er gab ihnen einen genauen Zeitplan und schärfte ihnen ein, sich durch nichts aufhalten zu lassen, damit alle gleichzeitig Camp Jackson erreichten und ihre gesamte Stärke demonstrieren konnten.

Natürlich war Lyon klar, daß dieser großangelegte Truppenaufmarsch nicht lange unbemerkt bleiben würde. Wie ein Lauffeuer verbreitete sich die Kunde in der ganzen Stadt. Überall sammelten sich Menschenmengen an.

Pünktlich um 14 Uhr 30 verließ Captain Lyon das Arsenal, ritt zur Spitze seiner Kolonne und gab den Befehl zum Abmarsch. Die lange Reihe der Soldaten setzte sich in Bewegung.

Insgesamt befanden sich weit über dreitausend Mann auf dem Marsch durch St. Louis. Tausende von Bürgern verließen ihre Häuser und reihten sich am Straßenrand auf. Niemand wußte, was das alles zu bedeuten hatte.

Captain Lyon hatte zur Sicherheit zwei Kompanien regulärer Soldaten zur Bewachung des Arsenals zurückgelassen. Außerdem blokkierten *Home Guards* die Straßen, die zum Arsenal führten. Auf den Dächern der Häuser entlang der Straßen waren Scharfschützen mit Mansfeld-Gewehren postiert.

Genau nach Zeitplan erreichte die Spitze von Lyons Kolonne Lindell Grove. Lyon zügelte sein Pferd und beobachtete vom Sattel aus den Aufmarsch seiner Einheiten und die Bewegungen in Camp Jackson. Es blieb ihm nicht verborgen, daß Frost es versäumt hatte, Maßnahmen zu ergreifen, um das Camp zu verteidigen. Die Miliztruppen waren nicht in Stellung, die Batterie stand unbemannt auf einer der Wiesen.

Der Aufmarsch seiner eigenen Truppen ging ohne Verzögerungen vonstatten. In kürzester Zeit war das Lager umstellt. Captain Lyon schickte seinen Adjutanten mit einem Brief ins Lager, in dem er von General Frost die Kapitulation verlangte, und wartete angespannt auf die Rückkehr seines Emissärs. Noch war nichts passiert. Da Camp Jackson vollständig umstellt war, hatte General Frost eigentlich gar keine andere Wahl, als zu kapitulieren.

Lange brauchten Lyon und seine Offiziere nicht auf den entsandten Emissär zu warten. Schon nach zehn Minuten zügelte er vor Captain Lyon seinen schäumenden Rotfuchs und händigte ihm die Antwort General Frosts aus, die dieser auf einen Zettel gekritzelt hatte.

Camp Jackson, Missouri, 10. Mai 1861

Capt. N. Lyon
Kommandeur der US-Truppen
Sir,

Niemals, auch nicht in meinen kühnsten Gedanken, hätte ich mir eine so ungesetzliche und verfassungswidrige Forderung durch einen Offizier der Armee der Vereinigten Staaten vorstellen können, wie ich sie eben von Ihnen erhalten habe. Ich bin zudem völlig unvorbereitet, mein Kommando gegenüber diesem ungerechtfertigten Angriff zu verteidigen. Deshalb werde ich gezwungen sein, Ihren Forderungen zu entsprechen.

Ich bin, mein Herr, Ihr ergebener Diener

D. M. Frost

Brigadier-General, Kommandeur von Camp Jackson,
Missouri-Volonteer-Militia

Lyon las die Zeilen, drehte sich zu seinen Leuten um und sagte mit rauher Stimme:

«Sie kapitulieren!»

Ein Seufzer der Enttäuschung war aus den Reihen zu hören.

Captain Lyon jedoch war erleichtert. Alles verlief genauso, wie er es geplant hatte.

Als ihm gemeldet wurde, daß ein Reiter von Frosts Hauptquartier zu ihm unterwegs war, schwang er sich aus dem Sattel, eine Geste gegenüber dem Offizier, den General Frost ausgesandt hatte, um ihm formell die Kapitulation zu überbringen.

Erst jetzt zeigte sich, wie nervös Lyon tatsächlich war. Er begann ruhelos am Wegrand auf- und abzugehen. Dabei geriet er in die Nähe eines Pferdes, das plötzlich scheute. Es stieg auf die Hinterhand, und ehe der Captain es sich versah, traf ihn ein auskeilender Huf so heftig in den Unterleib, daß er zurückgeschleudert wurde, zusammenbrach und bewußtlos liegenblieb.

Unterdessen war General Frosts Emissär schon so nahe, daß die Offiziere gar nicht erst versuchten, ihren Captain aus seiner Ohnmacht aufzuwecken. Sie traten vor, als der Reiter sein Pferd zügelte, und überließen es dem Regimentsarzt, sich um Lyon zu bemühen.

Der Reiter General Frosts war Adjutant William D. Wood. Er fragte nach Captain Lyon.

Captain Sweeny, der sofort das Kommando übernahm, grüßte und erklärte knapp, daß Captain Lyon im Moment unabkömmlich sei, ihn aber beauftragt habe, die Kapitulation entgegenzunehmen. Wood zeigte sich zufrieden und richtete sich im Sattel auf.

«Sir», sagte er nach kurzem Zögern, «General Frost läßt Captain Lyon seine Komplimente übermitteln und wünscht zu wissen, ob seinen Offizieren erlaubt wird, ihre Säbel zu behalten.»

Sweeny bedankte sich, beriet sich kurz mit seinen Offizierskollegen und gab Wood dann bekannt, daß den Offizieren der Miliz erlaubt wäre, ihre Säbel zu behalten, und Lieutenant Schofield begleitete Wood zurück zum Hauptquartier Frosts, um die Nachricht zu überbringen.

Als Schofield vor Frosts Zelt sein Pferd zügelte, zog einer der Milizoffiziere seinen Säbel mit Schwung aus der Scheide, hob ihn mit beiden Händen waagerecht vor die Brust und zerbrach ihn dann über dem Knie.

Ohne ein Wort zu sagen, warf er die beiden Säbelstücke vor Schofields Pferd in den Staub.

20

Heinrich war nach Hause geeilt, fand das Haus aber leer. Alles war aufgeräumt, die Vorhänge an den Fenstern zugezogen.

Da er nirgendwo eine Notiz finden konnte, ging er ins Nachbarhaus zu den Shermans, um Mrs. Sherman zu fragen, ob sie wüßte, wo Franziska, Carl und Eliza waren.

«Ich sah Mr. Witzig mit dem Buggy vorfahren. Ich glaube, er hat Ihre Familie abgeholt, Mr. Mansfeld.»

Heinrich ging zum Haus zurück und wunderte sich, weil Franziska sonst immer eine Notiz an die Eingangstür hängte, wenn sie ausging, es sei denn, sie rechnete damit, vor ihm zurückzusein. Er wusch sich rasch Gesicht und Haare, rasierte sich eilig und wechselte das Hemd.

Es war fast zwei Uhr, als er das Haus wieder verließ und hinüber zur Olive Street ging, die nach Lindell Grove hinausführte. Auf der Straße drängte sich eine riesige Menschenmenge. Die Leute schwenkten Fähnchen, einige mit Sternen und Streifen, in der Mehrzahl aber das Banner der Konföderierten Staaten. Horden von jungen Männern zogen grölend und fäusteschüttelnd die Straße hinauf und drohten, die verdammten Hessen mit blutigen Köpfen aus der Stadt zu jagen. Rücksichtslos bahnten sie sich einen Weg durch die Menge. Frauen und Kinder wichen verängstigt zurück und suchten Zuflucht in den Häusern.

Heinrich drängte sich durch die Reihen der Zuschauer zur Straßenmitte. Er konnte Franziska nirgendwo entdecken. Auf der anderen Straßenseite schrie ein Mädchen nach seiner Mutter. Reverend Anderson nahm es auf, sah Heinrich und rief ihm zu, er hätte Franziska und Eliza weiter oben gesehen, näher bei Lindell Grove. Einige der jungen Männer stießen den Reverend zur Seite und drängten die Straße hinauf. Sie hatten Pflastersteine in den Händen, und als sie an Heinrich vorbeikamen, konnte er den Gestank von billigem Fusel riechen, den viele Wirte kostenlos ausschenkten.

Heinrich folgte der Meute ein Stück. Plötzlich hörte er jemand seinen Namen rufen. Es war Witzig. Sein Buggy stand in einer Häuserlücke im Mittagsschatten. Er hielt das aufgeregt tänzelnde Pferd am Zaum fest, um es daran zu hindern, auszubrechen.

«Wo ist Franziska?» rief Heinrich ihm zu, während er sich mit den Ellbogen den Weg durch die Menge bahnte.

Das Pferd stieg im Geschirr, und Witzig mußte den auskeilenden Hufen ausweichen. «Steig schnell auf!» rief er. «Ich kriege den Gaul nicht dazu, weiterzugehen. Dahinten explodierten ein paar Feuerkracher.»

Heinrich schwang sich auf den Bock, ergriff die Zügel, und zu zweit gelang es ihnen, das Pferd davon zu überzeugen, daß es keinen anderen Weg gab, als den nach vorn. Sobald es ruhiger wurde, überließ Heinrich die Zügel Witzig, der in Schweiß gebadet war.

«Die Stadt ist ein Hexenkessel», sagte er kurzatmig. «Ich habe so was noch nie erlebt. Hoffentlich gibt es nicht Mord und Totschlag.»

«Verdammt noch mal, wer ist auf den idiotischen Gedanken gekommen, Franziska und den Kleinen hierherzubringen?» brüllte Heinrich ihn zornerfüllt an.

«Franziska selbst. Sie hat Eliza nach mir geschickt. Ich sagte ihr, daß es vernünftiger wäre, sich im Haus einzuschließen, bis die Gefahr vorüber ist. Aber sie wollte ihren Willen durchsetzen, Heinrich. Sie dachte, daß du irgendwo auf der Straße bist, und sagte, sie würde zu Fuß gehen, wenn ich mich weigerte, sie zu fahren. Du weißt, wie hartnäckig sie sein kann, wenn –»

«Wo ist sie jetzt?» unterbrach Heinrich.

«Ich bin mit dem Buggy nicht mehr durchgekommen. Ich sah sie zuletzt in der Nähe vom Feuerwehrmagazin.»

Heinrich stieg ab und rannte. Jemand erkannte ihn und schlug ihm einen Knüppel in den Unterleib. Heinrich hastete taumelnd weiter, die Arme gegen den Bauch gepreßt.

In der Nähe des Feuerwehrmagazins, an einer Straßenkreuzung, staute sich die Menge, teilte sich in der Mitte der Straße und drängte zu den Gehsteigen. Weiter oben, dem Stadtrand zu, schien irgend etwas zu geschehen. Bewohner, die in ihren Häusern an die Fenster drängten, riefen, daß die Soldaten kämen. Auf dem Balkon des dreistöckigen Feuerwehrmagazins brüllte ein Mann, daß Lyon und seine verdammten Hessen kein Recht hätten, amerikanische Staatsbürger gefangenzunehmen. Heinrich stellte sich auf die Zehenspitzen. Über den Fäusten und den Köpfen der Menge tauchten plötzlich Bajonettspitzen auf.

Heinrich rief immer wieder Franziskas Namen. Er brüllte ihn in den Lärm hinaus, bis seine Kehle schmerzte. Die Menge schob ihn mit sich, bis er eingekeilt mit dem Rücken gegen eine Hauswand stieß. Er sah nun die Soldaten, die in zwei Reihen zu beiden Seiten der Straße marschierten, dicht hinter- und nebeneinander, so daß sie zwei unüberwindbare Mauern bildeten, zwischen denen die Straße geräumt wurde.

Heinrich verschaffte sich mit den Ellbogen Platz und zwängte sich bis zum Sperriegel der Soldaten vor. Er rief Blairs Namen, aber der Colonel hörte ihn nicht. Einer der Soldaten erkannte ihn und rief: «Deine Frau steht dort drüben, auf der anderen Straßenseite.»

Heinrich stellte sich auf die Zehenspitzen, konnte Franziska aber nirgendwo entdecken. Er versuchte, zwischen den Soldaten hindurchzukommen, aber das gelang ihm nicht. Hinter ihm begann die Menge unruhig zu werden. Heinrich rief weiter nach Franziska, aber seine Stimme ging im Lärm unter.

Franziska und Eliza standen eingekeilt in der Menge an der Straßenkreuzung beim Feuerwehrmagazin. Eliza hatte Carl auf dem Arm. Sie drückte seinen Kopf gegen ihre Schulter, um ihn vor der drohenden Gefahr zu schützen, die sie jetzt deutlich wahrnehmen konnte.

«Wir sollten von hier weggehen, *Missy*», sagte sie zu Franziska, wußte aber selbst, daß es unmöglich geworden war, der wütenden Menge zu entrinnen.

Carl begann zu weinen. Der Lärm und die Männer, die den Soldaten mit Fäusten drohten und sie brüllend verfluchten, jagten ihm Angst ein.

Auf der Straße marschierten gefangene Milizsoldaten vorbei. Die meisten hatten die Köpfe gesenkt. Sie waren entwaffnet worden, gedemütigt. Franziska entdeckte Basil Duke unter ihnen. Er ging an der Spitze einer Kompanie, die aus Jungmännern der *minutemen* bestand. Die Menge brach in Wutgeheul aus. Viele, die nur hergekommen waren, um sich das Spektakel nicht entgehen zu lassen, ergriffen nun die Partei der Sezessionisten. Das Bild, das sich ihnen bot, war den meisten unerträglich. Es war ein Bild, das sie verwirrte, ein Bild, das nicht sein durfte. Niemand hatte das Recht, die Gesetze mit Füßen zu treten und die Verfassung der Vereinigten Staaten durch solch eigenmächtige Handlungen zu verhöhnen. Auch Lyon nicht. Und schon gar nicht die Deutschen, mit denen er sich verbündet hatte, um die Macht an sich zu reißen und die Regierung Missouris in die Knie zu zwingen.

Die wütende Menge verfluchte ihn und seine verdammten Hessen, die es gewagt hatten, gegen ehrbare Staatsbürger vorzugehen, die einem Aufruf des Gouverneurs gefolgt waren, um ihre Pflicht zu tun.

Die bekanntesten Jungmänner der Stadt befanden sich unter den Gefangenen, ihre Eltern, Geschwister, Freunde und Bekannte unter den Zuschauern zu beiden Seiten der Straßen, die durch die Stadt zum Arsenal führten. Viele Milizsoldaten waren Söhne aus den besten Familien Missouris und der Stolz des Südens. Die Verfassung der Vereinigten Staaten war ihr Erbe, das zu schützen sie als ihre heiligste Pflicht betrachteten.

Selbst in Franziska wurde in diesem Moment ein Gefühl der Sympathie und des Verständnisses wach. Sie stellte sich auf die Zehenspitzen, um besser sehen zu können. Wußten diese jungen Männer, die so leicht für eine Sache zu begeistern waren, überhaupt, was ihre Vorgesetzten tatsächlich vorgehabt hatten? Oder waren ihnen die Entscheidungen der Politiker genauso verheimlicht worden wie den Männern, die Lyon folgten und Blair und Franz Sigel? Ein Holzscheit flog an ihr vorbei und fiel auf die Straße, ohne jemand zu treffen. Ein Pflasterstein folgte, Dreckklumpen, Steine, Flüche und Verwünschungen.

Franziska erkannte Ronald Madison unter den Miliztruppen. Er marschierte an der Spitze einer Kompanie, in der Uniform eines Captains, die linke Hand am Knauf des Säbels, den rechten Arm schützend vors Gesicht erhoben. Die Wurfgeschosse hagelten nicht nur auf die Männer aus Lyons Armee nieder, sie trafen auch die Milizsoldaten.

Links von Franziska entstand plötzlich eine Lücke in der Menge. Ein betrunkener Mann von hünenhafter Gestalt bahnte sich einen Weg nach vorne. Die Soldaten wollten ihn hindern, die Straße zu betreten, aber er stieß sie mit wuchtigen Stößen zur Seite.

Eliza wollte zurückweichen, um sich in einem Häuserwinkel in Sicherheit zu bringen, aber die Menge schob sie nach vorn auf die Soldaten zu.

«O du lieber *Massa* Jesus!» rief Eliza und griff nach Franziskas Arm. «Kommen Sie, *Missy!* Ich halte Sie fest. Ganz fest!»

«Geh mir aus dem Weg, Weib!» brüllte ein Mann und hob seine Hand, in der er einen Backstein hielt, zum Schlag. Neben Eliza brach der Sperriegel der Soldaten. Die Menge direkt am Straßenrand gab dem Druck von hinten nach, die Soldaten mußten zurückweichen. Franziska sah, wie Eliza von dem Backstein am Kopf getroffen wurde, als sie dem Mann die Seite zukehrte, um Carl besser schützen zu können. Der Mann wollte noch einmal zuschlagen, aber die Menge stieß ihn auf die Straße hinaus, wo plötzlich ein Getümmel entstand. Franziska sah Captain Blandowski, der seinen Soldaten zubrüllte, den Sperriegel wieder zu schließen. Der Betrunkene, der zuerst durchgebrochen war, hatte jetzt einen Revolver in der Hand. Er richtete ihn jäh auf Blandowski, der ihm den Rücken zugedreht hatte. Franziska schrie ihm eine Warnung zu, ihre Stimme wurde jedoch vom peitschenden Knall des Schusses übertönt.

Konstantin Blandowski, Captain der Freiwilligenkompanie von Sigels Regiment, griff mit der Hand an seine rechte Brustseite, wo die Uniform plötzlich aufgerissen war. Langsam drehte er sich um und zog den Säbel aus der Scheide.

«Zurück, Leute!» brüllte er. «Zurück!»

Niemand gehorchte ihm. Blut quoll aus seinem Mund und lief ihm in den Bart. Er taumelte, gab seinen Soldaten noch den Befehl, eine Warnsalve abzufeuern, und brach zusammen. Schüsse wurden laut, und ein Mann neben Franziska, der brüllend die Union verfluchte, verstummte plötzlich, weil ihn eine Kugel mitten ins Gesicht traf. Er fiel gegen Eliza, die vor Entsetzen aufschrie und verzweifelt versuchte, dem tödlichen Durcheinander zu entfliehen.

Überall brach Panik aus. Die Soldaten von Lyons Armee trieben die Menge mit Schüssen von der Straße. Andere Einheiten versuchten, dafür zu sorgen, daß die gefangenen Milizsoldaten ihre Formationen beibehielten und nicht die Flucht ergriffen.

Franziska drängte hinter Eliza her auf eine Häuserlücke zu. Plötzlich glaubte sie, im Lärm ihren Namen zu hören. Sie wollte stehenbleiben, aber die Menge schob sie weiter. Sie verlor Eliza aus den Augen. Ein Schlag traf sie in den Leib. Sie brach zusammen. Hände zerrten sie hoch, und sie wurde gegen eine Hausmauer gestoßen. Schmerzen raubten ihr fast das Bewußtsein, und sie hielt sich am Rahmen einer Haustür aufrecht. Ein verletzter Mann, die Hemdbrust voller Blut, hastete vorüber. Dann sah sie im Staub und im Pulverrauch Heinrich, die Arme ausgebreitet, um nicht das Gleichgewicht zu verlieren, während er sich im Kreis drehte und nach ihr rief.

Ein Reiter auf einem schäumenden Pferd preschte die Straße hinauf. Kalksteinschotter flog von den wirbelnden Hufen und prasselte gegen die Hausmauer. Ein Mann rannte auf die Haustür zu und schlug mit seinen Fäusten dagegen. Niemand öffnete ihm. Da packte er Franziska beim Handgelenk.

«Kommen Sie, Madam», drängte er. «Diese verfluchten Hessen nehmen keine Rücksicht auf Frauen und Kinder.»

«Lassen Sie mich los!» bat sie leise. «Bitte!»

«Wie Sie meinen», sagte er und rannte weiter.

Sie wollte Heinrich zurufen, wo sie war. In diesem Moment entdeckte sie den roten Hettich, der aus einem Häuserwinkel auftauchte. Er zerrte den stummen Jungen mit sich, hielt ihn am Ärmel eines Staubmantels gepackt, wie ihn Reiter trugen. Der rote Hettich entdeckte Heinrich und brüllte etwas, das Franziska nicht verstehen konnte, aber sein Gesicht war eine von Haß entstellte Fratze.

Der stumme Junge schlug den langen, fleckigen Mantel zurück. Darunter hatte er einen Revolver verborgen. Mit einem Ruck zog er ihn aus dem Riemen, den er um den Leib geschlungen hatte. Er wollte ihn seinem älteren Bruder geben, aber der zeigte mit seinem Eisenhaken auf Heinrich, der in diesem Augenblick herüberschaute. Seine Augen weiteten sich im jähen Erkennen der Gefahr, die ihm drohte.

«Schieß ihn nieder!» brüllte der rote Hettich. «Schieß!»

Der stumme Junge hob den Revolver. Franziska hörte sich schreien, als sie auf Heinrich zustürzte. Der Revolver in der Hand des stummen Jungen krachte. Die Kugel ging fehl. Der rote Hettich fluchte, entriß ihm den Revolver, schoß. Franziska spürte, wie sie getroffen wurde. Ein harter Schlag warf sie vornüber. Sie stürzte auf die Straße und schlug hart im weißen Schotter auf. Sie wollte sich sofort wieder aufrichten, aber es gelang ihr nur, den Oberkörper zu heben. Sie hörte den roten Hettich brüllen, und als sie mühsam den Kopf wandte, sah sie die beiden davonlaufen, die Straße hinunter, der rote Hettich voran und der stumme Junge hinterher.

Dr. Spiegelhalter war im Zimmer bei Franziska.

Heinrich stand beim Fenster im Salon. Er starrte hinaus in die Nacht, ohne etwas zu sehen. Er vernahm den Lärm nicht mehr, der vom Stadtzentrum herüberkam. Er hörte nicht, wie Eliza zur Haustür ging, um Mrs. Sherman einzulassen.

Mrs. Sherman trat auf ihn zu.

«Es ist vielleicht besser, wenn ich Carl zu uns ins Haus nehme», sagte sie.

Er gab keine Antwort. Sie berührte ihn leicht an der Schulter und ging. Eliza holte Carl aus dem Bett. Er hatte schon geschlafen. Mit großen Augen blickte er sich um. Er wußte nicht, was geschehen war. Eliza trug ihn zur Haustür, wo Mrs. Sherman wartete, aber als sie ihr den Jungen übergeben wollte, fing er an zu weinen.

Jetzt wandte Heinrich sich um.

«Er bleibt hier», sagte er. Seine Stimme klang hart. Mrs. Sherman hielt den Atem an. Julius Witzig hob die Schultern. Mrs. Sherman blickte zu ihrem Mann hinüber, der beim Piano in einem Polsterstuhl saß. Er erhob sich, nahm seine Frau beim Arm, und sie verließen das Haus. Beim Hinausgehen sagte er zu Eliza, daß sie jederzeit rüberkommen könnten, falls ihre Hilfe benötigt wurde.

Irgendwann kam Sigel. Seine Uniform war staubig, die Augen hinter den Brillengläsern rot gerändert.

«Ich konnte nicht früher kommen, bester Freund», sagte er leise zu Heinrich. «Der Teufel ist los in der Stadt. Jemand hat Bäcker Brachts Sohn Felix in der Backstube überrascht und ihn niedergestochen. Er ist vor einigen Minuten gestorben.»

Heinrich rührte sich nicht.

Die Tür zum Schlafzimmer ging auf. Dr. Spiegelhalter kam heraus. Er sah grau aus im Gesicht. Die Haare klebten ihm in der Stirn. Er verlangte einen Drink, und Eliza schenkte ihm einen Whisky ein.

«Ich glaube, Sie sollten jetzt zu Ihrer Frau gehen, Mr. Mansfeld», sagte der Arzt.

Heinrich blickte ihn lange an. Dann ging er ins Schlafzimmer. Franziska lag im Bett. Ihr Gesicht war eingefallen und wachsbleich. Neben dem Bett kniete Reverend Anderson. Als Heinrich zum Bett trat, hob er den Kopf. Heinrich kniete neben ihm nieder. Er ergriff Franziskas Hand und hielt sie zwischen seinen Händen.

Reverend Anderson betete leise und mit monotoner Stimme. Eliza brachte Carl ins Zimmer, Sigel folgte ihr. Sie blieben im Halbdunkel stehen. Jemand machte die Tür zu. Es war totenstill im Haus.

Heinrich rief leise Franziskas Namen. Er wünschte, sie würde die Augen öffnen. Er bat Gott, sie nicht sterben zu lassen, bettelte um ihr Leben. «Ich gebe dir meins», betete Heinrich und starrte zur Decke. «Nimm meins, lieber Gott! Bitte!»

Eliza kam näher zum Bett. Ihr Schatten fiel über das wächserne Antlitz Franziskas. Sie fragte leise, ob er Carl zu sich nehmen wollte. Er merkte, wie ihm die Tränen kamen. Eliza kniete am Bettrand nieder. Ganz leise begann sie zu summen. Carl streckte die Händchen nach seiner Mutter aus.

Irgendwann erhob sich Reverend Anderson. Er beugte sich über Franziska, zeichnete ihr mit dem Daumen ein Kreuz auf die Stirn, gab Eliza mit dem Kopf ein Zeichen und half ihr aufzustehen. Sie verließen das Zimmer. Heinrich legte Franziskas Hände übereinander. Langsam erhob er sich, beugte sich über das Bett und küßte sie. Ihre Lippen waren kalt, ihr Gesicht trocken.

Der Morgen graute, als Heinrich aus dem Zimmer kam.

Reverend Anderson schlief im Salon zusammengesunken auf einem Stuhl. Die anderen waren inzwischen nach Hause gegangen. Sigel hatte eine Nachricht hinterlassen. «Bin im Arsenal, wenn Du mich brauchst.»

Heinrich nahm Carl aus dem Bettchen. Behutsam, so daß er nicht aufwachte. Er ging mit ihm hinaus in den Garten und setzte sich auf die Bank beim Zaun. Von hier konnte er sehen, wenn die Sonne aufging. Aber sie ging nicht auf.

Es kamen nicht viele Leute an diesem Tag.

Kaum jemand wagte sich auf die Straße. In der Stadt herrschte Terror. Unschuldige Menschen wurden kaltblütig umgebracht, weil sie der deutschen Bürgergemeinde angehörten oder zu jenen, die der Union treu bleiben wollten.

Boernstein kam vorbei, gab Heinrich die Hand und sagte, daß Franziska nicht umsonst gestorben sei. Er mußte gleich wieder gehen, weil seine Truppen in Alarmbereitschaft standen. «Captain Lyon läßt dir sein herzliches Beileid ausrichten, Heinrich. Sobald es ihm die Pflicht erlaubt, wird er dich persönlich aufsuchen.»

Und beim Hinausgehen sagte Boernstein: «Ich weiß nicht, ob es was nützt, wenn ich dir sage, daß unser Verdacht sich bewahrheitet hat. Die Ladung der *J. C. Swan* bestand tatsächlich aus Kriegsmaterial von Jefferson Davis. Kanonen und Mörser hauptsächlich, mit Granaten und acht Kisten neuer Gewehre.»

Es sollte vielleicht ein Trost sein. Heinrich dachte später oft daran, wenn er nach dem Sinn forschte, der ihm Franziskas Tod hätte verständlich machen können. Achtundzwanzig Menschen waren an jenem Nachmittag auf der Straße beim Feuerwehrmagazin ums Leben gekommen, darunter zwei Frauen und ein Kind. Heinrich war nicht der einzige, den das Schicksal hart getroffen hatte. Trotzdem fühlte er sich allein. Trotzdem fühlte er, als hätte er einen zu hohen Preis bezahlen müssen für einige Kanonen und Mörser und für acht Kisten Gewehre.

Was am nächsten Tag in der Stadt passierte, berührte ihn nicht. Sein Haus war wie eine Insel im Sturm, der wütend über die Stadt herfiel und sie zu verschlingen drohte. Die Bürger tobten sich aus wie wilde Horden. Lyon hatte vorsichtshalber die *Home Guards* sofort nach der Rückkehr ins Arsenal entlassen, mußte das 5. Regiment aber am nächsten Tag wieder in Dienst stellen, um gegen die außer Rand und Band geratenen Bürger vorzugehen. Es kam zu einer Straßenschlacht an der Nordwestecke der Walton Street und der Fifth Street, bei der sieben Menschen den Tod fanden. Die wütende Menge wurde durch das rigorose Vorgehen der *Home Guards* auseinandergesprengt. Häuser und Geschäfte, von deren Besitzern man wußte, daß sie deutscher Herkunft waren, brannten lichterloh. Truppen der *Home Guards* marschierten durch die Straßen und schlugen die Leute nieder, die ihnen in die Quere gerieten. Panik brach aus. Die Flucht vor den «Hessen» trieb die Bürger aus der Stadt. Tausende von verängstigten Männern, Frauen und Kindern flohen in ihren Buggies, zu Pferd, per Eisenbahn und in den Flußdampfern der *Memphis Packet Company*.

Heinrich verließ das Haus nicht.

Brimmers Frau arrangierte die Beerdigung für ihn. Sie sorgte dafür, daß Franziskas Leichnam hergerichtet und das kleine Haus an der Locust Street mit Trauerflor geschmückt wurde. Nach und nach kamen Freunde und Bekannte, um Heinrich ihr Beileid auszudrükken. Sie fanden einen Mann vor, der kein Wort hervorbrachte, einen Mann, dessen Gesicht eingefallen war und der durch sie hindurchblickte, ohne sie anzusehen. Er wurde alt in diesen Tagen, sein Haar verlor den Glanz, seine Schultern wurden so schmal, daß ihm der schwarze Sonntagsanzug nicht mehr paßte, als er dem Leichenzug voranging, hinter dem Leichenwagen her, hager und blaß.

Leute, die ihn kannten, waren entsetzt. Mrs. Sherman flüsterte ihrem Gatten leise ins Ohr, daß Heinrich ein gebrochener Mann sei. Sherman schüttelte den Kopf. «Verzeih mir, mein Liebes, aber das ist sentimentaler Quatsch, und ich habe in den letzten Tagen genug davon gehört. Mansfeld ist ein geschlagener Mann, das stimmt. Aber der gibt nicht auf. Der kommt wieder auf die Beine, und eines sage ich dir, meine Liebe, dann kennt ihn niemand mehr. Der wird hart sein wie Stahl und genauso kalt. Ich kenne das. Ich kenne Männer wie ihn. Die gehen in die Knie, und dann erheben sie sich, und wenn du das siehst, fürchtest du dich. Glaub es mir.»

Sigel, Blair, Witzig, Boernstein, Dr. Spiegelhalter und Brimmer trugen den Sarg. Die Damen, die den jungen Witwer am offenen Grab verstohlen beobachteten, sahen ihn die ganze Zeit regungslos stehen, den Blick über die anderen Gräber hinweg in die Ferne gerichtet.

Später behauptete Mrs. Witzig, sie hätte deutlich sehen können, wie ihm eine Träne über die Wange gelaufen sei, aber alle anderen, die näher standen, waren sich einig, daß Heinrich nicht geweint hatte und daß er im Geiste überhaupt nicht am Grab gestanden sei, sondern mit ihr, seiner geliebten Frau, und dem ungeborenen Kind der irdischen Welt entflohen war.

Für Heinrich waren die Leute wie Schatten. Sigel umarmte ihn. Boernstein weinte. Blairs Atem roch nach Fusel, und seine Knollnase war gerötet.

«Sie ist für die Union gestorben, Heinrich», sagte er. «Du kannst stolz auf sie sein.»

Die Worte schmerzten. Er hätte aufschreien mögen, aber er blieb still am Grab stehen, neben Eliza, die Carl auf dem Arm trug.

Captain Lyon senkte den Kopf, als er vor Heinrich stand. Er sagte kein Wort und gab Heinrich auch nicht die Hand. Aber als er aufblickte, hatte er Tränen in den Augen.

Als alle gegangen waren, sah Heinrich Ronald Madison zwischen den Grabreihen stehen. Er trug nicht mehr die Uniform. Sein Gesicht war blaß. Plötzlich kam er herüber und blieb am offenen Grab stehen. Der Sarg war bedeckt mit Feldblumen. Madison zog den Hut. Lange starrte er in die Grube hinunter. Dann sprach er Heinrich an.

«Meine Freunde und ich haben nach dem Mörder gesucht», sagte er. Seine Stimme zitterte. «Überall in der Stadt. Er ist nicht mehr hier.»

Heinrich sah ihn nur an, und Madison senkte den Kopf. Als er ihn wieder hob, hatte er sich gefaßt.

«Ich habe aus guter Quelle vernommen, daß die beiden Schufte die Stadt mit dem Zug verlassen haben. Am Tag nach dem Massaker, für das Captain Lyon verantwortlich ist. Ich nehme an, daß der rote Hettich versucht, in den Süden zu gelangen. Nun rate ich Ihnen, Mr. Mansfeld, Sir, nicht auf eigene Faust zu versuchen, die Verfolgung der Mörder aufzunehmen, da Sie als Deutscher und als Unionist im Hinterland auf wenig Sympathie und Verständnis stoßen werden. Aber Sie könnten es unter Umständen wagen, nach Rolla zu reisen, in der Hoffnung, daß die beiden dort ihre Zeit vertrödeln, weil sie sich sicher fühlen.»

Heinrich schwieg.

«Ich habe einen guten Freund in Rolla, Mr. Gideon Wells, ein Schulmeister. Ich habe ihm telegrafiert, nach dem roten Hettich Ausschau zu halten.»

Heinrichs Gesicht blieb reglos. Er starrte durch Madison hindurch.

«*Well*», sagte Madison. «Das wär's», drehte sich um und ging davon.

Heinrich nahm Carl von Elizas Arm. Noch eine Weile blieben sie am Grab stehen. Dann bückte er sich, hob eine Handvoll Erde auf und warf sie in die Grube.

Mrs. Witzig bot sich an, für den kleinen Carl zu sorgen und Eliza aufzunehmen. Es ginge alles in einem, da sie selbst zwei kleine Kinder hätte, meinte sie. Heinrich bräuchte sich keine Sorgen zu machen um seinen kleinen Sohn, es würde ihm gutgehen.

Heinrich überließ es Julius Witzig, das kleine Haus an der Locust Street zu verwalten. Und wegen der Fabrik, von der nicht mehr als ein Trümmerhaufen übriggeblieben war, würde er mit den zuständigen Leuten in New York reden.

Heinrich blickte ihn durchdringend an. «New York», sagte er. «Weißt du etwa, wer die Geldgeber sind?»

Witzig senkte den Kopf.

«Es ist mir untersagt worden, mit dir darüber zu reden, Heinrich», sagte er.

Heinrich packte ihn beim Kragen und schüttelte ihn. «Ich habe in wenigen Tagen alles verloren, was mir wertvoll war, Julius! Ich will wissen, wer mir etwas schuldig ist, verstehst du. Ich will wissen, für wen ich dies alles getan habe!»

«Du hast es für uns getan, Heinrich. Für die Stadt. Für Franziska. Und für deinen Sohn.»

Heinrich ließ ihn los. Witzig rang nach Luft.

«Ist dir der Name Biland ein Begriff?» fragte Heinrich.

«Ja.»

«Ist er einer der Geldgeber? Hatte er ein Interesse an meiner Fabrik?»

Julius Witzig wischte sich den Schweiß von der Stirn.

«Gut», sagte er. «Früher oder später hättest du es doch erfahren. Biland hat das Werk finanziert. Er allein.»

Heinrich war, als hätte ihn jemand in den Magen getreten. Müde erhob er sich und ging zur Tür. Dort drehte er sich noch einmal um. «Wer weiß das sonst noch außer dir?»

«Boernstein.»

Heinrich nickte. Fast hatte er es erwartet. Es war Boernstein gewesen, der ihm damals Mut gemacht und ihn zu der Fabrik überredet hatte.

Heinrich übergab alle Unterlagen Witzig.

Am Tag, als er zum Bahnhof ging, um den Zug nach Rolla zu nehmen, versuchte Boernstein ihn zu überreden, in den Dienst einzutreten und Blandowskis Kompanie zu übernehmen.

«Überleg es dir. Was du vorhast, ist Unsinn. Es kann Jahre dauern, bis du den roten Hettich findest. Falls überhaupt. In solchen Zeiten bleiben Spuren nicht lange zurück.»

Sie gingen zusammen zum Bahnhof. Soldaten patrouillierten auf dem Bahnsteig. Beim Stationsgebäude blieb Heinrich stehen. Er lehnte die lange Tasche, die seine Jägerbüchse enthielt, gegen die Holzwand und suchte im Anzug seinen Fahrschein. Plötzlich hob er den Kopf. «Würdest du mir einen Gefallen tun?» fragte er halblaut, und es war das erste Mal, daß er Boernstein direkt anblickte.

Boernstein hob die Schultern. «Natürlich, mein Freund», sagte er.

«Dann laß mich bitte in Ruhe», sagte Heinrich.

Boernstein nickte mitfühlend.

«Du machst dich kaputt, Heinrich», sagte er. «Mensch, ich wünschte, ich könnte wirklich etwas für dich tun.»

Heinrich gab keine Antwort. Boernstein streckte die Hand aus, und Heinrich ergriff sie.

«Bring ihn langsam um, wenn du ihn erwischst», sagte Boernstein. «Ich glaube, an deiner Stelle würde ich auch erst wieder zur Ruhe kommen, wenn ich den Schuft in die Hölle befördert hätte.»

Heinrich holte tief Luft. Er wollte Boernstein sagen, daß er vielleicht in ein paar Tagen wieder zurück wäre, aber irgendwie fiel es ihm schwer, überhaupt etwas zu sagen. Er mußte allein sein. Was einmal gewesen war, existierte nicht mehr. Heinrich fühlte sich betrogen. Ausgenützt. Er wehrte sich vergeblich gegen dieses Gefühl, das ihn aufzuzehren drohte. Er hatte zuviel hergeben müssen, und er schwor sich, von nun an besser aufzupassen. Sich zu schützen. Eines Tages würde er hierher zurückkommen, um Carl abzuholen, und dann würde er mit ihm weggehen. Weit weg.

21

Rolla war die Endstation. Eine kleine Stadt im Hinterland von Missouri, in der seit Tagen ein furchtbares Durcheinander herrschte.

Heinrich fand Mr. Gideon Wells in einer Schule am Stadtrand. Dort beherbergte der Schulmeister Flüchtlinge aus St. Louis. Die Leute hausten dicht gedrängt im kleinen Klassenzimmer. In seiner eigenen Wohnung hatte Wells eine Familie mit acht Kindern untergebracht. Er selbst schlief im Holzschuppen, zusammen mit einem kleinen struppigen Hund und zwei Katzen. Er bot Heinrich seinen eigenen Schlafplatz an, der aus einer alten Matratze und einigen Wolldecken bestand, aber Heinrich lehnte ab. Er wollte den roten Hettich suchen und keine Zeit verlieren. Außerdem hatte er auf der Zugfahrt hierher geschlafen.

«Ich wünschte, ich könnte Sie dazu überreden, nach St. Louis zurückzukehren, Mr. Mansfeld», sagte Wells, während er seinem Hund das Fell kraulte. Durch das Schrägdach lief Regenwasser und tropfte in mehrere Kübel und Kannen, die auf dem hartgetretenen Lehmboden aufgestellt waren. «Ich habe sie gesehen, diese Halunken. Sie kamen hier vorgestern mit dem Zug an. Mr. Madison hat mir telegrafisch eine kurze Beschreibung des Mannes zukommen lassen, der Ihre Frau ermordet hat, und obwohl bei der Station ein unübersichtliches Gedränge herrschte, konnte ich ihn und den stummen Jungen ausfindig machen.» Mr. Gideon Wells erhob sich, nahm einen vollen Eimer vom Boden und öffnete die Tür, die schräg in den Angeln hing. Draußen regnete es Bindfäden. «Ich muß Sie leider enttäuschen, Mr. Mansfeld. Der Mörder Ihrer Frau befindet sich nicht mehr in der Stadt.»

Er schüttete das Regenwasser aus und stellte den Eimer wieder an seinen alten Platz zurück. Eine Frau kam vom Schulhaus herüber. Sie lief durch den Regen, und als sie hereinkam, sprang der struppige Hund erfreut an ihr hoch und japste. Die Frau brachte Kaffee. Sie war eine der Flüchtlinge, und als sie Heinrich sah, kamen ihr die Tränen.

«Ich kannte Ihre Frau», sagte sie. «Sie kaufte ihr Gemüse meistens bei uns auf dem Marktstand. Manchmal brachte sie den Kindern etwas mit. Schokolade war es das letztemal.»

Heinrich gab ihr die Hand, und sie sagte, daß der Allmächtige den Mörder ganz bestimmt bestrafen würde.

Der kleine struppige Hund kratzte an der Tür.

«Er muß raus», sagte Heinrich und öffnete die Tür. Der kleine struppige Hund rannte durch die Pfützen hinüber zu einem Zaun und hob das Bein gegen den ersten Pfahl. Es regnete stärker als zuvor. Beim Zaun standen Pferde mit hängenden Köpfen und naßglänzendem Fell. Aus dem Kamin der Schule kroch Rauch. Es war ein kalter Tag.

Erst als die Frau wieder gegangen war, sagte Mr. Wells, daß die Hettich-Brüder sich Pferde gekauft hätten. «Und sie sind nicht allein. Es sind sieben Männer, und ich habe sie alle beobachtet. Glauben Sie mir, Mr. Mansfeld, Sie sollten keinem von ihnen draußen allein begegnen. Lumpenpack, das ist es. Schlimmstes Lumpenpack.»

Mr. Wells hatte sich umgehört beim Pferdehändler, in den Kneipen und in den Lagern der anderen Flüchtlinge. «Viel ist es nicht, was ich in Erfahrung bringen konnte», sagte er. «Sie haben bei Phil Buckner ein Gewehr und zwei Revolver gekauft. Alte Waffen, die aber gut in Schuß sind. Phil will gehört haben, daß sie in die Ozarks reiten wollen. Einer scheint sich dort unten in dieser finsteren Wildnis gut auszukennen. Scheint, daß er dort mal zu Hause war. Vor langer Zeit. Die anderen nannten den Mann Black Jack, und es schien Phil, als ob er so was wie der Anführer der Gruppe war.»

Mehr wußte Mr. Wells nicht. Heinrich trank den Kaffee, bedankte sich und suchte den kleinen Laden von Phil Buckner auf. Buckner wußte auch nicht mehr, aber im *Railhead Saloon*, bei der Station, hatte Heinrich Glück. Der Kneipenwirt, ein dicker Mann mit einem schmierigen Gesicht, kannte den Mann, der sich Black Jack nannte.

«Moss», sagte er. «Vom Moss Creek. Natürlich kenne ich diesen alten Bastard. Black Jack Moss. Seinen Vater hat man am Buffalo River aufgehängt. Dafür, daß er seinem Nachbarn die Kehle durchgeschnitten hat. Das ist ein paar Jahre her. Der Alte hielt die Familie zusammen, bis er in die Hölle fuhr. Dann starb auch sein Weib. Einfach so, sagt man, aber eine Zeitlang hieß es, einer aus der Sippe hätte sie erwürgt oder im Fluß ertränkt. Genau weiß ich das nicht mehr. Auf jeden Fall verschwanden sie aus der Gegend. Die ganze Sippe. Einer nach dem anderen. Der letzte, der wegging, war Black Jack

Moss, der älteste der Söhne, und bevor er wegging, ritt er auf dem Maultier seines Vaters durch die Hauptstraße von Harrison und brüllte den verängstigten Leuten zu, daß er eines Tages zurückkehren und die Stadt an allen vier Ecken gleichzeitig anzünden und alle verfluchten Pfeffersäcke aufhängen würde.» Der Wirt hob sein Glas und trank es auf einen Zug leer. «Ich war damals dort. Ich stand in meiner Kneipe und dachte, daß ihm jemand mit der Schrotflinte Zunder machen sollte. Danach konnte ich eine lange Zeit nicht mehr gut schlafen, und als er vor zwei Tagen plötzlich hier durch die Tür kam, dachte ich, jetzt holt dich doch noch der Teufel, aber er hat mich zum Glück nicht erkannt, und ich habe ihm natürlich nicht gesagt, daß ich ihn von früher kenne und daß ich dabei war, als man seinem Alten die Schlinge um den Hals legte.»

Heinrich, der den Redeschwall des Wirtes nicht aufhalten wollte, trank sein Glas leer. Der Wirt wollte nachschenken, aber Heinrich wehrte ab.

«Mich interessiert der Mann, der einen Haken als Hand hat.»

«Der Rotbart?»

«Ja.»

«Den kenne ich nicht.»

«Ich kenne ihn.»

«Was wollen Sie denn wissen, Mister?»

«Ob er und die anderen Männer zusammengehörten.»

«Die gehörten zusammen wie Pech und Schwefel, Mister!» Der Wirt goß sich selbst einen ein. «Die kamen zusammen, und die gingen zusammen weg. Wetten, daß Black Jack Moss diese Banditen dazu anstiften wird, die Stadt niederzubrennen.»

«Harrison?»

«Ja. Ein Nest in den Ozarks. Südlich der Missouri-Arkansas-Grenze und etwa ein Tagesritt vom Buffalo River entfernt. Das letztemal, als ich dort war, lebten etwa fünfhundert Leute dort. Einfache Leute. Es hat lange gedauert, bis sie den Mut hatten, etwas gegen die Moss-Sippe zu unternehmen. Und dann haben sie den Alten aufgehängt und seine Söhne gehen lassen, und wenn Sie mich fragen, Mister, war das ein Fehler, der sie eines Tages noch teuer zu stehen kommt, weil nämlich Black Jack Moss alles zuzutrauen ist. Der hat kein Herz und eine Seele, die dem Teufel gehört. Hat er ihm sozusagen für eine Handvoll Goldstücke vorzeitig abgetreten, sagt man, und zwar in einer der Höhlen am Buffalo River, wo er sich mit dem Leibhaftigen verabredete. Mister, sollten Sie mit dem Gedanken spielen, dort hinzugehen, dann schlagen Sie sich das besser aus dem Kopf. Erstens glaube ich nicht, daß Sie lebend durchs Hinterland kommen, und falls ich mich irren sollte, dann wartet in den Ozarks der Teufel auf Sie, und das ist so sicher wie das Amen in der Kirche.»

«Ich kenne mich in der Gegend nicht aus», gab Heinrich zu. «Ich habe nur gehört, daß die Ozarks ein ziemlich menschenleeres Gebiet sind.»

Der Wirt lehnte sich über die Theke. «Hören Sie, junger Mann», sagte er so leise, daß nur Heinrich seine Worte vernehmen konnte. «Es ist die absolute Wahrheit, daß dort in den Höhlen am Buffalo River der Teufel ein und aus geht. Ich war dort. Ich sah die Leute, die ihm ihre Seelen verkauft haben. Für Geld und Gold. Oder für kleine Gefälligkeiten. Die Leute sind übel gezeichnet, Mister, und viele wagen sich nicht einmal mehr ans Tageslicht.»

«Wie komme ich am leichtesten nach Harrison?»

Der Wirt richtete sich auf. «Sie glauben mir nicht? Nun, das dachte ich mir. Wer nie dort war, dem geht so was nicht leicht ein. Aber denken Sie nur nicht, ich sei ein Spinner. Fragen Sie lieber Buck dort am Tisch.» Der Wirt zeigte auf einen Mann, der mit anderen Männern an einem runden Tisch beim Fenster saß. «Buck! Buck, sag diesem Gentleman hier, wer in den Höhlen am Buffalo ein und aus geht.»

Der Mann hob den Kopf. Er hatte ein Gesicht, das von Pockennarben entstellt war, und riesige abstehende Ohren.

«Wer will das wissen?» fragte er mißtrauisch.

«Der Gentleman hier. Er ist hinter Black Jack Moss her. Du erinnerst dich doch an den ältesten der Moss-Sippe? Black Jack?»

Der Mann erhob sich und kam herüber. Er stank, als hätte er im Unrat gewühlt.

«Was willst du von Black Jack Moss?» fragte er und starrte Heinrich ins Gesicht.

«Er ist mit dem Mann zusammen, der meine Frau umgebracht hat.»

«Bist du ein *Dutchman*, Mann? Mach lieber den Mund nicht mehr auf, wenn du hinter Black Jack Moss her bist! Mach lieber den Mund nicht mehr auf, sonst stopft dir einer mal was rein, an dem du erstickst. Die Leute mögen keine *Dutchmen* nicht, besonders im Süden. In den Ozarks, da hängen sie dich ohne Federlesen auf. Einfach so. Weil du den Mund aufmachst und sie merken, daß du ein *Dutchman* bist.»

«Der Mann, der meine Frau umgebracht hat, ist auch ein *Dutchman*», sagte Heinrich.

«Aber der ist mit Black Jack Moss zusammen, und Black Jack Moss hat sich mit dem Teufel verbündet, unten am Piney Creek in einer Höhle. Das weiß jeder dort unten, Mann, und es wäre besser, wenn du diese Sache ernst nimmst, wenn du hinter Black Jack Moss her bist.»

«Wie komme ich nach Harrison?» fragte Heinrich.

«Wie du willst.» Der Mann lachte, und dabei kamen seine fauligen Stummelzähne zum Vorschein. «Zu Fuß. Oder zu Pferd. Du kannst auch die Postkutsche nehmen. Von hier nach Springfield, und von dort nach Fayetteville und von Fayetteville nach Harrison. Aber du weißt nicht mit Bestimmtheit, ob Black Jack Moss dorthin geht oder was anderes vorhat. Man sagt, daß man in Little Rock unten Leute für die Armee sucht.» Der Mann musterte Heinrich von Kopf bis Fuß. «Deine Frau ist tot, Mann, und das tut mir leid, und ich verstehe, daß du bitter bist, aber ich verstehe nicht, warum du dich auch noch umbringen lassen willst, weil das nämlich deine Frau nicht wieder zum Leben erweckt, wenn du verstehst, was ich meine. Du kommst nicht weit dort unten in den Ozarks. Die hassen Yankees wie die Pest, besonders wenn sie *Dutchmen* sind.»

«Das braucht er ja keinem auf die Nase zu binden», sagte der Wirt.

«Den erkennt ein Blinder mit dem Krückstock als das, was er ist», sagte der Mann kopfschüttelnd. «Mann, falls du dem Teufel begegnest dort unten, sei nicht dumm und schließ einen Pakt mit ihm ab. Er kriegt deine Seele, wenn er zusieht, daß du heil wieder aus den Ozarks rauskommst. Das ist ein Pakt, an dem du nur gewinnen kannst!»

«Er glaubt nicht an den Teufel», sagte der Wirt.

Der Mann zuckte mit den Schultern.

«Denk dran, daß wir dich gewarnt haben, wenn du ihm begegnest, Mann», sagte er. «Und vergiß nicht, ihm einen Pakt anzubieten. Das ist deine letzte Chance.» Der Mann öffnete sein Hemd über der Brust und zeigte Heinrich ein großes Brandmal zwischen Schulter und Brustbein. Die Haut war dort schrumplig und dünn. «Das Mal des Satans», sagte der Mann. «Sein Brandzeichen. Meine Seele gehört ihm.» Er knöpfte das Hemd wieder zu. Seine Augen glitzerten jetzt. «Denk dran, Mann», sagte er noch einmal, dann ging er zum Tisch zurück und setzte sich wieder zu den anderen.

Heinrich hatte sich in Rolla ein Pferd gekauft, einen mausgrauen Wallach mit dunklen Strümpfen und dunklem Langhaar. Ausrüstung und Proviant für mehrere Tage trug ein kleines, häßliches Packpferd mit graubraunem Fell und einem weißen Fleck um das linke Auge.

Es war lange her, seit Heinrich in einem Sattel gesessen hatte, und als er am Abend nach dem ersten Tag vom Pferd stieg, waren seine Innenschenkel wundgerieben und seine Muskeln derart verkrampft, daß er kaum mehr gehen konnte.

Er befand sich in einer kleinen Senke am Ufer eines Baches. Es regnete, und vergeblich versuchte er, unter einem Baum ein Feuer zu machen. Das Holz, das er zusammentrug, war durchnäßt.

Er aß nichts an diesem Abend und kroch zum Schutz vor dem kalten Regen unter die überhängende Uferböschung des Bachs, wo ein kleiner Fleck Erde trocken war. Er schlief kaum und fror. Als der Morgen graute, kroch er aus seinen Decken. Er konnte nicht mehr aufstehen. Seine Glieder waren steif. Jede Bewegung schmerzte. Er zog sich an einem Stock hoch. Es dauerte fast eine Stunde, bis er sein Reitpferd gesattelt und dem Packtier sein Zeug aufgeladen hatte. Er zog sich in den Sattel, ritt aber nur eine halbe Meile weit. Dann stieg er ab und führte die Pferde an den Zügeln. Seine Schenkel brannten wie Feuer. Langsam humpelte er durch den Regen.

Am Nachmittag regnete es nicht mehr, aber der Himmel blieb wolkenverhangen, und ein kräftiger Wind kam auf. In dieser Nacht machte er ein Feuer, trank heißen Kaffee und aß von seinem Proviant. Mitten in der Nacht stampfte eines der Pferde, und er wurde wach. Beide Pferde waren unruhig, und in den Büschen am Wegrand raschelte es.

«Ist da jemand?» fragte Heinrich, während er zum Gewehr griff.

Er hörte leise Stimmen. Dann tauchte ein Mann am Rand des Feuerscheins auf, der ein Gewehr in den Händen hielt.

«Das ist unser Land», sagte der Mann. «Wir wollen wissen, wer sich auf unserem Land herumtreibt. Man hat uns zwei Pferde gestohlen.»

«Ich bin auf der Durchreise», sagte Heinrich. «Nach Süden. Hinunter zur Arkansasgrenze.»

Der Mann blickte sich um. Das Feuer war beinahe niedergebrannt, aber der zuckende Flammenschein beleuchtete sein hageres Gesicht. Er besah sich die beiden Pferde genau. Schließlich senkte er den Gewehrlauf.

«Wenn du allein bist, kannst du den Rest der Nacht bei uns im Schuppen schlafen», sagte er. «Es regnet bald wieder.»

«Ich bleibe lieber hier draußen», erwiderte Heinrich.

«Wie du willst. Von uns hättest du nichts zu befürchten, *Dutchman.* Wir sind für die Union. Ich habe zwei Söhne nach St. Louis geschickt, damit sie unter Lyon dienen können. Ich habe gehört, was passiert ist. Warst du dort?»

«Ja.»

«Warum läufst du weg?»

«Ich laufe nicht weg. Ich bin hinter dem Mann her, der meine Frau umgebracht hat.»

Der Mann holte tief Luft, sagte aber nichts. Schließlich drehte er sich um und ging den Wegrand entlang bis zu einigen Büschen. Dort blieb er stehen und wandte sich noch einmal um. «Du kannst bei uns frühstücken, wenn du willst. Meine Frau bäckt ausgezeichnete Pfannkuchen. Die besten meilenweit. Unser Haus ist gleich dort drüben. Am Creek. Du kannst es nicht verfehlen.»

«Danke.»

«Schon gut. Und falls du weiterziehst, ohne daß wir uns noch einmal sehen, laß dir gesagt sein, daß du richtig daran tust, niemandem zu trauen. Dreh nie einem den Rücken zu, der bewaffnet ist. Und wenn du über Nacht in ein Haus eingeladen wirst, schlaf immer mit offenen Augen. Und iß nichts, was man dir anbietet. Drüben in Salem soll man einem Yankee Rattengift ins Essen getan haben, und zwar im feinsten Hotel.»

«Ich werde wachsam sein.»

«Gut. Gib acht auf dich.»

Der Mann ging den Weg hinunter, und Heinrich bemerkte, wie zwei andere Gestalten aus den Büschen kamen und sich ihm anschlossen. Sie verschwanden in der Nacht. Heinrich konnte nicht mehr schlafen. Am Morgen brach er frühzeitig auf. Es regnete wieder. Er sah das Dach des Farmhauses über den Büschen, und er roch den Rauch, der aus dem Kamin stieg, aber er ging weiter, ohne der Einladung Folge zu leisten.

Am vierten Tag, als der Proviant knapp wurde, ritt Heinrich in ein Dorf. Er hatte keine Ahnung, wie viele Meilen er zurückgelegt hatte, seit er aus Rolla weggeritten war.

Das Dorf befand sich an einer Überlandstraße inmitten eines hügeligen Waldgeländes mit kleineren und größeren Getreideäckern und eingezäunten Weiden. Die Gegend erinnerte Heinrich an den Schwarzwald, obwohl die Wälder lichter waren und nahezu ohne Nadelbäume.

Auf dem Weg hierher war er an mehreren Farmen vorbeigekommen, ohne einzukehren. Einem Fuhrwerk war er ebenso ausgewichen wie einer Gruppe junger Männer, die über Land marschierten, als wären sie Soldaten. Einige von ihnen hatten Gewehre dabei, und wahrscheinlich waren sie zur nächsten größeren Ortschaft unterwegs, um sich für den Kriegsdienst zu stellen, entweder für die Union oder für die Konföderierten.

Das Dorf war ein Nest mit etwa zwei Dutzend Häusern.

Es regnete unentwegt. Der Morast auf der Straße war knöcheltief. Eine Tafel am Ortseingang verriet Heinrich, daß er sich in Houston befand. Er ritt zum *General Store* an der Hauptstraße. Dort erfuhr er, daß zwei Tage zuvor sieben Männer durch die Ortschaft geritten waren, finster aussehende Burschen, die im *Saloon* von Jim Cutler eingekehrt waren und Whisky getrunken hatten.

Heinrich ging in den *Saloon* gegenüber der Postkutschenstation. Der Wirt war ein Mann, der einen Klumpfuß hatte und eine wulstige Narbe im Gesicht, ein Andenken an den Krieg mit Mexiko. Als er merkte, daß Heinrich ein *Dutchman* war, veränderten sich seine Augen sofort. Sie wurden lauernd und tückisch. Er wollte keine Auskunft geben, und als ihm Heinrich sagte, daß einer der Männer seine Frau ermordet hatte, spuckte er einen Strahl Tabaksaft in einen Napf, der neben der Theke auf dem Boden stand.

Heinrich erfuhr nichts von ihm, obwohl er fast eine halbe Stunde blieb. Im Gegenteil, der Wirt sagte etwas zu einem Jungen, der den Kopf durch die Hintertür streckte, und der Junge verschwand sofort. Danach kamen andere Männer in den *Saloon*, einer nach dem anderen, und sie alle belauerten Heinrich mit drohenden Blicken, bis er schließlich seine Zeche bezahlte und ging.

Es war Abend, als er aus dem Dorf ritt, und bis es dunkel wurde, blickte er immer wieder über die Schulter zurück. Er wagte es nicht, sein Nachtlager aufzuschlagen, und ritt bis lange nach Mitternacht. Als er in der Ferne Hunde bellen hörte, hielt er an. Er befand sich in einem schütteren Wäldchen in der Nähe eines Flüßchens. Es regnete ohne Unterlaß, und er war bis auf die Haut durchnäßt.

In Mountain Grove, dem nächsten Ort, erfuhr Heinrich, daß die sieben Männer vor zwei Tagen durchgeritten waren. Im Tabakwarenladen hatte einer von ihnen billigen Tabak gekauft. «Sie haben mich bestohlen», sagte der Besitzer. «Drei kamen herein, und während ich mit dem einen beschäftigt war, klauten die anderen Tabak, eine Pfeife und eine Kiste mit besten Zigarren.»

«Haben Sie es nicht bemerkt?» fragte Heinrich.

«Bin ja nicht blind, Mister. Aber was sollte ich tun? Hätte ich den Mund aufgemacht, wer weiß, was sie dann angestellt hätten. Das ist übles Gesindel. Banditen. Die hätten mich kaltblütig niedergeschossen.»

«Wissen Sie, wohin sie unterwegs sind?»

«Einer hat gefragt, wie weit es nach Springfield sei, und ob es zwischen hier und der Stadt eine Ansiedlung gäbe. Ich habe ihnen gesagt, daß zwischen hier und Springfield nichts ist außer *Hart's Store* am Casconade River. Etwa zwanzig Meilen von hier im Nordwesten.»

Heinrich bedankte sich. Er verließ Mountain Grove. Die Nacht verbrachte er in einem leerstehenden Schuppen, durch dessen Bretterwände der Wind pfiff. Aber das Dach schützte ihn vor einem heftigen Gewittersturm, der in der Nähe einige Bäume entwurzelte.

Am Nachmittag des nächsten Tages erreichte er den Fluß, der im Schatten tiefer Wälder durch ein stilles Tal floß. In einer weiten Biegung stand schief gegen den Hang gelehnt ein altes Fährhaus aus roh gehauenen Bohlen.

Die Fähre, ein Floß mit Geländer, war am flachen Ufer vertäut. Ein großer schwarzer Hund lag in der Sonne und hob träge den Kopf, als Heinrich sein Pferd zügelte. Eine hagere Frau trat aus dem Blockhaus und wischte sich die Hände an der Schürze ab. Sie hatte die Ärmel ihres Kleides bis über die Ellbogen zurückgerollt. Mißtrauisch musterte sie den Reiter, der seine beiden Pferde in einem Lichtstreifen der fahlen Sonne angehalten hatte, dort, wo der Boden voller Pfützen war, in denen sich der fleckige Himmel spiegelte.

«Guten Tag, Ma'am», grüßte Heinrich. «Ich würde mich und die Pferde gern über den Fluß bringen lassen.»

«Die Fähre ist nicht in Betrieb!» rief die Frau, kaum hatte Heinrich ausgesprochen.

Heinrich blickte zur Furt hinunter. Das Wasser des Flusses war braun und floß schnell. Die heftigen Gewitter der letzten Tage hatten ihn anschwellen lassen. Die Frau schien Heinrichs Gedanken zu erraten.

«Zehn Meilen weiter flußabwärts ist eine Fähre», sagte sie.

«Ich will nach Springfield.» Heinrich trieb sein Pferd an und ritt auf das Fährhaus zu. Die Frau wich sofort zur offenen Tür zurück. Sie hatte Angst. Und sie war verzweifelt. Er zügelte sein Pferd. Das Packtier schnaubte.

«Sind hier Männer vorbeigekommen?» fragte Heinrich. «Vor etwa zwei Tagen?»

«Reiten Sie lieber weiter», sagte die Frau.

«Sieben Männer. Einer von ihnen nennt sich Black Jack Moss.» Heinrich beugte sich etwas vor. Sein Rücken schmerzte. «Darf ich aus dem Sattel steigen, Ma'am?» fragte er. «Ich bin kein geübter Reiter. Es scheint, als hätte ich keinen Knochen mehr im Leib, der nicht schmerzt.»

«Reiten Sie lieber weiter», wiederholte die Frau schnell.

«Ma'am, ich kann die Überfahrt bezahlen», sagte Heinrich. «Und ich wäre Ihnen dankbar, wenn Sie mir Auskunft über die sieben Männer geben könnten, die . . .»

Heinrich brach ab, weil in der Türöffnung ein Mann erschien, der nichts als seine Unterhose anhatte und mehrere Verbände am ganzen Körper und am Kopf trug. Sein linker Arm lag in einer Schlinge, mit der rechten Hand preßte er ein Gewehr gegen die Hüfte. Sein Gesicht unter dem Kopfverband war übel verschwollen, mit aufgeplatzten Beulen am Kinn und auf dem rechten Wangenknochen. Das linke Auge war vollständig zugeschwollen, die Lippen blutverkrustet.

«Hast du nicht gehört, was meine Frau gesagt hat?» stieß der Mann mühsam hervor und richtete das Gewehr auf Heinrich. «Verschwinde von hier, Yankee!»

Heinrich hob beide Hände, zum Zeichen, daß er keinen Ärger wollte.

«Sie sehen schlimm aus, Mister», sagte er. «Ich verstehe, daß Sie in dieser Verfassung die Fähre nicht über den Fluß bringen können. Wer hat Sie so übel zugerichtet? Black Jack Moss und seine Gesellen?»

«Verschwinde, bevor ich dich aus dem Sattel schieße, Yankee!» krächzte der Mann.

«Ich bin hinter einem der Männer her, einem rotbärtigen Schurken, der in St. Louis meine Frau umgebracht hat. Ich wüßte es zu schätzen, wenn Sie –»

«Wir haben nichts übrig für Yankees!» unterbrach ihn der Mann. «Wir sind aus Louisiana. Es lebe die Konföderation!» Er löste sich vom Türrahmen, gegen den er sich gelehnt hatte. Er taumelte. Plötzlich ging sein Gewehr los, aber die Kugel verfehlte Heinrich. Sein

Pferd stieg, und das Packtier riß sich los und galoppierte mit Bocksprüngen davon. Heinrich hatte Mühe, sein Reitpferd am Ausbrechen zu hindern. Als er es wieder unter Kontrolle hatte, kniete der Mann am Boden. Schweiß lief ihm über das zerschlagene Gesicht. Er versuchte aufzustehen, aber er schaffte es nicht. Seine Frau wollte ihm hochhelfen, aber er knurrte sie an, und sie ließ die Hände von ihm.

Heinrich stieg ab. Er ließ die Zügel zu Boden gleiten und ging auf den Mann zu. Dicht vor ihm blieb er stehen.

«Mister, der rotbärtige Mann mit dem Eisenhaken am Arm hat meine Frau ermordet», sagte er zornig. «Deshalb bin ich hier und aus keinem anderen Grund. Ich will nichts von euch, außer einer Auskunft und daß ihr mich über den Fluß bringt. Daß ich ein Yankee bin, ist eine andere Sache. Und daß Sie sich eher einer Bande von Strauchdieben verwandt fühlen als mir, das ist Ihrer eigenen Dummheit zuzuschreiben.» Heinrich packte das Gewehr des Mannes und entriß es ihm. Der Mann war zwar stämmig, und wahrscheinlich strotzte er sonst vor Kraft, aber jetzt war ihm hundeelend, und er konnte sich nicht zur Wehr setzen. Er konnte nicht einmal aufstehen.

«Diese Banditen haben uns bestohlen», sagte die Frau plötzlich. «Sie haben uns die gesamten Ersparnisse weggenommen. Vier Goldstücke und Bargeld. Über hundert Dollar insgesamt. Dafür haben wir drei Jahre lang gearbeitet.» Sie stieß das alles schnell hervor und blickte dabei nicht Heinrich an, sondern ihren Mann, der am Boden kniete. «Diese Männer sind nicht unsere Freunde, Mann», sagte sie. «Diese Männer sind Lumpenpack, ganz gleich, woher sie kommen, aus dem Süden oder aus dem Norden.»

«Wenigstens», keuchte der Mann und spuckte Blut aus; «wenigstens sind es keine *Dutchmen!*»

Heinrich schleuderte das Gewehr von sich. Dann packte er den Mann und zog ihn auf die Beine. «Sie sollten im Bett liegen», sagte er. «Und wenn es einen Arzt in der Gegend gibt, sollten Sie sich pflegen lassen. Vielleicht haben Sie einige Rippen gebrochen.»

«Den Teufel habe ich!» Der Mann versuchte sich loszureißen, aber Heinrich hielt fest.

«Ich habe ein Zwanzigdollarstück, und das kriegen Sie, wenn Sie mich und meine Pferde über den Fluß bringen, Mister», sagte Heinrich.

Der Mann spuckte aus.

«Yankeegeld!» stieß er hervor. «Gottverdammtes Yankeegeld.

Damit kannst du hier unten bald nicht einmal mehr deine eigene Beerdigung bezahlen, Yankee.»

«Ich habe nicht die Absicht, bald zu sterben.»

«Dann geh dorthin zurück, wo du hergekommen bist.»

«Wer hat Black Jack Moss über den Fluß gebracht?»

«Ich», sagte die Frau. «Und ich bringe auch Sie rüber, Mister, ganz gleich, was er sagt. Er hat so viele Schläge auf den Kopf gekriegt, daß es ihm ganz bestimmt geschadet hat.»

«Du quatschst zuviel, Frau», knurrte der Mann. Heinrich gab ihm einen Stoß. Er flog gegen den Türrahmen und fluchte.

Im Innern des Fährhauses standen drei Kinder beim Ofen, ein Junge, der vielleicht zwölf Jahre alt war, und zwei Mädchen. Sie starrten Heinrich voller Angst an. Die Frau sagte ihnen, daß sie nichts zu befürchten hätten.

«Ich will nur über den Fluß», sagte Heinrich.

«Ich bringe Sie morgen früh rüber», sagte die Frau. «Die Nacht können Sie hier verbringen.»

Es war spät am Nachmittag, und die Sonne war hinter dunklen Regenwolken untergegangen. Heinrich entschied, die Nacht über dazubleiben.

Es gab ein karges Abendessen: Maisbrot, gepökeltes Schweinefleisch und Kartoffelbrei. Heinrich fütterte ein bißchen vom Fleisch dem alten Hund, der nicht von seiner Seite wich, seit er hier war. Die Zeiten seien nicht mehr so gut wie früher, sagte die Frau, seit es eine Straße im Süden gab, die den Fluß an einer Stelle durchquerte, wo er eine natürliche Furt bildete. Der Mann kam einmal aus dem Bett und fragte argwöhnisch, ob Heinrich überhaupt ein Zwanzigdollarstück besäße. Die Frau sagte, daß er sich besser wieder hinlegen würde, und sie war sichtlich über das Benehmen ihres Mannes entrüstet.

Heinrich schlief im Schuppen, obwohl sie ihm das Bett der Kinder anbot. Es war eine stille Nacht. Draußen regnete es leicht. Der alte Hund lag neben ihm.

Am Morgen waren die Kinder zuerst wach. Heinrich sah den Jungen zum Brunnen gehen und Wasser holen. Eines der beiden Mädchen brachte Brennholz ins Haus. Heinrich erhob sich. Es regnete nicht mehr, aber der Himmel war grau. Der alte Hund trottete hinter ihm her zum Brunnen. Heinrich wusch sich. Eines der Mädchen beobachtete ihn die ganze Zeit. Er lachte ihm zu. Das Mädchen senkte den Kopf.

Die Frau kam aus dem Haus.

«Frühstück steht auf dem Tisch», rief sie ihm zu. «Ich mach' inzwischen die Fähre bereit.»

«Der Fluß ist hoch», sagte Heinrich.

«Es regnet seit Wochen», erwiderte die Frau. Sie nahm das Mädchen bei der Hand und ging mit ihm hinunter zur Anlegestelle.

Heinrich zog sein Hemd an, strich sich die nassen Haare aus der Stirn und ging zum Haus. Der Junge kam von der Koppel herüber. Er hatte die Pferde versorgt. Heinrich bedankte sich bei ihm. Der Junge wandte sich ab.

Auf dem Tisch stand eine Tasse mit Kaffee und ein Teller mit Maisgrütze.

Heinrich setzte sich.

Der Mann war nicht da und die Tür zum Schlafzimmer zu.

Der Junge und eine seiner Schwestern standen im dunkelsten Winkel des Raums dicht beisammen. Sie starrten ihn von unten herauf an. Heinrich fragte den Jungen nach seinem Namen.

«Lucas», sagte der Junge.

Der Hund, der Heinrich auf Schritt und Tritt folgte, legte sich neben seinen Stuhl. Heinrich griff nach der Kaffeetasse. In diesem Moment fiel ihm die Warnung des Farmers ein, der vor ein paar Nächten an sein Feuer gekommen war. Er stellte die Tasse wieder hin und grinste den Jungen und das Mädchen schief an. Das Mädchen senkte den Kopf. Der Junge erwiderte den Blick. Irgend etwas in seinen Augen machte Heinrich mißtrauisch. Er erhob sich.

«Ich mag nichts essen», sagte er. Der alte Hund hob den Kopf. Heinrich nahm den Teller vom Tisch und ließ den alten Hund den Maisbrei essen. Dann ging er zum Fenster und blickte hinunter zum Fluß. Die Frau und das andere Mädchen standen dort unten. Die Frau redete mit dem Mädchen und zeigte in den Fluß hinaus. Ein schwerer Wurzelstock trieb langsam vorbei, behangen mit Gras und Ästen.

Der alte Hund hatte den Teller leergefressen, wollte zu Heinrich kommen, machte aber nur ein paar Schritte. Dann blieb er stehen, schwankte und fiel plötzlich um. Schaum kam aus seinem Maul, und sein Körper zuckte im Krampf. Es dauerte eine Weile, bis er tot war, viel zu lange. Die Kinder schauten zu, und Heinrich sah ihnen an, daß sie nicht verstehen konnten, was soeben geschehen war.

«Er war alt», sagte Heinrich. «Einmal mußte er sterben.»

Das Mädchen begann zu weinen. Der Junge biß die Zähne zusammen. Er hielt die Tränen zurück. Als Heinrich hinausging, dachte er, daß der Junge schon früh nicht mehr weinen durfte.

Er ging in den Schuppen, sattelte das Reitpferd und belud das Packpferd. Aus den Augenwinkeln beobachtete er, wie das andere Mädchen zum Haus lief. Die Frau stand immer noch auf dem Steg. Er schwang sich in den Sattel und ritt zur Fähre hinunter. Die Frau brachte ihn ohne Zwischenfälle über den Fluß, sprach aber nicht. Drüben angelangt, führte er die Pferde ans Ufer und zog die Sattelgurte fest. Sie beobachtete ihn lauernd und fragte dann: «Haben Sie gegessen?»

«Nein», antwortete Heinrich leichthin. «Ich war nicht hungrig.»

Er gab ihr das Zwanzigdollarstück, das er ihr versprochen hatte, und sie steckte es ohne ein Wort ein. Die Kinder standen vor dem Haus und blickten interessiert herüber. Heinrich winkte ihnen noch einmal zu und stieg auf. Der Junge hob die Hand.

«Sie haben einen guten Jungen», sagte Heinrich zu der Frau.

Sie nickte. «Er will Soldat werden. Wenn es Krieg gibt, will er Soldat werden und Yankees töten.»

«Es ist Krieg», sagte Heinrich. Er wendete das Pferd, ritt im Schritt den Hang hinauf und in den Wald hinein.

In Springfield verlor Heinrich die Fährte der sieben Männer. Niemand hatte sie gesehen. Niemand wußte etwas von Black Jack Moss, außer, daß es früher irgendwo in den Ozarks Leute mit dem Namen Moss gegeben hatte. Ein Frachtfahrer gab ihm schließlich den Tip, in Bolivar, etwa fünfzig Meilen nördlich von Springfield, hätten Straßenräuber einen Laden überfallen und den Besitzer kaltblütig umgebracht. Als er in Bolivar ankam, stellte sich aber heraus, daß der Überfall von drei jungen Männern aus der Umgebung durchgeführt worden war. Einen davon hatte man erwischt und schon aufgehängt, die anderen beiden waren flüchtig.

Heinrich verbrachte eine Woche in der kleinen Stadt. Wo immer er hinkam, begegneten ihm die Leute von Tag zu Tag mißtrauischer und immer häufiger mit offener Feindseligkeit.

Heinrich verließ die Stadt am Abend. Er wußte nicht mehr wohin, aber er hatte frischen Proviant, und seit Wochen ging die Sonne wieder einmal an einem wolkenlosen Himmel unter. Er ritt südwärts, der Arkansasgrenze entgegen. Die Gegend wurde hügeliger, die Wälder dichter. Er näherte sich den Ozark Mountains, einem dünn besiedelten Gebiet, das von der Zivilisation noch kaum berührt worden war.

Wochenlang ritt er kreuz und quer durch abgelegenes Land. Er begegnete niemandem. Wenn er zufällig in die Nähe von Menschen kam, wich er ihnen aus. Irgendwann kam er nach Harrison. Auch dort begegneten ihm die Menschen mißtrauisch. Nicht weil er ein *Dutchman* war. Sie trauten keinem Fremden. Heinrich fragte nach Black Jack Moss, und sie taten, als wüßten sie nicht, wovon er redete. Heinrich suchte den Priester auf, und der riet ihm, das Dorf sofort zu verlassen, da man ihn sonst umbringen würde.

«Es sind merkwürdige Leute hier», sagte der Priester. «Solche, die mit dem Satan im Bunde stehen.»

Heinrich bemerkte viele schwachsinnige und verkrüppelte Kinder, was wohl darauf zurückzuführen war, daß die Leute hier Inzucht trieben. Mit dem Teufel hatte das wenig zu tun. Oder vielleicht doch?

Der Priester erklärte ihm den Weg hinaus zum Moss Creek. «Aber es ist niemand mehr dort draußen», sagte er.

Im Tal des Moss Creek fand Heinrich die überwucherte Ruine eines Hauses, das niedergebrannt worden war. Ein Schwarzbär hauste dort, wohl weil es ein Platz war, an dem die wilden Brombeeren üppig wuchsen. Heinrich tränkte am Bach seine Pferde. Dann ritt er das Tal hoch, tiefer in die düsteren Wälder der Ozarks hinein, in ein Gebiet, wo es keine Pfade mehr gab und keine Menschen. Er lebte von dem, was der Wald hergab und die vielen kleinen Flüsse und Seen. Er lebte gut und vergaß fast, daß es Krieg war. Er hatte viel Zeit nachzudenken, und er fürchtete, der Haß, den er in sich trug, würde sterben, während ein Gefühl der Sehnsucht immer stärker wurde. Sehnsucht nach seinem Sohn. Häufig spielte er mit dem Gedanken, nach St. Louis zurückzukehren und Carl zu holen. Inzwischen war die Sache mit der Fabrik bestimmt geregelt und das kleine Haus an der Locust Street verkauft. Er würde Franziskas Grab aufsuchen und ihr noch einmal nahe sein. Er würde ihr von den Wochen in der Einsamkeit erzählen, von einer Zeit, in der er die Natur erlebte wie nie zuvor in seinem Leben.

Heinrich ritt zum Buffalo River. Dort, in einem Seitental, hauste er mehrere Tage in einer Höhle. An einem Morgen, als er gerade sein Feuer entfachen wollte, vernahm er Hufschlag. Sofort bedeckte er das Feuer mit Erde. Seine Pferde standen in einer kleinen Lichtung im Unterholz eines Waldes, der sich über eine weite Senke hinweg ausbreitete. Der Hufschlag wurde lauter und vermischte sich mit anderen Geräuschen, die darauf schließen ließen, daß in einiger Entfernung von der Höhle eine Straße vorbeiführte. Deutlich konnte Heinrich das mahlende Geräusch von Wagenrädern ausmachen, das Klirren von Geschirrketten. Er nahm sein Gewehr und zwängte sich durch das dichte Unterholz. Etwa eine Meile entfernt, am Fuß eines bewaldeten Hanges, zog sich ein Karrenweg durch das Tal. Da es seit Wochen nahezu ohne Unterlaß geregnet hatte, war der Boden morastig. In den Mulden hatte sich das Wasser gestaut, und von den Hängen flossen überall dünne Rinnsale durch die Wälder, schwemmten die lockere Erde weg und bildeten neue Bachbette.

Von seinem Platz im Gehölz aus konnte Heinrich ein kleines Stück der Talsenke überblicken, dort, wo der Wald lichter wurde und sich der Boden in einen üppig bewachsenen Sumpf verwandelte, voll mit Schilfgras und fettem Farnkraut.

Vom Süden her bewegte sich eine lange Armeekolonne auf der Straße, die dicht am Sumpf vorbeiführte. Pferdegespanne zogen schwere Kanonen, einer Reihe von Wagen folgten mehrere Kompanien berittener Soldaten. Dahinter kam das Fußvolk, dann wieder ein Zug mit einer Batterie und noch einmal mehrere Wagen. Obwohl Heinrich nur ein Stück der Talsenke überblicken konnte, schätzte er die Armee auf mehrere tausend Mann. Einige der Soldaten trugen graue Uniformen, andere waren zivil gekleidet, marschierten aber in Reih und Glied.

Die Artilleristen hatten Mühe, die Gespanne voranzutreiben. Der Boden war an einigen Stellen nahe des Sumpfes so tief, daß die Lafettenräder bis zu den Naben versanken. Auch die Wagen schwankten bedrohlich in den tiefen Rillen hin und her.

Heinrich hatte zwar keine Ahnung, woher diese Armee kam und wem sie unterstellt war, aber er wußte jetzt, daß der Krieg noch nicht vorbei war. Und der Brief fiel ihm ein, den ihm Konrad aus Louisiana geschrieben hatte. Vielleicht war bei dieser Armee das 3. Louisiana-Regiment mit einem jungen, verwegenen Lieutenant, der den Ernst des Lebens noch nicht kennengelernt hatte.

Es war dieser Gedanke, der Heinrich seiner Einsamkeit entriß und in die Wirklichkeit zurückbrachte. Er verharrte den ganzen Tag auf seinem Platz und schaute zu, wie Tausende von Soldaten an ihm vorbeizogen. Einige kamen ihm so nahe, daß er ihre Gesichter sehen konnte. Junge Gesichter, gezeichnet von einem langen, mühsamen Marsch. Offiziere ritten vorbei, brüllten Befehle, fluchten, wenn die Kolonnen ins Stocken gerieten.

Am Spätnachmittag kehrte die Stille zurück.

Die Wolken hingen an den Talhängen, ein kalter Nieselregen setzte ein, als Heinrich zu seinem Lagerplatz zurückkehrte und die Pferde zum Weiterritt bereitmachte. Er wußte nicht genau, wo er war. Irgendwo an der Grenze zwischen Missouri und Arkansas. Irgendwo in den Ozarks. Das Gefühl für Zeit kehrte zurück. Es mußte Juli sein. Vielleicht sogar schon Anfang August. Er ritt über einen Bergzug in ein Tal hinein. Als es dunkel wurde, richtete er sich ein Nachtlager ein. Am nächsten Tag stieß er auf einen Karrenweg, der eine Weile nicht mehr benutzt worden war, und folgte ihm ostwärts bis zu einer Farm. Zwei Hunde rannten ihm bellend entgegen, dann kam eine Frau aus dem Haus, gefolgt von einem alten Mann.

Er fragte den alten Mann, welche Armee durchgezogen sei.

«Ben McCullochs Texaner», sagte der Alte stolz. «Und die Louisiana-Truppen.»

«Das 3. Louisiana-Regiment?» fragte Heinrich.

«Die *Pelikan Rifles*», berichtete der Mann stolz. «Scharfschützen sind es. Die schießen den Yankees die Augen aus dem Kopf. Und die *Tigers*.»

Die beiden alten Leute ließen ihn seine Pferde tränken, und die Frau brachte ihm ein Stück hartes Brot. Heinrich ritt nach Norden. Der Gedanke, daß Konrad unter den Soldaten sein könnte, ließ ihm keine Ruhe mehr.

Der Wagen stand schräg am Feldrand, beladen mit Futtermais. Ein etwa sechzehnjähriges Mädchen und eine alte Frau kamen mit einem kleinen Handkarren den Weg entlang. Sie versuchten, den Pfützen und den morastigen Stellen auszuweichen, aber dort, wo Ben McCullochs Armee durchgezogen war, konnte man nicht einmal mehr den Weg erkennen.

Die beiden mühten sich mit dem Handkarren ab. Manchmal mußte sich die alte Frau an dem jungen Mädchen festhalten, und es mußte der alten Frau aus dem Morast heraushelfen. Trotzdem lachten und schwatzten sie. Einmal, als die alte Frau ausrutschte und hinfiel, kniete das Mädchen nieder und umarmte sie.

Black Jack Moss sagte, daß es schade wäre um die Alte. Aber er könne kein Geschrei ertragen, und das Mädchen würde williger sein, wenn es wüßte, woran es mit ihnen wäre.

Moss übergab sein Gewehr einem der Männer. Dann ritt er aus dem Unterholz hinaus und dem Maisfeld entlang. Beim Wagen zügelte er sein Pferd.

Die alte Frau und das Mädchen sahen ihn, blieben wie angewurzelt stehen und starrten ihn aus der Ferne an, als wäre er ein Geist.

Er lachte breit, nahm den Hut vom Kopf und wischte sich den Regen vom Gesicht.

«Guten Tag, Ladies», rief er der alten Frau und dem Mädchen zu. «Mein Name ist Moss, Jack Moss.»

Die alte Frau traute ihm nicht. Sie sagte etwas zu dem Mädchen, und die Männer im Unterholz konnten sehen, wie sie es am Ärmel zupfte.

Neben dem roten Hettich begann der stumme Junge plötzlich die Knöchel seiner Hände zusammenzuschlagen. Das tat er oft, wenn er aufgeregt wurde. Früher, als Kind, hatte er manchmal die Knöchel so lange zusammengeschlagen, bis sie blutig waren.

«Hör auf damit!» fuhr ihn der rote Hettich leise an.

Der stumme Junge gehorchte. Durch das nasse Laub der Büsche sah er, wie das Mädchen die alte Frau und den Handkarren mit sich zog, auf den Reiter zu, der beim Wagen wartete. Black Jack Moss hatte seine rechte Hand unter der Ölhaut, die ihm von den Schultern herunterhing. In der linken hielt er den Hut.

«Ma'am, ich hörte, daß McCullochs Armee nach Norden unterwegs ist, um Lyon und seine Yankees in die Hölle zu befördern.» Er grinste breit, verbeugte sich im Sattel und bat die Damen, seine etwas derbe Sprache zu entschuldigen. «Mein Herz schlägt für den Süden», sagte er und setzte den Hut wieder auf. «Würde mich gern McCulloch anschließen.»

«Die Soldaten kamen vor zwei Tagen hier durch», sagte das Mädchen. «Sie haben unsere Pferde requiriert. Der Mais muß ins Trokkene.»

«Und da schickt man zwei Geschöpfe des weiblichen Geschlechts ins Wetter hinaus.» Moss schüttelte den Kopf.

«Wir tun alle unseren Teil der Arbeit», sagte das Mädchen. «Meine Brüder sind mit McCulloch in den Krieg gezogen. Mein Vater ist zu Hause. Beim letzten Sturm hat es uns die Schindeln vom Dach geweht.»

«Und deine Mutter?» fragte Moss.

«Mom ist tot», sagte das Mädchen. «Wenn Sie eine Tasse heißen Kaffee wollen, Sir, unser Haus ist dort drüben hinter dem Wäldchen. Eine halbe Meile von hier. Wenn Sie genau hinsehen, können Sie den Rauch aufsteigen sehen.»

Moss grinste breit.

«Mädchen», sagte er, und seine Stimme troff plötzlich von beißendem Hohn, «ich glaube nicht, daß dein Vater sich über meinen

Besuch freuen würde.» Seine rechte Hand mit dem Revolver kam unter dem Mantel hervor. Er zielte kurz und drückte ab. Dann ließ er den Revolver sofort wieder verschwinden, damit er nicht naß wurde. Die alte Frau fiel neben dem Handkarren in den Dreck. Das Pferd von Moss stieg. Moss lachte, und das Mädchen stand wie erstarrt beim Karren, vor Entsetzen gelähmt.

«Mein Name ist Black Jack Moss», sagte Moss, und er schwang sich von seinem tänzelnden Pferd. Vom Unterholz kamen die anderen herüber, allen voran der rote Hettich. Er lachte und rief, daß das Mädchen gerade richtig sei für den Jungen.

«Gib die Kleine meinem Jungen, Black Jack», rief er. «Der macht sie wenigstens nicht kaputt.»

«Er kriegt sie, wenn ich mit ihr fertig bin», sagte Moss. Er ging auf das Mädchen zu, und das Mädchen wich zurück. Neben dem roten Hettich begann der Junge wieder, die Knöchel gegeneinander zu schlagen.

Das Mädchen hatte furchtbare Angst. Und Moss lachte und sagte, daß es sich nicht zu fürchten brauche, griff spielerisch nach ihm und erwischte es beinahe. Es wollte sich umdrehen und davonlaufen, aber einer der Reiter schnitt ihm den Weg ab. Es stürzte, und schon war Moss über ihm, zerrte es an den Haaren hoch und riß ihm die alte Jacke vom Körper. Das Mädchen schrie um Hilfe. «Schrei nur», lachte Moss. «Wenn dein Vater kommt, schießt ihn einer meiner Männer nieder.»

Das Mädchen schrie nicht mehr. Es wehrte sich still, biß Moss in den Arm, schlug ihn mit den kleinen Fäusten und trat ihm gegen die Beine, während er es zum Wagen schleifte, unter dem der Boden etwas trockener war.

Er riß dem Mädchen die Kleider vom Leib, und als es ihn in den Unterleib trat, schlug er ihm mit dem Handrücken quer übers Gesicht. Das Mädchen brach zusammen. Es war halb bewußtlos. Moss zerrte es unter den Wagen und kroch hinterher. In diesem Moment trieb der stumme Junge sein Pferd heftig an und galoppierte auf den Wagen zu. Der rote Hettich brüllte hinter ihm her, und Moss drehte sich um.

«Was, zum Teufel, ist mit dem Idioten?» schrie er.

Der stumme Junge warf sich aus dem Sattel und fiel Moss an wie ein Tier. Moss schlug ihm die Faust ins Gesicht, aber der Junge ließ nicht von ihm ab. Der rote Hettich ritt zum Wagen und sprang aus dem Sattel. Er packte den Ölumhang des Jungen und zerrte ihn zurück. Der stumme Junge taumelte, verlor das Gleichgewicht, fiel in den Morast, kam aber sofort wieder auf die Beine. Er hatte die Hände zu Fäusten geballt und stieß gutturale Laute aus.

«Verflucht, was ist in den Jungen gefahren», schrie Moss wütend. «Halt ihn zurück, verdammt. Ich will ihn nicht . . .»

Der Junge stürmte vorwärts, bevor ihn der rote Hettich daran hindern konnte. Da richtete sich Moss beim Wagen etwas auf, und plötzlich hatte er wieder seinen Revolver in der Hand. Er feuerte, und es schien, als wäre der Junge gegen eine Mauer gerannt. Er fiel in die Knie und sank vornüber in den Morast.

«Gottverdammnt!» sagte Moss und erhob sich. «Dieser verfluchte Narr wollte es darauf ankommen lassen.» Er starrte auf den Jungen nieder, und dann wandte er sich an den roten Hettich. «Ich habe dich gewarnt», sagte er. «Du bist für ihn verantwortlich.»

Der rote Hettich nickte. «Schon gut», sagte er. «Das geht schon in Ordnung, Moss. Der Junge war nie ganz dicht im Kopf.» Er ging zu der zusammengesunkenen Gestalt und blieb davor stehen. Die kleine Pfütze in einer Radfurche färbte sich rot. Moss kam herüber.

«Gottverdammt!» sagte er noch einmal und drehte den Körper des Jungen mit dem Stiefel um. Der Junge hatte die Augen geschlossen, den Mund weit geöffnet. «Du hättest ihn aufhalten sollen», sagte Moss. «Dann wäre das nicht passiert.»

«Schon gut», sagte der rote Hettich. «Muß ich das noch oft sagen, verflucht noch mal. Mir macht das nichts aus.» Er ging zu seinem Pferd. Moss steckte den Revolver wieder ein.

«Also gut», sagte er. «Schöne Scheiße ist das. Eine schöne Scheiße. Beinahe hab' ich jetzt die Lust verloren.»

Er ging zum Wagen zurück, und als er sich zu dem Mädchen hinunterbeugen wollte, holte ihn die Stimme des roten Hettich ein.

«Der Kleine war mein Bruder, Moss!»

Moss drehte sich um, und da stand der rote Hettich neben seinem Pferd, eine Schrotflinte im Hüftanschlag. Er brauchte nur eine Hand, um sie zu halten. Am Abzug lag der Eisenhaken.

«He», sagte Moss und hob beschwörend die Hand. «He, wir wollen vernünftig sein, nicht wahr.»

Der rote Hettich nickte ein bißchen. Dann drückte er ab, und die Schrotladung traf Moss voll und schleuderte ihn gegen den Wagen, wo er zusammenbrach, ohne einen Laut von sich zu geben.

Der rote Hettich wandte sich den anderen zu. Einer von ihnen richtete sein Gewehr auf ihn.

«Was willst du, Curly?» fragte ihn der rote Hettich. «Er hat meinen Bruder umgebracht.»

«Stimmt», sagte der Mann und ließ das Gewehr unter der Ölhaut verschwinden.

Der rote Hettich hob die Kleider des Mädchens auf und warf sie unter den Wagen. «Zieh dich an», sagte er. Einer der Männer sagte, er hätte jetzt genug und wolle alleine weiterreiten. Keiner hielt ihn auf, als er in den Nieselregen hinausritt.

Am Abend, als der Vater und seine Tochter die alte Frau auf dem Hügel hinter dem Haus begruben, regnete es nicht.

Ein Mann kam von Süden her den Weg hochgeritten, aus der Niederung heraus, wo das Farmhaus und der Schuppen standen. Die Tochter sah den Reiter zuerst. Sie machte ihren Vater auf ihn aufmerksam. Der Reiter hatte ein Packpferd dabei. Es war ein hagerer Mann mit einem stoppelbärtigen Gesicht.

Der Mann nahm sein Gewehr in die Hände und richtete es auf den Reiter. Der Reiter hielt an. Seine Blicke streiften den frischen Grabhügel, dann das Mädchen, das hinter seinem Vater stand.

«Die Soldaten kamen hier durch», sagte der Reiter.

Der Vater kniff die Augen etwas zusammen, sagte aber nichts.

«Ich bin vom Creek heraufgeritten», sagte der Reiter. «Dort drüben stieß ich auf die Fährte von sieben Pferden. Beim Wagen, der dort am Feldrand steht.»

Der Vater schwieg.

«Ich suche einen Mann, der rote Haare hat und einen Eisenhaken am rechten Arm.»

Das Mädchen trat vor und hielt sich am Arm seines Vaters fest. Der Vater senkte das Gewehr etwas. Er holte tief Luft. «Der Mann war hier», sagte er. Seine Stimme zitterte

22

In St. Louis war unterdessen General Harney endgültig abgelöst und das Kommando einem Mann übergeben worden, dem es in der Vergangenheit gelungen war, sich wiederholt ins Rampenlicht der Nation zu stellen. Dieser Mann war Generalmajor John Charles Fremont, achtundvierzig Jahre alt und zur Zeit eine der schillerndsten Persönlichkeiten im Lande, den Lincoln kurzerhand aus Europa zurückbeorderte, weil er es für unklug hielt, Blairs Vorschlag anzunehmen und Nathaniel Lyon das gesamte Oberkommando zu übergeben.

Fremont war durch abenteuerliche Expeditionen durch die Rocky Mountains nach Kalifornien bekannt und im Jahre 1856 zum ersten Präsidentschaftskandidaten der damals neu gegründeten Republikanischen Partei ernannt worden, hatte aber im Wettkampf gegen Buchanan verloren.

Fremont trat sein Amt mit grandiosen Plänen an, wie er gegen die Sezessionisten von Missouri vorgehen wollte, aber schon bald wurde klar, daß er besser darin war, Pläne zu schmieden, als sie auszuführen. Er bezog das Hauptquartier in St. Louis und umgab sich mit so viel Prunk, daß seine Besucher das Gefühl hatten, in einem europäischen Fürstenhof empfangen zu werden. Er scharte eine Horde von militärischen Beratern aus dem Ausland um sich, ungarische und italienische Abenteurer in den phantasievollsten Uniformen. Außerdem hielt er sich zum Schutz seines Privatlebens eine Leibgarde von dreihundert Kentuckiern, die alle Gardemaß und einen Brustumfang von über einem Meter zwanzig haben mußten.

Seine Vertrauensleute waren alte Kumpel aus der Zeit, die er als Gouverneur von Kalifornien verbracht hatte. Er verschaffte ihnen gutbezahlte Posten und ließ sie nach Belieben schalten und walten, bis man in Washington aufmerksam wurde und sich ein Untersuchungsausschuß des Kongresses um die «Bande von Räubern aus Kalifornien» kümmern mußte. Für Politiker und für hohe Militärs war es äußerst schwierig, zu Fremont vorzudringen, selbst wenn sie ihn in dringlichen Angelegenheiten sprechen mußten.

Während Fremont mit seiner Schar ein exklusives Leben führte und die Gelegenheit nutzte, den Krieg zu einem profitablen Geschäft werden zu lassen, verfolgte Nathaniel Lyon mit unionstreuen Truppen die Milizarmee Gouverneur Jacksons und eine Freiwilligenarmee unter dem Kommando des südstaatentreuen Generals Price, die versuchten, sich nach der Grenze von Arkansas durchzuschlagen. Der Staat Missouri war endgültig gespalten. Zwar hatte der Konvent den Verbleib in der Union beschlossen, aber die Staatsregierung unter Gouverneur Jackson und die Miliz schlugen sich zu den Sezessionisten, obwohl sie bei einer Konfrontation mit Lyons Regierungstruppen den kürzeren gezogen hatten. Lyon und Sigel, der das Südkontingent kommandierte, wollten versuchen, General Prices und Jacksons Armee abzufangen und entweder aufzuhalten oder wenigstens so zu behindern, daß ihr Marsch verlangsamt würde. Sigel hatte 2500 Mann unter seinem Kommando.

Prices Truppen hatten sich während des Marsches nach Süden laufend vermehrt. Überall, von Farmen, von Dörfern und kleinen Städten, liefen ihm Männer zu, die Lyon, dem «Löwen aus St. Louis», das Fell abziehen wollten. Die meisten von ihnen besaßen keine Ausrüstung und kaum geeignete Waffen, um gegen eine wohlausgerüstete Armee in die Schlacht zu ziehen. Außerdem hatten die wenigsten von ihnen jemals Soldatendienste geleistet. Und Price konnte sie weder mit Zelten noch mit Uniformen versorgen. Sie machten ihre Munition selbst, wickelten Pulver und Bleikugeln in Papier und versetzten die Offiziere oft in Staunen, wenn ihre Patronen aussahen wie kleine Kürbisse, die in keinen Gewehrlauf paßten.

Dennoch wurde Price zuversichtlicher, je tiefer er in den Süden vorstieß. Als er in die Südwestecke von Missouri eindrang, hatte er zwölfhundert Mann bei sich. Sein Kommando wuchs auf siebentausend Mann an, als er sich am 7. Juli mit Jacksons Staatsmiliz vereinte und diese übernahm. Nahezu ein Drittel der Soldaten besaßen keine Feuerwaffen. Ihre Offiziere vertrösteten sie auf die nächsten Schlachten, in denen sie Gelegenheit bekommen würden, sich mit Gewehren und Revolvern toter Yankees zu bewaffnen. Am 29. Juli traf Price auf die Truppen von General Ben McCulloch, der aber keinen Hehl daraus machte, daß er nicht die Absicht hatte, sich mit seinen kampfeshungrigen Truppen aus Texas und Louisiana einem General unterzuordnen, der seiner Ansicht nach einige tausend halbverhungerte Hinterwäldler und eine «Heidelbeer-Kavallerie» anführte. Aber immerhin waren die vereinigten Truppen nun vierzehntausend Mann stark.

McCulloch hatte keine Ahnung, daß sein Gegner, Nathaniel Lyon, inzwischen Brigadiergeneral, in einer noch schlechteren Position war. Seine Armee von sechstausend Mann dezimierte sich ständig, weil sich viele Unzufriedene entschlossen, nach Hause zurückzukehren. Der Proviant war so knapp geworden, daß die Soldaten von dem leben mußten, was ihnen die Bevölkerung erübrigte. Außerdem hatten viele ihre Schuhe durchgelaufen, und die Kleider hingen ihnen zerfetzt am Leib. Vergeblich versuchte Lyon, von Fremont aus St. Louis Nachschub zu erhalten. Fremont schien entweder die desolate Situation, in der sich Lyons Armee befand, nicht wahrhaben zu wollen oder hatte ebenfalls Schwierigkeiten, Waffen, Ausrüstung und Proviant zu beschaffen. Lyon konnte den Namen Fremont nicht mehr hören, so sehr erzürnte ihn das Verhalten des Mannes, dem er und seine Armee unterstellt waren.

Lyons Armee lagerte in der Nähe der kleinen Stadt Springfield. Price wollte die Unionsarmee sofort angreifen, aber McCulloch erklärte sich nicht bereit, sein Kommando dem Missouri-General abzutreten. Price war jedoch so begierig darauf, die Streitkräfte der Union zu zerschlagen und Missouri unter die militärische Kontrolle des Südens zu bringen, daß er dem unnachgiebigen McCulloch das Oberkommando überließ.

Unter diesen Voraussetzungen marschierten die vereinten konföderierten Streitkräfte nordwärts bis zu einer Talsenke rund zehn Meilen südlich von Springfield, wo gelagert wurde.

Der Platz war gut gewählt. Der Wilson's Creek, ein kleineres Flüßchen, wand sich zwischen bewaldeten Hügeln hindurch, die Schutz boten, und auf den Feldern der umliegenden Farmen stand der Mais in voller Reife, so daß die Reit- und Zugpferde an Ort und Stelle versorgt werden konnten.

An einem Nachmittag meldeten die Außenposten an der Hauptstraße das Herannahen mehrerer Reiter. Es waren fünf. Als sie von den Wachen angehalten wurden, verlangten sie, zum Kommandeur gebracht zu werden.

Einer von ihnen war ein rotbärtiger Mann, der statt einer rechten Hand einen Eisenhaken hatte. Neben ihm auf einem kleinen, struppigen Gaul hockte zusammengesunken ein Junge, der hörbar mit den Zähnen klapperte. Er schwankte im Sattel hin und her, und einer der anderen Männer griff nach ihm und hielt ihn an der Schulter fest.

«Was ist mit ihm?» fragte der eine Wachsoldat.

«Er ist nur ein bißchen krank», antwortete der Mann mit dem Eisenhaken.

«Er hat eine Kugel in der Brust», sagte einer der anderen. «Das ist es. Er ist nicht nur ein bißchen krank. Er ist dabei, vor die Hunde zu gehen!»

Der Junge hüstelte, und Blut quoll aus seinem Mund.

«Gottverdammt», sagte der Wachsoldat, «und da reitet ihr mit ihm in dieser Scheißhitze rum!» Er eskortierte die Reiter zur Kommandantur.

Lyon war einem Tobsuchtsanfall nahe, als ihm ein Kurier aus St. Louis die Nachricht überbrachte, daß sich Fremont entschlossen hatte, die Verstärkungskolonne aus St. Louis persönlich ins Feld zu führen.

«Dieses selbstgefällige Arschloch ist dafür verantwortlich, daß wir heute einem Gegner gegenüberstehen, den wir wahrscheinlich nicht besiegen können», brüllte er seine Offiziere an. «Anstatt daß wir Verstärkung kriegen, dampft dieser dämliche Aufschneider mit einigen tausend Mann den Mississippi hinunter, als wäre er ein gottverdammter Reiseleiter, während wir auf uns gestellt einen Feind angreifen sollen, der uns zahlenmäßig mindestens zwei zu eins überlegen ist.»

Nie zuvor hatten ihn seine Offiziere so unbeherrscht und wütend erlebt wie an diesem schwülen Nachmittag, als sie sich bei ihm im Zelt zu einer Lagebesprechung trafen.

Lyon hatte alles versucht, um Fremont die Situation genauestens klarzumachen, nach der neusten Nachricht aus St. Louis aber die Hoffnung aufgegeben. Selbst wenn Fremont jetzt Truppen ausgeschickt hätte, wären sie zu spät gekommen.

Denn knapp fünfzehn Meilen entfernt lagerten die vereinigten Armeen von Ben McCulloch, Sterling Price und General Nicholas Pearce, der mit Truppen aus Arkansas das Sezessionisten-Lager noch weiter verstärkt hatte. Lyon erkannte, daß er sich in der Zwickmühle befand. Entweder entschloß er sich, den Feind anzugreifen und das Überraschungsmoment auszunützen, oder er mußte sich zurückziehen, ein Unterfangen, das dadurch erschwert sein würde, daß ihm die Kavallerie fehlte, mit der er den Rückzug hätte absichern können. Der gehetzte Ausdruck, den seine Offiziere in seinen sonst so klaren Augen erkennen konnten, verschwand nicht mehr.

«Es ist meine Verantwortung, eine Entscheidung zu fällen», sagte er, und die steilen Falten über seiner schmalen Nase vertieften sich noch. «Der Feind lagert am Wilson's Creek. Seine genaue Stärke ist uns nicht bekannt, aber schätzungsweise sind es weit über zehntausend Mann. Wir haben zwei Möglichkeiten: Wir können davonlaufen oder angreifen.»

«Niemand spricht von Davonlaufen», meinte Major Schofield bestimmt. «Wir haben den Rückzug gedrillt. Der Gegner wird zwar versuchen, uns einzuholen und in Bedrängnis zu bringen, aber er ist auch auf Nachschub angewiesen, auf Futter für die Pferde und auf Ausrüstung für seine Soldaten, die, genau wie die unseren, lange und beschwerliche Märsche hinter sich haben.»

Sigel wandte ein, daß ein Überraschungsangriff durchaus möglich war, wenn man die Nacht zu einem Gewaltmarsch ausnützte und bei Morgengrauen auf den Hügeln in Stellung gehen würde. Außerdem war er der Meinung, daß ihre eigene Artillerie derjenigen der Konföderierten überlegen war.

Die Lagebesprechung wurde unterbrochen, als Wachsoldaten einen Reiter zum Hauptquartier brachten. «Ein Mr. Mansfield möchte Sie sprechen, Sir», meldete ein Wachsoldat. «Er sagt, daß er mit Ihnen und einigen der Offiziere bekannt ist.»

«Mansfeld!»

Nathaniel Lyon sprang auf. Er war noch vor Sigel am Zelteingang. Draußen, die Zügel seines Reittieres haltend, stand Heinrich Mansfeld. Die Krempe eines alten Hutes beschattete das eingefallene, stoppelbärtige Gesicht. Ein schmutziger und zerfetzter Staubmantel hing von seinen Schultern.

«Herrgott», sagte Nathaniel Lyon beinahe andächtig. «Sie habe ich hier am allerletzten erwartet, Mansfeld.» Er streckte die Hand aus, Heinrich ergriff sie, und die beiden Männer sahen sich für einen Moment stumm in die Augen. Dann forderte Lyon Heinrich auf einzutreten, aber Sigel packte Heinrich bei den Schultern, und seine schmalen Augen begannen verdächtig zu glänzen.

«Wo, zum Teufel, kommst du her, Heinrich?» fragte er. «Himmel, ich dachte, du bist längst–» Er brach ab und umarmte Heinrich. «Gott sei Dank, daß du noch am Leben bist», sagte er. «Wir haben uns alle größte Sorgen um dich gemacht. Kein Lebenszeichen mehr, seit du St. Louis verlassen hast. Ich habe mich überall nach dir erkundigt. Ein Junge sagte mir, daß du vor Wochen mit der Fähre den Carondelet überquert hast. Und jemand will dich in Springfield gesehen haben.»

Heinrich löste sich von Sigel, der ihn in das große Kommandozelt treten ließ. Mehrere Offiziere, die Heinrich von St. Louis her kannten, grüßten ihn. Lyon wollte wissen, wo er herkam und ob er wüßte, daß eine Armee von über zehntausend Soldaten keinen Tagesritt entfernt lagerte.

Heinrich nahm den staubigen Hut vom Kopf und fuhr sich mit den gespreizten Fingern durch das lange, strähnige Haar.

«Ich komme von dort», sagte er. «Und es sind fast fünfzehntausend Soldaten.»

«Du kommst vom Wilson's Creek?» fragte Sigel ungläubig.

«Ich kann euch ziemlich genaue Angaben machen», sagte Heinrich, «denn ich habe auf meinem Weg hierhin viele Beobachtungen gemacht und auch mit Leuten gesprochen.»

Er zog einen Zettel aus der Innentasche seines Mantels, faltete ihn auseinander und legte ihn auf den kleinen Klapptisch, hinter dem Nathaniel Lyon wieder Platz genommen hatte. Auf dem Zettel war mit Bleistift eine Karte gezeichnet. Obwohl sich Lyon am Wilson's Creek nicht auskannte, erkannte er, daß die Karte jenes Stück des Tales umfaßte, in dem die konföderierten Armeen lagerten. Heinrich hatte die Stellungen und Geschützbatterien eingezeichnet und die Lagerplätze der einzelnen Truppen, ebenso den genauen Verlauf der Springfield-Straße.

Lyon blickte auf. «Diese Karte scheint so genau zu sein, daß ich mir nicht ganz klar bin, wie Sie es fertigbrachten, sie zu erstellen.»

«Ich hatte einen Tag lang Zeit, mir das Tal anzusehen», sagte Heinrich. «Außerdem unterhielt ich mich mit einem Sergeanten, der mit einem kleinen Detachement unterwegs war, um Proviant aufzutreiben. Er hielt mich für einen Bürger aus Springfield.»

Heinrich hatte ziemlich genaue Angaben über die vereinigten konföderierten Truppen. Er wußte auch zu berichten, daß General Price das Oberkommando offiziell an McCulloch abgetreten hatte und insgesamt über vierzehntausend Mann am Wilson's Creek lagerten. «Die Konföderierten wissen, daß wir hier bei Springfield sind», sagte Heinrich. «Price wollte schon vor zwei Tagen angreifen, aber McCulloch weigerte sich, bis ihm Price das Oberkommando abtrat. Jetzt ist es soweit. Sie planen einen Angriff, hat mir der Sergeant gesagt.»

Lyon machte sich Notizen, während Heinrich sprach. Einige Male wurde er von Zwischenfragen der Offiziere unterbrochen. Heinrich beendete seine Ausführungen mit der Frage, wann Lyon die konföderierten Streitkräfte anzugreifen gedenke, um McCulloch, Price und Pearce zuvorzukommen.

«Die Entscheidung ist noch nicht gefallen», gab Lyon ruhig zurück. «Aber ich glaube, daß wir es uns unter diesen Umständen nicht erlauben können, unserem Feind länger Zeit zu geben.» Er erhob sich und entließ seine Offiziere. Er wollte allein sein und die Sachlage noch einmal überdenken, aber es war allen ziemlich klar, daß ein Rückzug nicht mehr in Frage kommen würde.

Colonel Franz Sigel war über die Anwesenheit Heinrichs hoch erfreut. Er schüttete ihm am Abend in einem Restaurant in Springfield das Herz aus. Ebenso wie Lyon machte er Fremont für den schlechten Zustand verantwortlich, in dem sich die Truppe befand. Die Soldaten waren seit Monaten ohne ausreichenden Nachschub unterwegs, es fehlte am Notwendigsten, und die Moral war auf einen Tiefpunkt gesunken, woraus sich ein offener Zwist zwischen den «deutschen» Truppen und den «Amerikanern» entwickelte. Es kam fast täglich zu Zänkereien und häufig zu Zusammenstößen zwischen den Soldaten aus Sigels Regiment und solchen aus den Kansas- und Iowa-Regimentern, die Lyons Armee zugeteilt worden waren. Auch zwischen Freiwilligen und Regulären herrschte eine offene Feindseligkeit, die sich verstärkte, nachdem viele der deutschen Freiwilligen nach der Erstverpflichtungsfrist von drei Monaten kurzerhand ihr Bündel gepackt und nach Hause gegangen waren. Dafür hatten sie gute Gründe. Sie fühlten sich von den Behörden im Stich gelassen, die ihnen fast die gesamte Kriegslast aufbürdeten, ohne sie dafür mit einer brauchbaren Ausrüstung zu versorgen.

Ein anderer wesentlicher Grund waren die wirtschaftlichen Verhältnisse in St. Louis. Der Ausbruch des Krieges hatte eine Lähmung der Wirtschaft zur Folge, und die Banken gaben keine Kredite mehr. Die Mehrheit der deutschen Freiwilligen bestand aber aus Geschäftsleuten und Gewerbetreibenden, die auf Kredite angewiesen waren. Ihre Existenz war plötzlich in Gefahr. Auch die drei deutschen Turnerkompanien des 1. Freiwilligenregiments von Francis Blair waren nach Hause gegangen, weil sie inzwischen einem gemischten Regiment zugeteilt worden waren und sie sich nicht einem «amerikanischen» Kommandeur unterordnen wollten.

Sigels Regiment hatte ebenfalls nahezu vierhundert Mann verloren, und es wären noch viele mehr dem mißlichen Soldatenleben abtrünnig geworden, hätte der kleine Colonel sie nicht persönlich dazu gebracht, ihm zuliebe zu bleiben.

Heinrich ließ seinen alten Freund reden, und erst nach dem Essen wurde sich Sigel bewußt, daß er die ganze Zeit von sich berichtet hatte, ohne Heinrich zu Wort kommen zu lassen. Er lachte, legte Heinrich die Hand auf die Schulter und sagte ihm, daß er Post aus St. Louis hätte. Mr. Witzig hatte mitgeteilt, daß das kleine Haus an der Locust Street inzwischen verkauft worden sei und es Carl den Verhältnissen entsprechend gutginge. «Ich habe den Brief in meiner Kiste aufbewahrt und werde ihn dir zu lesen geben, Heinrich», sagte er. Dann beugte er sich über den Tisch. «Du weißt, daß sich Madison bei Price befindet, nicht wahr? Und Colton Greene ist Infanterie-Captain». Sigel nahm die Brille von der Nase und putzte die runden Gläser. «Es scheint, als ob es schon immer vorgesehen war, daß wir uns hier auf dem Schlachtfeld treffen.»

«Es muß so sein», sagte Heinrich. Er lehnte sich zurück. «Ich hatte die Suche nach dem roten Hettich aufgegeben und wollte nach St. Louis zurückkehren, als ich in der Nähe einer kleinen Farm auf die Fährten mehrerer Reiter stieß. Ich bin ihnen gefolgt. Sonst wäre ich nicht hier.»

Sigel bestellte noch einmal Bier für sie beide. «Erzähl», forderte er Heinrich auf.

«Der rote Hettich ist am Wilson's Creek», berichtete Heinrich. Sigel starrte ihn ungläubig an. Dann setzte er die Brille auf und beugte sich vor.

«Bist du sicher?» fragte er so leise, als fürchtete er, die Offiziere an den Nebentischen könnten mithören.

«Der rote Hettich und sein stummer Bruder gehören zur Bande von Black Jack Moss», sagte Heinrich. «Am Anfang, als ich von Rolla wegritt, kam ich ihnen nahe. Dann verlor sich ihre Spur.»

«Willst du damit sagen, daß du alle die Monate hinter der Bande hergeritten bist?»

«Das ist eine lange Geschichte», meinte Heinrich ausweichend.

Er erzählte Sigel, was auf der kleinen Farm an der Arkansasgrenze vorgefallen war und daß der rote Hettich Black Jack Moss umgelegt hatte, nachdem dieser dem stummen Jungen eine Kugel in die Brust schoß. Der rote Hettich brachte seinen schwerverletzten Bruder zum Lager am Wilson's Creek. Dort erkannte man ihn als Mitglied der Bande von Black Jack Moss, und General Price wollte ihn und seine Gefährten umgehend aufhängen lassen. «Der Sergeant, mit dem ich heute früh sprach, sagte mir, daß McCulloch sich persönlich für die Banditen einsetzte, nur um Price eins auszuwischen. Jetzt gehört der rote Hettich zu seiner Kavallerie, und ein Arzt kümmert sich um den Jungen.»

«Das ist unglaublich», sagte Sigel kopfschüttelnd. «Seit wir hier im Süden sind, hören wir von Black Jack Moss und seiner Bande. Übelste Verbrechen werden ihm zugeschrieben. Überfälle auf entlegene Gehöfte und auf Reisende. Wo immer der Name Black Jack Moss genannt wird, reagieren die Leute mit Angst und Schrecken. Und jetzt sind diese mörderischen Banditen bei McCulloch, womöglich in Uniform.»

«Was sie noch lange nicht zu aufrechten Soldaten macht», sagte Heinrich. «Ich dachte, ich könnte vergessen, was damals in St. Louis passiert ist. Die Zeit heilt Wunden, heißt es, und ich dachte, daß ich ihnen sogar vergeben könne.» Er legte seine Hand auf Sigels Arm. «Bist du sicher, daß Lyon sich zum Angriff und nicht zum Rückzug entscheiden wird?»

Sigel wiegte den Kopf. «Ehrlich gesagt, ich weiß es nicht. Er hat sich in den letzten Wochen verändert. Er ist überzeugt davon, daß ihn seine Freunde in St. Louis und in Washington im Stich gelassen haben. Und er weiß nun auch, wie hoch uns der Gegner überlegen ist, Heinrich. Mehr als zwei zu eins.»

«Was würdest du an seiner Stelle tun?»

«Angreifen.» Die Antwort kam ohne Zögern. «Aber ich hätte Verständnis für ihn, wenn er sich dazu entschließen würde, den Rückzug anzutreten.» Sigel lächelte schwach. «Ich vermute, du wärst nicht damit einverstanden, Heinrich?»

«Ich bin schon damit einverstanden», sagte Heinrich. «Warum sollte ich es nicht sein?» Er lächelte auch, aber es war ein Lächeln, wie es Sigel von ihm nicht gewohnt war. Es war nur sein Mund der lächelte, nicht seine Augen, die kalt blieben und unpersönlich. Er hat sich verändert in diesen Monaten, dachte Sigel. Nicht nur äußerlich zeigt sich das. Nicht nur die Kälte in seinen Augen. Er ist ein anderer Mensch geworden. Wir alle sind in dieser Zeit andere Menschen geworden, aber bei ihm muß man jetzt vorsichtig sein, wenn man ihm nahe kommt.

«Solange ich weiß, wo der rote Hettich ist, entkommt er mir nicht.»

«Du hast die Absicht noch nicht aufgegeben, ihn zu töten?»

«Nein. Eine Zeitlang dachte ich, ich bräuchte ihn nicht mehr zu töten. So einfach ist das nicht, wie ich es jetzt sage. Ich empfinde es wie eine tiefe Qual, und es hat nichts mit der Vorstellung zu tun, die sich in meinem Kopf eingemeißelt hat. Ich weiß nicht, was mit mir geschah dort draußen in der Einsamkeit. Ich weiß nur, daß ich ihn töten will.»

«Du hast eine gute Gelegenheit dazu, wenn wir angreifen», sagte Sigel kalt. Er bemerkte die Schweißperlen auf Heinrichs Stirn. «Komm, wir gehen. Du kannst in meiner Unterkunft schlafen.»

Sie gingen ins Lager zurück, und Sigel gab Heinrich den Brief von Witzig zu lesen. Witzig schrieb, Mueller sei in der Stadt gewesen wegen dem Verlust der Fabrik, und einer der New Yorker Geldgeber hätte sich bereit erklärt, finanziell für den ganzen Schaden aufzukommen. Er schrieb, daß es Carl gutginge. «Er fragt oft nach seiner Mutter und nach seinem Vater. Ich sage ihm dann, daß sein Vater bald zurückkehren wird, und er freut sich, wenn er das hört. Es sind verschiedene Briefe für Heinrich hier. Einer aus Louisiana. Zwei aus seiner alten Heimat und einer aus New York. Ich weiß nicht, ob ich sie Dir zuschicken soll, da du eventuell im Süden irgendwo auf ihn stoßen könntest. Aber vorerst ist es wohl besser, wenn ich sie hier aufbewahre, denn so Gott will, sind sie bei uns in Sicherheit. Ich hoffe nur, daß dem Heinrich nichts zugestoßen ist und daß er eines Tages wohlbehalten hierher zurückkehrt...»

In der Nacht dachte Heinrich über das nach, was Witzig geschrieben hatte. Er war froh, daß Konrad nicht bei den Louisiana-Truppen war, die am Wilson's Creek lagerten. Heinrich hatte den Sergeanten nach einem jungen Lieutenant gefragt, der ein gebürtiger Schweizer sei. Er hatte ihm Konrad haargenau beschrieben, so wie er ihn in Erinnerung hatte, mit einem Schnurrbart, fein gewachst und die Enden hochgezwirbelt.

«Klingt, als ob es einer ist, der viel von sich hält», hatte der Sergeant gesagt. «Und davon gibt es bei uns 'ne ganze Menge. Aber der ist mir nicht aufgefallen bei den Froschfressern aus Louisiana. Der muß bei einem anderen Regiment sein.»

Heinrich konnte nicht einschlafen. Die Gedanken hielten ihn wach. Draußen regnete es wieder. Es schien, als hätte es den ganzen Sommer hindurch geregnet.

Es war am frühen Nachmittag des 9. August, als Nathaniel Lyon im Hauptquartier seinen Offizieren mitteilte, daß er sich zum Angriff entschieden hatte.

Colonel Sigel sollte sich Punkt sechs Uhr dreißig an diesem Abend mit zwei Missouri-Freiwilligenregimentern, einem Trupp Dragoner und einem Trupp Kavallerie und einer Batterie von sechs Kanonen in Marsch setzen, das Feindeslager auf seiner rechten Flanke umgehen, vor dem Morgengrauen auf der Ostseite des Tals in Stellung gehen und angreifen, wenn Lyons Geschütze auf der gegenüberliegenden Talseite zu feuern begannen.

Lyon selbst würde den Rest seiner Armee in einem Nachtmarsch zur linken Flanke des Feindeslagers führen und bei Tagesanbruch angreifen. Da in Springfield ein Detachement zurückgelassen werden mußte, um die Lagerausrüstung zu bewachen, und viele der Soldaten krank im Lazarett zurückblieben, zählte Lyons Teil der Armee nur knapp 3600 Mann.

In aller Eile und bei strömendem Regen wurden an diesem Abend die Vorbereitungen getroffen. Der Wagenzug mußte bereitgemacht werden, so daß er nach einer eventuellen Niederlage sofort in Richtung Rolla losfahren konnte und bei einer Verfolgung einen möglichst großen Vorsprung herausholte. Die Zelte wurden abgebrochen und verladen, die Pferde zum Aufzäumen bereitgestellt. Dann wurden Rationen ausgeteilt.

Heinrich wurde von Nathaniel Lyon gebeten, für seine Einheit Kundschafterdienste zu übernehmen, da er sich in der Gegend etwas auskannte und Sigels Kolonne bereits zwei Männer aus Springfield als Kundschafter zur Verfügung hatte. Als Heinrich annahm, ernannte Lyon ihn zum Offizier des 1. Freiwilligenregiments im Rang eines Captains und gab ihm einen Posten in seinem Stab.

Sigel gratulierte Heinrich zu seiner Ernennung, die aus Gründen der Eile an diesem Abend nicht mehr offiziell bekanntgegeben wurde.

Heinrich schaute dem Abmarsch von Sigels Truppen zu. Es regnete, und es war kalt geworden. Die Offiziere trieben die Infanteriesoldaten an. Die meisten von ihnen waren jung, fast noch Knaben. Sie lachten, und sie sangen und schrien. Nicht, um sich Mut zu machen, dachte Heinrich. Dazu waren sie zu jung. Sie kannten die Angst nicht. Sie kannten den Schrecken nicht und den Tod. Ihr Mut war frisch, und er gab ihnen Kraft, durch den Regen zu marschieren, Seite an Seite, die Gewehre steil gegen die Schulter gelehnt, die Uniformen zerlumpt und über und über mit Dreck bespritzt, durchnäßt bis auf die Haut und mit geröteten Gesichtern. Ja, dachte Heinrich, so sind sie gute Soldaten, jung und furchtlos. Ohne sie, dachte er, würden keine Schlachten geschlagen werden, keine Kriege geführt.

Einer war unter ihnen, der sich erst vor wenigen Wochen hatte rekrutieren lassen. Er war ein hagerer Junge mit einem schiefen Pferdegesicht und abstehenden Ohren. Der Fahrer eines Nachschubwagens hatte ihn als blinden Passagier entdeckt.

Der Junge sagte, daß er Billy Brown hieße und noch in diesem Jahr achtzehn Jahre alt sein würde. Er hatte ein schartiges Messer bei sich und eine Vogelflinte, außerdem einen Beutel mit hartem Maisbrot. Ein Sergeant jagte den Jungen weg und schärfte ihm ein, nach Hause zu gehen und dafür zu sorgen, daß er hinter den Ohren trocken würde. Vier Tage später erwischten ihn Wachsoldaten, als er sich in stockfinsterer Nacht durch das Lager zum Zelt des Majors schlich. Er wehrte sich wie eine Katze, als sie ihn packten, und schlug einem der beiden Wachsoldaten die Nase platt, während er dem anderen in den Daumen biß. Der Junge war kräftig und zäh. Auf die Frage, woher er käme, gab er vage Antworten. Von Norden. Von einer Farm. Sein Vater sei tot. Seine Mutter hätte ihn weggejagt. Und sonst hätte er niemand auf der Welt. Dieses Mal sagte er, daß er Luke hieße. Der Fahrer, der ihn zum ersten Mal erwischt hatte, war zufällig in der Nähe. «Vor einigen Tagen war sein Name noch Billy Brown», sagte er. «Der Strolch schwindelt. Und älter als dreizehn ist er auch nicht.»

Er wurde als Billy Brown rekrutiert, und er erhielt ein Gewehr, einen Tornister und ein Bajonett. Heinrich sah ihn, als die erste Kompanie ausrückte. Er marschierte in der zweitletzten Reihe, und die alte Uniformjacke, die von seinen schmalen Schultern hing, umschlotterte ihn wie ein Mantel. Heinrich traute seinen Augen nicht. Es war der Junge von der Fähre, Lucas. Heinrich ritt ihm nach.

«He, wen haben wir denn da?» fragte er, während er sein Pferd im Schritt nebenhergehen ließ. «Deine Mutter sagte, daß du Yankees töten wirst, sobald Krieg ist.»

Der Junge blickte auf, sagte aber nichts. Und Heinrich grinste und dachte, daß sich da eine Mutter sehr in ihrem Sohn geirrt hatte.

«Paß auf dich auf, Lucas», sagte er.

«Billy ist mein Name, Sir. Billy Brown!»

«Paß auf dich auf, Billy Brown.»

«Jawohl, Sir.»

Heinrich ritt zurück zu Nathaniel Lyon, der den Abmarsch seiner Truppen von seinem Kommandozelt aus beobachtete.

«Wer immer uns im Stich gelassen hat, wird nach dieser Schlacht wohl kaum mehr ein ruhiges Gewissen haben können», sagte er düster zu Heinrich.

Heinrich ritt mit Lyon und dessen Stab an der Spitze der Kolonne, die sich langsam durch die Nacht bewegte. Die Freiwilligen sangen. Die regulären Truppen marschierten schweigend. Sie wußten, was sie erwartete. Die meisten von ihnen waren erfahrene Soldaten.

Außerhalb von Springfield, auf einem Hügel, zügelte Lyon abseits der Überlandstraße seinen Apfelschimmel. Heinrich hielt neben ihm an. Sie ließen die Truppen vorbeiziehen. Die Nacht war so dunkel, daß sie die Gesichter der Soldaten nicht erkennen konnten, aber sie hörten das Gelächter und Gerede, den Gesang und die Schlachtrufe, die scharfen Befehle der Offiziere, die entlang der Kolonne auf und ab ritten und ihre Soldaten anfeuerten, und immer wieder, nach jeder Kompanie, einen Trommler.

Lyon war zufrieden. Er brauchte nicht zu fürchten, daß seine Truppen angesichts des Feindes davonlaufen würden, wie das vor einigen Wochen in einer Schlacht beim Bull Run Creek geschehen war. Es hatte in den Zeitungen gestanden. Die Soldaten waren in Scharen Hals über Kopf davongerannt, um den Salven des Feindes zu entgehen. Nicht nur auf der Seite der Unionstruppen. Auch bei den Konföderierten, die die Schlacht gewonnen hatten.

Wenig später verließ Heinrich die Kolonne und ritt bis zu der kleinen Siedlung Little York, die aus einigen verstreuten Farmhäusern bestand. Dort traf er sich, wie geplant, mit zwei ortskundigen Männern aus Springfield, die sich Lyon als Kundschafter zur Verfügung gestellt hatten. Von hier aus ritten die drei Männer südwärts bis zu einem großen abgeernteten Getreidefeld, wo die Konföderierten während der letzten Tage einen Außenposten eingerichtet hatten. Ein Schuppen am Straßenrand war leer, der kleine Lagerplatz, wo die Zelte gestanden hatten, verlassen. Heinrich schickte einen der beiden Zivilisten mit der Nachricht zurück zu Lyon, daß er von Little York aus nach Süden abschwenken konnte und der Weg bis zur linken Flanke des Feindes frei sei. Zusammen mit dem anderen Kundschafter wartete er, bis Lyons Kolonne eintraf. Fünf Stunden waren seit dem Abmarsch vergangen. Die Soldaten hatten fast dreiviertel des Weges durch einen immer stärker fallenden Regen zurückgelegt, über nasse, glitschige Karrenwege und durch aufgeweichte Stoppelfelder. Soldaten und Pferde waren erschöpft, als Lyon den Befehl gab, in einem schützenden Wäldchen eine Marschpause einzulegen. Es durften keine Feuer angezündet werden, und den Offizieren wurde befohlen, dafür zu sorgen, daß keine unnötigen Geräusche verursacht wurden.

Heinrich und einer der beiden Zivilisten ritten weiter. Sie erreichten ungehindert einen Hügelkamm auf der Westseite des Wilson's Creek, von dem sie Einblick in das Tal hatten. Es regnete inzwischen in Strömen. Im Tal brannten an verschiedenen auseinandergelegenen Stellen kleine Feuer. Die Konföderierten hatten ihre Lagerplätze links und rechts des Creeks aufgeschlagen. Dunkelheit und Regen schränkten die Sicht der beiden Männer auf dem Hügel ein. Heinrich konsultierte seine Uhr. Es war kurz vor vier. Im schwachen Lichtschein eines Feuers, das am Fuß eines bewaldeten Hanges brannte, entstand Bewegung. Zwei Wagen wurden bereitgemacht. Soldaten sattelten ihre Pferde.

«Scheint, als wollten sie das Tal noch vor Tagesanbruch verlassen», sagte der Mann aus Springfield.

Minuten später bestätigte sich seine Vermutung. Die beiden Wagen, von Maultieren gezogen, bewegten sich in entgegengesetzter Richtung über einen Karrenweg, der im Osten aus dem Tal hinausführte. Sie wurden von einem Trupp berittener Soldaten begleitet, den Heinrich auf Kompaniestärke schätzte. Wahrscheinlich ein Versorgungstrupp, der ausgeschickt worden war, um im umliegenden Gebiet auf den zerstreuten Farmen Proviant aufzutreiben.

«Hoffentlich stoßen sie nicht auf Sigels Truppen», sagte Heinrich, während er versuchte, Dunkelheit und Regen zu durchdringen. Aber die gegenüberliegenden Talhänge und Hügel, wo Sigels Truppen sich auf dem Marsch befinden mußten, waren nicht zu erkennen. Heinrich ritt zu Lyons Vorhut zurück.

23

Im ersten Morgengrauen – der Regen hatte nahezu aufgehört – ließ General Price seinen Adjutanten wecken und schickte ihn auf die andere Seite des Wilson's Creek, zum Zelt von General Ben McCulloch, mit der dringenden Einladung, ihm beim Frühstück Gesellschaft zu leisten. Erneut hatte General Price Grund, sich über das Verhalten McCullochs derart zu ärgern, daß er die halbe Nacht nicht geschlafen hatte. Mit schweren Säcken unter den geröteten Augen wartete er auf die Ankunft des Texaners, der es bisher nicht für nötig befunden hatte, ihn über seine zukünftigen Angriffspläne ins Bild zu setzen, falls er überhaupt solche hatte.

Price hatte in dieser ruhelosen Nacht den Entschluß gefaßt, nicht mehr länger zuzuwarten. Wenn McCulloch nicht an diesem Morgen angriff, würde Price mit seinen Missouri-Truppen Springfield angreifen, und McCulloch konnte seiner Meinung nach zur Hölle fahren oder zurück nach Texas reiten.

Während sich Price rasierte und anzog, entdeckte eine kleine Patrouille eines vorgelagerten Feldwachlagers nördlich einer Getreidemühle Bewegung im Feld. Die Patrouille verhielt sich so lange still, bis mit Sicherheit festgestellt werden konnte, daß die Bewegung durch marschierende Unionstruppen verursacht wurde. Die Patrouille ritt zum Lager zurück, wo sofort ein Detachement von dreihundert Mann ausrückte, um festzustellen, ob der Feind in großer Stärke vorrückte oder ob es sich womöglich nur um einen Versorgungstrupp oder um eine Patrouille handelte, die sich verirrt hatte. Die Vorhut sichtete kurz nach fünf Uhr am Morgen die Spitze der feindlichen Kolonnen. Da sie unter dem Befehl stand, den Feind nicht anzugreifen, kehrte sie sofort ins Lager zurück.

Price und McCulloch saßen inzwischen mit ihren Adjutanten im Zelt beim Frühstück. McCulloch hatte eben gesagt, daß er es für völlig idiotisch hielte, die Truppen bei diesem Hundewetter in eine Schlacht zu schicken, und daß sie genügend Zeit hätten, da Lyon offensichtlich nicht daran dächte, davonzulaufen. Außerdem sei weit und breit keine Verstärkung für die Unionstruppen in Sicht, während er selbst nach neuesten Meldungen mit Verstärkung aus Louisiana rechnen konnte.

Price, sonst ein ruhiger und beherrschter Mann, platzte der Kragen. Die ganze Nacht hatte er damit verbracht, sich mit seinem Stolz auseinanderzusetzen, mit seinem Gewissen, seinem Patriotismus und seinem Mut. Seit Tagen war er zum Angriff bereit, und McCulloch tat, als wären sie zum Picknick hier am Wilson's Creek versammelt. Jetzt hatte er die Nase voll.

«Ich bin ein älterer Mann als Sie, General McCulloch», sagte er mit einer Stimme, der anzuhören war, wie schwer es ihm fiel, seine Gefühle im Zaum zu halten. «Ich bin nicht nur der Dienstältere von uns beiden, sondern ich war Brigadiergeneral im Krieg mit Mexiko, mit einer eigenen Armee, während Sie nur Captain waren. Ich habe in mehr Schlachten gekämpft und sie gewonnen, als Sie jemals gesehen haben, und meine Streitkräfte sind zahlenmäßig doppelt so stark wie Ihre! Trotzdem habe ich Ihnen mein Kommando übergeben.» Price beugte sich vor. «Dies, General McCulloch, habe ich aus reiner Zweckmäßigkeit getan und auf Ihr Versprechen hin, daß Sie dieses Kommando sofort dazu ausnützen, den Feind anzugreifen und Missouri aus seinen Klauen zu befreien! Statt dessen haben Sie es versäumt, eine aus militärischer Sicht vorteilhafte Gelegenheit auszunützen. Sie haben es versäumt, irgendwelche Maßnahmen zu ergreifen, die mein Vertrauen in Sie gerechtfertigt hätten. Ich habe die Verantwortung für Missouri, General McCulloch, und ich kann diese Verantwortung nicht einfach ablegen wie einen alten Mantel, der Ihnen sowieso nicht paßt!»

McCulloch, der den Ausführungen Prices regungslos zugehört hatte, wechselte einen Blick mit seinem Adjutanten, bevor er einen Schluck von seinem Kaffee trank.

«Ihr Kaffee», sagte er dann mit rauher Stimme, «Ihr Kaffee, General Price, ist beinahe so schlecht wie die Meinung, die Sie von mir haben. Es hat absolut keinen Sinn, voreilig zu handeln, General Price. Der Feind steckt in Springfield fest. Er vermag nicht einmal mehr, sich zu versorgen. Mit jedem Tag wird seine Situation schlechter, während sich unsere verbessert. Sollte ich da Ihrem ungeduldigen Drängen nachgeben, das mir durch Ihre Sorge um Missouri verständlich ist, oder soll ich zuwarten, bis uns der Feind geschwächt ausgeliefert ist, daß wir ihn ohne großen Aufwand vernichten können?»

«Lyon wird nicht zuwarten, General McCulloch», wandte Price scharf ein. «Ich kenne ihn. Vielleicht sollten Sie sich einmal fragen, warum er nicht schon längst den Rückzug angetreten hat, wenn seine Situation derart schlecht ist und keine Hoffnung besteht, sie zu verbessern?»

«Weil er erstens Verstärkung erwartet und weil er sich zweitens darauf versteift hat, nicht nachzugeben. Der Entschluß zum Rückzug, besonders nach einigen Erfolgen, fällt niemandem leicht, schon gar nicht einem Feuerkopf wie Lyon.»

«Sie wollen also nicht angreifen, General?» fragte Price, und es war mehr eine Feststellung als eine Frage.

«Nein!» gab ihm McCulloch zur Antwort. «Nicht heute. Und falls sich das Wetter nicht bessert, auch nicht morgen.»

Price nickte. «Ich habe von Ihnen nichts anderes erwartet, General. Deshalb werde ich mein Kommando wieder übernehmen und noch heute morgen ausrücken.»

McCulloch verzog das Gesicht zu einem schiefen Grinsen.

«Dann, General Price, wünsche ich Ihnen viel Erfolg.» Er legte seine Gabel weg und wollte sich erheben, als beim Zelteingang ein Colonel erschien, naß vom Regen und mit gerötetem Gesicht, und berichtete, daß Truppen im Außenlager Kontakt mit dem Feind gehabt hätten, der in großer Anzahl von Springfield her vorrücken würde.

«Es ist Ernst, General Price, Sir! Lyons Truppen sind im Anmarsch!»

McCulloch winkte ab. «Wahrscheinlich handelt es sich um eine kleine Patrouille, die sich auf einem Erkundungsritt befindet, oder um einen Versorgungstrupp. Kein Grund zur Panik und –»

McCulloch brach ab, als es vor dem Zelt unruhig wurde. Ein Pferd galoppierte heran und wurde hart gezügelt. Sekunden später stürzte ein weiterer Offizier ins Zelt, und ohne die anderen zu beachten, trat er auf General Sterling Price zu.

«General, ich habe sie gesehen!» schnaufte er. «Sie kommen! Die ganze gottverdammte Armee von Lyon. Zwanzigtausend Mann und hundert Kanonen!»

Kaum hatte er ausgesprochen, drehte er sich auf dem Absatz um und hetzte aus dem Zelt. Draußen schwang er sich in den Sattel seines schäumenden Pferdes, um zu seiner Einheit zurückzureiten.

McCulloch hatte sich erhoben und schüttelte ungläubig den Kopf, aber General Price lief bereits zum Zelteingang .

«Jetzt ist es soweit, General!» rief er McCulloch zu. «Lyon greift an!»

Heinrich, der jetzt mit der Vorhut ritt, bemerkte den Reiter zuerst, der sein Pferd in einem lichten Unterholz angehalten hatte, von dem aus er die Ebene überblicken konnte. Der Reiter mußte nicht nur die Vorhut in seinem Blickfeld haben, sondern auch Lyons Hauptmacht. Als der Reiter merkte, daß er gesehen worden war, riß er sein Pferd herum und galoppierte davon.

Heinrich galoppierte zurück zur Spitze der Hauptmacht und meldete Lyon, daß sie vom Feind entdeckt worden waren. Lyon handelte sofort, führte seine Einheit durch ein schmales Seitental auf einen Hügel zu und ließ Artillerie aufmarschieren.

Sigels Truppen nahmen auf der Gegenseite aus dem Unterholz heraus plötzlich das Lager der Arkansas-Truppen unter Feuer, bevor es General Price hätte gelingen können, seine Soldaten zu formieren. Im Tal brach ein heilloses Durcheinander aus.

McCulloch galoppierte im Hagel der Kugeln und Granaten durch den Wilson's Creek zu seinen Texanern, während General Price verzweifelt darauf wartete, daß ihm seine Ordonnanz endlich ein gesatteltes, aufgezäumtes Pferd brachte. Von einem Moment auf den anderen verwandelte sich an diesem frühen Morgen die Stille im Tal des Wilson's Creek in ein tobendes Inferno. Niemand hatte ernstlich mit einem Angriff gerechnet, auch Price nicht. Soldaten, halb angekleidet, andere ohne Waffen, rannten in alle Richtungen, um Dekkung zu finden. Erschreckte Pferde jagten reiterlos durch die Lager. Zelte brachen zusammen. Granaten explodierten, und beizender Qualm breitete sich aus. Offiziere versuchten, Befehle brüllend, ihre Einheiten zu formieren und Ordnung in die Reihen zu bringen. Die Soldaten in den Außenlagern vermochten Lyons Angriff nicht aufzuhalten. Viele von ihnen versuchten Pferde, Wagen und sich selbst in Sicherheit zu bringen, während andere verbissen um jeden Fußbreit Boden kämpften.

Als die Ordonnanz ihm endlich sein Pferd brachte, schwang sich Price sofort in den Sattel und führte die ersten Kompanien zu ihrer Unterstützung zum Hang. Hinter Price formierte sich Regiment um Regiment, während rund um sie herum Kugeln einschlugen und Artilleriegeschosse explodierten.

Im Süden drängte Sigel die Arkansas-Einheiten zurück und überrannte ihr Lager. Auf der Ostseite des Tales gab McCulloch inzwischen seinen Offizieren klare Befehle, die Truppen den östlichen Talhängen entlang nordwärts zu führen, um Lyon von der linken Flanke her anzugreifen.

Heinrich, der das Manöver vom gegenüberliegenden Hügel aus beobachtete, meldete Lyon, daß ein Teil der feindlichen Streitkräfte jenseits des Wilson's Creek zu einem Flankenangriff aufmarschierte. Lyon schickte ihn sofort aus, das dort vorangehende Bataillon unter Captain Plummer zu warnen. Heinrich ritt zurück zum Nordhang des Hügels, schwenkte auf einen Karrenweg ein, der hinunter zur Furt über den Wilson's Creek führte, und befand sich nun am Nordrand des unübersichtlichen Schlachtfelds. Rechts von ihm fand ein blutiges Gefecht um den Hügel statt. Über ihm feuerte die Artillerie ins Tal, und links befand sich Plummers Bataillon im Vormarsch durch ein abgeerntetes Getreidefeld. Heinrich holte Plummer ein und meldete: «Der Feind rückt in großer Zahl gegen Sie vor, Captain. Sie stoßen in wenigen Minuten auf ihn, wenn Sie weitermarschieren.»

Plummers Truppen befanden sich auf einem Plateau mitten in einem offenen Stoppelfeld, etwa zwanzig Meter von einem großen Maisfeld entfernt, das ihnen Deckung bot. Der Captain ließ keine Sekunde verstreichen. Er brachte sein Bataillon gerade noch rechtzeitig im Schutz des Maisfelds in Stellung. Heinrich, der sein Pferd mit einer Ordonnanz im Stoppelfeld zurückgelassen hatte und mit der vordersten Angriffslinie in Stellung gegangen war, sah jetzt zwischen den Maisstengeln hindurch die herannahenden Kolonnen der Konföderierten. Es mußten Tausende sein. Plummer hatte ungefähr vierhundert Mann. «Laßt sie in die Nähe kommen», hatte er seinen Soldaten eingeschärft, «so nahe, bis ihr die Angst in ihren Augen sehen könnt. Und zielt tief.»

An Heinrichs rechter Seite kauerte ein Junge, der leise vor sich hin redete. Heinrich konnte nicht verstehen, was er sagte. Aber dann lachte der Junge plötzlich. Nicht laut, aber Plummer, der sein Gerede offenbar verstanden hatte, sagte: «Soldat, deine Mutter ist nicht hier.» Von dem Moment an war der Junge still.

In der vordersten Reihe der Konföderierten marschierten Soldaten, die fast noch Knaben waren.

Heinrichs Mund wurde trocken. Er hob sein Gewehr und zielte auf einen Mann mit einem dunklen Krausbart.

Der Befehl Plummers ging im Krachen einer Salve unter.

Der Soldat mit dem dunklen Krausbart begann zu laufen. Links und rechts von ihm fielen seine Kameraden. Verwundete schrien,

Offiziere brüllten Befehle, aber er rannte unbeirrt auf Heinrich zu. Plötzlich schoß er, und seine Kugel fetzte durch die Stengel und Blätter und traf den Jungen neben Heinrich in den Hals. Der Junge wollte schreien, als er auf den Rücken fiel, aber es kam nur ein Gurgeln aus seinem Mund. Heinrich hörte es, und erst da ging sein eigenes Gewehr los, und der Soldat mit dem dunklen Krausbart schwankte nach hinten und fiel dann vornüber aufs Gesicht, das Gewehr mit dem aufgepflanzten Bajonett unter sich begrabend.

Heinrich starrte zu dem Toten hinüber, während er nachlud. Seine Bewegungen waren automatisch. Plummer gab der zweiten Reihe Befehl zum Feuern. Die Angriffslinien fielen zurück. Der Pulverrauch legte sich wie Nebel über das Plateau. Vom gegenüberliegenden Talhang her, dort, wo Lyons Truppen kämpften, drang der Schlachtenlärm durch den Nieselregen.

Neben Heinrich verblutete still der junge Soldat. Und Heinrich feuerte in die angreifenden Reihen der Feinde, ohne genau zu zielen.

Dann wurde Plummer getroffen. Ein anderer Offizier gab den Befehl, bis zum Zaun, der das Stoppelfeld begrenzte, zurückzuweichen. Plummer lag auf dem Rücken. Heinrich packte ihn und schleifte ihn mit sich durch das Maisfeld, über Tote hinweg, an den Rand des Stoppelfelds. Am Zaun reihten sich die Soldaten auf, die den Rückzug zu decken hatten. Die vorderen Reihen hielten den Feind davon ab, das Maisfeld zu stürmen. Aber der Widerstand wurde schwach. Der Feind kam näher und drang schließlich in das Maisfeld ein, das aussah, als hätte ein Wirbelsturm darin gewütet.

Heinrich richtete sich beim Zaun auf. Plummers Ordonnanz stürzte heran, kreidebleich im Gesicht. «Lieber Gott, steh dem Captain bei!» rief er, und Plummer, dem das Blut aus der Nase lief, sagte, daß er aufstehen könne, wenn ihm jemand dabei behilflich wäre. Heinrich stützte ihn, als er sich am Zaun hochzog. Kaum stand er, gab er den Befehl vorzurücken, aber seine Soldaten kamen nicht weit. Der Feind hatte jetzt die bessere Stellung und eröffnete ein Kreuzfeuer auf Plummers Soldaten, deren vorderste Reihen im Stoppelfeld ohne Deckung waren und sich im Dreck kriechend zurückziehen mußten.

Heinrich kroch unter den Zaunstangen hindurch, als plötzlich im Maisfeld Granaten explodierten. Von der Hügelkuppe auf der anderen Talseite aus mußte die Artillerie bemerkt haben, daß Plummer in Schwierigkeiten geraten war, und nahm das Maisfeld unter Beschuß. Heinrich lief auf die Ordonnanz zu, die sein Pferd an den Zügeln hielt. Das Tier scheute und versuchte, sich loszureißen. Erst als Heinrich im Sattel war und die Schenkel anlegte, beruhigte sich das Pferd. Heinrich warf einen letzten Blick auf das Maisfeld, wo die Konföderierten dabei waren, Deckung vor den Granaten zu suchen. Ein Offizier rannte quer über das Stoppelfeld auf einen Graben zu. Für einen Moment konnte Heinrich sein Gesicht sehen, ein stoppelbärtiges, blutverschmiertes Gesicht, das er inmitten von zehntausend Soldaten sofort erkannt hätte. Es war Konrad, der dort übers Feld rannte. Heinrich brüllte seinen Namen in den Lärm hinaus, aber eine Granate explodierte vor ihm, und der Offizier verschwand hinter einer Wolke aus Feuer und Rauch. Dreckklumpen und Steine flogen gegen Heinrich, sein Pferd stieg und wurde in diesem Augenblick von einer Kugel in die Seite getroffen. Heinrich verlor den Halt, fiel aus dem Sattel, blieb jedoch mit dem linken Fuß im Steigbügel hängen. Das Pferd brach über ihm zusammen und begrub ihn halb unter sich. Irgendwie kam Heinrichs Fuß frei, aber sein Bein war unter dem Pferdebauch eingeklemmt. Das Pferd versuchte aufzustehen. Heinrich brüllte und wollte es mit beiden Händen wegstoßen. Die eisenbeschlagenen Hufe wirbelten über ihm durch den Pulverrauch. Warmes Blut quoll aus einer klaffenden Wunde über der Schulter des Pferdes und lief über Heinrichs Gesicht. Männer hetzten vorbei, schleiften Verwundete mit sich. Heinrich schrie ihnen zu, daß er unter dem Pferd eingeklemmt war, aber keiner hielt an. Sie hörten ihn nicht im Schlachtenlärm. Sie rannten um ihr Leben.

Irgendwann kehrte Ruhe ein. Eine Stunde mochte vergangen sein. Heinrich hob den Kopf. Die Toten lagen still im Stoppelfeld. Der Pulvernebel lichtete sich. Drüben, auf der anderen Seite des Tals, wurde noch gekämpft. Wenn Heinrich den Kopf wandte, konnte er die steilen Hänge sehen und die Hügelkuppe, von der die Artillerie ins Tal schoß. Der Rauch trieb in Fetzen den Hängen entlang. Er versuchte, sich aufzusetzen, packte ein Büschel Mähnenhaar des inzwischen verendeten Pferdes und zog sich daran hoch. Das Bein unter dem schweren Körper des toten Tieres lockerte sich. Jetzt kamen die Schmerzen. So plötzlich, daß es ihm beinahe den Atem nahm. Er biß die Zähne zusammen, bis ihm der Schweiß ausbrach. Aber es gelang ihm, das verletzte Bein im aufgeweichten Boden unter dem Pferdebauch hervorzuziehen. Er kroch ein Stück weit durch den Dreck und verharrte neben einem Soldaten, der auf dem Rücken lag, die Hände über der Brust gefaltet, die Augen geschlossen. Für einen Moment dachte Heinrich, er sei noch am Leben, aber als er sein Gesicht berührte, war die Haut naß und eiskalt.

Es hatte aufgehört zu regnen.

Heinrich blickte zu der Stelle hinüber, wo der Offizier verschwunden war, den er für Konrad gehalten hatte. Nur Granattrichter waren zu sehen. Dann kroch er zum Rand des Plateaus. Ein tiefer Graben, durch den ein dünnes, schlammiges Rinnsal floß, führte durch dichtes Gestrüpp und Unterholz steil hinunter zum Wilson's Creek.

Heinrich rutschte über den Rand des Plateaus in den Graben. Mit beiden Händen schöpfte er Wasser. Es roch nach Erde und Blut. Heinrich trank, bis er nicht mehr konnte. Die Schmerzen wurden schlimmer. Vorsichtig, das Bein hinter sich herziehend, kroch er im Graben den Abhang hinunter ins Unterholz der Niederung, durch die der Wilson's Creek floß. Das Tal war hier eng, der Boden sumpfig und dicht mit Pflanzen bewachsen. Hier, so dachte er, würde ihn niemand entdecken. Er tastete sich dem morschen Stamm eines gefällten Baums entlang und erreichte einen Weg, der im Farnkraut kaum zu erkennen war. Jemand hatte Flußsteine dazu benutzt, den Weg für Wagen passierbar zu machen. Er führte zu einer alten, verwitterten Bretterhütte, die hart am steilen Ufer des Wilson's Creek stand. Neben der Hütte ragte ein zweirädriger Handkarren aus dem Gestrüpp, und an einem toten Baum war ein Strick befestigt, an dem der Kadaver eines halbverwesten Fuchses hing.

Heinrich verharrte am Wegrand, und in diesem Augenblick überkam ihn das Gefühl, nicht zum ersten Mal hierzusein. War es möglich, daß er diese Hütte kannte, den Fluß und den lichten Wald? Heinrich schauderte und starrte zitternd vor Kälte und Anspannung zur Hüttentür hinüber, die schief in den Angeln hing und einen Spalt breit offenstand. Die Hütte hatte keine Fenster. Nichts rührte sich. Nur das Rauschen des Bachs war zu hören und entferntes Geschützfeuer wie Donnergrollen.

Es begann wieder leicht zu regnen. Eine schwarze Schlange glitt lautlos durch eine Pfütze am Wegrand und verschwand zwischen Büscheln von Wasserlilien. Heinrich kroch auf den Weg hinaus. Plötzlich spürte er, daß er nicht mehr allein war. Er hatte das Gefühl, aus der Hütte heraus beobachtet zu werden. Aber im dunklen Spalt der Türöffnung war nichts zu sehen.

Langsam kroch er auf die Hütte zu. Als er sich noch etwa zehn Schritte davon entfernt befand, hielt er an, blieb still zwischen den Steinen liegen. Minuten verstrichen. Irgendwo in der Nähe sprang ein Frosch ins Wasser. Rauchschleier drangen durch das Unterholz.

Heinrich kroch weiter, bis er die Hütte erreichte. Dort zog er sich am Türpfosten hoch, drückte mit einer Hand die Tür weiter auf. Licht fiel in den Raum. Im Halbdunkel konnte er zwei Gestalten erkennen. Dicht beisammen hockten sie gegen die Bretterwand gelehnt am Boden. Die eine hatte ihren Arm um die andere gelegt. Heinrich erkannte die eine.

«Konrad», keuchte er.

«Komm rein», sagte Konrad leise. «Und mach die Tür zu.»

Der Junge hatte seinen Kopf gegen Konrads Schulter gelegt.

«Das ist Jim», sagte Konrad und wischte sich mit dem Handrücken Blut vom Mund. «Jim Allen, Kompanie F. Eine von euren verfluchten Splittergranaten hat ihm den Bauch aufgerissen.»

Heinrich hatte sich ebenfalls am Boden niedergelassen, den Rücken gegen eine Kiste gelehnt. Allmählich gewöhnten sich seine Augen an die Dunkelheit in der Hütte. Das einzige Licht drang durch die Ritzen zwischen den Brettern. Es roch nach morschem Holz. Und es roch nach Blut.

«Es ist so still draußen», sagte Heinrich. «Unheimlich still.»

«Vielleicht haben sie aufgehört», meinte Konrad und verzog den Mund zu einem Grinsen. «Vielleicht hat der Krieg aufgehört.»

«Das glaube ich nicht», erwiderte Heinrich.

Aber es war wirklich so still draußen, als wären sie allein hier am Wilson's Creek.

Die Zähne des Jungen schlugen gegeneinander und machten ein seltsam klapperndes Geräusch.

«Lieber Freund», sagte Konrad leise, «Jim hier, der stirbt ganz langsam, und ich kann ihm nicht helfen.»

Heinrich schluckte. Seine Kehle schmerzte. Sein ganzer Körper schmerzte. Er beugte sich vor und begann, seine Jacke auszuziehen.

«Was machst du?» fragte Konrad.

«Ich kann das nicht hören», sagte Heinrich. «Dieses Geräusch, das er mit den Zähnen macht.» Er kroch zu Konrad hinüber. «Ist er ohnmächtig?» fragte er.

Konrad schüttelte den Jungen ein bißchen.

«Jim, bist du noch da, Jim, mein Junge?»

Jim Allen reagierte nicht. Als sich Heinrich über ihn beugte, sah er, daß ihm das Gedärm aus der Uniform quoll. Überall auf dem Boden war Blut. Nicht nur von dem Jungen.

«Du bist auch verletzt», sagte Heinrich leise zu Konrad, während er seine Jacke über dem Jungen ausbreitete.

«Ziemlich.» Konrad legte seine linke Hand auf Heinrichs Arm. «Für mich, mein Freund, ist der Krieg vorbei. Ich sterbe. Genau wie dieser Junge hier. Aber ich spüre keine Schmerzen. Und das ist gut. Ich möchte nicht so sterben wie er. Nicht mit diesen Schmerzen.»

«Wo bist du getroffen?»

«In der Brust.» Er legte seine Hand auf die Brust, dort, wo seine Lieutenantsuniform schwarz war vom Blut. «Wir haben euch geschlagen, mein Freund. Ihr seid wie die Hasen weggelaufen, und ich dachte, jetzt packen wir euch beim Schwanz, und da sah ich, wie sich ein Sergeant niederkniete, und schoß mit meinem Revolver auf ihn, und ich dachte, den putzt du noch weg, aber der kniete ganz ruhig und zielte, und dann kriegte ich seine Kugel. Ich wollte zum Maisfeld zurücklaufen, als eine von euren verfluchten Splittergranaten explodierte, und ich stürzte und fiel den Abhang hinunter in den Sumpf hinein. Und da fand ich Jim. Er hatte einen Bauchschuß und jammerte furchtbar, und ich schleifte ihn durch den Sumpf hierher, wo er in Ruhe sterben kann.»

«Ich sah dich laufen», sagte Heinrich. «Herrgott, ich habe dich so oft schon gesehen, daß ich dachte, das bist du gar nicht. Und dann explodierte die Granate.»

«Du hast gedacht, ich bin es gar nicht?» Konrad grinste. «Das dachte ich auch, als ich dich aus dem Kraut kriechen sah, durch den Spalt in der Tür dort. Ich dachte, jetzt hast du Halluzinationen, und bald holt dich der Teufel, aber dann sah ich genauer hin, und verdammt noch mal, du siehst zwar aus, als wenn du am Abserbeln wärst, so verdammt mager und alt bist du geworden, und ich –» Konrad brach jäh ab, würgte an dem Blut, das aus seinem Inneren kam.

«Lieber Gott», stieß Heinrich hervor, als die Finger Konrads sich in seinen Arm krallten. «Lieber Gott, laß ihn nicht sterben!»

Es dauerte fast fünf Minuten, bis der Krampf vorbei war. Konrads Finger lösten sich von Heinrichs Arm. Er wischte sich das Blut vom Mund und vom Kinn und deutete auf eine Feldflasche, die am Boden lag. Heinrich träufelte ihm ein bißchen Wasser ein. Nach einer Weile erholte sich Konrad, aber sein Gesicht war jetzt noch eingefallener.

«Beten, das nützt nichts», sagte er leise. «Wenn ich tot bin, dann kannst du meinetwegen für mich beten, mein Freund.» Konrad beugte sich zu dem Jungen hinüber. «Jim, mein Junge», sagte er mühsam, «mach die Augen auf. Wir haben einen Yankee hier, der für uns beten wird.»

Der Junge öffnete die Augen. Ein gepreßtes Stöhnen kam aus seiner Kehle. Er richtete sich etwas auf, als wollte er aufstehen. Aber Konrad hielt ihn zurück. «Bleib still, mein Junge», sagte er. «Hörst du, wie still es draußen ist? Der Krieg ist vorbei.»

Der Junge bewegte die Lippen. Er sagte etwas, aber kein Laut kam aus seinem Mund. Heinrich beugte sich vor. In diesem Moment röchelte der Junge, daß er nach Hause gehen wolle.

«Wir gehen alle nach Hause», sagte Konrad. «Jim, mein Junge, wir gehen alle nach Hause. Sogar der Yankee hier geht eines Tages nach Hause.»

Heinrich gab dem Jungen ein bißchen Wasser. Der Junge flüsterte, daß es in seinem Bauch furchtbar brenne, wie Feuer. «Wie Feuer ist es», preßte er hervor. «Wie Feuer.»

Der Schweiß rann ihm über das Gesicht. Sein Kopf fiel zurück gegen die Wand. Sein ganzer Körper begann sich zu schütteln.

«Jetzt gehst du nach Hause, mein Junge», sagte Konrad leise. «Und sie sind alle da, und sie winken dir zu. Deine Mutter steht bei der Tür, Jim. ‹Jim›, ruft sie dir zu. ‹Mein Junge.› Und dein Vater kommt aus dem Haus, und er ist stolz auf dich, Jim, und er sagt: ‹Jim, mein Sohn, du hast brav gekämpft und den verfluchten Yankees die Hölle heiß gemacht.› Und er lacht, und deine Schwester hängt sich an deinen Arm, Jim, und hüpft neben dir her, und der Hund schnappt kläffend nach deinen Hosenstößen, und es ist alles gut jetzt, der Himmel ohne Wolken, und die Kirschbäume blühen.» Konrads Stimme wurde schwächer. Er zog den Körper des Jungen eng an sich heran, und er flüsterte ihm zu, daß es Frühling sei und die hübschen Mädchen auf den Wiesen tanzten.

Irgendwann sagte Heinrich laut, daß der Junge tot sei, und er sah, wie Konrad die Tränen über das Gesicht liefen.

Die Stille schien plötzlich zu bersten.

Kanonendonner rollte durch das Tal, Gewehrfeuer. Die Schlacht war nicht vorbei. Es wurde noch schlimmer gekämpft als zuvor. Ohne Unterlaß krachten die Gewehre. Und das Geschrei der Soldaten, die sich erneut in den Kampf stürzten, war jetzt noch lauter.

Konrad hob den Kopf.

«Jetzt jagen sie euch Yankees alle in die Hölle!» keuchte er mühsam. «Hörst du, mein Freund. Jetzt kriegt ihr furchtbar den Ranzen voll.»

Heinrich nahm die Jacke von dem Jungen und legte sie Konrad über die Beine. Dann drehte er sich um und wollte zur Tür kriechen.

«Was willst du tun?» fragte Konrad leise.

«Hilfe holen», sagte Heinrich. «Da oben auf dem Hügel sind unsere Stellungen. Dr. Cornyn, unser Regimentsarzt, kann –»

«Geh nicht weg», unterbrach ihn Konrad. «Ich will jetzt nicht allein sein.»

«Ich könnte versuchen, Hilfe herzuholen. Die Sanitäter könnten dich zum Hügel hochbringen. Dr. Cornyn könnte dich ...» Heinrich brach ab. Es stand zu schlecht um Konrad. Er hatte zu viel Blut verloren. Und jetzt berührte ihn wieder der Tod. Er hustete Blut, während sich sein ganzer Körper im Krampf schüttelte. Heinrich kroch zu ihm und legte einen Arm um ihn. Nach einer Weile beruhigte sich Konrad, aber der Krampf hatte ihn derart geschwächt, daß er nicht einmal mehr den Oberkörper aufrecht halten konnte. Heinrich mußte ihn stützen.

Konrads Atem ging schwer. Er hob die Hand und drückte den Handrücken gegen seine Stirn. Einige Minuten verharrten sie still nebeneinander. Dann legte Konrad den Kopf so weit in den Nacken, daß er gegen die Bretterwand stieß. Er hatte die Augen geschlossen.

«Daß du Soldat geworden bist, Heinrich», flüsterte er schwach, «das hätte ich nie gedacht.»

«Sie haben meine Frau umgebracht», sagte Heinrich. «Erinnerst du dich an die Hettich-Brüder?»

Konrad öffnete die Augen.

«Vom Schwarzwald?» Ein Lächeln huschte um seinen Mund. «Wie hieß noch das Nest dort, mit dem schiefen Marktplatz und der Kneipe, wo ich diesem Schuft die Hand abgehackt habe?»

«Schiltach.»

«Schiltach. Stimmt.» Konrad schloß wieder die Augen.

«Der rote Hettich ist bei euch», sagte Heinrich. «Bei McCulloch.»

«Es war gut damals, nicht wahr?» flüsterte Konrad. Er schien nicht zu hören, was Heinrich ihm sagte. «Alles war gut damals. Wir glaubten, nichts kann uns in die Knie zwingen. Wir waren zusammen, nicht wahr? Du und ich. Wir träumten zusammen von Amerika, und du hast mir aus deinem Büchlein vorgelesen, mein Freund, nachts, wenn wir vor lauter fiebriger Erwartung nicht schlafen konnten.»

«Wir dachten, daß unser Leben erst beginnen wird, wenn wir einmal in Amerika sind», sagte Heinrich.

«Und dann waren wir auf dem Schiff.»

«Auf der *Theresia*», nickte Heinrich.

«Und Julia war mit uns.» Konrad begann zu zittern. Mit einem Ruck löste er sich von der Bretterwand. Jim Allen, der tote Junge, rutschte an seiner Seite herunter, bis sein Kopf am Boden aufschlug. «Sag ihr, daß ich in meiner letzten Stunde an sie gedacht habe, Heinrich. Sag ihr, daß ich nichts getaugt habe. Nie im Leben habe ich etwas angefangen und zu Ende gebracht. Ich weiß nicht, was es ist, Heinrich, aber ich hatte immer diese Angst in mir, daß etwas schiefgeht und daß Menschen, die mir nahe sind, durch mich unglücklich werden. Sag ihr...» Konrads Stimme brach. Er öffnete den Mund weit und schien keine Luft mehr zu kriegen.

«Ich ersticke...» keuchte er. Blut quoll ihm aus dem Mund und aus der Nase. Sein Gesicht wurde dunkel, und es schwoll an. Heinrich wußte nicht, was ihm hätte helfen können. Er konnte nichts für Konrad tun, und in seiner Verzweiflung suchte er Hilfe bei Gott, an den zu glauben er seit langer Zeit aufgegeben hatte. Er schrie, aber sein Schrei kam leer zu ihm zurück. Er drückte Konrads Kopf gegen seine Brust.

«Wehr dich, Konrad», stieß er leise hervor. «Wir sind wieder zusammen, hörst du! Wir träumen zusammen. Das macht uns stark, und es gibt nichts, was uns bezwingen könnte, nicht einmal der Tod!»

Konrad hob den Kopf.

«Geh zurück zu ihr, Heinrich!» flüsterte er. «Sie hat nur ein einziges Mal aufgegeben, daran zu glauben, daß du zurückkommst.» Konrad stemmte sich auf. «Geh zu ihr zurück, Heinrich!»

«Julia ist tot, Konrad! Sie starb auf der *Theresia!*»

Konrad schüttelte den Kopf.

«Nicht Julia», preßte er leise hervor. «Pauline.»

«Pauline?»

Konrad packte Heinrich bei der Hemdbrust. «Sie hatte nur eine Hoffnung, Heinrich. Die ganze Zeit hatte sie nur die Hoffnung, daß du zurückkehrst. Sie machte mich rasend vor Eifersucht. Ich dachte an nichts anderes als daran, ihr diese Hoffnung zu zerstören.»

«Du redest zuviel, Freund! Komm, leg dich hin auf dem Boden.»

«Nein.» Konrads Fäuste zitterten. An seinen Schläfen schwollen die Adern. Heinrich sah ihm an, daß er in diesem Moment gegen den Tod ankämpfte, der in seiner Nähe lauerte, um ihn ein letztes Mal zu berühren. «Versprich mir, daß du zu ihr zurückgehst», flüsterte Konrad. «Versprich es mir, mein Freund!»

«Wenn du willst, ja, ich verspreche es dir.»

«Dann gib mir die Hand darauf.»

Heinrich gab ihm seine Hand, und Konrad atmete auf, als hätte ihm Heinrich eine schwere Last abgenommen. Seine Lippen bewegten sich. Heinrich mußte sich vorbeugen, um die Worte zu verstehen.

«Ich . . . ich habe ihr ein Kind gemacht, Heinrich», keuchte Konrad hustend. «Blutschande! Herrgott, ich bin weggelaufen. Aus Angst. Ich habe sie einfach im Stich gelassen.»

Heinrich starrte seinen sterbenden Freund ungläubig an.

Konrads Augen weiteten sich etwas. «Es war nicht ihre Schuld, Heinrich! Sie hat mir vertraut, verstehst du! Sie war schwach in dieser Nacht, sie war naiv, und sie vertraute mir.» Konrad legte den Kopf wieder zurück gegen die Bretterwand und starrte zum Dach hoch, von dem staubige Stränge von Spinnweben herunterhingen.

«Wir müssen vieles falsch gemacht haben, Heinrich», keuchte er. «Du bist stark, und trotzdem geht es dir jetzt fast so dreckig wie mir. Weißt du, was wir falsch gemacht haben, mein Freund?»

«Wir haben nichts falsch gemacht, Konrad», widersprach Heinrich. «Das Leben ist vorgezeichnet. Das weiß ich jetzt bestimmt. Es ist wie ein Kreis, den du gehst, und wenn du nicht aufpaßt und danebentrittst, dann ist da nichts als ein gottverdammter Abgrund. Weißt du, wer meine Fabrik in St. Louis finanziert hat?»

«Nein.»

«Biland. Der hatte mich am Gängelband, ohne daß ich es merkte.»

Konrad grinste. «Er ist ein durchtriebener alter Fuchs, mein gottverfluchter Onkel. Geh zurück und mache ihm unsere Rechnung auf, Heinrich!» Konrad bleckte die Zähne. «Sag ihm, daß ich für den Süden gekämpft habe, weil ich New York erobern und seine gottverdammte Bank plündern wollte.»

«Das hast du gedacht? Daß ihr New York erobert?» Heinrich lachte. «Ihr könnt nicht einmal Missouri erobern, ihr verdammten Rebellen.» Er zog Konrad an sich, und sie lachten, bis ein neuer Hustenkrampf kam. Als er vorüber war, krallte Konrad die Finger seiner rechten Hand in Heinrichs Arm. «Lies mir aus dem Büchlein vor, Heinrich», bat er leise. «So wie damals . . .»

Heinrich wollte ihm sagen, daß er das Büchlein nicht bei sich hatte, aber dann fiel ihm eine Passage am Ende von Gerstäckers Beschreibung Amerikas ein, die sich ihm nur zu gut eingeprägt hatte: «Also nimm, wenn es dir im alten Vaterlande nicht mehr behagt, getrost den Wanderstab in die Hand, und suche dir in den fruchtbaren Tälern jener fernen Welt einen neuen, sicheren Herd.»

Heinrich berührte Konrads Gesicht, während er weitersprach.

«Der Anfang ist schwer, aber das Ende lohnt dir auch reichlich die überstandene Müh und Last, und du magst dann mit ruhigem und ungetrübtem Auge in die Zukunft blicken, du siehst nicht Sorge und nicht Not für die Deinen und für dich, sondern ein glückliches Alter im Kreise deiner Familie, und wenn auch nicht Überfluß und Reichtum, so doch ein gutes, gesichertes Auskommen für deine Kinder.»

Heinrich verstummte.

«Konrad», sagte er leise, und seine Augen füllten sich mit Tränen, «du hast recht. Wir haben beide zu viel falsch gemacht.»

Konrad gab ihm keine Antwort mehr, und Heinrich umarmte ihn und drückte ihn an sich, während draußen im Tal noch immer die Geschütze und die Gewehre krachten.

24

Heinrich wußte nicht, wieviel Zeit vergangen war, als er plötzlich Stimmen hörte.

Männer näherten sich der Hütte. Zwei oder drei. Sie kamen von der Rückseite der Hütte her, wahrscheinlich dem Bach entlang. Es konnten zersprengte Soldaten sein, von Lyons Truppen oder von den Konföderierten. Es war still draußen. Nur der angeschwollene Bach rauschte. Kein Geschützdonner mehr. Keine Gewehrsalven. Kein Hurragebrüll. Nichts.

Heinrich zog Konrad weg von der Bretterwand, bis er am Boden lag, mit dem Oberkörper über den Beinen des toten Jungen. Dann kroch er unter die beiden Toten, legte sich auf den Bauch und wandte das Gesicht der Bretterwand zu. Das verletzte Bein stand verdreht von seinem Körper ab, und mit einer Hand krallte er sich wie im Todeskrampf an Konrads Arm fest.

Die Stimmen draußen waren verstummt.

Heinrich rührte sich nicht mehr. Sekunden verstrichen. Dann knarrte die Tür. Ein frischer Luftzug drang in die Hütte, und graues Licht fiel über die Bretterwand, dicht vor Heinrichs Gesicht. Jemand trat ein. Ein Schatten fiel über die Wand. Es kam jemand näher. Heinrich konnte nicht sehen, wer es war, aber er spürte die Nähe eines Menschen. Ein Tritt traf sein gebrochenes Bein. Dann bewegte sich plötzlich Konrad über ihm. Konrads linke Hand fiel Heinrich in den Nacken.

«Da liegen drei», sagte eine Stimme in der gedehnten Sprechweise der Südstaatler. «Zwei von uns und ein Yankee.»

«Tot?» fragte eine hellere Stimme von der Tür her.

«Mausetot.» Er trat Heinrich in die Seite. «Weiß der Teufel, wie es kommt, daß die so quer übereinanderliegen auf einem Haufen.»

Der andere Mann kam heran.

«Jesus Christus», sagte er. «Komm, laß uns hier verschwinden, bevor uns jemand sieht.»

«Hierher kommt kein Schwein, Kirby», sagte der andere. Er kauerte nieder, und Heinrich spürte seinen Atem im Nacken. Offenbar durchsuchte er Konrads Taschen. «Schau her, der hat eine feine Uhr, der Herr Lieutenant.»

«Komm lieber», sagte der andere. «Wenn dich die Froschfresser mit seiner Uhr erwischen, hängen sie dich am nächsten Baum auf.»

«Zieh dem Yankee wenigstens die Stiefel aus, Kirby, in deinen Latschen kommst du nicht mehr weit.» Der Mann lachte. «Reich war er nicht, dieser feine Pinkel.» Ein paar Münzen klingelten. «Das sind nicht einmal zwei Dollar.» Jemand zerrte Konrad von Heinrich herunter.

«Uh, der Junge sieht übel aus. Und stinken tut's hier. Mach vorwärts mit den Stiefeln, Kirby.»

«Ich brauch' keine Stiefel!»

«Blödsinn. Hast du Angst oder was?» Der Mann lachte scharf. «Vor einem toten Yankee brauchst du dich noch weniger zu fürchten als vor einem lebenden.»

«Trotzdem. Ich mag das nicht, wenn man einem Toten Zeug wegnimmt. Das ist Leichenfledderei oder so was.»

«Lieber läufst du dir die Füße blutig, was? Sei kein Idiot, Kirby. Der Yankee braucht sein Zeug nicht mehr.»

Jemand hob Heinrichs rechtes Bein an und begann, an seinem Stiefel zu ziehen. «Die sind noch fast neu», sagte der eine Mann. «Komm, ich helf' dir.» Sie zogen zu zweit, und Heinrich rutschte über den Boden, aber dann gelang es ihnen, ihm den Stiefel auszuziehen. Dann zerrten sie an seinem gebrochenen Bein herum, und bevor er bewußtlos wurde, hörte er die hellere Stimme wie aus weiter Ferne an sein Ohr dringen. «Jesus Christus, der Yankee hat noch warme Füße», sagte sie.

«Blödsinn», sagte der andere Mann, und seine Stimme drang wie durch dichten Nebel zu Heinrich vor.

«Jesus Christus, dem seine Füße sind noch ganz warm», beharrte die hellere Stimme.

«Dann ist er entweder erst vor einigen Minuten gestorben, oder seine Stiefel sind wirklich gut gefüttert, Kirby.»

«Ich hau' lieber ab!» sagte Kirby. Das war das letzte, was Heinrich hörte.

Er kam irgendwann zu sich. Die Tür stand sperrangelweit offen. Er tastete um sich. Konrad war nicht mehr da. Der Junge auch nicht.

Heinrich setzte sich auf. Schleifspuren führten zur Tür. Von draußen war nur der Bach zu hören.

Heinrich richtete sich auf und lehnte sich gegen die Bretterwand. Der Wind bewegte das nasse Laub an den Ästen der Büsche und Bäume. Durch die offene Tür sah er, daß jemand das Seil durchgeschnitten hatte, an dem der tote Fuchs gehangen hatte. Jetzt lag der Kadaver am Boden vor der Hütte.

Heinrich blickte auf sein verletztes Bein nieder. Die Schmerzen waren unerträglich. Nur im Fuß hatte er ein pelziges Gefühl, als würde er absterben.

Heinrich wußte, daß er nicht hier bleiben konnte. Es mußte schon Nachmittag sein. Wahrscheinlich hatten die Konföderierten die Toten vom Schlachtfeld geholt und dabei die Hütte entdeckt. Sie mußten Konrad und den Jungen mitgenommen haben, während sie ihn für tot liegen ließen, weil er über und über mit eingetrocknetem Blut und Lehmdreck bedeckt war.

Heinrich kroch aus der Hütte. Draußen verharrte er einen Moment und lauschte. Durch das Geäst der Bäume hindurch konnte er einen Teil des Hangs auf der Westseite des Tals sehen, dort, wo Lyons Truppen gekämpft hatten. Im Gestrüpp waren fünf dunkle Flecken zu sehen. Tote Soldaten. Das Gestrüpp verdeckte die anderen, die dort am Hang gefallen waren.

Er kroch hinunter zum Ufer des Bachs, fand eine Stelle, wo er ihn durchqueren konnte. Auf der anderen Seite erhob sich eine steile Böschung, die er hinaufklettern mußte. Die Erde war naß und glitschig. Er rutschte aus und fiel in den Bach, dessen aufgewühltes Wasser braun war und voller Geäst, das es entlang des Ufers weggerissen hatte. Heinrich blieb eine Weile im Wasser liegen, da er zu erschöpft war, um sich über die Uferböschung hochzuziehen. Schließlich kroch er den Bach entlang bis zu einer Stelle, wo die Uferböschung beinahe flach war. Dort, im Gestrüpp, fand er einen toten Soldaten des Iowa-Regimentes. Weiter oben am Hang stieß Heinrich auf zwei weitere Soldaten, die dicht beisammen im Gestrüpp lagen. Es waren Arkansas-Soldaten. Der eine hielt im Tod sein Gewehr fest und hatte ein verzerrtes Lächeln im Gesicht. Der andere hatte überhaupt kein Gesicht mehr, aber dafür trug er Heinrichs Stiefel. Heinrich durchsuchte die Taschen des anderen. Er fand ein paar Münzen und Konrads Uhr. Er klappte den Deckel auf. Es war kurz nach fünf Uhr. Auf der Innenseite des Deckels war der Satz eingraviert: «Gott behüte dich, mein Sohn. Deine Mutter.»

Er steckte die Uhr ein und kroch weiter den Hang hoch. Oben auf dem Hügel blieb er erschöpft liegen. Links von ihm, etwa zweihundert Meter entfernt und jenseits eines tiefen Einschnitts, durch den der Weg aus dem Tal des Wilson's Creek heraufführte, hätten eigentlich die Kanonen der Artillerie stehen sollen. Heinrich richtete sich etwas auf, um besser sehen zu können, aber Büsche und Bäume verdeckten ihm die Sicht. Er drehte sich um und blickte hinunter ins Tal. Dort konnte er das Dach der Mühle sehen und etwas davon entfernt, halb von Bäumen verdeckt, die kleine Hütte. Nirgendwo rührte sich etwas. Das Tal war wie ausgestorben.

Heinrich nahm an, daß sich Lyons Truppen zurückgezogen hatten. Er kroch deshalb in westlicher Richtung über den flachen Hügel, bis er die Straße erreichte, über die Lyons Armee von Norden herkommend am frühen Morgen das Tal erreicht hatte. Die Straße war jetzt nicht mehr zu erkennen, weil sie von Pferdehufen, Stiefeln, den Rädern der Wagen und Lafetten tief durchpflügt worden war.

Heinrich erinnerte sich, daß er am frühen Morgen nicht weit von hier ein Farmhaus gesehen hatte, das verlassen war. Er brauchte nur der Straße zu folgen. Weit konnte es dorthin nicht mehr sein.

Er kroch durch den Dreck des aufgewühlten Bodens nordwärts. Als er jene Stelle erreichte, wo von links her ein Karrenweg einmündete, hörte er plötzlich hinter sich Geräusche. Er stemmte sich hoch und blickte zurück. Soldaten kamen die Straße entlanggeritten. Es war eine Kompanie Kavallerie. Heinrich war für einen Moment wie gelähmt. McCulloch und Price hatten offenbar die Verfolgung aufgenommen. Bei dem Kavallerietrupp mußte es sich um eine Vorhut handeln, wahrscheinlich um McCullochs berüchtigte *Texas Rangers.*

Heinrich blickte sich nach einem Versteck um, aber außer niederem Gestrüpp und ein paar vereinzelten Eichenbäumen gab es hier nichts. Er kroch in eine Mulde am Rand eines Stoppelfelds und machte sich hinter einem Stangenzaun so klein wie möglich. Über den Rand der Mulde hinweg konnte er die heranreitenden Soldaten sehen. Ein Trupp ritt voran. Dann folgte ein Wagen, zu beiden Seiten von Reitern flankiert. Dahinter kam noch einmal ein Trupp.

Die Spitze der Kolonne war noch etwa zehn Meter entfernt, als Heinrich die Standarte erkennen konnte. Er stemmte sich auf. Nein, das waren keine *Texas Rangers.* Das waren Soldaten der 1. US-Kavallerie. Jetzt erkannte er Lieutenant Cranfield, der an der Spitze ritt. Und neben ihm Dr. Cornyn in seiner Offiziersuniform.

Vor Freude wollte Heinrich aufspringen, aber sein Bein knickte unter ihm ein, und er fiel schwer ins nasse Gras. Als die ersten Reiter ihn erreichten, war er bewußtlos. Sie hoben ihn auf und legten ihn in den Ambulanzwagen neben einen Toten.

Als Heinrich erwachte, sah er im Halbdunkel ein schiefes Gesicht über sich, das mit Blut und Dreck verschmiert war. Es gehörte Lucas, dem Jungen von der Fähre. Er hatte einen Arm in der Schlinge und am Kopf einen durchgebluteten Verband. Der Wagen schaukelte ächzend. Hufschlag drang von draußen herein. Heinrich versuchte, sich aufzusetzen. Der Junge mußte ihm helfen. Erst jetzt bemerkte er den Toten, der neben ihm lag. Der Leichnam war mit einem Mantel zugedeckt.

Heinrich blickte den Jungen an.

«Was denkst du, haben wir die Schlacht gewonnen?» fragte er mühsam. Sein Mund und seine Kehle waren ausgetrocknet.

Der Junge hob die Schultern, sagte nichts. Schweigend starrte er an Heinrich vorbei.

Heinrich beugte sich über den Toten und hob den Mantel etwas an. Darunter lag Brigadiergeneral Nathaniel Lyon. Jemand mußte ihm das Gesicht gesäubert haben. Er hatte eine kleine Schramme an der Schläfe, die blutverkrustet war. Sonst nichts. Sein Gesicht war schmaler, als Heinrich es in Erinnerung hatte, die Haut weiß und wächsern. Der rote Bart und sein Haar waren zerzaust. Die Augen standen etwas offen, aber sein Mund war geschlossen.

Heinrich hob den Kopf. Der Junge nagte an seiner Unterlippe.

«Warst du dabei, als er fiel?» fragte Heinrich.

Der Junge nickte.

«Er führte uns zum Angriff. Eine Kugel traf ihn in die Brust. Er stieg ganz langsam vom Pferd und fiel Lehmann, seiner Ordonnanz, in die Arme. Ich fiel dicht neben ihm, und als ich am Boden lag, hörte ich, wie er noch etwas sagte.»

«Und dann?»

«Dann war er tot.» Der Junge nahm wieder die Unterlippe zwischen die Zähne und schwieg. Vorsichtig ließ Heinrich den Mantel wieder auf das Gesicht des Toten zurückgleiten.

In der Nacht, als der Trupp mit dem Ambulanzwagen endlich Springfield erreichte, herrschte in der Stadt helle Aufregung. Die letzten Vorbereitungen zum Rückzug nach Rolla wurden getroffen. Bewohner der Stadt, die sich wegen ihrer Unionstreue vor Repressalien fürchten mußten, packten ihr Hab und Gut zusammen, um nach

Rolla oder sogar nach St. Louis zu flüchten. Im Lazarett versorgten Dr. Cornyn und die anderen Ärzte die Verwundeten, holten Kugeln aus fiebrigen Körpern und amputierten von Granaten zerschmetterte Arme und Beine. Heinrichs Bein wurde geschient. Sigel, blaß und mit geröteten Augenlidern, besuchte ihn kurz. Von ihm erfuhr Heinrich, wie Lyon bei einem Gegenangriff auf die vereinigten Truppen von Price und Pearce gefallen war, von einer Kugel eines Arkansas-Scharfschützen in die Brust getroffen.

Lehmann hatte ihn aus der Feuerlinie nach hinten geschleift zu einem sicheren Platz in der Nähe der Artilleriestellungen. Später hatte man Lyon ins Feldlazarett gebracht, wo Dr. Cornyn aber nur noch den Tod feststellen und dafür sorgen konnte, daß der Leichnam in einem Ambulanzwagen mitgenommen wurde.

Unterdessen war der Kampf weitergegangen. Major Sturgis hatte das Kommando übernommen, da alle ranghöheren Offiziere entweder gefallen oder verwundet worden waren und Sigel sich auf dem Rückzug nach Springfield befand.

Die Schlacht um den Hügel, den die Soldaten jetzt *Bloody Hill* nannten, hatte nach Lyons Tod noch länger als eine Stunde gedauert und war mit zunehmender Verbissenheit geführt worden. Schließlich, gegen Mittag, als weder die Konföderierten noch die Unionssoldaten Boden gewinnen konnten und sich ihre Linien buchstäblich ineinander verbissen hatten, erhielt Sturgis die vernichtende Botschaft, daß Sigel geschlagen worden war. Er gab sofort Befehl, den Rückzug einzuleiten. Und während sich die Unionssoldaten zurückzogen, gaben auch die Konföderierten unverhofft ihre Stellungen auf.

Sigel berichtete Heinrich auch von seinem eigenen Rückzug, bei dem er auf dem Weg nach Springfield auf den Mörder Franziskas gestoßen war.

«Ich kann dir nicht sagen, ob er tot ist oder nicht, Heinrich», sagte Sigel. «Ich traf ihn mit der flachen Säbelklinge, aber es ist gut möglich, daß ihn erst sein eigenes Pferd zu Tode geschleift hat.»

Franz Sigel sah müde aus, und Heinrich wußte, daß er mit sich selbst nicht zufrieden war. Nach seinem erfolgreichen ersten Angriff auf das Kavallerielager hatte er seine Truppen offenbar nicht mehr richtig zusammenhalten können. Außerdem ließ er sich durch McCullochs Truppen und durch das zeitweise Verstummen des Schlachtenlärms täuschen. Obwohl er es nicht aussprach, gab er sich doch einen großen Teil der Schuld daran, daß der Feind nicht besiegt worden war.

«Geschlagen haben wir ihn», sagte er. «Daran besteht kein Zweifel. Aber wir hätten ihn besiegen können.»

Später brachte man Lyons Ordonnanz, Albert Lehmann, ins Lazarett. Er war noch immer außer sich vor Kummer und Verzweiflung über den Tod des Brigadiergenerals, für den er sein Leben gegeben hätte. Lehmann war von einer Kugel an der Hüfte getroffen worden, und Dr. Cornyn versorgte die ungefährliche, aber stark blutende Wunde.

Der Leichnam General Lyons war inzwischen im Haus des Kongreßabgeordneten John S. Phelps aufgebahrt worden. Mrs. Phelps versprach, ihn herzurichten und vorerst im Garten ihres Hauses beerdigen zu lassen, damit er nicht in die Hand von Vandalen geraten konnte. Später, wenn es die Situation erlaubte, sollte Nathaniel Lyon, der «Löwe von St. Louis», dann in seine Heimatstadt Phoenixville, Connecticut, überführt werden.

Sigel, der inzwischen das Kommando von Major Sturgis übernommen hatte, organisierte den weiteren Rückzug. Zwei Stunden nach Mitternacht setzte sich die Spitze der Kolonne nach Rolla in Bewegung. Heinrich saß mit anderen Verwundeten zusammen in einem Ambulanztransporter. Ein Junge, dem das rechte Bein am Knie amputiert worden war und der eine Kugel in der Brust hatte, lag neben ihm. Er hob den Kopf des Jungen etwas an und bettete ihn in seinen Schoß. Es wurde eine lange, schlimme Nacht für sie alle. Heinrich war von dem schmerzbetäubenden Mittel so benommen, daß er keinen klaren Gedanken fassen konnte. Gegen Morgen fiel er in einen leichten Schlaf, aus dem er hochschreckte, weil er glaubte, sich zusammen mit Konrad noch in der kleinen Bretterhütte am Wilson's Creek zu befinden. Aber Konrad war tot. Die Konföderierten würden ihn auf dem Schlachtfeld begraben. Irgendwann, dachte Heinrich, werde ich dorthin zurückkehren.

Vierter Teil

NEW YORK

25

Es schneite in New York an diesem kalten Februartag.

Ein Zug fuhr langsam in die Hudson-River-Station ein. Die meisten Passagiere waren Soldaten von Grants Armee, die im Kampf um Fort Donelson verwundet und zur Erholung nach Hause geschickt worden waren. Bekannte und Verwandte erwarteten sie am Bahnsteig. Hunderte von Fähnchen flatterten im kalten Wind, der den Rauch aus dem Schlot der Lokomotive zu Fetzen riß. Eine Blasmusik spielte. Eine Abordnung der New Yorker Stadtregierung war gekommen, um die Soldaten zu empfangen. Kinder jubelten, als der Zug endlich zum Stehen kam.

Einer der Passagiere war ein großgewachsener junger Mann, der keine Uniform trug. Umständlich, auf eine Krücke gestützt, humpelte er zur Tür. Ein Schaffner mußte ihm aus dem Zug helfen. Hinter ihm erschien eine dunkel gekleidete Frau, die einen kleinen Jungen auf dem Arm trug, der sofort verlangte, auf den Boden gestellt zu werden. Er faßte nach der Hand des Mannes mit der Krücke, und der beugte sich zu ihm hinunter und erklärte ihm, daß sie jetzt in New York wären. Er mußte beinahe schreien, weil die Blasmusik nur einige Schritte entfernt spielte.

Beim Stationsgebäude standen Pauline und Molly. Sie erkannte den jungen Mann mit der Krücke, obwohl er einen Bart trug.

«Das ist er, *Missy*», sagte sie voller Aufregung. «Das ist der Herr Mansfeld.» Sie nahm Pauline an der Hand und zog sie mit sich. Heinrich sah die beiden Frauen und richtete sich auf.

Molly rief aufgeregt: «Mr. Mansfeld, Sir, willkommen in New York.»

Pauline aber blieb still vor ihm und dem Jungen stehen.

«Pauline», sagte Heinrich, und er lächelte. Das Lächeln erschreckte sie ein bißchen, aber sie ließ sich nichts anmerken. «Das hier ist mein Sohn Carl. Mrs. Witzig hat für ihn gesorgt, und sie ließ sich durch nichts davon abhalten, uns nach New York zu begleiten. Eliza sorgt inzwischen für ihre eigenen Kinder. Sie zieht es vor, bei den Witzigs in St. Louis zu bleiben. Sie hat dort ein Zuhause gefunden.»

«Heinrich», sagte Pauline leise, und ihre Augen füllten sich mit Tränen. Sie wandte sich schnell an Mrs. Witzig. «Heinrich hat uns von Ihnen geschrieben, Madam», sagte sie und streckte ihre Hand aus. «Sie sind herzlich eingeladen, bei uns zu Gast zu sein, solange es Ihnen hier in New York gefällt.»

Mrs. Witzig bedankte sich, und Pauline winkte einen großen Neger heran.

«Das ist Gideon», erklärte sie. «Gideon wird sich um das Gepäck kümmern. Molly, bring Mrs. Witzig bitte nach Hause und sieh zu, daß es ihr an nichts fehlt.» Zu Heinrich gewandt sagte sie: «Vater wünscht, daß du ihn in der Bank aufsuchst, Heinrich.»

«Dann wollen wir ihn nicht warten lassen, nicht wahr», meinte Heinrich. Er hatte Biland in seinem letzten Brief gebeten, ihn gleich nach der Ankunft zu sehen, bevor irgendwelche weitere Entscheidungen getroffen würden.

Auf der Fahrt zur Bank in einer geschlossenen Pferdedroschke erzählte Pauline ihm befangen, wie sehr sie um dieses Wiedersehen gebangt hatte. «Es ist soviel geschehen, seit du von hier weggegangen bist, Heinrich. Vater wurde kurz danach schwer krank, und die Ärzte machten uns keine Hoffnungen mehr. Dann brach der Krieg aus, und es schien, als fände Vater irgendwo in sich einen Halt, an dem er sich aufrichten konnte. Er wußte, daß er gebraucht wurde. Die Union war in Gefahr. Alles, was er geleistet hatte. Seine Bank. Seine Pläne für die Zukunft. Die Nation.» Pauline lächelte, und langsam wich die Starre von ihr, die sie bis dahin umfangen hatte. «Von Tag zu Tag ging es ihm besser, und die Ärzte konnten es sich nicht erklären, aber eines Tages war er gesund, und er ging am Morgen aus dem Haus zu seiner Bank.»

Heinrich fragte sie nach Konrads Sohn. Er tat es direkt und ohne Umschweife.

«Er ist *mein* Sohn», entgegnete sie, und ihre Stimme hatte plötzlich einen harten Klang. «Alexander ist *mein* Sohn, Heinrich. Er weiß nicht, wer sein Vater ist, und dabei soll es bleiben. Ich weiß, daß Konrad im Kampf gefallen ist und daß er dir sehr viel bedeutet hat, aber ich will versuchen, ihn zu vergessen.»

Heinrich sagte, daß er dafür Verständnis hätte. «Für mich war er ein anderer Mensch als für dich, und ich werde versuchen, sein

Andenken zu ehren, solange ich lebe, genauso wie das Andenken meiner Frau Franziska.»

Pauline griff scheu nach seiner Hand und drückte sie. Lange schwiegen sie, und dieses Schweigen drückte vieles aus, was sie nicht in Worte fassen konnten. Dann sagte sie, daß sie um Franziska geweint hätte, nachdem sie in seinem ersten Brief aus St. Louis von ihrem Tod erfahren hatte. Und er glaubte ihr. Wahrscheinlich hatte sie auch um Konrad geweint, ohne daß sie es jetzt zugegeben hätte.

Wieder saßen sie schweigend, aber es war ein Schweigen der Nähe und des Wiederfindens. Und dann kamen die Tränen. Heinrich legte seinen Arm um Paulines zuckende Schultern, und er spürte bewegt und erleichtert, daß sie ihm trotz der langen Zeit, die vergangen war, und trotz allem, was passiert war, doch vertraut geblieben war.

Biland wartete in seinem Büro auf ihn. Er war alt geworden. Sein Gesicht war von dunklen Flecken bedeckt, und er hatte kaum mehr Haare auf dem Kopf.

«Setz dich!» forderte er Heinrich auf. Aber Heinrich blieb stehen. Pauline war im Vorzimmer geblieben.

Der alte Biland musterte ihn über seine Brillengläser hinweg.

«Wie steht's um dein Bein?» fragte er.

«Gut», sagte Heinrich. «In ein paar Monaten werde ich wieder ohne Krücke gehen können.»

Der alte Biland nickte, als hätte er nichts anderes erwartet.

«Es freut mich, daß du gekommen bist, Heinrich», sagte er. «Du weißt über die Verhältnisse hier Bescheid. Du weißt, was passiert ist, und ich brauche dir nicht zu sagen, was ich von deinem Freund Konrad halte, der unserer Familie nichts als Schande angetan hat und dafür der gerechten Strafe nicht entgangen ist. Pauline hat sehr gelitten, Heinrich, und mir wurde in dieser Zeit bewußt, wie hilflos ich eigentlich bin, wenn es um solche Dinge geht. Ich habe dich verdammt, als du weggegangen bist, und ich habe dich herbeigewünscht, als meine Welt zusammenbrach. Jetzt bist du endlich hier, und ich will keine Zeit versäumen, mit dir ins reine zu kommen.»

«Dann will ich Ihnen vorweg sagen, daß ich nicht als reumütiger Sünder zurückgekommen bin und auch nicht als verlorener Sohn! Ich habe Pauline von St. Louis aus geschrieben und ihr mitgeteilt, daß ich unter gewissen Voraussetzungen bereit wäre, nach New York zu kommen und mich mit ihr darüber zu unterhalten, ob eine gemeinsame Zukunft für uns möglich ist.»

«Das klingt, als ob es sich hier um ein reines Geschäft handeln würde.»

«Ist das denn nicht so, und zwar seit wir uns kennen?» erwiderte Heinrich. «Ich dachte, ich sei ein freier Mann, als ich von hier wegging. Aber Sie haben mich niemals losgelassen. Sie rechneten sich aus, durch mich aus dem Krieg doch noch ein Geschäft zu machen, das für Sie einen großen Profit abwirft. Das ist der einzige Grund, warum Sie meine Fabrik in St. Louis finanziert haben.»

«Nicht ganz. Ich wollte der Konkurrenz zuvorkommen. Inzwischen hat aber die Armee bereits einen Vertrag mit Sharps für ein ähnliches Gewehr abgeschlossen. Damit ist für dich und für mich die Sache erledigt, Heinrich. Um einen Teil meiner Verluste zu decken, habe ich inzwischen die tausend Mansfeld-Gewehre, die ihr im letzten Moment nach Illinois verfrachtet habt, von Fremont zweimal gekauft und wiederverkauft. Einen Teil des Profits habe ich auf ein Konto mit deinem Namen eingezahlt, so daß das Geld gewinnbringend angelegt ist.»

«Auf Ihrer Bank?»

«Selbstverständlich.» Biland zog seine buschigen Brauen etwas zusammen. «Und was ist es, was dich mit Pauline verbindet, Heinrich? Liebe?»

«Liebe?» Allein schon das Wort hatte bei Biland einen metallischen Klang. Wie klingende Münze, dachte Heinrich. Was immer dazu nötig war, seiner Tochter eine Zukunft und seinem Leben einen Sinn zu geben, er war mehr denn je dazu bereit, dafür zu zahlen.

«Ich mache Ihnen einen Vorschlag», sagte Heinrich. «Ich heirate Pauline, und wir verlassen New York mit Ihrem Einverständnis.»

Biland kniff die Augen zusammen und starrte Heinrich einige Sekunden lang durchdringend an. Dann wandte er sich ab.

«Du weißt, daß wir uns sehr nahe sind, meine Tochter und ich», sagte er, und seine Stimme zitterte etwas. «Außerdem weißt du, daß ich außer ihr niemand mehr habe.»

«Für Ihr Leben bin weder ich noch Pauline verantwortlich», entgegnete Heinrich schroffer, als er eigentlich beabsichtigt hatte. «Ich habe das Pauline in einem meiner Briefe aus St. Louis mitgeteilt. Sie schrieb mir, daß sie bereit wäre, mit mir New York zu verlassen, wenn Sie sich einverstanden erklärten. Daraufhin bat ich sie, dieses Einverständnis bei Ihnen zu holen, bevor ich hierherkäme.»

Der alte Mann holte tief Luft. «Das hat sie getan», sagte er. Gebeugt humpelte er zum Schreibtisch und ließ sich im Polsterstuhl dahinter nieder. Er sah klein aus jetzt, zusammengefallen und gebrechlich. Die Härte war aus seinem Gesicht gewichen, als hätte er eine Maske abgelegt. Nie zuvor hatte Heinrich ihn so gesehen, nicht einmal damals, als die Straßenräuber unten bei der Werft ihn beinahe aufgehängt hätten.

«Ihr habt meine Einwilligung», sagte er. Und dann erzählte er Heinrich von seinem großen Traum: der Eisenbahn quer durch Amerika. Er erzählte von den Männern, mit denen er sich zusammengetan hatte, um diesen kühnen Plan in die Tat umzusetzen. Er selbst sei zu alt, um sich mit seiner Hände Arbeit am Bau dieser transkontinentalen Eisenbahn zu beteiligen, aber seine Erfahrung als Geschäfts- und Finanzmann und sein Vermögen sei eine Unterstützung, auf die die anderen Gründer der *Union Pacific* nicht verzichten wollten. Er selbst würde im Hintergrund bleiben, und sein Name sollte vorerst nicht einmal genannt werden. Noch in diesem Jahr, so sagte Biland, während seine Augen von einem neuen Feuer belebt wurden, sollte der erste Spatenstich getan werden. Die nötigen Gesetze würden von der Regierung in Washington zur Zeit geschaffen und wahrscheinlich in wenigen Wochen verabschiedet.

«Zwei Strecken werden gebaut, Heinrich», sagte Biland. «Eine wird an der Westküste ihren Ausgang nehmen, die andere in der Mitte des Kontinents, in Omaha. Das große Geld, Heinrich, wird man nicht mit dem Betrieb der Eisenbahn machen, wie das einige meiner Geschäftspartner glauben, sondern mit dem Bau, der durch Regierungsgelder subventioniert wird.»

Biland erhob sich. Es war unschwer zu erkennen, daß er innerlich ziemlich aufgewühlt war. Er schwitzte sogar, obwohl er sein Büro aus Sparsamkeit nur schwach beheizen ließ. Er ging zur Wand, an der eine Landkarte hing, und deutete mit einem Finger auf einen Punkt in der Mitte der Vereinigten Staaten.

«Ich habe vor zwei Wochen, als sich eine einmalige Gelegenheit dazu bot, die Baugesellschaft von *Crane and Fulton* aufgekauft und sie in *H. Mansfield and Co.* umbenannt.» Er drehte sich zu Heinrich um. «Ich wollte dir zuerst ein Telegramm schicken, entschied mich dann aber, dich bei deiner Ankunft hier damit zu überraschen.» Biland lächelte dünn. «Das ist euer neuer Anfang, Heinrich. Deiner und Paulines. In Omaha, Nebraska.»

«Weiß wenigstens Pauline schon davon?» fragte Heinrich, der im Moment so benommen war, daß er nichts anderes zu sagen wußte.

«Nein. Ich wollte es dir überlassen, es ihr zu sagen.» Biland kam zu

Heinrich herüber und blieb vor ihm stehen. «Deine Zukunft, Heinrich, wird mein Triumph sein», sagte er mit heiserer Stimme. «Ich habe ein Leben lang dafür gekämpft und dabei mehr verloren, als ein Mensch hergeben kann, ohne hart und bitter zu werden. Vor zwei Jahren, als du weggegangen bist, hast du mich nicht verstehen können. Aber jetzt stehst du selbst noch einmal vor einem neuen Anfang, und du weißt nicht, ob du noch einmal den Mut dazu haben wirst.»

Heinrich senkte den Kopf. Der alte Mann hatte recht. Er wußte nicht, ob er noch einmal den Mut dazu aufbrachte, neu anzufangen, an Zukunftsträume und Triumphe zu glauben. Zuerst würde er lernen müssen, mit der Vergangenheit fertig zu werden. Vergessen konnte er sie nie, das wußte er nur zu gut.

Er hörte sich sagen, daß er eigentlich die Absicht gehabt hatte, eine Waffenfabrik zu gründen. Aber andere Waffenfabriken waren Heinrich inzwischen weit voraus, nicht zuletzt dadurch, daß sein eigenes System von ihnen übernommen worden war, ohne daß man ihm dafür Kredit gab. Er hatte dreitausend Dollar vom Verkauf seiner Gewehre an den Staat von Illinois. Und er hatte einen Sohn.

«Wir haben zwei Söhne», sagte er aus seinen Gedanken heraus. «Es ist meine Verantwortung, für sie zu sorgen.» Er blickte auf und streckte dem alten Mann die Hand hin. Biland ergriff sie.

«Auf unsere Zukunft», sagte Johann Biland rauh, und Heinrich bemerkte, daß sich der alte Mann anstrengen mußte, um die Tränen zurückzuhalten.

Draußen nahm Heinrich Pauline bei der Hand. Sie verließen das Bankgebäude und gingen im Schneetreiben den Broadway hinunter. Vor dem Laden, über dessen Eingang einmal sein und Konrads Name gestanden hatte, blieben sie stehen. Der Laden war jetzt ein elegantes Modegeschäft für Damen und Herren. Die Schaufensterpuppen trugen das Neueste aus England.

«Komm», sagte Heinrich. Sie gingen hinein, und er kaufte ihr einen neuen Hut und sich einen Zylinder. Und wieder draußen sagte er ihr, daß sie mit der Heirat nicht lange warten sollten, weil sie bald nach Omaha reisen würden.

Sie blickte verwundert zu ihm auf.

«Omaha?» fragte sie.

«Nebraska», sagte er. «Dort wird bald mit dem Bau der Union-Pacific-Eisenbahnlinie angefangen, Pauline. Und das ist auch unser neuer Anfang. Dein Vater hat gesiegt. Aber ich bin dir und unseren Söhnen diese Zukunft schuldig.»

Ihre Augen weiteten sich etwas, und er konnte in ihnen den Schatten der Angst erkennen. Auch sie suchte den Mut in sich, der ihr auf dem Weg hierher verlorengegangen war. Er wußte es, und er beugte sich zu ihr hinunter und küßte sie sanft. Mehr, dachte er, konnte er im Moment für sie beide nicht tun . . .

Epilog

Heinrich und Pauline heirateten im Frühling. Im Herbst reiste das Paar mit den Kindern Carl und Alexander nach Omaha, Nebraska. Beim ersten Spatenstich zum Baubeginn der *Union Pacific* am 2. Dezember 1862 gehörten Heinrich, der sich nun Henry Mansfield nannte, und Pauline zu den Ehrengästen. Heinrichs Kriegsverletzung behinderte ihn zwar noch immer, aber er war nicht mehr auf die Hilfe eines Krückstocks angewiesen.

In Nebraska merkte man wenig vom Bürgerkrieg, der sich hauptsächlich auf den Schlachtfeldern im Osten und Süden abspielte. Manchmal erfuhr Heinrich über Zeitungen und durch Briefe aus St. Louis, was mit seinen Freunden und Bekannten geschah.

Julius Witzig schrieb ihm, daß Fremont in Missouri das Kriegsrecht ausgerufen hatte und von der Regierung wie ein losgelassener Kettenhund zurückgepfiffen wurde, als er an der Spitze von über dreißigtausend Mann nach Springfield marschierte und dort einen Gegner angreifen wollte, der sich inzwischen mehr als fünfzig Meilen weit zurückgezogen hatte und sich somit gar nicht mehr in seiner Reichweite befand.

Die Schlacht am Wilson's Creek wurde im Norden wie im Süden als Sieg gefeiert, wobei eigentlich die Konföderierten eher dazu berechtigt waren, da die vereinigten Truppen von Price, McCulloch und Pearce im Besitz des Schlachtfelds blieben, während sich Lyons Armee zurückziehen mußte. Dennoch erklärte im Dezember des gleichen Jahres das Repräsentantenhaus in einer gemeinsamen Resolution die Schlacht als einen Sieg für die Union, errungen durch die Truppenführung von Brigadiergeneral Nathaniel Lyon. Sein Leichnam war von Springfield nach Connecticut überführt worden. Auf dem Weg dorthin war der Sarg unter dem Sternenbanner in Cincinnati, Pittsburg, Harrisburg, Philadelphia, New York und Hartford aufgebahrt worden. In New York erwiesen ihm auch Horace Greeley und der alte Biland die Ehre.

Im März 1862 stießen an der Arkansasgrenze, knapp fünfzig Meilen südlich von Springfield, die feindlichen Armeen noch einmal aufeinander. Es kam zur Schlacht von Pea Ridge, bei der Benjamin McCulloch ums Leben kam. In dieser Schlacht waren Sigel, inzwischen Brigadiergeneral, zwei Divisionen unterstellt. Er wurde befördert und gehörte bald zu den erfolgreichsten Generälen des Bürgerkriegs.

Heinrich hörte immer wieder von ihm. Sigel wurde zum Held der deutschstämmigen Bevölkerung und der deutschen Soldaten im Heer der Union. Im März 1864 übergab ihm die Regierung das Kommando über das Militärdepartement von Westvirginia.

Auch über Carl Schurz berichteten die Zeitungen im Laufe des Bürgerkriegs häufig. Lincoln ernannte ihn zum Brigadiergeneral und später zum Generalmajor. Die Deutschen in Amerika erhoben ihn zum Rivalen ihres Favoriten, Sigel, aber obwohl Schurz großartige Erfolge in den Schlachten von Gettysburg und Chattanooga zu verzeichnen hatte, wurde ihm der Spitzname «Zivilist Schurz» angehängt.

Von Blair erfuhr Heinrich in einem Brief von Dr. Preetorius, der ihm mitteilte, daß dieser als Generalmajor unter Grant Dienst tat und gute Aussichten hatte, seine spätere politische Karriere als Präsident der Vereinigten Staaten abzuschließen, falls dieser Bürgerkrieg bald ein Ende nehmen würde.

Gegen Ende des Krieges hörte Heinrich unverhofft auch von einem Mann, an den er seit langer Zeit nicht mehr gedacht hatte: Henry Wirz. Der Name des Schweizers stand fettgedruckt auf den Titelseiten aller Zeitungen, als er im Namen des Gesetzes am 10. November 1865 in Washington vor dem Kapitol als Kriegsverbrecher gehängt wurde. Captain Wirz, so schrieben die Zeitungen des Nordens, sei persönlich für die Greuel im konföderierten Soldatengefängnis von Andersonville verantwortlich, und man legte ihm den Tod von mehreren tausend Unionssoldaten zur Last. Während der Verhandlung vor einem Militärgericht wehrte sich Wirz verzweifelt, aber vergeblich gegen die Anschuldigungen und pochte darauf, nur Befehlsempfänger gewesen zu sein. Heinrich wurde später das Gefühl nie richtig los, daß man den Schweizer zum Sündenbock für die Schandtaten anderer gemacht hatte, um die Aufmerksamkeit der erbosten Öffentlichkeit von Jefferson Davis und anderen hohen Politikern und Offizieren der Südstaaten abzulenken.

Im Sommer 1862 erhielt Heinrich die Mitteilung, daß Rechtsanwalt Ronald Madison kurz nach der Schlacht von Shilo an Typhus gestorben und in Tennessee begraben worden sei.

Der Bürgerkrieg, den viele in Nord und Süd für eine Affäre gehalten hatten, die in wenigen Monaten erledigt sein würde, dauerte vier Jahre und endete 1865 mit der Kapitulation des Südens. Zu dieser Zeit gehörte der Eisenbahnunternehmer Henry Mansfield bereits zu den wohlhabendsten und einflußreichsten Persönlichkeiten Amerikas, ein Mann, der den kühnen Plan verwirklichen wollte, eine eigene transkontinentale Eisenbahn zu bauen, und zwar durch die Staaten des geschlagenen Südens. Bis zu diesem Zeitpunkt vergingen jedoch Jahre, die ihn noch härter werden ließen, noch unbeugsamer, so daß er dem alten Biland immer ähnlicher wurde.

Pauline bekam keine weiteren Kinder, war aber ausgefüllt mit der Erziehung der beiden Söhne und damit, die Gegensätze zwischen dem stillen Carl und dem ungebärdigen Alexander auszugleichen. Die beiden Stiefbrüder hingen aber sehr aneinander, und oft fühlte sich Heinrich an Konrad und sich selbst erinnert, worüber er mit Pauline aber nie sprach. Sie war ihm eine gute und verständnisvolle Gefährtin, aber wenn sich ihre Zuneigung im Laufe der Jahre auch vertiefte, so konnten sie doch nie zu der Unbefangenheit des ersten Jahres in New York zurückfinden. Konrad mochte seine Schwächen und Fehler zwar gesühnt haben, aber sein Schatten verblaßte nie. Als Henry Mansfield seine erste Lokomotive durch die Südstaaten dampfen ließ, taufte er sie auf den Namen Konrad Odermatt . . .

Die neue Gaskin –
ein Roman von großem Format

480 Seiten / Leinen

Scherz

Eine mitreißend erzählte Familiensaga um Liebe und Macht, um Glanz und Schattenseiten von Ruhm und Glück – reich an unverwechselbaren Charakteren und voller Atmosphäre und Dramatik.